Miami Beach, long collier d'îles-barrières, a bénéficié il y a quelques années d'énormes investissements pour rehausser sa silhouette. - *PhotoDisc*

Floride

Claude Morneau

Une chaleur humide les enveloppa brusquement.
Ils descendaient une passerelle couverte, bousculés par la foule joyeuse des
passagers. La chaleur s'insinuait dans le moindre repli de leurs vêtements,
pénétrait leurs cheveux jusqu'à la racine, se glissait au fond de leur gorge.
On la sentait aussi puissante et invincible que le soleil lui-même.

- Yves Beauchemin, *Le Matou*

Guides de voyage

ULYSSE

Le plaisir de **mieux voyager**

Nos bureaux

Canada: Guides de voyage Ulysse, 4176, rue Saint-Denis, Montréal (Québec) H2W 2M5,
☎(514) 843-9447, fax: (514) 843-9448, info@ulysse.ca, www.guidesulysse.com

Europe: Guides de voyage Ulysse SARL, 127, rue Amelot, 75011 Paris, France,
☎01 43 38 89 50, fax: 01 43 38 89 52, voyage@ulysse.ca, www.guidesulysse.com

États-Unis: Ulysses Travel Guides, 305 Madison Avenue, Suite 1166, New York, NY 10165,
info@ulysses.ca, www.ulyssesguides.com

Nos distributeurs

Canada: Guides de voyage Ulysse, 4176, rue Saint-Denis, Montréal (Québec) H2W 2M5,
☎(514) 843-9882, poste 2232, fax: (514) 843-9448, info@ulysse.ca, www.guidesulysse.com

Belgique: Interforum Bénélux, 117, boulevard de l'Europe, 1301 Wavre, ☎010 42 03 30,
fax: 010 42 03 52

France: Interforum, 3, allée de la Seine, 94854 Ivry-sur-Seine Cedex, ☎01 49 59 10 10,
fax: 01 49 59 10 72

Suisse: Interforum Suisse, ☎(26) 460 80 60, fax: (26) 460 80 68

Pour tout autre pays, contactez les Guides de voyage Ulysse (Montréal).

Catalogage avant publication de Bibliothèque et Archives Canada

Vedette principale au titre:

Floride

(Guide de voyage Ulysse)

Comprend un index.

ISSN 1486-3537

ISBN 2-89464-370-5

1. Floride - Guides. 1. Collection.

| F309.3.F56 | 917.5904'64 | C99-301823-8 |

© Guides de voyage Ulysse inc.
Tous droits réservés
Bibliothèque nationale du Québec
Dépôt légal – Quatrième trimestre 2005
ISBN 2-89464-370-5
Imprimé au Canada

Recherche et rédaction
Claude Morneau

Éditeurs
Daniel Desjardins
Olivier Gougeon

Directeur de production
André Duchesne

Correcteur
Pierre Daveluy

Infographistes
Pascal Biet
Marie-France Denis
Isabelle Lalonde

Cartographes
Christine Cummings
Bradley Fenton
Patrick Thivierge

Photographies
Page couverture
Steve Hamblin, Alamy
Pages intérieures
Lee County Visitor & Convention Bureau
Claude Morneau
PhotoDisc
VISIT FLORIDA

Remerciements :
Henny Groenendijk, de VISIT FLORIDA.

Les Guides de voyage Ulysse reconnaissent l'aide financière du gouvernement du Canada par l'entremise du Programme d'aide au développement de l'industrie de l'édition (PADIÉ) pour leurs activités d'édition.

Les Guides de voyage Ulysse tiennent également à remercier le gouvernement du Québec – Programme de crédit d'impôt pour l'édition de livres – Gestion SODEC.

Écrivez-nous

Tous les moyens possibles ont été pris pour que les renseignements contenus dans ce guide soient exacts au moment de mettre sous presse. Toutefois, des erreurs peuvent toujours se glisser, des omissions sont toujours possibles, des adresses peuvent disparaître, etc.; la responsabilité de l'éditeur ou des auteurs ne pourrait s'engager en cas de perte ou de dommage qui serait causé par une erreur ou une omission.

Nous apprécions au plus haut point vos commentaires, précisions et suggestions, qui permettent l'amélioration constante de nos publications. Il nous fera plaisir d'offrir un de nos guides aux auteurs des meilleures contributions. Écrivez-nous à l'adresse qui suit, et indiquez le titre qu'il vous plairait de recevoir (voir la liste à la fin du livre).

Guides de voyage Ulysse
4176, rue Saint-Denis
Montréal (Québec)
Canada H2W 2M5
www.guidesulysse.com
texte@ulysse.ca

**Les Guides de voyage
Ulysse, SARL**
127, rue Amelot, 75011
Paris, France
www.guidesulysse.com
voyage@ulysse.ca

Sommaire

Liste des cartes

Liste des cartes - Légende des cartes

Légende des cartes

 Aéroport

 Base aérienne

 Gare routière

 Information touristique

 Phare

 Plage

 Terrain de golf

Symboles utilisés dans ce guide

♿ Accès aux personnes à mobilité réduite

≡ Air conditionné

🐔 Animaux domestiques admis

◎ Baignoire à remous

♠ Casino

†† Centre de conditionnement physique

Ψ Centre de santé (spa)

🔒 Coffret de sûreté

⎈ Cuisinette

▲ Foyer

🅾 Label Ulysse pour les qualités particulières d'un établissement

Moustiquaire

≈ Piscine

❄ Réfrigérateur

♯ Restaurant

  Sauna

P Stationnement

🗋 Télécopieur

☎ Téléphone

⛓ Ventilateur

Classification des attraits touristiques

★★★   À ne pas manquer
★★   Vaut le détour
★   Intéressant

Classification de l'hébergement

L'échelle utilisée donne des indications de prix pour une chambre standard pour deux personnes, avant taxe, en vigueur durant la haute saison.

$	moins de 75$
$$	de 75$ à 125$
$$$	de 126$ à 200$
$$$$	de 201$ à 300$
$$$$$	plus de 300$

Classification des restaurants

L'échelle utilisée dans ce guide donne des indications de prix pour un repas complet pour une personne, avant les boissons, les taxes et le service.

$	moins de 15$
$$	de 15$ à 25$
$$$	de 26$ à 35$
$$$$	plus de 35$

Tous les prix mentionnés dans ce guide sont en dollars américains.

Les sections pratiques aux bordures grises répertorient toutes les adresses utiles. Repérez ces pictogrammes pour mieux vous orienter:

 Hébergement

 Sorties

 Restaurants

 Achats

À moi la Floride!

Selon le temps disponible

■ Depuis Miami

En quelques jours...

Passez le plus de temps possible à **South Beach**, avec sa plage superbe, la faune racée qui déambule sur Ocean Drive, et son fameux Art Deco District.

Faites un petit tour du côté du **Bayside Market Place**, au centre-ville.

Jetez un coup d'œil sur le **Fontainebleau Hotel** et allez faire un tour à **Little Havana**.

En une semaine...

Ajoutez une visite de **Coral Gables** avec une halte à la **Venetian Pool**.

Faites un peu de lèche-vitrine dans les chics centres commerciaux de Coconut Grove, après une visite du **Vizcaya Museum and Gardens.**

Partez en excursion de plongée au **Biscayne National Park** ou allez faire du kayak dans les **Everglades.**

En deux semaines...

Embarquez-vous pour un tour en bateau à **Fort Lauderdale**, la Venise d'Amérique.

Faites un saut dans les **Keys**, jusqu'à Key West pour y admirer le coucher de soleil.

Piquez une pointe du côté de **Palm Beach**, pour un coup d'œil sur ses riches demeures.

■ Depuis la région d'Orlando

En quelques jours...
Walt Disney World, en commençant par le classique Magic Kingdom.

En une semaine...
Tout juste assez de temps pour faire aussi un saut à **Universal Orlando** et, peut-être, au **SeaWorld Adventure Park**.

En deux semaines...
Vous pourrez combiner votre visite des parcs thématiques à quelques jours sur une des deux côtes.

Sur la côte atlantique, installez-vous quelques jours à **Cocoa Beach** et visitez le **Kennedy Space Center**, ou encore choisissez la région de **Daytona Beach**, avec la possibilité de faire une brève visite de **St. Augustine**.

Sur la côte ouest, les plages de la région de **St. Petersburg** vous attendent, et vous pourrez en profiter pour visiter **Tampa**.

■ Depuis St. Petersburg

En quelques jours...
Prenez le temps de bien profiter du soleil sur les nombreuses **plages** de la région, puis allez prendre l'apéro au **Don CeSar Beach Resort**.

Une visite du centre-ville de St. Petersburg s'impose, avec arrêt obligatoire au **Salvador Dalí Museum**.

En une semaine...
Visitez **Tampa**, son quartier cubain (Ybor City), ses musées et son aquarium. Sans oublier d'aller vous éclater à **Busch Gardens**.

En deux semaines...
Allez faire un tour à **Sarasota** en vous gardant du temps pour visiter le **John and Marble Ringling Museum of Art**.

Faites une excursion jusqu'à **Fort Myers**, pour y voir la demeure de Thomas Edison et marcher sur les plages de coquillages de **Sanibel Island**.

À moi la Floride!

Selon mes goûts

■ La Floride architecturale

L'**Art Deco District de South Beach** (Miami), qui figure sur la liste du patrimoine historique américain grâce à son incomparable concentration d'environ 800 bâtiments érigés entre 1923 et 1943.

L'**Old Town de Key West**, où il est si agréable de se promener à pied ou à bicyclette pour découvrir les irrésistibles maisons victoriennes posées dans des écrins luxuriants, que les habitants de la ville ont amoureusement restaurées.

Palm Beach, avec ses splendides villas et bâtiments publics signés Addison Mizner.

St. Augustine, ses palaces hôteliers, sa forteresse espagnole et ses demeures coloniales faites de calcaire coquillier.

Les **palaces hôteliers** érigés le long des voies ferrées: Ponce de León Hotel (St. Augustine, 1887, aujourd'hui le Flagler College); Casa Monica (St. Augustine, 1887); Tampa Bay Hotel (Tampa, 1891, Henry B. Plant Museum, université de Tampa); The Breakers Hotel (Palm Beach, 1896); Belleview Biltmore Resort (Clearwater, 1897); Casa Marina (Key West, 1921); Biltmore Hotel (Coral Gables, 1926); Don CeSar Beach Resort (St. Pete Beach, 1928).

Les **extravagances de milliardaires**: Whitehall, aujourd'hui le Henry Morrison Flagler Museum (Palm Beach, 1902); Viscaya Museum and Gardens (Coconut Grove, 1916); Venetian Pool (Coral Gables, 1923); Spanish Monastery, érigé en Espagne vers 1141, puis démonté et reconstruit à North Miami au milieu du XXe siècle; le Cà d'Zan Mansion du John and Marble Ringling Museum of Art (Sarasota, 1926).

■ La Floride naturelle

Le **Biscayne National Park**, un parc marin dont près de 95% de la superficie se trouve sous l'eau.

Une balade en hydroglisseur, ou mieux, en kayak, dans l'**Everglades National Park.**

Le **John Pennekamp Coral Reef State Park**, voué à la protection d'une vaste barrière de corail habitée par plus de 500 espèces de poissons et autres animaux marins.

L'observation de cerfs miniatures au **National Key Deer Refuge**, en route vers Key West.

Les plages de coquillages de **Sanibel Island** et son **J. N. "Ding" Darling National Wildlife Refuge.**

L'observation de spatules rosées, canards, aigrettes, hérons, aigles à tête blanche (*bald eagles*) au **Merritt Island National Wildlife Refuge**, à deux pas de Cape Canaveral.

À moi la Floride!

■ La Floride familiale

Parrot Jungle and Gardens, le **Children's Museum** et le **Metrozoo** de Miami.

Les fusées et les navettes spatiales du **Kennedy Space Center** de Cape Canaveral.

Le **Circus Museum** du John and Marble Ringling Museum of Art, à Sarasota.

Les manèges et la faune africaine de **Busch Gardens**, à Tampa.

La région d'Orlando... pour l'ensemble de son œuvre: **Walt Disney World**, **Universal Orlando**, le **SeaWorld Adventure Park**...

■ La Floride des émotions fortes

Un tour de bolide sur le circuit du **Daytona International Speedway**.

Les montagnes russes et autres manèges fous: **Space Mountain** (Magic Kingdom); **The Twilight Zone Tower of Terror** et **Rock 'n' Roller Coaster Starring Aerosmith** (Disney-MGM Studios); l'**Incredible Hulk Coaster** et les **Dueling Dragons** (Universal's Islands of Adventure); **Kraken** (SeaWorld Adventure Park); **Gwazi**, **Sheikra**, **Kumba** et **Montu** (Busch Gardens).

Une leçon de **surf** à Cocoa Beach.

■ La Floride culturelle

Louis Comfort Tiffany au **Charles Hosmer Morse Museum of American Art**, à Winter Park; Pierre-Paul Rubens au **John and Marble Ringling Museum of Art**, à Sarasota; Salvador Dalí au **Salvador Dalí Museum**, à St. Petersburg.

Un concert du **Florida Philharmonic Orchestra** ou une représentation du **Florida Grand Opera** au **Miami-Dade County Auditorium**.

Une pièce de théâtre à l'étonnant **Van Wezel Performing Arts Hall**, à Sarasota.

L'**Ernest Hemingway Home & Museum**, demeure du célèbre auteur à Key West, ville qui entretient toujours aujourd'hui son image délicieusement bohème de terre d'accueil par excellence des poètes et écrivains.

Le **Cirque du Soleil** et son extraordinaire spectacle *La Nouba*, à Downtown Disney.

À moi la Floride!

Situation géographique dans le monde

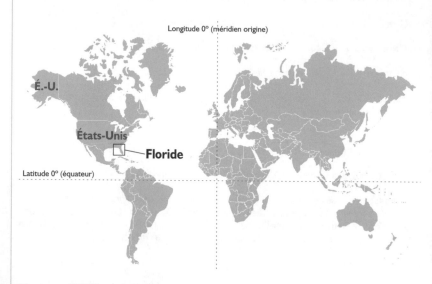

La Floride

Population: 17 000 000 (évaluation de 2003)
Capitale: Tallahassee
Superficie: 152 000 km²
Monnaie: dollar américain

Portrait

La croissance fulgurante et soutenue que connaît la Floride depuis la fin de la Seconde Guerre mondiale en a fait l'un des États américains qui attire le plus de regards, non seulement des autres régions du pays, mais aussi du continent, voire du monde entier. Explosion démographique et essor économique spectaculaire font en sorte que les projecteurs soient braqués plus souvent qu'autrement sur ce vaste État du sud-est des États-Unis.

Pour le simple visiteur toutefois, la Floride demeure une contrée baignée de soleil en toute saison que l'on fréquente pour ses plages magnifiques et ses parcs d'attractions dernier cri, mais aussi de plus en plus pour ses lieux naturels protégés, son patrimoine architectural relativement récent mais bien mis en valeur, ses riches musées d'art, son intense activité culturelle, la vie nocturne et les chics boutiques de ses trépidantes métropoles, et pour bien d'autres raisons encore.

Géographie

La Floride forme une vaste péninsule de 152 000 km^2 qui s'avance au sud-est des États-Unis continentaux, baignée à l'est par les eaux de l'océan Atlantique et à l'ouest par celles du golfe du Mexique. Au nord, les États de l'Alabama et de la Géorgie bordent la Floride. Au sud, elle est séparée de Cuba par le détroit de Floride, qui joue aussi le rôle de trait d'union entre l'Atlantique et le golfe du Mexique. Les Bahamas, pour leur part, s'étendent tout juste au sud-est de la Floride.

Ce territoire au plat relief (le point le plus élevé ne se trouve qu'à 105 m) se subdivise en quatre régions naturelles. D'abord, les **plaines côtières** de l'Atlantique et du golfe du Mexique, qui constituent le pourtour de la Floride sur une largeur qui peut atteindre 100 km par endroits, sont boisées (mangrove, forêt maritime), planes et de basse altitude. Le long du littoral, on y remarque des bancs de sable et de nombreuses îles-barrières. Ces dernières, où l'on trouve les fameuses plages floridiennes, s'étirent tout le long des côtes et sont séparées du continent par un étroit canal naturel, de nos jours utilisé pour la navigation nord-sud et dénommé l'Intracoastal Waterway. Enfin, la présence de récifs coralliens, surtout au large de l'archipel des Keys tout au sud, vient s'ajouter aux particularités de cette région naturelle.

L'**intérieur méridional** renferme une immense étendue marécageuse dominée par les Everglades, ce gigantesque «fleuve d'herbes» qui coule lentement vers le sud, alimenté par le lac Okeechobee, le plus grand du pays après le lac Michigan, l'un des Grands Lacs.

La présence de quelque 30 000 lacs caractérise la **région centrale** (Central Highlands), légèrement ondulante et parsemée de sources d'eau fraîche.

Le **nord** de l'État (Northern Highlands) est formé de petites collines à travers lesquelles serpentent rivières et ruisseaux. C'est là que se trouvent les points les plus élevés de la Floride.

Les principales zones urbaines de la Floride sont celles de **Miami**, métropole de l'État à laquelle on peut rattacher Fort Lauderdale et Palm Beach, plus au nord; la **baie de Tampa**, où l'on trouve les villes de Tampa, St. Petersburg et Sarasota; la région d'**Orlando**, au centre de la Floride; celle de **Daytona Beach** et de **Jacksonville**, au nord-est; **Tallahassee**, la capitale située dans le Panhandle, au nord-ouest de l'État; et celle de **Fort Myers**, au sud-ouest.

La faune

La croissance démographique effrénée de la Floride et son spectaculaire développement urbain au cours du dernier siècle ont vite fait de menacer la survie de nombreuses espèces animales. Heureusement, la Floride compte aujourd'hui de multiples zones protégées (parcs nationaux, parcs d'États, réserves naturelles) où la vie sauvage se porte bien.

Parmi les principaux **mammifères terrestres** du territoire, mentionnons la panthère de la Floride, espèce devenue rare que l'on cherche à protéger, et les plus fréquents ours noirs, renards argentés et cerfs, dont les fameux *Key deers*, ces cerfs de petite taille (60 cm en moyenne) qui vivent dans les Keys et que l'on considère menacés d'extinction.

Du côté des **mammifères marins**, l'emblématique dauphin demeure très présent. On ne peut en dire autant du lamantin, cet animal massif et sympathique dont la population ne cesse de décroître malgré tous les efforts déployés pour la protéger.

Les grandes étendues marécageuses de la Floride abritent une importante population d'alligators. Dans les Everglades, on note aussi la présence de crocodiles, ce qui en fait le seul endroit au monde où alligators et crocodiles cohabitent. Parmi les autres **reptiles** présents, mentionnons plusieurs espèces de serpents (crotales, trigonocéphales) dont il faut toujours se méfier, ainsi que de lézards et de tortues marines.

La **faune ailée** est pour sa part constituée de quelque 400 espèces différentes: grands hérons bleus, diverses aigrettes, ibis, frégates, cigognes d'Amérique, aigles à tête blanche (*bald eagles*), spatules rosées, pélicans bruns, sternes, auxquelles s'ajoutent canards, oies et autres migrateurs qui viennent passer l'hiver au chaud en Floride.

La flore

Le territoire de la Floride est couvert de pas moins de 344 espèces d'arbres. Bien sûr, ce sont les palmiers que l'on identifie le plus volontiers à la Floride. D'ailleurs, l'arbre-symbole de l'État est le sabal, un grand palmier que l'on retrouve dans toutes les régions. Cependant, ce sont les diverses variétés de pins qui sont les plus nombreuses, surtout dans le nord de l'État.

Le magnolia, le cyprès et divers types de chênes font aussi partie des essences dominantes. Le sud de la Floride, grâce à son climat subtropical, voit quant à lui pousser des arbres que l'on associe habituellement aux Caraïbes, comme l'acajou, le gommier rouge (*gumbo-limbo*), le cocotier et le majestueux palmier royal.

La mangrove, forêt de palétuviers dont les longues racines s'enfoncent dans la vase, protège pour sa part le littoral contre l'érosion.

À ses arbres s'ajoutent d'innombrables plantes et fleurs colorées, dont plusieurs variétés d'orchidées.

Un peu d'histoire

Les premiers explorateurs

Lorsque **Juan Ponce de León** réclame le territoire de l'actuelle Floride au nom de l'Espagne en 1513, c'est dans le nord-est qu'il pose le pied, probablement aux environs du site qui deviendra plus tard St. Augustine. On raconte qu'il est alors à la recherche d'or et... de la fontaine de Jouvence. Quoi qu'il en soit, c'est à lui que l'on doit le nom actuel de la Floride, ainsi baptisée parce que découverte le jour des Rameaux, la *Pascua Florida* en espagnol.

On évalue qu'à cette époque quelque 100 000 Amérindiens peuplent le territoire de la Floride. Les **Apalachees** sont alors installés dans le nord-ouest, les **Timucuas** dans le nord-est, les **Calusas** au sud-ouest, les **Tequestas** et les **Ais** au sud-est et les **Toco-bagas** dans la baie de Tampa. La plupart ne survivront pas à la venue des Européens et seront victimes de conflits divers et d'épidémies de maladies inconnues d'eux auparavant.

Après l'exploration de la côte est, Ponce de León contourne la vaste péninsule, ce qui le mène à découvrir les Keys, puis à tenter une ébauche de colonisation dans le sud-ouest, expérience abandonnée rapidement.

Mais l'impulsion est ainsi donnée, et d'autres explorateurs espagnols suivront. Ainsi, **Pánfilo de Narváez**, en 1528, puis **Hernando de Soto**, en 1539, se livrent à l'exploration de la baie de Tampa, sans toutefois s'y établir. En 1559, une tentative d'établissement espagnol tourne court sur le site de l'actuelle Pensacola, dans le nord-ouest de la Floride.

En 1564, un petit groupe d'huguenots français fuyant l'intolérance religieuse en Europe érige le Fort Caroline, au nord de la St. Augustine d'aujourd'hui. Les Espagnols ne tolèrent toutefois pas longtemps ces trouble-fêtes, et, dès l'année suivante, **Pedro Menéndez de Avilés** les massacre sans aucune pitié. Il fonde alors St. Augustine, considérée aujourd'hui comme la plus vieille ville d'Amérique.

Les Espagnols poursuivent leurs efforts de colonisation et érigent plusieurs forts et de nombreuses missions destinées à convertir les Amérindiens au christianisme. Ils ne sont toutefois pas au bout de leur peine et doivent faire face, dans les décennies qui suivent, à la convoitise des Français et des Anglais, qui n'ont de cesse de tenter de s'approprier le territoire de la Floride. **Sir Francis Drake**, par exemple, met à sac St. Augustine en 1586, puis d'autres attaques suivent. La construction à St. Augustine du **Castillo de San Marcos**, qui s'étendra sur près d'un quart de siècle entre 1672 et 1695, protégera enfin la colonie espagnole contre ces nombreuses tentatives d'invasion anglaise et française.

Puis, en 1763, la signature du premier traité de Paris marque la fin de la **guerre de Sept Ans** entre la France et l'Angleterre. L'Espagne, alliée de la France dans ce conflit, cède alors la Floride aux Anglais afin de récupérer Cuba. Les Britanniques subdivisent le territoire en deux provinces, la Floride orientale et la Floride occidentale, avec pour capitales respectives St. Augustine et Pensacola.

Bien que les Anglais réussissent en peu de temps à restructurer l'économie de la Floride, ils n'auront pas le loisir d'y régner plus de 20 ans. Au cours de cette période, ils auront fort à faire plus au nord, avec les révoltes dans les 13 colonies britanniques d'Amérique du Nord (Massachusetts, Connecticut, Rhode Island, New Hampshire, New York, New Jersey, Delaware, Pennsylvanie, Maryland, Virginie, Caroline du Nord, Caroline du Sud et Géorgie), qui conduiront à la **Déclaration d'indépendance** (4 juillet 1776) et à la **guerre de l'Indépendance américaine** (1775-1782). Par le second traité de Paris, en 1783, l'Angleterre reconnaît finalement l'existence de la République fédérée des États-Unis et se retire du territoire américain, y compris de la Floride bien que celle-ci ne fasse pas partie de la nouvelle république. Selon les termes du même traité, l'Espagne reprend alors possession de la Floride, ayant d'ailleurs déjà profité du conflit qui occupait les troupes britanniques plus au nord pour en reconquérir certaines parties, comme Pensacola en 1781.

■ Les guerres séminoles

Parallèlement au développement mené en Floride par les Européens, diverses nations amérindiennes chassées de leurs terres d'origine dans les États voisins du nord trouvent refuge en Floride. C'est par exemple le cas des **Creeks**, écrasés en Alabama par les troupes de l'Américain **Andrew Jackson**. On les désigne bientôt comme les «**Séminoles**», mot que l'on croit dérivé de *siminoli*, qui signifierait «exilés».

Les escarmouches entre colons et Amérindiens se font de plus en plus fréquentes, et conduisent bientôt au déclenchement de la première des trois guerres séminoles. Ce premier conflit débute lorsque Andrew

Jackson pousse ses expéditions contre les Amérindiens jusqu'en Floride. Il s'étendra de 1817 à 1819 et aura aussi comme conséquence d'inciter les Espagnols – missionnaires et colons espagnols subissent aussi le harcèlement des troupes américaines de Jackson – à vendre les territoires des deux Florides aux États-Unis en 1821. Ces territoires sont alors fusionnés en un seul territoire par les Américains, qui correspond à la Floride d'aujourd'hui. Une nouvelle capitale située à mi-chemin entre les deux anciennes est désignée, Tallahassee, et la Floride accède finalement au statut de 27e État américain en 1845.

Entre-temps, Andrew Jackson devient président des États-Unis en 1828 et proclame l'**Indian Removal Act** en 1830, qui «invite» les Amérindiens à aller s'installer dans les réserves de l'Ouest. À la suite du refus des Séminoles de quitter la Floride, la deuxième guerre séminole est déclenchée et s'étire de 1835 à 1842. Au terme de ce conflit, la plupart des Amérindiens présents en Floride auront été exterminés ou déplacés vers l'Ouest, exception faite de ceux qui trouvent alors refuge dans les terres inhospitalières des Everglades. Mais ceux-ci ne seront pas tranquilles bien longtemps puisque la troisième guerre séminole éclate en 1855, peu après que le gouvernement a décrété le bannissement de ces survivants. Cette troisième et ultime guerre dure jusqu'en 1858.

À cette époque, l'unité du nouveau pays pourtant dénommé les «États-Unis» reste encore fragile. La **guerre de Sécession**, au cours de laquelle les États du Sud s'opposent à l'Union, éclate en 1861. La Floride se joint alors à la Confédération des 11 États sudistes qui font sécession. Bien que sévèrement affectée économiquement, elle sortira relativement peu touchée par ce sanglant conflit qui se termine en 1865, aucune bataille d'importance n'étant livrée à l'intérieur de ses frontières.

■ Le développement du Sud

Jusqu'aux environs de 1880, l'économie de la Floride est axée sur l'établissement de plantations agricoles dans les régions du nord de l'État, là où se concentre sa population. L'arrivée en scène de deux visionnaires transformera toutefois bientôt ce portrait, en lançant une vague de développement foncier qui s'étendra de plus en plus vers le sud. **Henry Bradley Plant**, sur la côte ouest, et **Henry Morrison Flagler**, sur la côte est, entreprennent à la fin du XIXe siècle la construction de voies ferrées qui rendent enfin accessibles les territoires du sud de la Floride et leur doux climat.

L'érection d'hôtels prestigieux le long des tracés de ces deux lignes de chemin de fer amène bientôt dans les parages de riches entrepreneurs des États du Nord, favorisant le développement de chics stations balnéaires (St. Augustine, Ormond Beach, Palm Beach, Key West, Clearwater...). Plusieurs d'entre eux s'établissent en Floride et contribuent à la création d'entreprises et au boom immobilier qui conduira à la naissance de villes appelées à connaître un essor fulgurant au cours du XXe siècle (Miami, Tampa). Cette effervescence favorise la venue de milliers d'ouvriers et attire de nombreux immigrants d'origines diverses, comme les Cubains qui travaillent dans les manufactures de cigares de Key West, puis de Tampa, ou les Grecs qui créent l'industrie de la pêche aux éponges à Tarpon Springs. La croissance démographique de l'État, sur tout le territoire, connaît ainsi une première impulsion importante.

La fin du XIXe siècle voit par ailleurs les États-Unis s'engager dans la **guerre hispano-américaine**, au terme de laquelle Cuba sera libérée du joug de l'Espagne. Cette guerre éclate en 1898, et les troupes américaines sont installées à Miami, Jacksonville, Key West et, surtout, à Tampa.

Portrait - Un peu d'histoire

■ Le XXᵉ siècle

Comme partout ailleurs en Amérique du Nord, la **dépression** des années 1930 vient freiner de manière importante la progression jusque-là spectaculaire du marché immobilier en Floride qui, en fait, s'écroule littéralement. La reprise se fait attendre jusqu'à la **Seconde Guerre mondiale** (1939-1945) alors que la Floride devient un important centre d'entraînement militaire, rôle qu'elle avait également joué lors du premier conflit mondial de 1914-1918.

Une ère de prospérité s'installe au cours de l'après-guerre. À ses industries traditionnelles, la Floride voit s'ajouter de nouvelles activités économiques dans des secteurs comme la finance et l'électronique. La création de la **NASA** à Cape Canaveral en 1958 projette en outre l'État au coeur de l'aventure de l'exploration spatiale.

Ce développement effréné inquiète cependant de plus en plus de monde préoccupé par la préservation de la riche nature de l'État. C'est ainsi qu'une poignée de visionnaires, parmi lesquels figure Ernest F. Coe et Marjorie Stoneman Douglas, réussit à convaincre les autorités de créer l'**Everglades National Park** en 1947.

Au cours de la deuxième moitié du XXᵉ siècle, la Floride connaît un boom démographique spectaculaire et voit sa population passer de 2,7 millions d'habitants en 1950 à quelque 16 millions en 2000! À l'accroissement naturel de la population, il faut ajouter une importante migration en provenance d'autres États provoquée par une intense activité économique et les emplois qu'elle génère, l'établissement de nombreux retraités venus couler des jours heureux sous le soleil et d'importantes vagues d'immigration en provenance de Cuba, au lendemain de la révolution castriste par exemple, et d'autres pays d'Amérique latine.

Le climat favorable et la présence de centaines de kilomètres de plages superbes continuent à favoriser l'essor de l'industrie touristique de la Floride à mesure que se démocratise cette activité grâce à l'avènement de l'automobile et l'élaboration d'un réseau routier efficace, la construction d'établissements hôteliers accessibles à tous, l'aménagement de terrains de camping et la montée du transport aérien. Tout au long du XXᵉ siècle, la Floride joue un rôle de premier plan dans la genèse de ce que l'on qualifiera de «tourisme de masse», en constituant un terrain fertile pour l'expérimentation de nombreuses innovations en la matière: mise en service en 1927 de la première ligne aérienne commerciale par **Pan American Airways** entre Key West et La Havane, établissement des camps d'entraînement printaniers des équipes professionnelles de baseball, perfectionnement des parcs thématiques modernes par un certain **Walt Disney**... Bientôt, c'est 40 millions de touristes qui visiteront la Floride chaque année.

Principaux événements historiques

1492
Découverte de l'Amérique par Christophe Colomb.

1513
Visite des environs de l'actuelle ville de St. Augustine, puis découverte des Keys par l'Espagnol Juan Ponce de León, alors à la recherche de la fontaine de Jouvence.

1528
Débarquement de Pánfilo de Narváez dans la baie de Tampa.

1539
Exploration de la baie de Tampa, puis de l'intérieur de la Floride par Fernando de Soto.

1559
Tentative infructueuse d'établissement des Espagnols aux environs de l'actuelle Pensacola.

1564
Établissement de Fort Caroline par un petit groupe de huguenots français.

1565
Fondation de St. Augustine, considérée aujourd'hui comme la plus vieille ville d'Amérique, par Pedro Menéndez de Avilés et massacre par celui-ci des Français établis précédemment dans la région.

1672-1695
Construction à St. Augustine du Castillo de San Marcos afin de protéger la colonie espagnole contre les nombreuses tentatives d'invasion anglaise et française.

1763
Signature du premier traité de Paris par lequel l'Espagne cède la Floride aux Anglais afin de récupérer Cuba.

1775-1782
Guerre de l'Indépendance américaine et Déclaration d'indépendance le 4 juillet 1776.

1783
Reconnaissance par le second traité de Paris de l'indépendance américaine par les Anglais, qui redonnent alors la Floride aux Espagnols.

1817-1819
Première guerre séminole.

1821
Acquisition de la Floride par les États-Unis des mains de l'Espagne.

1824
Désignation de Tallahassee comme capitale de la Floride.

1835-1842
Deuxième guerre séminole.

1845
Accession de la Floride au statut de 27e État américain.

1855-1858
Troisième guerre séminole.

1861-1865
Guerre de Sécession.

1884
Arrivée à Tampa de la ligne de chemin de fer d'Henry Bradley Plant.

1885-1912
Développement du Florida East Coast Railway par Henry Flagler.

1898
Guerre hispano-américaine. Les soldats américains, surnommés les Rough Riders, installent leur base à Tampa.

1914-1918
Première Guerre mondiale. La Floride sert de lieu d'entraînement pour les soldats américains.

1927
Mise en service de la première ligne aérienne commerciale par Pan American Airways, entre Key West et La Havane.

1928
Inauguration du Tamiami Trail, route reliant Tampa à Miami.

1935
Destruction par un violent ouragan de l'Overseas Railroad, portion de la voie ferrée d'Henry Flagler qui relie alors les Keys les unes aux autres jusqu'à Key West.

1939-1945
Seconde Guerre mondiale. Les plages de Floride servent encore une fois d'importants lieux d'entraînement des troupes américaines.

1947
Création de l'Everglades National Park.

1958
Début des activités liées à l'exploration spatiale par la NASA à Cape Canaveral.

1959
Première vague de réfugiés provenant de Cuba à la suite de la révolution menée par Fidel Castro.

1971
Ouverture de Walt Disney World.

1986
Tragique explosion de la navette spatiale *Challenger* tout juste après avoir quitté sa rampe de lancement de Cape Canaveral. En 2003, une autre tragédie liée aux travaux de la NASA surviendra lors de la désintégration de la navette spatiale Columbia sur le chemin de son retour vers la terre.

Population

Quatrième État le plus peuplé du pays, la Floride compte aujourd'hui 17 millions d'habitants (évaluation de 2003), dont plus des trois quarts n'en sont pas originaires. Si l'on considère que sa population ne s'élevait qu'à 2,7 millions d'habitants en 1950, on peut mesurer la fulgurance de la croissance démographique qu'a connue l'État au cours des dernières décennies, croissance nourrie principalement par des migrations diverses. Le doux climat de la Floride, combiné au développement de voies d'accès de plus en plus efficaces, a contribué à la venue de nombreux Américains des États du nord, retraités d'origine juive pour une bonne part. À ceux-ci s'ajoutent quelque 7 millions de visiteurs par année qui «déménagent» en Floride pour une période de trois mois ou plus, les **snowbirds** comme on les surnomme, groupe qui inclut de nombreux Québécois et Canadiens.

La Floride a aussi vu sa **population latino-américaine** croître de manière importante depuis les années 1950, d'abord alimentée par l'arrivée de réfugiés cubains au lendemain de la prise du pouvoir par Fidel Castro, puis au début des années 1980 (les *Marielitos*, partis du port cubain de Mariel) et au milieu des années 1990 (les *Balseros*). À ces mouvements se sont ajoutées plusieurs vagues d'immigration en provenance de divers pays d'Amérique latine au fil des ans, si bien que la population hispanophone de la Floride s'élève aujourd'hui à plus de 2,6 millions de personnes.

Depuis 1980, un second groupe de réfugiés, formé d'**Haïtiens** fuyant la misère de leur île, alimente de façon irrégulière l'immigration illégale en Floride.

La **population afro-américaine** atteint pour sa part 1,9 million d'habitants. Elle est très majoritairement composée de descendants d'esclaves exploités jadis dans les plantations du vieux Sud.

Vie économique

Cela ne surprendra personne d'apprendre que le **tourisme** constitue la première industrie de la Floride. D'ailleurs, historiquement, le développement de l'État est intimement lié à celui de l'industrie touristique, et ce, depuis la fin du XIXe siècle, avec la mise en service de lignes de chemins de fer sur les côtes est et ouest, accompagnée de la construction d'hôtels de luxe destinés à recevoir dignement les riches voyageurs du nord du pays venus profiter de la douceur du climat. L'arrivée en Floride d'un certain Walt Disney, dans les années 1960, aboutira également au développement d'un pôle touristique majeur au milieu de nulle part, loin des traditionnelles plages. De nos jours, la Floride reçoit autour de 40 millions de visiteurs par année.

L'**agriculture** occupe aussi une place de choix en Floride, premier producteur nord-américain d'oranges et de pamplemousses. De nombreux autres fruits et légumes sont également cultivés en Floride, et ce, 12 mois par année. L'État est de plus le premier producteur de canne à sucre au pays, et, dans le nord de l'État, la culture du tabac a toujours cours. Enfin, l'élevage de bovins représente près du quart des revenus agricoles.

Le secteur des **technologies de pointe**, notamment dans les domaines de l'aéronautique et de l'aérospatiale, est un joueur important, favorisé par la présence de la NASA à Cape Canaveral.

Finalement, le **secteur financier**, grâce à une forte concentration de banques internationales et de compagnies d'assurances à Miami, l'une des grandes métropoles nord-américaines et plaque tournante de l'Amérique latine tout à la fois, joue également un rôle prépondérant dans l'économie floridienne du XXIe siècle.

Portrait - Vie économique

Quelques citoyens célèbres

Voici quelques-uns des citoyens les plus célèbres de la Floride, tous domaines d'activités confondus:

Jimmy Buffett (né en 1946): Ce chanteur extrêmement populaire en Floride et dans le sud des États-Unis est venu s'installer à Key West dans les années 1970 (il vit maintenant à Palm Beach), où il a su parfaire un style unique alliant le country, le folk et les musiques caribéennes. On lui doit la fameuse chanson *Margaritaville*, de laquelle sa chaîne de restaurants tire son nom (Jimmy Buffett's Margaritaville Cafés). Assister à un spectacle de Jimmy Buffett est une expérience en soi. Il y règne une ambiance carnavalesque que les fans du chanteur, surnommés les *Parrotheads*, contribuent eux-mêmes à créer, en s'y présentant habillés de chemises hawaiiennes colorées et coiffés d'excentriques chapeaux.

Barbara Baer Capitman (1920-1990): Fondatrice de la Miami Design Preservation League, Barbara Capitman mène dans les années 1970 une lutte acharnée pour préserver le patrimoine architectural de la métropole. Ses efforts conduisent, en 1979, à l'inscription du quartier Art déco de Miami – et de ses 800 bâtiments érigés entre 1923 et 1943 – sur la Liste du patrimoine historique américain.

Walt Disney (1901-1966): Après s'être illustré parmi les pionniers du dessin animé, avoir réalisé les premiers longs métrages d'animation et mis sur pied d'importants studios hollywoodiens de production cinématographique et télévisuelle, Walt Disney révolutionne le parc d'attractions avec l'ouverture de son Disneyland d'Anaheim, en banlieue de Los Angeles. Rapidement à l'étroit en Californie, Disney acquiert dans le plus grand secret plus de 11 000 ha de terrains au sud-ouest d'Orlando, dans le centre de la Floride, au cours des années 1960. Ils lui permettront enfin de laisser libre cours à son extraordinaire créativité et d'y installer son immense Walt Disney World, qui n'ouvrira toutefois ses portes qu'en 1971, cinq ans après sa mort. Avec plus de 10 millions de visiteurs dès sa première année, ce parc thématique déclenche le développement fulgurant de la région, qui devient en quelques années une importante destination touristique.

Marjorie Stoneman Douglas (1890-1998): Cette écologiste avant la lettre publie en 1947 *The Everglades: River of Grass*, plaidoyer convaincant en faveur de la préservation des Everglades. Elle siégera ensuite sur le comité de création du parc des Everglades, puis sur celui du Biscayne National Park.

Thomas Edison (1847-1931): On doit à ce célèbre inventeur autodidacte américain de multiples innovations, comme l'ampoule électrique, le phonographe et le microphone. Dès 1885, Edison commence à venir passer ses hivers à Fort Myers et finit par y établir sa résidence hivernale aux abords de la rivière Caloosahatchee. Sa rencontre avec Henry Ford, un autre génie industriel de l'époque, sera déterminante, et les deux hommes se lieront d'amitié au point que Ford viendra établir ses quartiers d'hiver tout près de ceux d'Edison.

Gloria Estefan (née en 1957): Native de La Havane, Gloria Estefan suit très jeune sa famille en exil à Miami. Chanteuse d'un groupe très populaire dans les années 1980, le Miami Sound Machine, elle contribue fortement à faire accéder la musique latino-américaine au palmarès nord-américain. Elle est aujourd'hui une figure emblématique de Miami, où elle possède un studio d'enregistrement et un hôtel.

Mel Fisher (1922-1998): Dans les Keys, Mel Fisher perpétue à sa façon la tradition des *shipwreckers* (chasseur d'épaves) jusqu'à sa mort en 1998. Aussi consacre-t-il 16 ans de sa vie à la recherche de l'épave du navire espagnol *Nuestra Señora de Atocha*, qui sombra au large de Key West au XVIIe siècle. Ses efforts ne sont pas vains puisque, lorsqu'il retrouve finalement le navire en 1985, il met en même temps la main sur un trésor d'objets en or et en argent évalué à plus de 400 millions de dollars! L'État tente bien de lui réclamer ce trésor, mais Fisher finit par avoir gain de cause après une longue bataille judiciaire.

Henry Morrison Flagler (1830-1913): Henry Flagler vient en Floride pour la première fois à la fin du XIXᵉ siècle, après avoir fondé la Standard Oil Corporation avec John D. Rockefeller et fait fortune dans le domaine du raffinage du pétrole. Il perçoit rapidement le potentiel de développement de la Floride, cette contrée de soleil au climat si doux. Il constate toutefois l'absence d'infrastructure d'accueil et de voies de communication, ce qu'il considère rapidement comme une bien intéressante opportunité d'affaires. Il entreprend, dans les années qui suivent, la construction d'une série de grands hôtels le long de la côte atlantique de la Floride, qu'il reliera par chemin de fer avec son fameux Florida East Coast Railway. Cette voie ferrée parcourra ainsi toute la côte est de l'État jusqu'à Key West, qu'elle atteindra en 1912.

Henry Ford (1863-1947): Pionnier de l'industrie automobile américaine, Henry Ford fonde la Ford Motor Company en 1903, entreprise qui se voue à la fabrication en série grâce à l'invention de la chaîne de montage. Ford se lie d'amitié avec Thomas Edison à la fin du XIXᵉ siècle et, comme lui, installe peu de temps après ses quartiers d'hiver à Fort Myers.

Robert Frost (1874-1963): Un des chantres de la Nouvelle-Angleterre, le poète Robert Frost compte parmi les nombreux artistes littéraires qui ont marqué l'histoire de Key West, où il fait de nombreux séjours entre 1945 et 1960.

Ernest Hemingway (1899-1961): Récipiendaire du prix Nobel de littérature en 1954, Ernest Hemingway est considéré comme l'un des grands romanciers américains (*L'Adieu aux armes*, *Le Vieil Homme et la mer*...). Il s'établit à Key West de 1931 à 1940 et y demeure propriétaire d'une maison jusqu'à sa mort en 1961. Il marquera l'histoire de la ville en y écrivant certains de ses classiques, dont *Pour qui sonne le glas*, en plus de faire la fête dans certains bars devenus célèbres et de s'adonner avec zèle à la pêche au gros.

José Martí (1853-1895): Poète cubain, José Martí est l'un des chantres de la libération de son pays face à la domination espagnole, ainsi que le fondateur du Parti révolutionnaire cubain. À partir de 1870, il doit vivre en exil et établit un temps ses quartiers généraux à Key West. Il prononce aussi des discours importants à Ybor City (Tampa), où vit déjà à cette époque une importante communauté d'origine cubaine.

Henry Bradley Plant (1819-1899): À la fin du XIXᵉ siècle, Henry B. Plant devient pour la côte ouest de la Floride ce qu'Henry Flagler est pour la côte est. Il met alors sur pied une voie ferrée qui contribue de manière décisive au développement de la région. Témoin des réussites spectaculaires de son rival sur la côte Atlantique, Plant, convaincu que la côte du golfe du Mexique possède un intérêt récréatif et un climat tout aussi favorable, lance son projet de chemin de fer. Celui-ci atteint Tampa en 1884, où sera construit le somptueux Tampa Bay Hotel en 1891. Puis, au début du XXᵉ siècle, Plant inaugure son Belleview Hotel à Clearwater.

John Ringling (1866-1936): En 1884, avec quatre de ses six frères, John Ringling fonde le Ringling Brothers Circus, qui deviendra l'un des cirques américains les plus importants. Celui-ci absorbera son principal concurrent, le Barnum & Bailey Circus, en 1907. Ainsi sera créé le fameux Ringling Brothers and Barnum & Bailey Circus. Devenu le grand patron, John Ringling installe en 1927 les quartiers d'hiver de son cirque à Sarasota, sur l'immense domaine qu'il y possède depuis 1912 et sur lequel il se fait bâtir une magnifique résidence au bord de l'eau. Bien plus qu'un magnat du cirque, Ringling possède également des intérêts dans les domaines immobilier, ferroviaire et pétrolier. Il sera particulièrement actif dans la construction de la ville de Sarasota et des îles-barrières des environs.

Harry S. Truman (1884-1972): Le 33ᵉ président des États-Unis (1945-1953) apprécie tellement Key West en son temps qu'il y acquiert une demeure qui sera rapidement surnommée *The Little White House* (la petite Maison-Blanche). Au cours de son mandat à la tête du pays, Truman s'y retire à 10 occasions, pour un total de 175 jours.

Portrait - Quelques citoyens célèbres

Julia Tuttle (1840-1972): Considérée comme la fondatrice de Miami, Julia Tuttle est celle qui réussit à convaincre Henry Flager de prolonger sa voie ferrée jusqu'à ce qui deviendra la métropole de la Floride. La ligne de chemin de fer rejoint finalement Miami en 1896 et marque un point tournant dans le développement de la région, qui s'accélère dès lors de manière spectaculaire.

Tennessee Williams (1911-1983): L'auteur d'*Un tramway nommée Désir* et de *La Chatte sur un toit brûlant* est un autre artiste littéraire séduit par la ville de Key West. Il y séjournera très souvent au cours des années 1950.

Renseignements généraux

U n voyage en Floride, lorsqu'il est bien préparé, vous comblera par la diversité insoupçonnée des expériences qu'il vous permettra de vivre: villes historiques remarquables (St. Augustine, Key West), métropoles tournées vers l'avenir (Miami, Tampa), trésors architecturaux (Art Deco District, Palm Beach), musées fascinants (Salvador Dalí Museum, John and Marble Ringling Museum of Art), sites naturels incomparables (Everglades National Park, Merritt Island National Wildlife Refuge), parcs thématiques haut de gamme et, bien sûr, délicieuses plages sablonneuses.

L e présent chapitre a pour objectif d'aider les voyageurs à mieux planifier leur séjour en Floride, afin d'en tirer le meilleur parti. Nous vous souhaitons un excellent voyage dans le *Sunshine State*!

Formalités d'entrée

■ Passeports et visas

Pour entrer aux États-Unis, les citoyens canadiens n'ont pas besoin de passeport ni de visa, mais doivent être munis d'une preuve de citoyenneté avec photo. Pour plus de sûreté, nous vous conseillons toutefois de vous munir de votre passeport en cours de validité. D'ailleurs, les autorités américaines ont annoncé un resserrement de ces mesures à compter du 31 décembre 2006, alors que les Canadiens qui entreront aux États-Unis par voie aérienne ou maritime devront être munis d'un passeport. Puis, à partir du 31 décembre 2007, le passeport deviendra obligatoire pour tous les voyageurs canadiens.

Le visiteur français, belge ou suisse en voyage de tourisme ou d'affaires n'a plus besoin d'être en possession d'un visa pour entrer aux États-Unis à condition de:

- avoir un billet d'avion aller-retour;

- présenter un passeport individuel à lecture optique en cours de validité (y compris pour les enfants, quel que soit leur âge); notez que les passeports émis entre le 26 octobre 2005 et le 26 octobre 2006 devront être munis d'une photo imprimée numériquement:

à défaut, l'obtention d'un visa sera obligatoire;

- à compter du 26 octobre 2006, présenter un passeport biométrique; sauf si vous possédez un passeport individuel à lecture optique en cours de validité et émis strictement avant le 26 octobre 2005: à défaut, l'obtention d'un visa sera obligatoire;

- projeter un séjour de 90 jours maximum (le séjour ne peut être prolongé sur place: le visiteur ne peut changer de statut, accepter un emploi ou étudier);

- présenter des preuves de solvabilité (carte de crédit, chèques de voyage);

- remplir le formulaire de demande d'exemption de visa (formulaire I-94W) remis par la compagnie aérienne pendant le vol.

Notez que les États-Unis imposent depuis septembre 2004 la prise d'empreintes digitales et de photographies d'identité à tous les ressortissants étrangers, y compris ceux des pays occidentaux n'ayant pas besoin de visa pour entrer aux États-Unis, sauf les Canadiens et les Mexicains.

Tout voyageur qui projette un séjour de plus de trois mois aux États-Unis doit faire sa demande de visa (100$US) dans son pays de résidence, au consulat des États-Unis.

Précaution: les soins hospitaliers étant extrêmement coûteux aux États-Unis, il est conseillé de se munir d'une bonne assurance-maladie.

■ Douane

Les étrangers peuvent entrer aux États-Unis avec 200 cigarettes (ou 100 cigares) et des achats en franchise de douane (*duty-free*) d'une valeur de 400$US, incluant les cadeaux personnels et un litre d'alcool (vous devez être âgé d'au moins 21 ans pour avoir droit à l'alcool).

Vous n'êtes soumis à aucune limite en ce qui a trait au montant des devises avec lequel vous voyagez, mais vous devrez remplir un formulaire spécial si vous transportez l'équivalent de plus de 10 000$US.

Les médicaments d'ordonnance devraient être placés dans des contenants clairement identifiés à cet effet (il se peut que vous ayez à produire une ordonnance ou une déclaration écrite de votre médecin à l'intention des douaniers). La viande et ses dérivés, les denrées alimentaires de toute nature, les graines, les plantes, les fruits et les narcotiques ne peuvent être introduits aux États-Unis.

Si vous décidez de voyager avec votre chien ou votre chat, il vous sera demandé un certificat de santé (document fourni par votre vétérinaire) ainsi qu'un certificat de vaccination contre la rage. Attention, cette vaccination devra avoir été faite au moins 30 jours avant votre départ et ne devra pas dater de plus d'un an.

Pour de plus amples renseignements, adressez-vous au:

United States Customs and Border Protection
1300 Pennsylvania Ave. NW
Washington, DC 20229
☎ (202) 354-1000
www.customs.gov

Accès et déplacements

■ En avion

Air Canada propose des vols réguliers à partir de Montréal et Toronto à destination de Miami, Fort Lauderdale, Orlando et Tampa. D'autres liaisons vers la majorité des villes de Floride sont également disponibles. Air Transat propose par exemple plusieurs vols nolisés, surtout pendant les mois d'hiver. WestJet vole également vers la Floride au départ du Canada: Fort Lauderdale depuis Montréal et Toronto, ainsi qu'Orlando, Fort Myers et Tampa depuis Toronto.

Depuis l'Europe, des liaisons entre Paris et Miami, Orlando et Tampa sont assurées par Air France.

Quelques compagnies américaines (American Airlines, United Airlines, Delta) assurent des liaisons régulières entre Paris et Miami. De nombreux vols quotidiens à destination des grandes villes américaines comme New York, Boston ou Chicago peuvent être complétés par des liaisons intérieures entre ces villes et tous les aéroports de Floride. American Airlines, Delta et Continental proposent des vols directs entre Bruxelles et Miami. SWISS propose des liaisons entre Zurich et Miami, en passant par New York ou Boston.

Aéroports principaux

Voici les aéroports principaux desservis par des compagnies aériennes nationales et internationales. Veuillez vous référer aux chapitres qui couvrent les régions que dessert chacun d'entre eux pour tous renseignements spécifiques.

Fort Lauderdale-Hollywood International Airport (FLL)
☎ (954) 359-1200
www.fll.net

Jacksonville International Airport (JAX)
☎ (904) 741-2000
www.jaxairports.org

Renseignements généraux - Accès et déplacements

Miami International Airport (MIA)
☎ (305) 876-7000
www.miami-airport.com

Orlando International Airport (MCO)
☎ (407) 825-2001
www.orlandoairports.net

Palm Beach International Airport (PBIA)
☎ (561) 471-7420
www.pbia.org

Southwest Florida International Airport (RSW)
Fort Myers
☎ (239) 768-1000
www.flylcpa.com

Tampa International Airport (TPA)
☎ (813) 870-8700
www.tampaairport.com

Compagnies aériennes

Les compagnies aériennes suivantes desservent un ou plusieurs des aéroports mention-nés ci-dessus. Dans chaque chapitre, nous énumérons celles qui sont représentées à l'aéroport de la région couverte par ledit chapitre. Elles ont toutes un numéro sans frais unique que nous indiquons ici:

Aero Honduras
☎ (305) 373-6760

Aero Mexico
☎ 800-237-6639

Aerolineas Argentinas
☎ 800-333-0276

Air Canada
☎ 888-247-2262

Air France
☎ 800-237-2747

Air Transat
☎ 877-872-6728

Alitalia
☎ 800-223-5730

American Airlines
☎ 800-433-7300

Avianca
☎ 800-284-2622

British Airways
☎ 800-247-9297

CanJet
☎ 800-809-7777

Continental Airlines
☎ 800-523-3273

Delta Airlines
☎ 800-221-1212

Euro-Fly
☎ 305-477-6492

Finnair
☎ 800-950-5000

Iberia
☎ 800-772-4642

Lab Bolivia
☎ 800-337-0918

Lacsa
☎ (800) 225-2272

Lan Chile
Lan Ecuador
Lan Peru
☎ 866-435-9526

Lufthansa
☎ 800-645-3880

Mexicana
☎ 800-531-7291

Northwest / KLM
☎ 800-225-2525

SN Brussels Airlines
☎ (516) 622-2248

SWISS Airlines
☎ 877-359-7947

United Airlines
☎ 800-538-2929

US Airways
☎ 800-428-4322

Virgin Atlantic
☎ 800-862-8621

WestJet
☎ 800-538-5696

Zoom
☎ 866-359-9666

Renseignements généraux - Accès et déplacements

Pour les déplacements à l'intérieur du pays, l'avion demeure un moyen de transport coûteux; cependant, certaines compagnies aériennes (surtout régionales) proposent régulièrement des tarifs réduits (hors saison, courts séjours).

Encore une fois, soyez un consommateur averti et comparez les offres. Pour connaître avec précision les diverses destinations desservies par les compagnies aériennes régionales, adressez-vous aux chambres de commerce ou aux offices de tourisme.

Bagages

Prenez note que vous ne pouvez pas apporter dans l'avion des objets dangereux tels que couteaux ou canifs. Vous pouvez cependant les mettre dans vos valises qui sont rangées dans la soute à bagages. Les amateurs de plein air noteront que les bonbonnes de gaz ne peuvent pas voyager en avion et qu'il faut dégonfler les pneus des vélos. Enfin, si vous transportez des objets inusités, prévoyez vous informer de la politique de la compagnie aérienne avant de faire vos valises.

■ En voiture

Le bon état général des routes et l'essence moins chère qu'en Europe ou qu'au Canada font de la voiture un moyen de transport idéal pour visiter la Floride en toute liberté. Vous trouverez facilement de très bonnes cartes routières dans les librairies de voyage ou, une fois sur place, dans les stations-service.

La route I-95 (Interstate 95) permet d'accéder à la Floride en venant du nord, puis longe la côte est de l'État. Les voyageurs québécois qui se rendent en Floride en voiture empruntent d'abord la route I-87 (Interstate 87). Le Garden State Parkway, puis le New Jersey Turnpike, permettent de contourner la zone urbaine de la ville de New York. Le New Jersey Turnpike se fond ensuite à la route I-295 (Interstate 295), qui elle-même devient la route I-95 peu après Philadelphie.

Les voyageurs canadiens dont le point de départ se trouve en Ontario opteront quant à eux pour la route I-75 (Interstate 75), qui traverse les États-Unis jusqu'en Floride. Ensuite, cette route longe la côte ouest de l'État.

À l'intérieur même de la Floride, deux routes majeures traversent l'État d'est en ouest. Il y a tout d'abord la route I-10 (Interstate 10), qui relie Jacksonville au Panhandle (Tallahassee, Pensacola) dans le nord-ouest de l'État. L'autre voie rapide est-ouest est la route I-4 (Interstate 4), qui relie Daytona Beach à Tampa en passant par Orlando. Cette route est très utilisée dans la mesure où elle permet aux vacanciers venant à la fois de la côte est et de la côte ouest d'accéder aux parcs d'attractions réputés du centre de la Floride (Walt Disney World, Universal Studios et autres).

Bien sûr, plusieurs autres routes moins rapides sillonnent le territoire et s'avèrent parfois plus agréables que les grandes voies rapides. Pour plus d'information sur ces options, consultez la section «Accès et déplacements» de chaque chapitre.

Quelques consignes

Permis de conduire: en règle générale, les permis de conduire européens sont valables. Les visiteurs canadiens et québécois n'ont pas besoin de permis international, et leur permis de conduire est tout à fait valable aux États-Unis. Soyez averti que plusieurs États sont reliés par système informatique avec les services de police du Québec pour le contrôle des infractions routières. Une contravention émise aux États-Unis est automatiquement reportée au dossier au Québec.

Code de la route: attention, il n'y a pas de priorité à droite. Ce sont les panneaux de signalisation qui indiquent la priorité à chaque intersection. Ces panneaux marqués *Stop* sur fond rouge sont à respecter scrupuleusement! Vous verrez fréquemment un genre de stop, au bas duquel figure un petit rectangle rouge dans lequel il est inscrit *4-Way*. Cela signifie, bien entendu, que tout le monde doit marquer l'arrêt et qu'au

Renseignements généraux – Accès et déplacements

cune voie n'est prioritaire. Il faut que vous marquiez l'arrêt complet, même s'il vous semble n'y avoir aucun danger apparent. Si deux voitures arrivent en même temps à l'un de ces arrêts, la règle de la priorité à droite prédomine. Dans les autres cas, la voiture arrivée la première passe.

Les feux de circulation se trouvent le plus souvent de l'autre côté de l'intersection. Faites attention où vous marquez l'arrêt.

Lorsqu'un autobus scolaire (de couleur jaune) est à l'arrêt (feux clignotants allumés), vous devez obligatoirement vous arrêter, quelle que soit votre direction. Le manquement à cette règle est considéré comme une faute grave!

Le port de la ceinture de sécurité est obligatoire.

Le réseau routier des États-Unis comporte des Interstate Highways, des routes nationales et des routes d'État.

Les autoroutes sont gratuites, sauf en ce qui concerne la plupart des Interstate Highways, désignées par la lettre *I*, suivie d'un numéro. Les panneaux indicateurs se reconnaissent à leur forme presque arrondie (le haut du panneau est découpé de telle sorte qu'il fait deux vagues) et à leur couleur bleue. Sur ce fond bleu, le numéro de l'Interstate ainsi que le nom de l'État traversé sont inscrits en blanc. Au haut du panneau figure la mention *Interstate* sur fond rouge.

Les routes nationales sont généralement indiquées par les lettres *US* suivies d'un numéro, tandis que les routes d'État sont indiquées par l'abréviation du nom de l'État suivie d'un numéro. Dans ce guide, nous ne faisons pas la distinction entre les routes nationales et les routes d'État.

La vitesse est limitée à 55 mph (88 km/h) sur la plupart des grandes routes. Le panneau de signalisation de ces grandes routes se reconnaît à sa forme carrée, bordée de noir et dans lequel le numéro de la route est largement inscrit en noir sur fond blanc.

Sur les Interstate Highways, la limitation de vitesse monte à 65 mph (104 km/h), et parfois jusqu'à 75 mph (120 km/h).

La limitation de vitesse vous sera annoncée par un panneau routier de forme carrée et de couleurs blanche et noire sur lequel est inscrit *Speed Limit*, suivi de la vitesse limite autorisée.

Le panneau triangulaire rouge et blanc où vous pouvez lire la mention *Yield* signifie que vous devez ralentir et céder le passage aux véhicules qui croisent votre chemin.

Le panneau rond et jaune, barré d'une croix noire et de deux lettres *R*, indique un passage à niveau.

Postes d'essence: les États-Unis étant un pays producteur de pétrole, l'essence est nettement moins chère qu'en Europe, voire qu'au Québec et au Canada, en raison des taxes moins élevées.

Location de voitures

Les grandes compagnies internationales de location de voitures sont représentées dans la plupart des aéroports de Floride, de même qu'à l'intérieur des villes importantes. On obtient cependant en général de meilleurs tarifs en utilisant leurs sites Internet ou en réservant via leurs numéros de téléphone sans frais centraux:

Alamo
☎ 800-462-5266
www.alamo.com

Avis
☎ 800-331-1084
www.avis.com

Budget
☎ 800-527-0700
www.budget.com

Hertz
☎ 800-654-3001
www.hertz.com

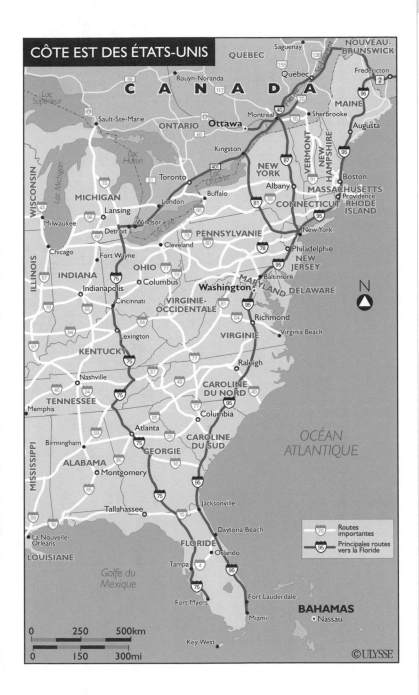

CÔTE EST DES ÉTATS-UNIS

Tableau des distances (km/mi)

Par le chemin le plus court

1 mille = 1,62 kilomètre

1 kilomètre = 0,62 mille

De / À	Daytona Beach	Fort Lauderdale	Fort Myers	Jacksonville	Key Largo	Key West	New York, NY	Miami	Montréal, QC	Ocala	Orlando	Pensacola	Tallahassee	Tampa	Toronto, Ont
Fort Lauderdale	381/236														
Fort Myers	347/215	226/140													
Jacksonville	149/92	521/323	483/299												
Key Largo	519/322	143/89	330/205	658/408											
Key West	687/426	300/186	495/307	820/508	165/102										
New York, NY	1628/1009	2097/1300	1963/1217	1484/920	2140/1327	2303/1428									
Miami	418/259	43/27	250/155	559/347	99/61	268/166	2037/1263								
Montréal, QC	2219/1376	2595/1609	2555/1584	2079/1289	2724/1689	2893/1794	609/378	2631/1631							
Ocala	132/82	454/281	356/221	168/104	588/365	756/469	1644/1019	492/305	2239/1388						
Orlando	88/55	340/211	257/159	233/144	476/295	642/398	1718/1065	379/235	2303/1428	128/79					
Pensacola	723/448	1062/658	961/596	583/361	1203/746	1372/851	1887/1170	1104/684	2493/1546	615/381	734/455				
Tallahassee	410/254	744/461	645/400	265/164	879/545	1044/647	1746/1063	781/484	2331/1383	291/180	417/259	318/197			
Tampa	229/142	426/264	204/126	367/228	528/327	693/430	1853/1149	450/279	2445/1516	157/97	139/86	998/619	447/277		
Toronto, Ont	1983/1229	2352/1458	2321/1439	1841/1141	2487/1542	2651/1644	825/512	2394/1484	545/338	1997/1238	2066/1281	1953/1211	1972/1223	2200/1364	
West Palm Beach	316/196	69/43	294/182	458/284	200/124	376/233	1939/1202	107/66	2524/1565	388/241	275/171	760/471	680/422	375/233	2288/1419

Exemple : la distance entre Miami et Tallahassee est de 781 km ou 484 mi.

National
☎800-227-7368
www.nationalcar.com

Thrifty
☎800-847-4389
www.thrifty.com

Rappelez-vous que plusieurs de ces compagnies exigent que leurs clients soient âgés d'au moins 25 ans et qu'ils soient en possession d'une carte de crédit reconnue.

■ En autocar

Après la voiture, l'autocar constitue le meilleur moyen de locomotion. Bien organisés et peu chers, les autocars couvrent la majeure partie de la Floride. La société Greyhound gère ce réseau de liaisons aux États-Unis:

Greyhound
☎800-231-2222
www.greyhound.com

Pour obtenir les horaires et les destinations desservies, appelez la succursale locale de la société Greyhound (voir les section «Accès et déplacements» de chaque chapitre).

Les Canadiens et les Québécois peuvent faire leur réservation directement auprès de la Station Centrale à Montréal (*☎514-843-4231, www.greyhound.ca*) ou du Métro Toronto Coach Terminus à Toronto (*☎416-594-1010, www.greyhound.ca*). Les deux représentent la société Greyhound au Canada.

Il est interdit de fumer sur toutes les lignes. En général, les enfants de cinq ans et moins sont transportés gratuitement. Les personnes de 60 ans et plus ont droit à d'importantes réductions. Les animaux ne sont pas admis.

■ En train

Aux États-Unis, le train ne constitue pas toujours le moyen de transport le moins cher, et il n'est sûrement pas le plus rapide. Cependant, il peut être intéressant pour les grandes distances car il procure un bon confort.

Pour obtenir les horaires et les destinations desservies, communiquez avec la société Amtrak, la propriétaire actuelle du réseau ferroviaire américain:

Amtrak
☎800-872-7245
www.amtrak.com

Dans chacun des chapitres du présent guide, vous trouverez dans la section «Accès et déplacements» les coordonnées des gares qui desservent chacune des régions.

Deux lignes ferroviaires importantes sont à signaler en Floride:

Les trains ***Silver Meteor***, ***Silver Star*** et ***Palmetto***, mis en service par la société Amtrak, relient Miami, Fort Lauderdale, Hollywood, Tampa, Orlando, Jacksonville, Savannah, Charleston, Washington DC et New York.

Le ***Sunset Limited*** relie quant à lui la région d'Orlando, Jacksonville, La Nouvelle-Orléans, Houston et Los Angeles. Ce train comporte des couchettes, un wagon-restaurant et un wagon panoramique (Sightseer Lounge Car).

À cela s'ajoutent des lignes régionales et des trains de banlieue, dont les plus intéressants pour les voyageurs sont présentés dans la section «Accès et déplacements» de chaque chapitre.

■ En autostop

Pour des raisons de sécurité, il est déconseillé de faire de l'autostop, au risque de se retrouver à l'intérieur du véhicule d'un conducteur mal intentionné.

Renseignements généraux - Accès et déplacements

Renseignements utiles, de A à Z

■ Aînés et personnes à mobilité réduite

Aînés

Les gens âgés de 65 ans et plus peuvent profiter de toutes sortes d'avantages tels que des réductions importantes sur les droits d'accès aux musées et à diverses attractions, et des rabais dans les hôtels et les restaurants. Plusieurs compagnies aériennes offrent un rabais de 10%. Bien souvent, les tarifs réduits ne sont guère publicisés. Il ne faut donc pas se gêner pour s'en informer.

Par ailleurs, soyez particulièrement avisé en ce qui a trait aux questions de santé. En plus des médicaments que vous prenez normalement, glissez votre ordonnance dans vos bagages pour le cas où vous auriez besoin de la renouveler. Songez aussi à transporter votre dossier médical avec vous, de même que le nom, l'adresse et le numéro de téléphone de votre médecin. Assurez-vous enfin que vos assurances vous protègent à l'étranger.

American Association of Retired Persons (AARP)
601 E St. NW
Washington, DC 20049
☎888-687-2277
www.aarp.org
Cetta association propose des avantages qui incluent souvent des remises sur les voyages organisés. Des croisières et visites accompagnées sont aussi disponibles.

Personnes à mobilité réduite

Les États-Unis s'efforcent de rendre de plus en plus de destinations accessibles aux personnes handicapées. Pour de plus amples renseignements sur les régions que vous projetez de visiter, adressez-vous à l'organisme suivant:

Access-Able Travel Source
P.O. Box 1796
Wheat Ridge, CO 80034
☎ (303) 232-2979
www.access-able.com

■ Ambassades et consulats des États-Unis à l'étranger

Belgique

Ambassade des États-Unis
27 boul. du Régent
1000 Bruxelles
☎ (2) 508-21-11
▤ (2) 511-27-25

Pour obtenir de l'information au sujet des visas et prendre un rendez-vous auprès de l'Ambassade, il faut appeler le ☎(2) 788-12-00 de la Belgique ou le ☎00.32.2.788-12-00 de l'étranger.

France

Ambassade des États-Unis
2, av. Gabriel, 75388 Paris
Cedex 8
☎01.42.96.12.02
☎01.42.61.80.75
▤ 01.42.66.97.83
www.amb-usa.fr

Québec

Consulat des États-Unis
Place Félix-Martin
1155 rue Saint-Alexandre
Montréal
☎ (514) 398-9695
▤ (514) 398-0702
www.amcits.com/montreal.asp

Consulat des États-Unis
2 place Terrasse-Dufferin
Québec
☎ (418) 692-2095
▤ (418) 692-4640
www.amcits.com/quebec.asp

Suisse

Ambassade des États-Unis
Jubilaumstrasse 93
3005 Berne
☎ 31 357 70-11
🖷 31 357 73-44

Pour obtenir de l'information au sujet des visas et prendre un rendez-vous auprès de l'Ambassade, il faut appeler le ☎ (0) 900-87-8472 de la Suisse ou le ☎ 0900-87-8472 de l'étranger.

■ Assurances

Annulation

Cette assurance est normalement offerte par l'agent de voyages au moment de l'achat du billet d'avion ou du forfait. Elle permet le remboursement du billet ou forfait dans le cas où le voyage doit être annulé en raison d'une maladie grave ou d'un décès. Les gens en santé n'ont pas vraiment besoin d'une telle protection. Elle demeure par conséquent d'une utilité relative.

Maladie

Sans doute la plus utile pour les voyageurs, l'assurance-maladie s'achète avant de partir en voyage. La couverture de cette police d'assurance doit être aussi complète que possible car, à l'étranger, le coût des soins peut s'élever rapidement.

Au moment de l'achat de la police, il faudrait veiller à ce qu'elle couvre bien les frais médicaux de tout ordre, comme l'hospitalisation, les services infirmiers et les honoraires des médecins (jusqu'à concurrence d'un montant assez élevé, car ils sont chers). Une clause de rapatriement, pour le cas où les soins requis ne peuvent être administrés sur place, est précieuse.

En outre, il peut arriver que vous ayez à débourser le coût des soins en quittant la clinique. Il faut donc vérifier ce que prévoit la police en tel cas. Durant votre séjour, vous devriez toujours garder sur vous la preuve que vous avez contracté une assurance-maladie, ce qui vous évitera bien des ennuis si par malheur vous en avez besoin.

Vol

La plupart des assurances-habitation au Québec protègent une partie des biens contre le vol, même si celui-ci a lieu à l'étranger. Pour faire une réclamation, il faut avoir un rapport de police. Comme tout dépend des montants couverts par votre police d'assurance-habitation, il n'est pas toujours utile de prendre une assurance supplémentaire. Les visiteurs européens, pour leur part, doivent vérifier si leur police protège leurs biens à l'étranger, car ce n'est pas automatiquement le cas.

■ Attraits touristiques

La Floride regorge d'attraits touristiques en tous genres, depuis le musée d'art traditionnel jusqu'aux parcs d'attractions les plus sophistiqués. Le présent ouvrage présente les attraits de chaque région de la Floride, avec leurs coordonnées et des indications quant aux prix d'entrée et aux heures d'ouverture. Rappelez-vous toutefois que tarifs et horaires peuvent être modifiés en tout temps.

En ce qui a trait aux tarifs, ils sont la plupart du temps organisés de la façon suivante: un tarif pour «adultes», qui s'applique bien souvent pour les personnes de 13 ans et plus; un tarif pour «enfants», qui s'applique en général aux personnes âgées de 3 à 12 ans; accès libre aux enfants de moins de 3 ans. À cette échelle s'ajoute souvent une tarification réduite à l'endroit des aînés.

Encore ici, ce tableau peut varier considérablement d'un endroit à l'autre. Les grands parcs d'attractions, comme Walt Disney World, pour ne nommer que le plus connu, ont tendance à appliquer la tarification «adultes» à compter d'un âge beaucoup plus précoce (10 ans et plus dans ce cas-ci).

Surveillez par ailleurs les brochures promotionnelles ou les livrets de bons de réduction qui sont distribués dans les kiosques de renseignements touristiques. Ils contiennent toutes sortes de réductions sur le prix des billets d'entrée qui, mises bout à bout, peuvent représenter une économie appréciable sur la durée du voyage.

■ Bars et discothèques

Certains établissements exigent des droits d'entrée, particulièrement lorsqu'il y a un spectacle. Le pourboire n'y est pas obligatoire et est laissé à la discrétion de chacun; le cas échéant, on appréciera votre geste. Pour les consommations par contre, un pourboire se situant entre 10% et 15% est de rigueur.

L'âge légal pour consommer de l'alcool en Floride est de 21 ans. Ayez en tout temps en votre possession vos papiers d'identité, qu'on appelle ici *IDs* (prononcer «aïe-dee-ze»), car les contrôles sont quasi systématiques.

■ Climat

De manière générale, il fait très chaud en Floride au cours de l'été et des orages brefs mais violents ponctuent cette saison. La fin de l'été et le début de l'automne (d'août à octobre) sont propices à la formation d'ouragans qui peuvent venir frapper avec fracas les côtes. Les hivers sont doux et secs, sans chaleur excessive.

Le nord de la Floride: le climat est tempéré dans la partie septentrionale de la Floride, avec des températures variant de 22°C à 32°C en été, et de 6°C à 19°C en hiver.

Le centre: dans la partie centrale de l'État, les températures sont légèrement supérieures, soit entre 23°C et 32°C en été, et de 11°C à 21°C en hiver.

Le sud: la Floride du Sud jouit d'un climat subtropical. Les températures oscillent entre 25°C et 32°C en été, et entre 21°C et 24°C en hiver.

Les Keys: les vents marins contribuent à maintenir les températures à un niveau modéré toute l'année. À Key West, la plus

méridionale des îles de l'archipel, la température maximale moyenne est de 27,5°C, et la température minimale moyenne est de 22,5°C.

Quand visiter la Floride?

Pour le centre et le sud de la Floride, la période la plus populaire, qui correspond donc à la haute saison touristique, s'étend de décembre à avril. En décembre et en janvier cependant, le climat peut parfois décevoir ceux qui recherchent soleil et chaleur. De mai à août, il fait chaud et humide dans le sud de la Floride, et des orages viennent souvent ponctuer les journées, mais cette période correspond à la basse saison, et les prix sont alors très avantageux. Quant à la fin de l'été et à l'automne, il s'agit de périodes propices à la formation d'ouragans, mais les températures sont plus douces et les prix pratiqués par les hôteliers très intéressants.

Dans le nord de la Floride, la haute saison correspond plutôt à l'été, soit de mai à septembre. En hiver, des périodes de froid peuvent surprendre le visiteur.

Rappelez-vous finalement que, partout en Floride, les longues fins de semaine auxquelles s'ajoute un jour férié constituent autant de pointes de fréquentation (voir section «Jours fériés» p 40). Il faut alors réserver plus longtemps à l'avance.

Quoi emporter?

Selon le type de séjour, vous n'aurez besoin que de bermudas, de chemises légères ou de t-shirts, de pantalons de sport, de un ou deux maillots de bain, d'un gilet ou d'une petite veste (pour les soirées ou les intérieurs fortement climatisés) et d'une tenue de ville en prévision d'une éventuelle sortie.

Il ne vous reste plus qu'à prévoir quelques lectures pour les temps morts et certains articles essentiels que vous ne voudriez pas oublier (sauf si vous préférez vous les procurer sur place). Il s'agit des écrans solaires (préférablement sans huiles), des lunettes de soleil de qualité, d'un chapeau et d'un bon insectifuge, surtout si vous voyagez en été (ou même en hiver dans les régions les plus au sud).

Pensez également à prendre un parapluie ou un imperméable léger pour parer à toute averse soudaine.

Pour vos visites, des chaussures flexibles, confortables et légères s'imposent.

■ Consulats et délégations en Floride

Belgique
Consulat de Belgique à Miami
11330 NW 36th Terrace
Miami
☎ (305) 436-9808

Canada
Consulat canadien à Miami
200 S. Biscayne Blvd.
Miami
☎ (305) 579-1600

Bureau du Québec à Miami
801 Brickell Ave., bureau 1500
Miami
☎ (305) 358-3397

France
Consulat de France à Miami
1395 Brickell Ave., bureau 1050
Miami
☎ (305) 403-4150
www.consulfrance-miami.org

Suisse
Consulat de Suisse à Miami
825 Brickell Bay Dr., bureau 1450
Miami
☎ (305) 377-6700

■ Décalage horaire

Il n'y a pas de décalage horaire entre la Floride et le Québec, sauf pour ce qui est de la partie nord-ouest de l'État, aussi appelée le «Panhandle», qui a une heure de différence (lorsqu'il est midi au Québec, il est 11h dans le Panhandle).

Le décalage horaire pour la France, la Belgique ou la Suisse est de six heures (sept heures dans le Panhandle). Lorsqu'il est midi dans un de ces pays, il est 6h du matin en Floride (5h dans le Panhandle).

Attention cependant aux changements d'horaire, qui ne se font pas aux mêmes dates: aux États-Unis et au Canada, l'heure d'hiver entre en vigueur le dernier dimanche d'octobre et prend fin le premier dimanche d'avril. Notez par ailleurs qu'au moment de mettre sous presse les États-Unis analysaient la possibilité de prolonger la période au cours de laquelle l'heure avancée est utilisée.

■ Drogues

Les drogues sont absolument interdites (même les drogues dites «douces»). Aussi bien les consommateurs que les distributeurs risquent de très gros ennuis s'ils sont trouvés en possession de drogues.

■ Électricité

Partout aux États-Unis et en Amérique du Nord, la tension électrique est de 110 volts et de 60 cycles; aussi, pour utiliser des appareils électriques européens, devrez-vous vous munir d'un transformateur de courant adéquat, à moins que vos appareils ne soient équipés d'un convertisseur interne. En effet, de plus en plus de petits appareils électroniques (ordinateurs de poche, téléphones portables, appareils photo, rasoirs, etc.) sont équipés de chargeurs fonctionnant avec les tensions de 110 à 240 volts. Après vous en être assuré, il vous suffira alors de vous munir de l'adaptateur de prise de courant.

Les fiches d'électricité sont plates, et vous pourrez trouver des adaptateurs sur place ou, avant de partir, vous en procurer dans une boutique d'articles de voyage ou une librairie de voyage.

■ Enfants

Voici quelques conseils qui vous permettront de profiter au maximum de votre séjour en compagnie de vos enfants.

Faites vos réservations à l'avance en vous assurant que l'établissement où vous désirez loger accepte les enfants. S'il vous faut un berceau ou un petit lit supplémentaire, n'oubliez pas d'en faire la demande au moment de réserver. Un bon agent de voyages peut vous être très utile à cet égard, de même que pour vos différents projets de vacances.

Si vous vous déplacez en avion, demandez des sièges en face d'une cloison; vous y aurez plus d'espace. Transportez, dans vos bagages à main, couches, vêtements de rechange, collations et jouets ou petits jeux. Si vous vous déplacez en voiture, tous les articles que nous venons de mentionner sont également indispensables. Assurez-vous en outre de faire des provisions d'eau et de jus; la déshydratation peut en effet occasionner de légers problèmes.

Ne voyagez jamais sans une trousse de premiers soins. Outre les pansements adhésifs, la pommade antiseptique et un onguent contre les démangeaisons, n'oubliez pas les médicaments recommandés par votre pédiatre contre les allergies, le rhume, la diarrhée ou toute autre affection chronique dont votre enfant pourrait souffrir.

Si vous comptez passer beaucoup de temps au soleil, soyez particulièrement prudent les premiers jours. La peau des enfants est généralement plus fragile que celle des adultes, et une grave insolation peut survenir plus tôt que vous ne le croyez. Enduisez vos enfants de crème solaire et songez même à leur faire porter un chapeau. Inutile de vous dire qu'il faut toujours surveiller vos tout-petits lorsqu'ils se trouvent près de l'eau.

Plusieurs villages, parcs et sites touristiques proposent des activités spécialement conçues pour les enfants.

■ Femmes seules

Les femmes voyageant seules ne devraient pas rencontrer de difficultés en prenant les précautions d'usage quant à leur sécurité (voir p 45). Sachez toutefois qu'il est imprudent de faire de l'autostop et qu'il vaut sans doute mieux éviter les lieux d'hébergement peu coûteux établis à la périphérie des villes, car l'argent ainsi épargné ne vaut pas les risques encourus. Les *bed and breakfasts*, les auberges de jeunesse et les YWCA s'avèrent en général plus sûrs et offrent par ailleurs un environnement rêvé pour qui désire rencontrer d'autres voyageurs.

■ Hébergement

La Floride propose vraiment toute la gamme de lieux d'hébergement possible, des terrains de camping aux hôtels les plus luxueux, en passant par les motels, les petites auberges sympathiques et les hôtels de chaînes nationales et internationales. En plus, la formule des *bed and breakfasts* est disponible presque partout. On retrouve souvent ces derniers aménagés dans de jolies maisons traditionnelles harmonieusement décorées. Généralement, ils comptent moins de 12 chambres. Par ailleurs, l'abondance de motels le long des autoroutes permet aux voyageurs de trouver des chambres à des prix très abordables.

À l'autre extrémité de l'échelle des prix se retrouvent les hôtels de très grand luxe. Ces établissements donnent la possibilité de pratiquer plusieurs activités: golf, excursions équestres, tennis, etc. S'y trouvent aussi de très bons restaurants, des bars et même parfois des salles de spectacle. Toutes ces installations sont situées sur le terrain de l'hôtel, de sorte que les visiteurs peuvent pratiquement y passer toutes leurs vacances sans quitter l'établissement, ce que nous n'encourageons évidemment pas car la Floride a beaucoup à offrir aux voyageurs curieux.

Le confort est en règle générale proportionnel au prix. Peu importe vos goûts ou votre budget, cet ouvrage saura sûrement vous aider avec ses sections régionales. Rappelez-vous que les chambres peuvent devenir rares et les prix s'élever durant la haute saison, en hiver (décembre à avril), dans la plupart des régions de la Floride. Aussi, les voyageurs qui comptent s'y rendre durant la haute saison devraient réserver à l'avance ou, à tout le moins, arriver tôt dans la journée.

L'hébergement est présenté dans ce guide par région et par ordre de prix, du moins cher au plus cher. **L'échelle utilisée donne des indications de prix pour une chambre standard pour deux personnes, avant taxe, en vigueur durant la haute saison**; donc, si vous y allez pendant une autre période, il est conseillé de s'informer des rabais consentis. Les taxes sur l'hébergement varient d'une ville à l'autre. À la taxe d'État de base (6%) peuvent en effet s'ajouter des taxes municipales et des taxes dédiées à la promotion touristique. Attendez-vous donc à voir apparaître sur votre note d'hôtel un supplément d'environ 10% en moyenne pour couvrir ces taxes.

Les hôtels pour petit budget (*$*) sont généralement propres, satisfaisants, mais modestes, et sous la barre des 75$US la nuit pour deux personnes.

Les tarifs des établissements de prix moyen (*$$*) oscillent entre 75$US et 125$US; ce qu'ils offrent en fait de luxe varie selon leur situation, mais leurs chambres sont généralement plus grandes, et leur environnement est plus attrayant.

Les chambres des hôtels de catégorie moyenne-élevée (*$$$*) coûtent de 126$US à 200$US pour deux. Elles sont spacieuses, et le hall d'hôtel s'avère agréable. On trouve la plupart du temps dans ces établissements hôteliers un restaurant et quelques boutiques.

Les hôtels de luxe (*$$$$*), avec leurs tarifs de 201$US à 300$US la nuit, comptent parmi les meilleurs de la Floride et mettent à la disposition de leurs hôtes une gamme étendue de services.

Finalement, les hôtels de très grand luxe (*$$$$$*) sont réservés à ceux pour qui le budget importe peu. Une nuit dans l'un de ces établissements coûte plus de 300$US.

$	moins de 75$
$$	de 75$ à 125$
$$$	de 126$ à 200$
$$$$	de 201$ à 300$
$$$$$	plus de 300$

Le label Ulysse

Le label Ulysse est attribué à nos adresses favorites (hôtels et restaurants). Bien que les établissements inscrits dans ce guide s'y retrouvent en raison de leurs qualités ou particularités, en plus de leur bon rapport qualité/prix, certains se distinguent parmi les autres. Aussi méritent-ils que leur soit accordé un label Ulysse. Ces établissements peuvent se retrouver dans toutes les catégories de prix. Quoi qu'il en soit, dans chacun de ceux-ci, vous en aurez pour votre argent. Repérez-les en premier!

■ Horaires

Bureaux de poste

Les bureaux de poste sont ouverts du lundi au vendredi de 9h à 17h (parfois jusqu'à 18h) et le samedi de 8h à midi.

Magasins

Les magasins sont généralement ouverts du lundi au samedi de 10h à 17h (parfois jusqu'à 18h). Les supermarchés ferment en revanche plus tard ou restent même, dans certains cas, ouverts 24 heures par jour, sept jours par semaine. Certains grands centres commerciaux sont ouverts jusqu'à 21h du lundi au samedi, et de midi à 18h le dimanche.

■ Jours fériés

1er janvier
New Year's Day (jour de l'An)

Troisième lundi de janvier
Martin Luther King, Jr.'s Birthday

Troisième lundi de février
President's Day (anniversaire de George Washington)

Dernier lundi de mai
Memorial Day

4 juillet
Independence Day (fête nationale des Américains)

Premier lundi de septembre
Labor Day (fête du Travail)

Deuxième lundi d'octobre
Columbus Day (jour de Colomb)

11 novembre
Veterans Day (jour des Vétérans et de l'Armistice)

Quatrième jeudi de novembre
Thanksgiving Day (Action de grâce)

25 décembre
Christmas Day (Noël)

Calendrier des principaux festivals et événements

Orange Bowl
Janvier
www.orangebowl.org
Match de football collégial présenté le 1er janvier à Miami.

Miami Film Festival
Février
www.miamifilmfestival.com

Daytona 500
Février
www.daytonausa.com
Célèbre course automobile disputée sur le circuit trioval de Daytona Beach.

Spring Break
Mars
www.springbreak.com
Plusieurs plages sont littéralement envahies par les étudiants au cours de leur semaine de relâche, dont Daytona Beach et Miami Beach.

PrideFest Key West
Juin
www.pridefestkeywest.com
L'importante communauté gay de Key West célèbre en grande pompe la fierté gay; spectacles, danses dans les rues, défilés, *partys* sont alors à l'honneur.

National Kidney Foundation Surf Festival
Septembre
☎ (321) 449-0855
Au cours de la première fin de semaine de septembre, Cocoa Beach propose cet important festival de surf.

Miami Bookfair International
Novembre
www.miamibookfair.com
Importante foire du livre ouverte au public.

American Sandsculpting Championship Festival
Novembre
☎ (239) 454-7500
Concours de châteaux de sable qui attire chaque année quelque 50 000 participants à Fort Myers Beach.

■ Médias

Presse écrite

Les principaux quotidiens de Floride sont le *Miami Herald*, le *Tampa Tribune*, le *St. Petersburg Times* et l'*Orlando Sentinel*, auxquels s'ajoute le quotidien national populaire *USA Today*.

Mentionnons par ailleurs *Le Soleil de la Floride* *(www.lesoleildelafloride.com)*, journal mensuel qui s'adresse aux vacanciers et résidents francophones.

Télévision

Tous les grands réseaux nationaux (**ABC**, **CBS**, **NBC**, **Fox**) possèdent leurs antennes dans les villes de Floride, de même que le réseau de télévision public **PBS**. Des chaînes locales s'ajoutent à celles affiliées aux réseaux nationaux.

De nombreuses chaînes spécialisées sont quant à elles accessibles sur le câble: **HBO** (cinéma), **CNN** (information continue), **ESPN** (sports), **MTV** (vidéoclips). La chaîne francophone internationale **TV5** est également disponible en Floride via le câble.

Poids et mesures et température

Le système officiellement en vigueur est le système impérial.

Mesures de capacité
1 gallon américain (gal) = 3,79 litres

Mesures de longueur
1 pied (pi) = 30 centimètres
1 mille (mi) = 1,6 kilomètre
1 pouce (po) = 2,5 centimètres

Mesures de superficie
1 acre = 0,4 hectare
10 pieds carrés (pi2) = 1 mètre carré (m2)

Poids
1 livre (lb) = 454 grammes

Température
Pour convertir des °F en °C: soustraire 32, puis diviser par 9 et multiplier par 5.

Pour convertir des °C en °F: multiplier par 9, puis diviser par 5 et ajouter 32.

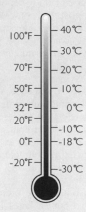

100°F — 40°C
— 30°C
70°F — 20°C
50°F — 10°C
32°F — 0°C
20°F
0°F — -10°C
— -18°C
-20°F — -30°C

Renseignements généraux - Renseignements utiles, de A à Z

■ Poste et télécommunications

Internet

Plusieurs hôtels ont dans leurs chambres des prises Internet haute vitesse. Le prix demandé pour ce service est cependant fort élevé.

Il existe bien sûr des cybercafés, mais ils ne sont pas aussi nombreux qu'on pourrait le croire.

Finalement, mentionnons qu'il est possible de se brancher dans la majorité des bibliothèques publiques, et ce, gratuitement ou à des tarifs vraiment bas.

Pour ceux dont l'ordinateur portable est muni d'une connexion Internet sans fil, il peut être possible, dans les villes surtout, de trouver, par hasard, un accès libre au réseau.

Poste

Les bureaux de poste sont en général ouverts du lundi au vendredi de 9h à 17h. Il est également possible de se procurer des timbres dans les hôtels.

Téléphone

Pour téléphoner en Floride depuis le Québec, il faut composer le 1, suivi de l'indicatif régional et du numéro de sept chiffres. Depuis l'Europe, composez 00, puis le 1, l'indicatif régional et le numéro de sept chiffres.

Pour téléphoner au Québec depuis la Floride, il faut composer le 1, suivi de l'indicatif régional et du numéro de sept chiffres. Pour atteindre la France, faites le 011-33 puis le numéro complet en omettant le premier chiffre. Pour téléphoner en Belgique, composez le 011-32, l'indicatif régional puis le numéro de votre correspondant en omettant le premier zéro. Pour appeler en Suisse, faites le 011-41, l'indicatif régional puis le numéro de votre correspondant.

Les voyageurs canadiens peuvent également joindre le Canada par le service **Canada Direct** *(www.infocanadadirect.com)*. Ainsi, leurs appels sont facturés selon les tarifs canadiens. Pour accéder à ce service depuis la Floride, faites le ☎800-555-1111. Pour les voyageurs français, un service similaire est proposé par **France Direct** au ☎800-363-4033.

Les numéros de téléphone commençant par 1-800, 1-888, 1-877 ou 1-866 sont gratuits peu importe d'où l'on appelle. À noter toutefois que certains de ces *toll-free numbers*, comme on les appelle en anglais, ne fonctionnent qu'à l'intérieur du territoire américain ou de l'Amérique du Nord, ou encore sont accessibles depuis l'Europe mais sont facturés comme des appels outremer réguliers.

■ Pourboire

En général, le pourboire s'applique à tous les services rendus à table, c'est-à-dire dans les restaurants ou autres établissements où l'on vous sert à table (la restauration rapide n'entre donc pas dans cette catégorie). Il est aussi de rigueur dans les bars, les boîtes de nuit et les taxis.

Selon la qualité du service rendu, il faut compter environ 15% de pourboire sur le montant avant les taxes. En général, il n'est pas inclus dans l'addition, comme c'est le cas en Europe, et le client doit le calculer lui-même et le remettre à la serveuse ou au serveur; service et pourboire sont une même et seule chose en Amérique du Nord. Il y a toutefois des exceptions importantes à cette règle (à Miami notamment). Prenez donc le temps de bien examiner l'addition qui vous sera remise à la fin de votre repas car il arrive que le pourboire soit déjà calculé (jusqu'à 18% dans certains restaurants branchés de Miami!).

■ Renseignements touristiques à l'extérieur de la Floride

Canada

Visit Florida
☎888-352-4636

La Floride sur Internet

www.flausa.com Site officiel de l'organisme de promotion touristique **Visit Florida**.

www.myflorida.com Portail officiel de l'État (**Florida State**) avec renseignements pour les visiteurs, mais aussi pour les résidants, pour les entrepreneurs et sur les services gouvernementaux.

www.flheritage.com Site de l'**Office of Cultural and Historical Programs**. Bonne source d'information sur les activités culturelles.

www.flamuseums.org Site de la **Florida Association of Museums** qui donne entre autres le calendrier complet des expositions de tous les musées.

www.floridastateparks.org Site du **Florida Park Service**, qui gère le réseau de parcs d'État. Description de chacun des parcs et des services offerts. Renseignements sur les possibilités de camping.

www.nps.gov Site du **National Park Service**. On peut y obtenir de l'information sur les parcs nationaux américains, dont fait par exemple partie l'Everglades National Park.

www.floridacamping.com Site de la **Florida Association of RV Parks and Campground**, qui regroupe environ 200 terrains de camping privés.

Service téléphonique d'information pour les voyageurs canadiens, en français et en anglais.

France

Office du Tourisme - USA
Audiotel: 08.99.70.24.70 (frais d'appel)
www.office-tourisme-usa.com

Visit Florida
☎ 01.43.64.25.22
🗎 01.53.01.07.83
www.flausa.com

■ Renseignements touristiques en Floride

La plupart des petites localités disposent d'une chambre de commerce ou d'un bureau de renseignements touristiques. Vous en trouverez, au besoin, les coordonnées dans les différents chapitres de ce guide.

Pour des renseignements sur l'ensemble de l'État, communiquez avec l'organisme Visit Florida:

Visit Florida
P.O. Box 1100
Tallahassee, FL 32302-1100
☎ 888-735-2872
www.flausa.com

Des postes d'accueil des visiteurs, que l'on peut qualifier de centres de renseignements touristiques officiels, se trouvent aux différentes entrées routières de la Floride:

Route I-75 (Interstate 75)
au sud de la frontière entre la Géorgie et la Floride
☎ (386) 938-2981

Route 231
tout juste après l'entrée en Floride, en provenance de l'Alabama
☎ (850) 263-3510

Route I-95 (Interstate 95)
à 12 km au nord de Yulee
☎ (904) 225-9182

Route I-10 (Interstate 10)
à 27 km à l'ouest de Pensacola
☎ (850) 944-0442

Il y a aussi un centre d'information touristique sur l'État de la Floride au Capitole de Tallahassee:

Le Capitole
Tallahassee
☎ (850) 944-0442

■ Restaurants

Dans chacun des chapitres, les restaurants sont regroupés par région et listés par ordre de prix, des moins chers aux plus chers. **L'échelle utilisée dans ce guide donne des indications de prix pour un repas complet pour une personne, avant les boissons, les taxes et le service.** Comptez entre 6% et 10% pour les taxes sur les repas.

Les moins chers *($)* proposent des repas dont les prix se situent en-dessous de 15$US; l'ambiance y est informelle, le service s'avère rapide, et ils sont fréquentés par les gens du coin.

La catégorie moyenne *($$)* va de 15$US à 25$US; l'ambiance y est déjà plus détendue, le menu plus varié et le rythme plus lent.

La catégorie supérieure *($$$)* oscille de 26$US à 35$US; la cuisine y est simple ou recherchée selon la région, mais le décor se veut plus agréable et le service plus personnalisé.

Puis il y a les restaurants de grand luxe *($$$$)*, où les prix s'élèvent à plus de 35$US; ces endroits sont souvent pour les gourmets, la cuisine y devient un art, et le service est toujours impeccable.

$	moins de 15$
$$	de 15$ à 25$
$$$	de 26$ à 35$
$$$$	plus de 35$

Le label Ulysse ULYSSE

Le pictogramme du label Ulysse est attribué à nos adresses favorites (hôtels et restaurants). Voir p 39 pour plus de détails.

■ Santé

Pour les personnes en provenance d'Europe, du Québec ou du Canada, aucun vaccin n'est nécessaire. D'autre part, il est vivement recommandé, en raison du prix élevé des soins, de contracter une bonne assurance maladie-accident. Il existe différentes formules, et nous vous conseillons de les comparer. Emportez vos médicaments, surtout ceux qui exigent une ordonnance. Sauf indication contraire, l'eau est potable partout aux États-Unis.

Le soleil

Le soleil de la Floride, en hiver surtout, est bien apprécié des voyageurs venant de régions plus au nord. Il faut toutefois se méfier des risques de coups de soleil, et ce, même par temps couvert. Aussi, lorsque souffle le vent, il arrive fréquemment qu'on ne ressente pas les brûlures causées par le soleil.

Apportez toujours une crème solaire qui protège des rayons nocifs du soleil. Plusieurs crèmes en vente dans le commerce n'offrent pas de protection adéquate. Avant de partir, demandez à votre pharmacien de vous indiquer les crèmes qui protègent réellement des rayons dangereux. Puis, souvenez-vous que, pour une plus grande efficacité, il est recommandé d'appliquer la crème solaire de 20 à 30 min avant de s'exposer au soleil.

Une trop longue période d'exposition peut provoquer une insolation (étourdissements, vomissements, fièvre...). Les premières journées surtout, il est nécessaire de bien se protéger et de ne pas prolonger les périodes d'exposition, car on doit d'abord s'habituer au soleil. Par la suite, il faut éviter les abus. Le port d'un chapeau et de verres fumés vous aidera également à contrer les effets néfastes du soleil.

■ Sécurité

Malheureusement, la société américaine peut parfois paraître violente. Il est donc préférable de s'enquérir, dès son arrivée, des quartiers qu'il vaut mieux s'abstenir de visiter à n'importe quelle heure du jour et de la nuit. En prenant les précautions courantes, il n'y a pas lieu d'être inquiet outre mesure pour sa sécurité. Si toutefois la malchance était avec vous, n'oubliez pas que le numéro de secours est le 911, ou le 0 en passant par le téléphoniste.

■ Services financiers

Les banques et le change

C'est dans les banques que l'on obtient généralement les meilleurs taux de change, lorsqu'il s'agit de convertir des devises étrangères en dollars américains. Le meilleur moyen pour retirer de l'argent aux États-Unis consiste à utiliser sa carte bancaire (carte de guichet automatique). Attention, votre banque vous facturera des frais fixes (par exemple 5$CA), et il vaut mieux éviter de retirer trop souvent de petites sommes. Les guichets automatiques, qu'on appelle ici des «ATMs» (Automated Teller Machines), sont accessibles 24 heures par jour, alors que les banques mêmes sont généralement ouvertes du lundi au vendredi de 9h à 15h.

Pour les Québécois qui s'installent plusieurs mois en Floride chaque année, et qui souhaitent avoir accès à un compte bancaire américain, le plus simple consiste sans doute à faire affaire avec le Mouvement Desjardins ou avec Natbank, filiale de la Banque Nationale: formalités simplifiées, accès à des services en français... Chacune de ces institutions québécoises possède deux succursales en Floride:

Desjardins Pompano Beach
2741 E. Atlantic Blvd.
☎ (954) 785-7110

Desjardins Hallandale Beach
1001 E. Hallandale Beach Blvd.
☎ (954) 454-1001

Natbank Hollywood
Oakwood Plaza
4031 Oakwood Blvd.
☎ (954) 922-9992

Natbank Pompano Beach
Pompano Marketplace
1231 S. Federal Hwy.
☎ (954) 781-4005

Taux de change

1$US	=	1,17$CA
1$US	=	0,83 euro
1$US	=	1,28FS
1$CA	=	0,85$US
1 euro	=	1,21$US
1FS	=	0,78$US

N.B. Les taux de change peuvent fluctuer en tout temps.

Les cartes de crédit

Les cartes de crédit, outre leur utilité pour retirer de l'argent, sont acceptées à peu près partout. Il est primordial de disposer d'une carte de crédit pour effectuer une location de voiture; à défaut, on pourrait vous demander un important dépôt en liquide et peut-être même refuser de vous louer le véhicule. Les cartes les plus facilement acceptées sont, par ordre décroissant, Visa, MasterCard, Diners Club et American Express.

Les chèques de voyage

Les chèques de voyage peuvent être encaissés dans les banques sur simple présentation d'une pièce d'identité (avec frais) et sont acceptés par la plupart des commerçants comme du papier-monnaie.

La monnaie

L'unité monétaire des États-Unis est le dollar américain ($US), divisé en 100 cents. Il existe des billets de banque de 1, 5, 10, 20, 50 et 100 dollars, ainsi que des pièces de 1 (*penny*), 5 (*nickel*), 10 (*dime*) et 25 (*quarter*) cents. **Afin de faciliter l'utilisation de ce guide une fois sur place, tous les prix indiqués sont en dollars américains**.

■ Taxes

La taxe d'État s'élève à 6%, mais chaque municipalité a la possibilité de prélever une taxe additionnelle. De plus, des taxes spéciales dédiées à la promotion touristique peuvent s'ajouter dans certains cas (hébergement). De manière générale, attendez-vous donc à devoir payer entre 6% et 10% de taxe au restaurant et à l'hôtel.

Plein air

Plein air

Avec ses kilomètres de côtes et ses vastes territoires protégés, la Floride forme un grand terrain de jeux propice à la pratique d'une multitude de sports nautiques et de loisirs de plein air.

Le présent chapitre présente les lieux les mieux adaptés aux activités sportives en plein air, puis passe en revue les plus importantes de celles-ci de façon générale, afin de faciliter leur organisation. Les sections «Activités de plein air» de chaque chapitre donnent quant à elles des précisions propres à chaque région décrite, avec les adresses précises pour la pratique des différents sports, la location de matériel ou l'organisation d'excursions.

Parcs

Malgré un développement fulgurant tout au long du siècle dernier, ou peut-être justement en réaction à ce développement, la Floride possède de nombreuses aires protégées, qui prennent la forme de parcs nationaux (National Parks), de réserves naturelles ou de parcs d'État (State Parks). Ces lieux possèdent tous une infrastructure d'accueil des visiteurs désireux de se rapprocher de la nature par la pratique d'activités contrôlées qui respectent l'équilibre écologique.

L'**Everglades National Park** est sans contredit le plus célèbre des parcs nationaux de la Floride. Réserve de la biosphère, site figurant sur la Liste du patrimoine mondial de l'UNESCO et troisième réserve naturelle en importance aux États-Unis, ce parc se voit consacré un chapitre entier dans le présent ouvrage.

Situé au large de Key West, le **Dry Tortugas National Park** compte également sa part d'admirateurs, bien qu'il soit plus difficilement accessible. Les adeptes de l'ornithologie l'apprécient tout particulièrement.

Quant au **Biscayne National Park**, tout juste au sud de Miami, il s'agit d'un parc marin dont près de 95% de la superficie se trouve sous l'eau.

À ces parcs nationaux, il faut ajouter les nombreuses réserves naturelles de la Floride. Le **Merritt Island National Wildlife Refuge**, tout près des installations de la NASA à Cape Canaveral, en est un bon exemple.

Cette réserve faunique de 56 000 ha est vouée à la protection de plusieurs espèces animales menacées, comme le lamantin, la tortue de mer, l'aigle à tête blanche (*bald eagle*) et le lynx. Quant au **Canaveral National Seashore**, il en est une sorte de prolongement vers le nord prenant la forme d'un parc littoral qui s'étire sur 40 km.

Mentionnons également dans cette catégorie la **Big Cypress National Preserve**, zone marécageuse au nord du parc national des Everglades, le **National Key Deer Refuge**, une zone de préservation d'une espèce de cerfs de petite taille (60 cm en moyenne) menacée d'extinction, située dans les Keys, et le **J. N. "Ding" Darling National Wildlife Refuge**, qui occupe environ le tiers de la superficie de l'île de Sanibel.

Quant aux parcs d'État, ils sont très nombreux. D'ailleurs, ils semblent présents près de toutes les zones urbaines, comme pour rétablir un certain équilibre. Ainsi, il y a le **Hugh Taylor Birch State Park** et le **John U. Lloyd Beach State Park**, dans les environs de Fort Lauderdale, le **John D. MacArthur Beach State Park**, près de Palm Beach, le **Myakka River State Park**, non loin de Sarasota, et bien d'autres.

Dans les Keys, le **John Pennekamp Coral Reef State Park** est tout particulièrement à signaler. Ce parc sous-marin est voué à la protection du seul récif de corail vivant du territoire américain, vaste barrière habitée par plus de 500 espèces de poissons et autres animaux marins. Le **Bahia Honda State Park**, plus au sud, est un autre des beaux parcs situés dans les Keys.

Tous ces sites ne constituent que quelques exemples de ce que la Floride a à offrir aux amants de la nature. Tout au long du présent guide, nous vous présenterons pour chaque région les parcs les plus intéressants et les activités que l'on peut y pratiquer.

Camping

Pour plusieurs, le camping est indissociable de la pratique d'activités de plein air. Heureusement pour eux, la Floride est particulièrement bien pourvue en matière de terrains de camping de toute nature: camping sauvage, parcs de véhicules récréatifs et tout ce qu'on peut trouver entre ces deux extrêmes. Nous signalons dans le présent guide, à l'intérieur de la section «Hébergement» de chaque chapitre, la présence de quelques terrains de camping qui nous sont apparus comme particulièrement intéressants.

Les amateurs de camping sous la tente trouveront leur compte dans une cinquantaine de parcs d'État. Ceux-ci accueillent aussi les véhicules récréatifs, mais souvent en imposant des limitations quant à leur taille. Pour obtenir davantage d'information, consultez le **Florida Park Service** (☎850-245-2157, *www.floridastateparks.org*). Rappelez-vous toutefois qu'il faut réserver son emplacement dans les parcs d'État, et ce, souvent plusieurs mois à l'avance. Notez aussi que certains parcs ne permettent pas la présence d'animaux domestiques et qu'en conséquence il est impératif de s'en informer avant de se présenter sur place.

De son côté, la **Florida Association of RV Parks and Campground** *(☎850-562-7151, www.florida-camping.com)* regroupe quelque 200 terrains de camping privés.

Activités de plein air

■ Baignade

Les plages de la Floride attirent des millions de visiteurs chaque année. La plupart du temps sablonneuses et très larges, elles ont acquis une réputation mondiale.

Les régions de **Miami**, **Fort Lauderdale**, **Palm Beach**, **Cocoa Beach**, **Daytona Beach**, sur la côte est, ainsi que de **Naples**, **Fort Myers**, **Sarasota** et **St. Petersburg**, sur la côte ouest, pour ne donner que ces quelques exemples, comportent des centaines de kilomètres de plages souvent magnifiques où la baignade s'avère très agréable.

La pratique d'innombrables sports nautiques est possible sur ces plages, du pédalo au surf, en passant par le parapente (*parasailing*) et la planche à voile. Rappelez-vous toutefois que la prudence est toujours de mise. Ainsi, préférez les plages surveillées aux autres et évitez de vous baigner seul.

■ Canot et kayak

De nombreux parcours canotables ou pouvant faire l'objet d'excursions en kayak sont accessibles dans les grands parcs de la Floride comme l'**Everglades National Park**, le **Bahia Honda State Park**, dans les Keys, et le **J. N. "Ding" Darling National Wildlife Refuge**, sur l'île de Sanibel. La location d'embarcations est alors possible. Ces parcours permettent l'exploration de lieux autrement inaccessibles comme les mangroves.

■ Golf

Autres grandes richesses de l'État de la Floride, ses innombrables terrains de golf font le bonheur des amateurs de ce sport. On prétend qu'il y a au-delà de 1 100 parcours de golf en Floride, et c'est sans doute vrai. Le sud-ouest de l'État, dans les environs de Naples et Fort Myers, en est particulièrement bien pourvu, de même que le nord de la Floride et la région d'Orlando.

Certains terrains de golf sont toutefois réservés à leurs membres, tandis que, pour d'autres, il faut loger à l'hôtel attenant. Mais une grande quantité de golfs sont ouverts à tous. Il faut cependant réserver son heure de départ à l'avance.

■ Navigation de plaisance

En Floride, la navigation de plaisance est très intense. Des embarcations de toute nature et de toute dimension sillonnent rivières, canaux et lacs, partent en excursion de pêche sur l'océan Atlantique ou dans le golfe du Mexique, ou parcourent l'État du nord au sud et inversement grâce à l'**Intracoastal Waterway**, longue voie navigable qui sépare le continent des îles-barrières.

Si vous n'avez pas de bateau, vous pourrez facilement en louer ou en affréter de toute taille et de toute puissance.

■ Pêche

La Floride est un véritable paradis pour les amateurs de pêche, que l'on parle de pêche à la ligne sur une des nombreuses jetées qui s'avancent dans l'océan ou le golfe du Mexique, de pêche en rivière ou de pêche sportive en haute mer. Partout des excursions sont proposées.

Un permis de pêche doit être obtenu dans une boutique d'équipement de pêche ou via le site Internet de la Florida Fish and Wildlife Conservation Commission *(www. wildlifelicense.com/fl)*.

■ Plongée sous-marine et plongée-tuba

Plusieurs sites de plongée sont à signaler en Floride, notamment au large des Keys, ce chapelet d'îles à l'extrême sud de l'État. Le **John Pennekamp Coral Reef State Park**, accessible depuis Key Largo, a d'ailleurs pour vocation la protection d'une barrière de corail où vivent plus de 500 espèces de poissons multicolores.

Parmi les autres sites réputés, mentionnons le **Looe Key National Marine Sanctuary** et le **Dry Tortugas National Park**, également accessibles depuis les Keys, et le **Biscayne National Park**, sans doute le meilleur endroit pour s'adonner à la plongée sous-marine dans les environs de Miami. Ailleurs, des navires ont été volontairement coulés dans le but d'en faire des épaves artificielles, notamment dans les environs de Fort Lauderdale.

Dans la section «Activités de plein air» de chaque chapitre, nous vous indiquerons les sites de plongée les plus intéressants et nous vous fournirons des adresses de boutiques de matériel de plongée et d'organisateurs d'excursions.

■ Randonnée pédestre et observation des oiseaux

Des sentiers de randonnée sont entretenus en plusieurs endroits et, bien souvent, permettent l'observation d'une étonnante diversité d'oiseaux. On note ainsi plusieurs pistes dans l'**Everglades National Park**; dans le **Bahia Honda State Park** et le **National Key Deer Refuge**, tous deux dans les Keys; dans le **John D. MacArthur Beach State Park**, près de Palm Beach; dans le **Merritt Island National Wildlife Refuge**, aux environs de Cape Canaveral; et dans le **J. N. "Ding" Darling National Wildlife Refuge**, à Sanibel Island.

Pour l'observation des oiseaux, il faut de plus ajouter à cette liste le **Dry Tortugas National Park**, au large de Key West.

La meilleure saison pour la pratique de la randonnée va d'octobre à avril, alors qu'il ne fait pas trop chaud et que les moustiques sont moins nombreux. Cependant, munissez-vous toujours d'un bon insectifuge pour toute excursion en forêt.

La **Florida Trail Association** *(☎877-445-3352, www.florida-trail.org)* constitue une bonne source d'information sur l'état des divers sentiers et le développement de nouvelles pistes.

■ Vélo

Le paysage en général assez plat de la Floride se prête bien à la pratique du vélo, et ce, autant dans les parcs que dans les villes et villages, sur des pistes cyclables ou non. Nous vous suggérons tout au long de cet ouvrage des circuits à parcourir en bicyclette et des endroits où louer des vélos.

Miami ★★★

Centre-ville
South Beach
Centre et nord de Miami Beach
Little Havana
Coral Gables
Coconut Grove
Key Biscane
Au sud de Miami
Au nord de Miami

Miami

P lus grande ville de Floride, Miami en est aussi la métropole incontestée et une importante plaque tournante pour toute l'Amérique latine.

L a Miami d'aujourd'hui constitue le résultat de l'idée d'une visionnaire: **Julia Tuttle**. En 1890, après le décès de son mari, elle émigre de Cleveland vers le sud de la Floride pour s'installer sous un ciel plus clément, mais dans un environnement nettement moins développé qui deviendra ultérieurement Miami. Le secteur n'est à l'époque occupé que par une poignée de propriétaires fonciers, dont les plus importants sont **William et Mary Brickell**.

Julia Tuttle a toutefois de bien grandes ambitions pour sa terre d'adoption. Coupée du reste du monde et isolée au sud de la péninsule floridienne par les Everglades, la région ne se développera jamais, sait-elle pertinemment, sans l'implantation du meilleur moyen de communication de l'époque: le train. Après avoir essuyé un refus de la part du propriétaire de la ligne de chemin de fer de la côte ouest de la Floride, elle tente sa chance en formulant la même demande à **Henry Morrison Flagler**, propriétaire de la Florida East Coast Railway Company, mais en vain.

Quelques années plus tard, vers la fin de l'année 1894, une vague de froid s'abat sur le nord de la péninsule floridienne et ruine la quasi-totalité des plantations, mais épargne la région du sud. Julia Tuttle ne manque pas sa chance et en profite pour réitérer sa demande à Henry Flager. Elle lui envoie alors des fleurs d'oranger de sa propre plantation, accompagnées d'une lettre inspirée lui expliquant sa vision et son rêve. Flagler accepte de venir discuter de vive voix avec elle en juin 1895. Julia Tuttle lui propose alors un marché qu'il ne peut refuser: en échange de la moitié des propriétés de Tuttle, il prolongera sa ligne jusqu'à Miami. Le 28 juillet 1896, le train atteint finalement Miami, qui connaîtra un essor rapide au cours des deux décennies suivantes. De nombreux hôtels de luxe sont construits, et plusieurs hommes d'affaires viennent s'établir dans la région dans le but de la développer, tel **Carl Fisher**, magnat de l'automobile qui va jusqu'à faire construire la Dixie Highway

entre Chicago et Miami Beach qu'il travaille alors à construire et à promouvoir avec **John C. Collins** et les frères **John et James Lummus**.

De son côté, l'avocat **George Merrick**, qui hérite à la mort de son père d'imposantes terres au sud-ouest de Miami, entreprend dans les années 1920 l'aménagement de la chic banlieue de Coral Gables, à laquelle il donnera des airs de ville européenne en s'inspirant du mouvement City Beautiful lancé à l'exposition universelle de Chicago en 1893.

La région connaît cependant un déclin aussi rapide que ne l'a été sa montée à la suite d'une série d'événements tragiques, dont bien sûr le krach boursier de 1929, précédé d'un important ouragan qui balaie la région en 1926. De la reconstruction de South Beach après le cyclone naîtra le quartier connu aujourd'hui sous le nom d'**Art Deco District**. Aussi, durant les années 1930, de nombreux hommes d'affaires juifs du nord des États-Unis acquièrent des propriétés à South Beach. Une importante communauté juive commence alors à se constituer et, en une quinzaine d'années, en vient à comprendre 50% de la population permanente de Miami Beach.

Pendant la Seconde Guerre mondiale, l'établissement à Miami et à Miami Beach de camps d'entraînement militaire donne un second souffle aux environs. Quelque 150 hôtels de Miami Beach sont alors convertis en casernes de l'armée. Puis, à la fin du conflit, plusieurs vétérans qui

MIAMI ET SES ENVIRONS

Trains de banlieue
Metrorail

©ULYSSE

0   2,5   5km
0   1,5   3mi

Miami - Carte - Miami et ses environs

s'étaient entraînés ici reviennent pour s'y installer.

À partir de 1959, la venue de centaines de milliers d'opposants au régime instauré par Fidel Castro à Cuba transformera le visage de Miami. Ces nouveaux arrivants, suivis par d'autres vagues d'immigration en provenance de pays latino-américains, créera une nouvelle dynamique positive à plusieurs égards, mais qui n'ira pas sans provoquer certaines tensions. Ainsi, troubles sociaux, augmentation marquée de la délinquance et développement du trafic de la cocaïne marqueront les années 1980 et 1990 à Miami.

Devenue aujourd'hui une grande cité cosmopolite, Miami, avec sa région métropolitaine, compte plus de 2,25 millions d'habitants, et près de la moitié de ses citoyens sont d'origine latino-américaine.

Dans le présent chapitre, nous nous attarderons sur la ville de Miami même, mais aussi sur toute sa région métropolitaine incluant **Coral Gables**, **Coconut Grove**, **Key Biscayne** et bien entendu **Miami Beach**.

Accès et déplacements

■ En voiture

La route 1 (**US Highway 1**) traverse la région de Miami du nord au sud, alors que sur l'île-barrière de Miami Beach, c'est la **route A1A** qui joue ce rôle. Dans les deux cas, il s'agit de boulevards urbains bordés de commerces et services, ralentis par de nombreux feux de circulation. Ceux qui viennent des Keys n'ont pas d'autre choix que la route 1 pour accéder à Miami.

La route I-95 (**Interstate 95**), beaucoup plus rapide, traverse aussi la région de Miami du nord au sud. C'est la voie que la plupart des automobilistes venant du nord privilégient.

Pour ceux qui viennent de la côte ouest, la **route 41**, aussi appelée **Tamiami Trail** parce qu'elle relie **Ta**mpa à **Miami**, relie les cô-

tes ouest et est de l'État en traversant les Everglades.

■ En avion

Le Miami International Airport est situé à environ 10 km au nord-ouest du centre-ville et à 16 km à l'ouest de Miami Beach. Il s'agit du deuxième aéroport en importance aux États-Unis en ce qui a trait au nombre de voyageurs internationaux:

Miami International Airport (MIA)
☎ (305) 876-7000
www.miami-airport.com

Voici quelques-unes des nombreuses compagnies aériennes nationales et internationales qui desservent l'aéroport: Aero Honduras, Aero Mexico, Aerolineas Argentinas, Air Canada, Air France, Alitalia, American Airlines, Avianca, British Airways, Continental Airlines, Delta Airlines, Euro-Fly, Finnair, Iberia, Lab Bolivia, Lacsa, Lan Chile, Lan Ecuador, Lan Peru, Lufthansa, Mexicana, Swiss Airlines, United Airlines, US Airways, Virgin Atlantic.

Pour vous rendre au centre-ville **en voiture**, empruntez la route 836 vers l'est, puis route I-95 (Interstate 95) en direction sud. Si votre destination est plutôt South Beach, prenez la route 836 vers l'est et accédez à l'île-barrière de Miami Beach par le MacArthur Causeway. Si vous devez vous rendre dans la partie nord de Miami Beach, prenez plutôt l'Airport Expressway (route 112) et accédez à l'île par le Julia Tuttle Causeway.

Toutes les compagnies internationales de location de voitures sont représentées à l'aéroport. Il faut monter à bord de navettes à leurs couleurs qui défilent à l'extérieur du terminal pour se rendre à leurs bureaux de location respectifs.

Les services de navettes **Super Shuttle** (☎*305-871-2000, www.supershuttle.com*) et **Express Shuttle** (☎*305-947-1911*) coûtent entre 11$ et 17$ par personne selon votre destination. Elles s'arrêtent aux différents hôtels.

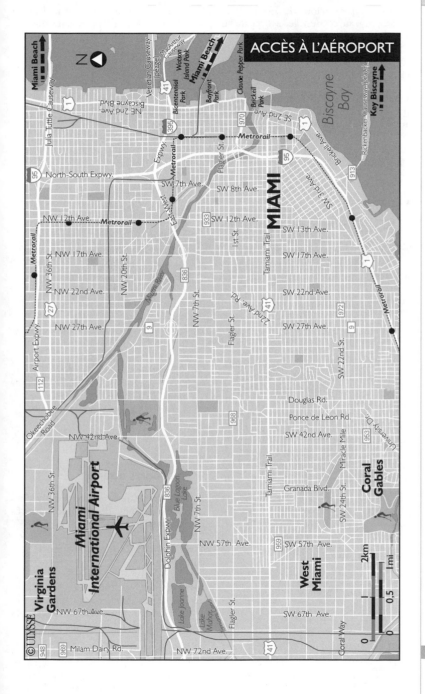

ACCÈS À L'AÉROPORT

Miami - **Carte** - Accès à l'aéroport

En **taxi**, comptez autour de 19$ pour la course jusqu'au centre-ville, 21$ jusqu'au port de Miami (terminal des croisières), 28$ jusqu'à Miami Beach, 38$ pour le secteur de Bal Harbour, 35$ pour Key Biscayne et 17$ pour Coral Gables.

En **autobus**, le circuit n° 7 mène au centre-ville. Pour se rendre à Miami Beach, il faut prendre le bus J qui longe Collins Avenue entre 39th Street et 72nd Street. Tarif: 1,50$ par personne, plus 0,50$ pour une correspondance.

■ En train

Les trains *Silver Meteor*, *Silver Star* et *Palmetto*, exploités par la société Amtrak, relient Miami, Tampa, Orlando, Jacksonville, Savannah, Charleston, Washington DC et New York:

Amtrak
8303 NW 37th Ave.
☎ (305) 835-1221 ou 800-872-7245
www.amtrak.com

Le **Tri-Rail** (*☎800-874-7245, www.tri-rail. com*) est par ailleurs un service de train de banlieue qui dessert les comtés de Miami-Dade, Broward et Palm Beach. Les tarifs, fort économiques, varient de 3$ à 11$ par personne. À titre d'exemple, un aller simple entre Miami et West Palm Beach coûte 5,50$. Des navettes gratuites relient les stations du Tri-Rail aux aéroports de Miami, Fort Lauderdale / Hollywood et Palm Beach. Il y a trois stations à Miami:

Miami Airport Station
3797 NW 21st St.

Hialeah Market Station
1200 SE 11th Ave.

Metrorail Transfer Station
2567 E. 11th Ave.

■ En autocar

Greyhound
☎800-231-2222
www.greyhound.com

Il y a plusieurs gares routières à Miami et ses environs. Voici les deux gares dont les localisations sont les plus commodes:

Centre-ville
36 NE 10th St.
☎ (305) 374-6160

Miami International Airport
4111 NW 27th St.
☎ (305) 871-1810

Déplacements dans la ville

À **Miami**, les rues (*streets*) sont orientées est-ouest, alors que les avenues vont du sud au nord. L'intersection de Flagler Street et de Miami Avenue marque le point central qui sépare la ville en quatre sections, que l'on retrouve indiquées dans les adresses (NE, NW, SE, SW).

À **Miami Beach**, les rues et avenues sont orientées de la même manière qu'à Miami, mais la grille ne constitue pas la continuité de celle de Miami.

■ Transports publics

Les services de transports publics de la région métropolitaine de Miami sont assurés par la **Miami-Dade Transit Agency** (*3300 NW 32nd Ave.;* ☎*305-770-3131, www.co.miami-dade.fl.us/mdta*). Le système comporte trois composantes:

Metrorail: train surélevé qui dessert le centre-ville et les quartiers et banlieues sud avec 22 stations. En service tous les jours entre 6h et minuit. Coût: 1,50$.

Metromover: sorte de bus électrique qui circule sur une voie surélevée d'environ 8 km dans le centre-ville. Correspondance possible avec le Metrorail au Government

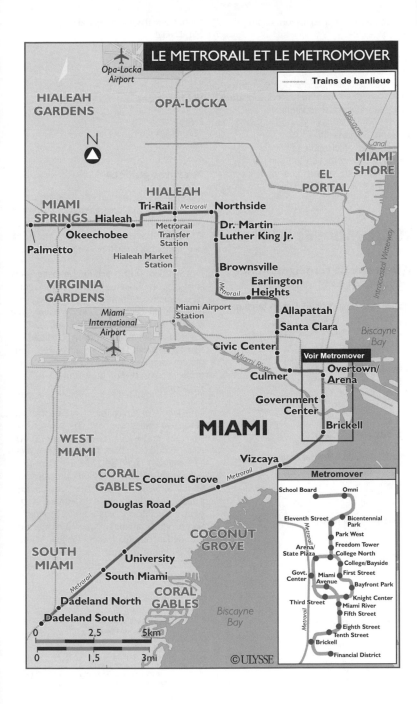

LE METRORAIL ET LE METROMOVER

··········· Trains de banlieue

Opa-Locka Airport

HIALEAH GARDENS

OPA-LOCKA

N

MIAMI SHORE

EL PORTAL

MIAMI SPRINGS

HIALEAH

Tri-Rail *Metrorail* Northside

Hialeah

Dr. Martin Luther King Jr.

Okeechobee

Metrorail Transfer Station

Palmetto

Hialeah Market Station

Brownsville

VIRGINIA GARDENS

Earlington Heights

Miami International Airport

Miami Airport Station

Allapattah

Metrorail

Santa Clara

Civic Center

Biscayne Bay

Voir Metromover

Culmer

Overtown/ Arena

Government Center

MIAMI

Brickell

WEST MIAMI

Vizcaya

Metromover

CORAL GABLES Coconut Grove *Metrorail*

School Board Omni

Douglas Road

Eleventh Street Bicentennial Park

COCONUT GROVE

Park West

Metrorail

Freedom Tower

Arena/ State Plaza

College North

SOUTH MIAMI

University

College/Bayside

Govt. Center

Miami Avenue

First Street

South Miami

CORAL GABLES

Bayfront Park

Knight Center

Dadeland North

Third Street

Miami River

Biscayne Bay

Fifth Street

Dadeland South

Eighth Street

0   2,5   5km

Tenth Street

Brickell

0   1,5   3mi

Financial District

©ULYSSE

Miami – Carte – Le Metrorail et le Metromover

Center. En service tous les jours entre 6h et minuit. Gratuit.

Metrobus: service d'autobus réguliers. Coût: 1,50$.
Il est possible de prendre une correspondance entre les différentes composantes du réseau aux coûts suivants:

Metrobus - Metrorail: 0,50$
Metromover - Metrorail: 1,50$
Metrorail - Metromover: gratuit
Metrobus - Metromover: gratuit
Metrobus - Metrobus: 0,50$

Renseignements utiles

■ Bureaux de renseignements touristiques

Greater Miami Convention & Visitors Bureau
701 Brickell Ave., Suite 2700
☎ (305) 539-3000 ou 800-933-8448
www.tropicoolmiami.com

Miami Beach Visitor Center
1920 Meridian Ave.
☎ (305) 672-1270

■ Soins médicaux

Aventura Hospital & Medical Center
20900 Biscayne Blvd.
Aventura
☎ (305) 682-7000

Jackson Memorial Hospital
1611 NW 12th Ave.
Miami
☎ (305) 585-1111

South Shore Hospital & Medical Center
630 Alton Rd.
Miami Beach
☎ (305) 672-2100

■ Urgences

Police
☎ (305) 595-6263

■ Visites guidées

L'**Electrowave** est une navette touristique qui suit un parcours intéressant comprenant plusieurs arrêts dans le quartier Art déco de South Beach. Il n'en coûte que 0,25$ par personne, à chaque embarquement.

Des **Art Deco District Self-Guided Audio Tours** sont disponibles en anglais, en espagnol, en allemand et en français au **Art Deco District Welcome Center** *(15$; location entre 10h et 16h; 1001 Ocean Dr.,* ☎*305-672-2014)*. Au départ du même endroit, la **Miami Design Preservation League** organise des visites commentées à pied du quartier d'une durée d'environ 90 min. Comptez 20$ par personne.

Une façon originale bien qu'un brin ringarde de visiter les environs sur terre et sur mer consiste à vous inscrire à une visite guidée de **Duck Tours Miami** *(adultes 24$, enfants 17$;* ☎*786-276-8300, www.ducktoursmiami.com)*. La visite en question dure 90 min et se fait à bord d'un véhicule amphibie qui a la forme d'un canard et qui peut accueillir 50 personnes. Départs de South Beach, au 1661 James Avenue, non loin de Lincoln Road, entre Collins Avenue et Washington Avenue.

Miami - Accès et déplacements

★ **ATTRAITS TOURISTIQUES**

1. AX Metro-Dade Cultural Center / Historical Museum of Southern Florida / Metro-Dade Public Library / Miami Art Museum
2. BY Brickell Avenue
3. BZ Atlantis / Palace / Imperial
4. BY NationsBank Tower
5. CX Bayside Market Place
6. CW Fisher Island
7. CW Freedom Tower
8. CW American Airlines Arena
9. CX Torch of Friendship Wall
10. CV Parrot Jungle and Gardens / Miami Children's Museum

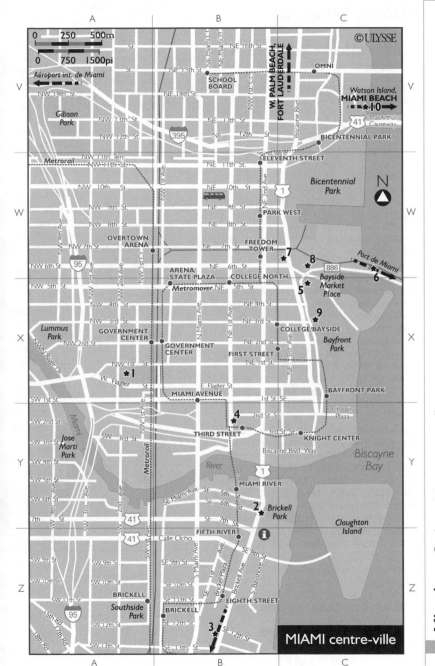

Attraits touristiques

Le centre-ville de Miami ★

À partir de 1959, l'immigration cubaine contribue fortement au développement rapide de Miami, qui voit au cours des décennies suivantes apparaître plusieurs gratte-ciel dans son paysage urbain. Aujourd'hui, le soir venu, la majorité des gens délaissent le quartier du centre-ville pour se réfugier dans les banlieues, mais les gratte-ciel s'illuminent tandis que le Metrorail et le Metromover poursuivent inexorablement leur trajet aérien afin d'offrir au regard des passants un spectacle qui donne l'impression de se retrouver dans un environnement irréel avec des airs futuristes.

Le **Metro-Dade Cultural Center** *(101 W. Flagler St., angle NW 1st Ave.;* ☎*305-375-1700)* regroupe trois immeubles d'architecture méditerranéenne: l'Historical Museum of Southern Florida, la Metro-Dade Public Library et le Miami Art Museum. Comme son nom l'indique, l'**Historical Museum of Southern Florida** ★★ *(adultes 5$; lun-sam 10h à 17h, jeu 10h à 21h, dim 12h à 17h;* ☎*305-375-1492, www.historical-museum.org)* retrace l'histoire du sud de la Floride à l'aide de maquettes, de photos anciennes et de produits artisanaux d'antan, depuis l'époque des premières tribus séminoles jusqu'à l'avènement des exilés cubains dans les années 1960, en passant par l'ère coloniale et l'arrivée des Juifs. La **Metro-Dade Public Library** *(*☎*305-375-2665)* est ouverte à tous ceux qui veulent prendre le temps de lire un bon roman ou de faire un peu de recherche. Le **Miami Art Museum** ★ *(adultes 5$; mar-mer 10h à 17h, jeu 10h à 20h, sam-dim 12h à 17h;* ☎*305-375-3000, www.miamiartmuseum.org)* présente diverses œuvres d'art contemporain (de 1945 à aujourd'hui) et accueille dans ses salles différentes expositions temporaires.

La frétillante **Brickell Avenue** rappelle le rôle de pionnier joué par la riche famille Brickell alors que Miami n'est encore qu'une petite bourgade. Cette large avenue est aujourd'hui bordée de banques étrangères

et nationales qui gardent derrière leurs façades de verre les capitaux détenus par de nombreuses multinationales. S'y trouvent aussi quelques immeubles à l'architecture inusitée érigés au cours des années 1970 et 1980, comme l'**Atlantis** ★ *(2025 Brickell Ave.)*, le **Palace** *(1541 Brickell Ave.)* et l'**Imperial** *(1627 Brickell Ave.)*. L'Atlantis se distingue par sa façade vitrée qui comporte une ouverture en son centre, par laquelle on peut observer un palmier et un escalier en spirale rouge.

On doit à I.M. Pei et ses collaborateurs, également concepteurs de la pyramide du Louvre à Paris et de la Place Ville-Marie à Montréal, les plans de la **NationsBank Tower** *(SE 2nd St., angle SE 1st Ave.)*, achevée en 1983. Son illumination nocturne retient l'attention en raison de la palette de faisceaux lumineux aux couleurs changeantes qui la fait chatoyer à intervalles réguliers durant toute la nuit.

De loin, on repère facilement le **Bayside Market Place** ★ *(401 Biscayne Blvd.;* ☎*305-577-3344)* grâce à la prétendue réplique géante de la guitare d'Eric Clapton juchée sur le toit du très populaire **Hard Rock Cafe** (voir p 94). Le Bayside Market Place est un centre commercial où fourmille une foule grouillante de touristes et de curieux qui viennent écumer les chics boutiques de mode, grignoter un brin ou simplement regarder le va-et-vient des nombreux bateaux entre la marina où ils accostent au bord du complexe et leurs diverses destinations, soit pour la pêche en haute mer, soit pour une promenade autour de **Fisher Island** afin de jeter un coup d'œil aux opulentes maisons appartenant au gratin de la société. En effet, Fisher Island n'est accessible que par bateau ou par avion et est habitée essentiellement par des millionnaires qui s'y sont fait ériger des résidences secondaires au luxe ostentatoire.

Érigée en 1925, et à l'instar du **Biltmore Hotel** (voir p 92), la **Freedom Tower** ★ *(600 Biscayne Blvd.)* présente une architecture s'inspirant de la *Giralda*, la célèbre tour de la cathédrale de Séville, en Espagne. Cet édifice de couleur pêche est d'abord occupé par l'ex-journal *The Miami Daily News*, avant d'être utilisé par le département de l'Immigration pour servir de bureaux et de logements collectifs à des exilés cubains ayant fui leur pays lors de la prise du pouvoir par Fidel Castro. C'est à partir de ce moment que le nom de «tour de la Liberté» lui est donné.

En face, on ne peut manquer l'**American Airlines Arena** ★ *(601 Biscayne Blvd.)*, stade sportif moderne de construction récente où sont présentés les matchs de l'équipe professionnelle de basket-ball de la ville, le Heat de Miami, ainsi que des spectacles rock et autres.

Le **Torch of Friendship Wall** ★ *(Biscayne Blvd., angle NE 3rd St.)* est un monument du Souvenir où trône une flamme vacillante qui brûle en permanence en mémoire de l'ex-président des États-Unis John F. Kennedy, assassiné le 22 novembre 1963 dans des circonstances encore mal définies, ainsi qu'en hommage aux liens d'amitié qui unissent les États-Unis à certains pays d'Amérique latine.

Ouvert depuis plus de 60 ans, le **Parrot Jungle and Gardens** ★ *(adultes 24$, enfants 19$; tlj 9h à 17h; 1111 Parrot Jungle Trail, du côté nord du MacArthur Causeway;* ☎*305-372-3822, www.parrotjungle.com)* a récemment déménagé ses pénates sur Watson Island, du côté nord du MacArthur Causeway, qui relie le centre-ville de Miami et South Beach. Il abrite toujours des légions d'oiseaux colorés dans un environnement luxuriant. L'endroit est idéal pour passer la journée avec des enfants, qui ne manqueront pas de s'émerveiller devant tant de créatures ailées dont le plumage se couvre d'une infinité de coloris, et devant les crocodiles, orangs-outans et autres animaux.

De l'autre côté du MacArthur Causeway, le **Miami Children's Museum** *(adultes et enfants 10$; tlj 10h à 18h; 980 MacArthur Causeway;* ☎*305-373-5437, www.miamichildrensmuseum.org)* a vu le jour récemment. Son objectif est d'initier les enfants aux arts, à la culture et aux sciences à l'aide de diverses expositions interactives.

South Beach ★★★

South Beach, ou si vous préférez *SoBe*, forme la partie méridionale de Miami Beach, ville distincte de Miami qui s'étire sur une longue île-barrière. Plusieurs *causeways* (chaussées) relient le continent à Miami Beach, dont le MacArthur Causeway qui donne directement accès à South Beach après avoir longé le **port de Miami** ★, où sont amarrés les immenses paquebots de croisière. Quelque 3 millions de passagers par année y prennent part à des croisières qui les mèneront dans les Caraïbes, ce qui en fait le plus important port de croisières au monde.

Depuis quelques années, South Beach est littéralement en train de renaître de sa décrépitude passée et constitue aujourd'hui «la» place pour danser, bronzer, manger, boire, parader, regarder et laisser tomber ses inhibitions. De nombreux hôtels sont restaurés dans le respect de leur architecture d'origine, des restaurants chics s'érigent çà et là, l'industrie du cinéma et de la télévision a pour South Beach des yeux de velours afin de se l'approprier comme lieu de tournage, les magazines de mode y délèguent leurs meilleurs photographes pour embellir leurs pages en papier glacé, les touristes optent pour flâner davantage sur la plage, et finalement les commerces qui la bordent sont florissants. De plus, South Beach s'enorgueillit d'abriter la plus grande concentration d'immeubles Art déco de la planète.

Vers la fin des années 1970, le quartier Art déco, ou **Art Deco District** ★★★, brûle littéralement sous un soleil ardent qui ternit la peinture des hôtels vétustes. Ceux-ci, sans qu'on le soupçonne alors, constituent pourtant le patrimoine de la ville. Le quartier sombre peu à peu dans la décrépitude, tant et si bien que rien alors ne peut laisser croire qu'un tout autre avenir lui est réservé. Mais grâce aux efforts répétés de Barbara Capitman, ce quartier est enfin tiré de la désuétude par de nombreux volontaires et personnalités publiques acharnés à préserver cet héritage. Tous ces gens de bonne volonté s'associent pour revigorer tout spécialement ce quartier en fondant un organisme non gouvernemental voué à la conservation du patrimoine architectural de l'agglomération, la Miami Design Preservation League.

Ainsi, depuis 1979, le quartier Art déco figure sur la liste du patrimoine historique américain, avec environ 800 bâtiments érigés entre 1923 et 1943. À partir de là, les immeubles du quartier sont plus ou moins hâtivement retapés, mais la plupart conserve leur façade d'antan habillée de tons pastel rafraîchis et ornée de formes géométriques incongrues pour mieux séduire le visiteur nostalgique d'une époque révolue. «Bâtiments historiques?» diront certains sceptiques avec beaucoup d'ironie dans la voix et en soulevant un sourcil dubitatif. Évidemment, on ne peut pas comparer la jeune histoire de l'Amérique à celle bien plus ancienne de l'Europe, et il est vrai qu'un hôtel construit en 1940 n'a pas la même valeur historique et patrimoniale qu'une abbaye anglo-saxonne érigée au XIe siècle, par exemple. Pris individuellement, un immeuble Art déco n'a guère de prestige. Toutefois, si l'on en regroupe près de 800 dans un périmètre bien défini, c'est une autre histoire. Et c'est là précisément que réside tout le charme de South Beach. Déambuler dans les rues du quartier Art déco plonge le visiteur tout droit au début du XXe siècle.

Si South Beach est le cœur palpitant de Miami Beach, **Ocean Drive** ★★★ constitue sans nul doute sa principale artère coronaire, car la circulation fluide qui sillonne cette avenue n'arrête jamais et irrigue nuit et jour tout le quartier. En effet, cette large voie de circulation est bordée par de nombreux cafés-terrasses, hôtels, restaurants, bars et autres commerces à la mode qui attirent une foule bigarrée où l'on rencontre pêle-mêle la fille en patins à roues alignées, le type aux biceps et aux pectoraux

bien huilés, le simple touriste vêtu d'un t-shirt aux couleurs criardes, le mannequin grillant une cigarette, l'homme d'affaires qui parle sans arrêt dans son cellulaire et parfois même la célébrité cachée derrière ses verres fumés. Une balade sur Ocean Drive permet de contempler de magnifiques exemples de bâtiments Art déco, principalement entre les 5e et 14e rues. Vous pourrez mieux apprécier ces bijoux architecturaux en arpentant la rue sur le trottoir situé côté plage (réservez l'usage de l'autre côté pour faire votre choix parmi les innombrables restaurants qui débordent, littéralement, sur le trottoir). Ne manquez pas de refaire cette balade une fois la nuit tombée, alors que les néons multicolores donnent une autre dimension à l'avenue.

Les portes de l'**Amsterdam Palace**, aussi connu sous le nom de **Casa Casuarina** *(1114 Ocean Dr.)*, sont barrées par de grosses chaînes, mais cela n'empêche pas les badauds de se présenter devant les marches afin de se faire photographier. C'est qu'ils savent qu'il s'agit de l'ancienne résidence de Gianni Versace, ce célèbre couturier italien assassiné ici même par un désespéré en 1997. Il paraît que les plans de la demeure sont basés sur ceux de l'ancienne maison du fils de Christophe Colomb à Santo Domingo, en République dominicaine. Remarquez le télescope géant qui saille du toit.

Faites un arrêt à l'**Art Deco District Welcome Center** *(dim-jeu 10h à 22h, ven-sam 10h à minuit; 1001 Ocean Dr.;* ☎*305-531-3484)*, où loge la Miami Design Preservation League qui organise des visites guidées du quartier. On y trouve une boutique de souvenirs qui vend entre autres des livres sur l'Art déco. Remarquez devant l'immeuble le monument qui indique l'heure et la

★ **ATTRAITS TOURISTIQUES**

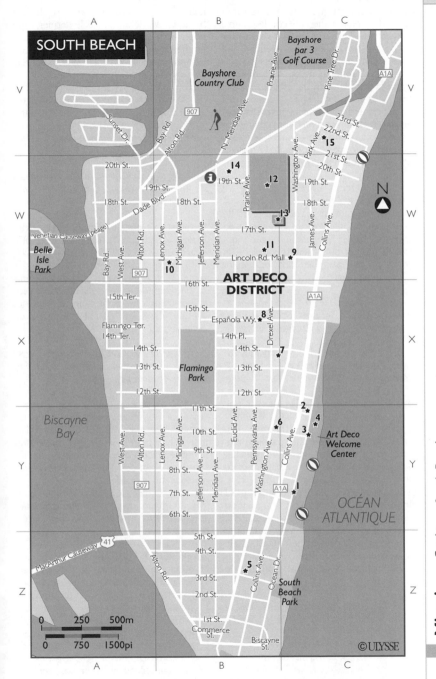

SOUTH BEACH

Bayshore par 3
Golf Course

Bayshore
Country Club

Belle
Isle
Park

Venetian Causeway (péage)

Biscayne
Bay

ART DECO
DISTRICT

Flamingo
Park

Lincoln Rd. Mall

Española Wy.

Art Deco
Welcome
Center

South
Beach
Park

MacArthur Causeway

OCÉAN
ATLANTIQUE

0   250   500m
0   750   1500pi

©ULYSSE

température, ainsi que la plaque à la mémoire des vétérans de la Seconde Guerre mondiale. Celle-ci comprend de saisissantes photos d'époque qui rappellent que South Beach a abrité des milliers de soldats alors à l'entraînement. À l'arrière se trouve le **poste de police**, qui arbore lui aussi des lignes Art déco inspirées des grands paquebots. D'ailleurs, même les **postes d'observation des maîtres nageurs**, sur la plage qui longe Ocean Drive, présentent les tons pastel et les formes typiques de l'Art déco version South Beach (Tropical Art déco).

Situé entre Ocean Drive et la plage, le **Lummus Park** ★ *(entre 5th St. et 15th St.)* est fréquenté assidûment par les amateurs de patin à roues alignées, de jogging et de volley-ball, ainsi que par tous ceux qui veulent profiter du généreux soleil de la Floride pour se promener tout bonnement le long de la plage.

Poursuivez votre balade sur Ocean Drive en direction sud jusqu'à 3rd Street. De là, tournez à droite et marchez jusqu'à Washington Avenue.

Ce n'est pas un hasard si le **Sanford L. Ziff Jewish Museum of Florida** ★★ *(adultes 6$; mar-dim 10h à 17h, lun fermé; 301 Washington Ave.; ☎305-672-5044, www.jewishmuseum. com)* niche à l'intérieur de la plus ancienne synagogue orthodoxe de Miami Beach et se dresse à la hauteur de 3rd Street. Jusqu'en 1940, les Juifs ne sont pas les bienvenus au nord de 5th Street. Ce triste chapitre de l'intolérance face à la présence juive à Miami Beach est désormais clos, mais le Stanford L. Ziff Jewish Museum of Florida perpétue, depuis son inauguration comme musée au milieu des années 1990, le souvenir de ce peuple et de sa culture en relatant, à l'aide de photographies, de tableaux et de vidéos, l'histoire de la communauté juive locale depuis son arrivée en Floride.

En sortant du musée, tournez à votre droite et montez Washington Avenue jusqu'à 10th Street.

De l'extérieur, la façade du **Wolfsonian** ★★ *(adultes 7$, enfants 5$; lun-mar et ven-sam 11h à 18h, jeu 11h à 21h, dim 12h à 17h, mer fermé; 1001 Washington Ave.; ☎305-531-1001, www.wolfsonian.org)* laisse apparaître le style faste et pompeux de l'art baroque. Au début du siècle dernier, cette noble demeure sert à entreposer les biens et effets personnels de la riche bourgeoisie qui vit près de là. De nos jours, elle s'est métamorphosée en musée où le visiteur peut observer sur trois niveaux près de 70 000 objets d'arts décoratifs, livres anciens, affiches et autres bibelots reliés aux divers designs à la mode qui se sont succédé pendant la période allant de 1885 à 1945.

Trois rues plus au nord à votre gauche, toujours sur Washington Avenue, vous remarquerez le bureau de poste de South Beach.

Le **bureau de poste** *(1300 Washington Ave.)* loge à l'intérieur d'un immeuble plutôt effacé, érigé vers 1939. Toutefois, si vous avez quelques minutes, poussez-donc la porte et jetez un coup d'œil pour admirer sa jolie rotonde, où entre la lumière à profusion, ainsi que sa peinture murale qui évoque une scène de l'histoire coloniale de la région.

En sortant du bureau de poste, continuez votre chemin sur Washington Avenue jusqu'à la sympathique Española Way.

Española Way ★★ égrène ses cafés-terrasses et ses boutiques de mode entre les avenues Drexel et Washington. Cette charmante rue prend des allures méditerranéennes grâce aux élégants balcons en fer forgé qui enjolivent les façades des belles maisons qui la bordent.

Après avoir parcouru Española Way, empruntez Meridian Avenue pour aboutir au cœur de Lincoln Road.

Lincoln Road ★★ est une artère commerciale inaugurée au début de 1920 par Carl Fisher, magnat de l'automobile (on lui doit le Speedway d'Indianapolis) et important promoteur immobilier de l'époque. Mais elle connaît un certain déclin à la suite de la dépression des années 1930 et de la Seconde Guerre mondiale. Puis, autour de 1960, Morris Lapidus, l'architecte des hôtels Fontainebleau et Eden Roc, reprend le flambeau et insuffle un regain d'intérêt pour cette voie en y pilotant des travaux

Avec sa palette de tons pastel et ses formes à l'avenant,
l'Art Deco District de Miami fait sensation auprès des visiteurs. - *PhotoDisc*

Pour parcourir la «rivière d'herbe» des Everglades, l'hydroglisseur,
mû par une hélice aérienne, demeure un mode de transport efficace. - *VISIT FLORIDA*

de revitalisation. Lincoln Road devient alors une artère piétonne et est entièrement repaysagée par l'architecte. Après un nouveau déclin au cours des années 1970, la rue est à nouveau rénovée vers le milieu des années 1980, et, de nos jours, elle resplendit de plus belle grâce aux nombreuses boutiques de mode, aux restaurants branchés et aux estaminets qui y sont installés. On y remarque également le **Colony Theater** *(1040 Lincoln Rd.)*, actuellement en rénovation, et le **Lincoln Theatre** *(541-555 Lincoln Rd.)*, magnifique construction Art déco, deux institutions qui viennent aussi contribuer au standing de l'artère, devenue au cours des dernières années l'une des plus chics et des mieux fréquentées de la ville.

Dirigez-vous vers l'est, à l'angle de Lincoln Road et de Washington Avenue, puis tournez à gauche et arrêtez-vous à la hauteur de 18th Street.

Le **Miami Beach Convention Center** *(1901 Convention Center Dr.;* ☎*305-673-7311)* est le plus grand centre de congrès de la région de Miami. Situé juste à côté, le **Jackie Gleason Theater of the Performing Arts** *(1700 Washington Ave.;* ☎*305-673-7300)* doit son nom au célèbre comédien américain, car la salle de spectacle d'aujourd'hui servit jadis à la production de l'émission de télévision fétiche qu'il anima jusqu'en 1970. Son extérieur arbore une architecture Art déco, tandis que l'intérieur peut accueillir près de 3 000 spectateurs qui viennent assister aux représentations des productions de Broadway ainsi qu'à des concerts de musique symphonique. Devant l'immeuble se trouve une sculpture de l'artiste Roy Lichtenstein intitulée *Mermaid*.

Dirigez-vous à l'ouest du Miami Beach Convention Center, à l'angle de Dade Boulevard et de Meridian Avenue.

Loin du tape-à-l'œil et de l'activité frivole qui s'étalent le long de la plage, le **Holocaust Memorial** ★★★ *(entrée libre; 1933-1945 Meridian Ave.;* ☎*305-538-1663)* est un monument qui rend un hommage particulièrement émouvant et vibrant aux victimes du régime nazi au cours de la Seconde Guerre mondiale. Là, au milieu d'un étang, on peut y voir une sculpture,

œuvre de l'artiste Kenneth Treister représentant une main géante à demi ouverte qui semble s'élancer, comme dans un ultime effort, vers l'éternité avant de se refermer à tout jamais. Cette main semble se mouvoir au milieu de nombreux êtres faméliques, hagards et désemparés qui cherchent désespérément une protection en tentant de s'accrocher à elle. On accède à ce mémorial par un long couloir en demi-cercle dont les murs sont tapissés d'innombrables noms et de photos de Juifs ayant péri durant ce triste épisode inscrit à jamais sous le nom d'holocauste à l'un des chapitres les plus troublés de l'histoire de l'humanité. Pour achever de créer l'atmosphère et compléter le tout, une musique classique très émotive qui vient vous chercher au tréfonds de votre être baigne l'ensemble des lieux. On ressort de là ému, troublé et profondément différent de l'état dans lequel on se trouvait en entrant.

Si vous n'êtes pas trop fatigué de marcher, prenez le Dade Boulevard à droite et suivez-le jusqu'au Bass Museum of Art. Le musée est situé à environ 10 min de marche du mémorial.

Le **Bass Museum of Art** ★ *(adultes 8$; mar-sam 10h à 17h, dim 11h à 17h, lun fermé; 2121 Park Ave.;* ☎*305-673-7530, www.bassmuseum.org)* doit son nom à un couple d'Autrichiens, John et Johanna Bass. Né à Vienne en 1891, John Bass déménage en Amérique du Nord en 1914. Il s'installe à New York et devient un important promoteur. Au milieu des années 1960, il lègue à la ville de Miami la collection d'œuvres d'art comprenant tableaux, sculptures et meubles anciens du XVᵉ siècle au XVIIᵉ s., constituée au fil des ans à l'aide de sa femme Johanna.

Le centre et le nord de Miami Beach ★

Le centre et le nord de Miami Beach n'ont guère d'attraits touristiques pour les visiteurs, mis à part bien sûr les impressionnantes plages de sable qui ont fait la réputation de l'endroit. Copropriétés, hôtels de luxe et résidences secondaires s'alignent

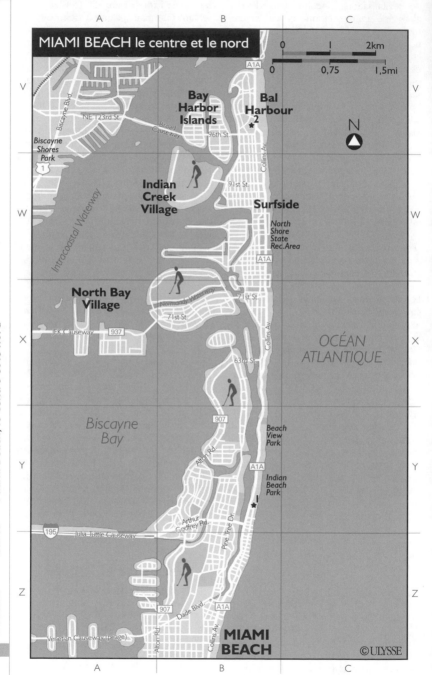

MIAMI BEACH le centre et le nord

ici, sur ce que plusieurs surnomment la «Riviera américaine».

Le **Fontainebleau Hotel** ★ *(4441 Collins Ave.)* constitue un bel exemple des vastes établissements hôteliers construits à partir des années 1950 sur la Riviera américaine. C'est à l'architecte Morris Lapidus que l'on doit les plans de l'immense palace en forme de demi-lune qui ouvre ses portes en 1954. Il sera fréquenté dans les années qui suivent par des personnalités comme Frank Sinatra, John F. Kennedy, Elvis Presley et bien d'autres. Des scènes du film de James Bond *Goldfinger* y seront également tournées. Une importante rénovation y a été réalisée au cours des dernières années. N'hésitez pas à entrer dans l'hôtel pour aller jeter un coup d'œil; sa spectaculaire piscine vaut le détour.

Les très chics **Bal Harbour Shops** *(9700 Collins Ave., Bal Harbour Village;* ☎ *305-866-0311, www.balharbourshops.com)* ont été aménagées parmi des aires ouvertes où pousse une végétation luxuriante parsemée de palmiers. Ce centre commercial abrite une foule de boutiques qui sauront sûrement satisfaire les goûts les plus divers et les plus extravagants.

Le **Museum of Contemporary Art** *(adultes 5$, enfants gratuit; mar-sam 11h à 17h, dim 12h à 17h, lun fermé; 770 NE 125th St., North Miami;* ☎ *305-893-6211, www.mocanomi.org)*, surnommé *MoCA*, se veut une vitrine fraîche et moderne pour les diverses formes d'art contemporain. Concerts de jazz à l'occasion.

Little Havana ★

La prise du pouvoir par Fidel Castro en 1959 provoque une exode de la bourgeoisie cubaine à Miami, où se forme bientôt une enclave à prédominance cubaine que d'autres expatriés d'origine latino-américaine choisiront par la suite pour terre

d'asile. De part et d'autre de la Calle Ocho (8th Street), les Cubains s'installent durant les années 1960 dans l'espoir de retourner chez eux une fois que Castro sera délogé du pouvoir. De nos jours, certains croient toujours à cette possibilité, tandis que beaucoup d'autres ont planté ici leurs racines et décidé d'aller de l'avant, mais tous ont l'année 1959 inscrite à l'encre indélébile dans leur inconscient. À preuve, à l'angle de la Calle Ocho et du Memorial Boulevard, le **Brigade 2506** ★★, un monument coiffé d'une flamme éternelle, a été érigé pour immortaliser les 94 combattants cubains qui perdirent la vie le 17 avril 1961 pendant l'intervention militaire américano-cubaine dans la baie des Cochons à Cuba.

Le **Domino Park** ★, également appelé **Máximo Gómez Park** *(SW 15th St., angle Calle Ocho)*, sert de lieu de rassemblement aux vieux Cubains pour boire un café corsé, fumer un cigare maison et deviser avec nostalgie des avatars de la vie tout en jouant une partie de dominos à l'ombre des palmiers qui agrémentent cet endroit pittoresque.

La **Plaza de la Cubanidad** *(W. Flagler St., angle 17th St.)* est le site d'un monument commémoratif entourant une fontaine en mémoire de l'écrivain, patriote et révolutionnaire cubain José Martí. Sur un des murs sont gravés des vers de Martí tirés du poème *Las palmas son novias que esperan* (Les palmiers sont des amis de cœur qui attendent).

El Credito Cigar Factory ★ *(1106 SW Calle Ocho;* ☎ *305-858-4162)*, une institution cubaine qui vit le jour en 1907 à La Havane, s'installe à son emplacement actuel vers la fin des années 1960. Cette pittoresque fabrique de cigares à l'arôme distingué permet aux curieux d'observer des employés cubains perpétuer leur savoir-faire ancestral en roulant les cigares à la main comme cela s'est toujours fait à Cuba.

Miami - Attraits touristiques - Little Havana

Miami - **Carte** - Little Havana

LITTLE HAVANA

N

11st Ave.

7th Ave.

411

933

5th St.
6th St.
7th St.

Tamiami Trail (SW 8th St)

4

1

Cuban Memorial blvd.

3

SW 12th Ave.

SW 13th Ave.

15th Ave.

2

14th Ave.

16th Ave.

12nd St.
13rd St.
14th St.

17th St.

SW 17th Ave.

18th Ave.

16th St.

19th St.
20th St.
21st St.

4th St.

19th Ave.

Calle Ocho

21st Ave.

SW 22nd Ave.

16th St.

SW 22nd St.

9th St.
10th St.

23rd Ave.

19th St.
20th St.
21st St.

972

24th Ave.

22th Ave. Rd.

Tamiami Trail (SW 8th St)

4th St.
5th St.

25th Ave.

16th St.
17th St.

SW 27th Ave.

9

29th Ave.

6th St.
7th St.

1,2

Tamiami Trail (SW 8th St)

20th Rd.
21st Rd.
22nd Rd.
23rd Rd.
24th Rd.

27th Rd.

29th Rd.
30th Rd.

9th Ave.
7th Ave.
5th Ave.
4th Ave.
SW 3rd Ave.
2nd Ave.
1st Ave.

95

©ULYSSE

0   300   600m

0   1000   2000pi

X   Y   Z

A   B   C   D   E

Coral Gables ★ ★

Contrairement à ce qu'un premier coup d'œil peut laisser croire, le caractère espagnol et européen du très chic quartier de Coral Gables n'est pas un riche héritage de l'ère des conquistadors. Malgré ses rues sinueuses aux noms de consonance espagnole et ses édifices à l'architecture coloniale, Coral Gables est l'aboutissement du rêve d'une seule personne qui eut le courage de croire en sa vision, George Merrick. Avocat de profession, Merrick s'entoure au cours des années 1920 de nombreuses personnes influentes et douées pour l'architecture et l'urbanisme afin de construire une ville opulente conçue d'après un modèle européen, suivant les enseignements du mouvement City Beautiful. Parmi ses plus belles réalisations, citons le superbe Biltmore Hotel et la splendide Venetian Pool.

La **Coral Gables Merrick House** ★ *(5$; mer et dim 13h à 16h; 907 Coral Way;* ☎*305-460-5361)* est la demeure construite par le père de George Merrick, Solomon Merrick, lors de son arrivée dans la région. Bâtie entre 1899 et 1906, puis partiellement rénovée vers 1920, elle abrite aujourd'hui des meubles, des tableaux et des effets personnels ayant appartenu à plusieurs membres de cette illustre famille.

À la fois fleuron de l'industrie hôtelière du chic quartier de Coral Gables et chef-d'œuvre architectural, le **Biltmore Hotel** ★ ★ ★ *(1200 Anastasia Ave.;* ☎*305-445-8066)* (voir p 92) voit le jour en 1926 grâce à la vision de George Merrick et aux plans de la firme d'architectes Schultze & Weaver. De l'extérieur, son imposante façade et son splendide clocher haut de 100 m, modelé sur celui de la *Giralda*, cette fameuse tour accolée à la cathédrale qui fait l'orgueil de Séville en Espagne, ne peuvent faire autrement que d'impressionner le visiteur.

Son immense piscine – qui serait la plus grande des États-Unis – contient 2,3 millions de litres d'eau et s'étale sur plus de 2 000 m². Entouré de terrains de golf, ce fastueux hôtel devient rapidement après son inauguration le lieu de rencontre des têtes couronnées et des personnalités bien en vue de la haute société. Hélas, trois ans à peine après son ouverture, le krach boursier suivi de la Grande Dépression freine peu à peu son essor. Puis en 1942, le Biltmore cesse complètement ses activités purement hôtelières pour devenir un hôpital militaire, rôle qu'il maintiendra jusqu'à la fin des années 1960 et qui lui vaudra en 1972 d'être déclaré site historique. Après d'importants travaux de rénovation, cet hôtel de grande classe rouvre enfin ses portes en 1992.

En 1923, une simple carrière de pierre calcaire devient la **Venetian Pool** ★ ★ ★ *(nov à mars adultes 6$, enfants 3$; avr à oct adultes 9$, enfants 5$; mar-ven 11h à 17h, sam-dim 10h à 16h30, lun fermé; 2701 De Soto Blvd.;* ☎*305-460-5356, www.venetianpool.com),* une attrayante piscine aux eaux cristallines enclavée dans un cadre distingué d'allures européennes qui correspond bien à la vision de George Merrick pour le quartier de Coral Gables. Ce cadre séraphique est rendu possible grâce aux idées combinées de Merrick, de l'artiste Denman Fink et de l'architecte Phineas Paist. Avec ses cascades, les ponts qui l'enjambent et ses terrasses et arches de calcaire méditerranéen, la Venetian Pool devient le théâtre de concours de beauté et de rencontres mondaines où il fait bon boire dans des verres élancés en s'échangeant des sourires et des poignées de main. La piscine est aujourd'hui ouverte au public, et l'on peut s'y rendre pour en apprécier le spectaculaire décor. Bien sûr, la baignade est aussi permise moyennant quelques dollars.

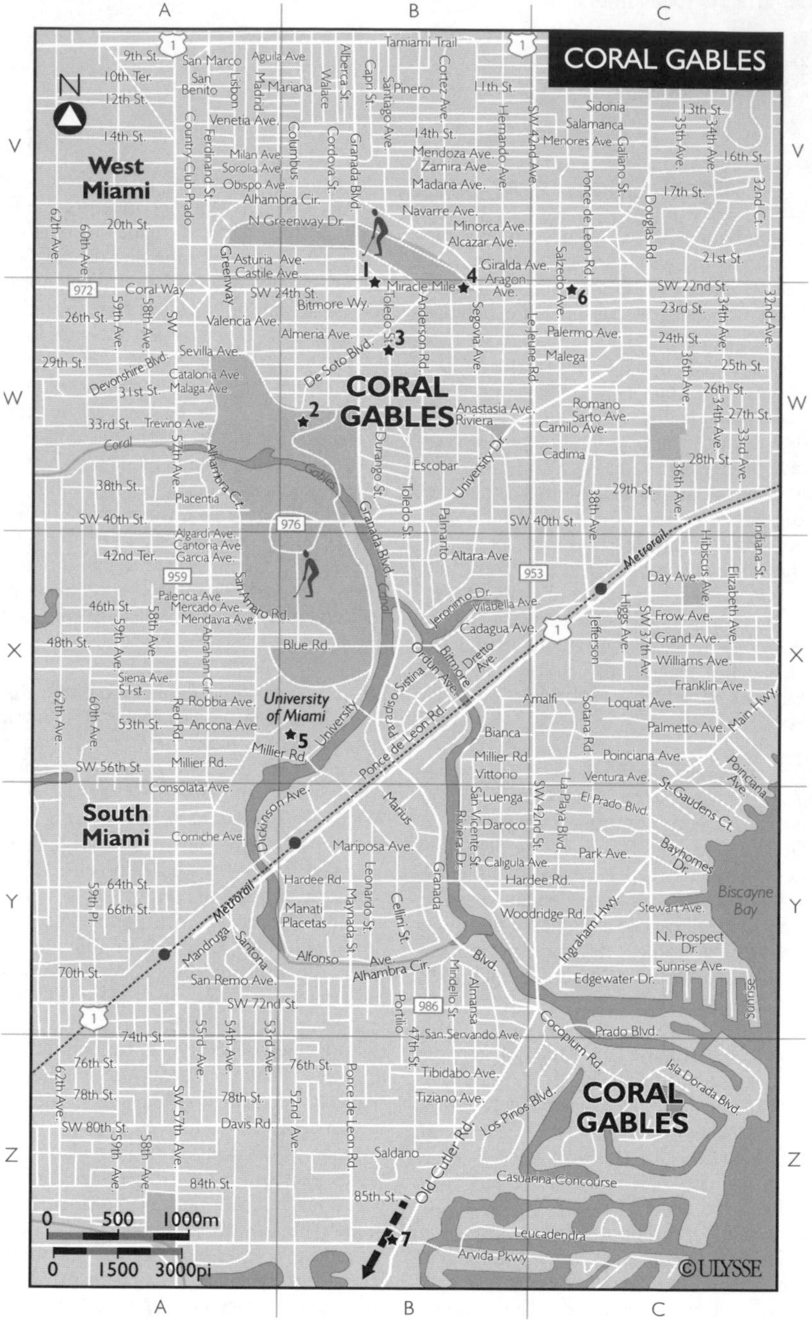
CORAL GABLES
West Miami
South Miami
CORAL GABLES
CORAL GABLES
University of Miami
Biscayne Bay
N
A
B
C
V
W
X
Y
Z
0 500 1000m
0 1500 3000pi
©ULYSSE
1
2
3
4
5
6
7
Tamiami Trail
9th St.
10th Ter.
12th St.
14th St.
20th St.
San Marco
San Benito
Aguila Ave.
Mariana
Pinero
11th St.
Venetia Ave.
Milan Ave.
Sorolia Ave.
Obispo Ave.
Alhambra Cir.
N Greenway Dr.
14th St.
Mendoza Ave.
Zamira Ave.
Madaria Ave.
Navarre Ave.
Minorca Ave.
Alcazar Ave.
Giralda Ave.
Aragon Ave.
Asturia Ave.
Castile Ave.
Miracle Mile
SW 24th St.
Bitmore Wy.
Coral Way
972
26th St.
Valencia Ave.
Almeria Ave.
De Soto Blvd.
Sevilla Ave.
Devonshire Blvd.
29th St.
Catalonia Ave.
Malaga Ave.
31st St.
33rd St.
Trevino Ave.
Coral
Gables
Canal
38th St.
Placentia
SW 40th St.
976
Algardi Ave.
Cantoria Ave.
Garcia Ave.
42nd Ter.
959
Palencia Ave.
Mercado Ave.
Mendavia Ave.
46th St.
48th St.
San Amaro Rd.
Blue Rd.
Siena Ave.
51st.
Robbia Ave.
53rd St.
Ancona Ave.
SW 56th St.
Millier Rd.
Millier Rd.
Consolata Ave.
Corniche Ave.
64th St.
66th St.
70th St.
74th St.
76th St.
78th St.
SW 80th St.
84th St.
Country Club Prado
Ferdinand St.
Lisbon
Madrid
Columbus
Walace
Cordova St.
Alberca St.
Capri St.
Santiago Ave.
Granada Blvd.
Cortez Ave.
Hernando Ave.
SW 42nd Ave.
Sidonia
Salamanca
Menores Ave.
Galiano St.
13th St.
35th Ave.
34th Ave.
16th St.
17th St.
32nd Ct.
Douglas Rd.
Ponce de Leon Rd.
Salzedo Ave.
21st St.
SW 22nd St.
23rd St.
24th St.
25th St.
26th St.
27th St.
28th St.
29th St.
32nd Ave.
34th Ave.
36th Ave.
33rd Ave.
Palermo Ave.
Malega
Romano
Sarto Ave.
Camilo Ave.
Cadima
Anastasia Ave.
Riviera
Escobar
University Dr.
Le Jeune Rd.
Segovia Ave.
Anderson Rd.
Toledo St.
Durango St.
Toledo St.
Palmarito
Altara Ave.
SW 40th St.
38th Ave.
953
Metrorail
Hibiscus Ave.
Elizabeth Ave.
Indiana St.
Day Ave.
Jeronimo Dr.
Vilabella Ave.
Cadagua Ave.
Frow Ave.
Grand Ave.
Williams Ave.
Franklin Ave.
Jefferson
Higgs Ave.
SW 37th Av.
Loquat Ave.
Palmetto Ave.
Main Hwy.
Poinciana Ave.
Poinciana Ave.
Ventura Ave.
St-Gaudens Ct.
El Prado Blvd.
Bayhomes Dr.
Park Ave.
Stewart Ave.
N. Prospect Dr.
Sunrise Ave.
Edgewater Dr.
Sunrise
Prado Blvd.
Isla Dorada Blvd.
Amalfi
Sotana Rd.
Bianca
Vittorio
Luenga
Daroco
Caligula Ave.
Hardee Rd.
Woodridge Rd.
Ingraham Hwy.
La Playa Blvd.
SW 42nd St.
San Vicente St.
Riviera Dr.
Dretto Ave.
Bitmore
Ordun Ave.
Paradiso
Sistina
Ponce de Leon Rd.
University
Dickinson Ave.
Marius
Mariposa Ave.
Granada
Hardee Rd.
Manati
Placetas
Leonardo St.
Maynada St.
Cellini St.
Alfonso
Ave.
Alhambra Cir.
Blvd.
Mandruga
Santona
San Remo Ave.
SW 72nd St.
986
Portilio
Mindello St.
Almansa
47th St.
San Servando Ave.
Cocoplum Rd.
Tibidabo Ave.
Tiziano Ave.
Los Pinos Blvd.
Old Cutler Rd.
Casuarina Concourse
Leucadendra
Arvida Pkwy.
Saldano
85th St.
Ponce de Leon Rd.
52nd Ave.
53rd Ave.
54th Ave.
55rd Ave.
SW 57th Ave.
57th Ave.
59th Ave.
58th Ave.
60th Ave.
62nd Ave.
59th Pl.
Red Rd.
Abraham Cir.
Alhambra Ct.
Greenway
Davis Rd.
76th St.
78th St.

Miracle Mile est un nom auquel il ne faut prêter aucune connotation miraculeuse particulière. Il s'agit d'un tronçon de rue de **Coral Way**, limité par Le Jeune Road et Douglas Road, qui fait un *mile* (mille) de long aller-retour (1,6 km). Y sont regroupés de nombreux commerces qui s'adressent presque exclusivement à une clientèle de futurs mariés. On y trouve en effet tout ce qu'il faut pour convoler en justes noces: du jonc aux fleurs colorées, en passant par la robe extravagante de madame ou le complet de coupe sobre mais soignée de monsieur. En poursuivant plus loin votre balade, profitez-en pour admirer au passage la superbe rotonde en marbre adjacente à l'Omni Colonnade Hotel.

Situé sur le campus de l'université de Miami, le **Lowe Art Museum** ★ *(adultes 5$, enfants gratuit; mar-mer et ven-sam 10h à 17h, jeu 12h à 19h, dim 12h à 17h, lun fermé; 1301 Stanford Dr.; ☎305-284-3535, www.lowemuseum.org)* abrite une collection de quelque 8 000 œuvres d'art. En font partie de nombreux tableaux de style baroque et de la Renaissance italienne ainsi que des peintures de Roy Lichtenstein et des sculptures polychromes de l'artiste Duane Hanson. Ces dernières sont des œuvres grandeur nature d'un réalisme saisissant.

Érigé en 1928, le **Coral Gables City Hall** *(lun-ven 9h à 17h; 405 Biltmore Way)* mérite un détour pour admirer sa façade semi-circulaire d'architecture néoclassique.

Sur une superficie de 33 ha, le **Fairchild Tropical Garden** ★★ *(adultes 15$, enfants gratuit; tlj 9h30 à 16h30; 10901 Old Cutler Rd., angle SW 101st St., ☎305-667-1651, www.ftg.org)* a aménagé des sentiers qui serpentent au milieu de palmiers, de fougères et de nombreuses sous-espèces tropicales – certaines sont d'ailleurs menacées d'extinction – qu'on a plantés tout autour de plusieurs lacs artificiels. Grâce aux nombreuses espèces de plantes qu'il recèle, le Fairchild Tropical Garden compte parmi les plus grands jardins botaniques des États-Unis.

Coconut Grove ★

Coconut Grove voit le jour bien avant que Miami ne défraie les chroniques de la mode. Vers la fin du XIXe siècle, on trouve déjà ici un petit bourg peuplé de Bahamiens, de chasseurs d'épaves et de marins en herbe qui sillonnent les eaux à la recherche de trésors oubliés. Dans les années 1920 et 1930, Coconut Grove se voit adopté par des écrivains griffonnant des idées dans leur calepin, des artistes rêveurs et des intellectuels distraits. Au cours des années 1960 et 1970, ceux-ci sont remplacés par des gens aux allures plutôt bohèmes de l'ère du *flower power*, qui font à leur tour place à des *yuppies* et à des gens riches et célèbres qui habitent désormais ce quartier. Aujourd'hui, Coconut Grove, également appelé *The Grove*, ressemble un peu à une sorte de Greenwich Village du Sud avec ses rues où les piétons déambulent sans craindre l'automobile, ses cafés en plein air et ses boutiques hétéroclites aux objets insolites. Certaines rues sont même illuminées par des réverbères à gaz. Au cœur de Coconut Grove se trouvent deux complexes commerciaux rivalisant pour le titre de prototype du centre commercial du futur: CocoWalk et The Streets of Mayfair.

Ayant bénéficié d'un *facelift* au cours des années 1990, le centre commercial **CocoWalk** *(3015 Grand Ave.)* s'apparente aujourd'hui à une grande villa espagnole articulée autour d'une cour intérieure éclairée par des lampadaires de style victorien, laquelle cour constitue la continuation naturelle de Grand Avenue. Chacun de ses trois niveaux possède ses propres boutiques, bars, cafés et restaurants, dont

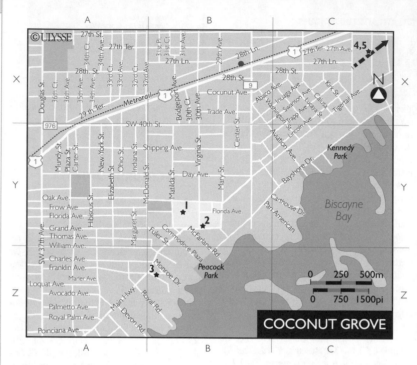

©ULYSSE

COCONUT GROVE

Kennedy Park

Biscayne Bay

Peacock Park

| 0 | 250 | 500m |
| 0 | 750 | 1500pi |

★ **ATTRAITS TOURISTIQUES**

1. BY CocoWalk

2. BY The Streets of Mayfair
3. BZ The Barnacle
4. CX Vizcaya Museum and Gardens
5. CX Miami Museum of Science & Planetarium

quelques-uns avec terrasses qui donnent sur Grand Avenue.

The Streets of Mayfair *(2911 Grand Ave.)* sont situées tout juste à côté de CocoWalk. Originalement construit en 1977-1978 sous l'appellation de «Mayfair Mall», ce centre commercial est constitué de boutiques exclusives qui donnent sur une terrasse centrale couverte. Rénové en 1995 au coût de 10 millions, l'ensemble se transforme alors en un complexe en plein air plus propice à l'activité piétonnière. Il est composé de quatre bâtiments principaux bordés par Grand Avenue au sud, Virginia Street à l'ouest, Oak Street au nord et Mary Street à l'est.

La pose de la première pierre de ce qui est aujourd'hui l'une des plus vieilles demeures du Dade County, **The Barnacle** ★ *(1$;*

ven-lun 9h à 16h, mar-jeu fermé; 3485 Main Hwy.; ☎*305-448-9445)*, a lieu en 1891, mais les travaux de construction ne s'achèvent qu'aux alentours de 1928. Cette maison appartient alors à l'un des pionniers de Coconut Grove, l'architecte naval Ralph Middleton Munroe. L'histoire raconte que ce New-Yorkais d'origine, séduit par la beauté du site et la douceur de son climat, y émigre vers la fin du XIXe siècle avec l'intention d'y faire construire une maison. Celle-ci, de style bahamien, abrite toujours aujourd'hui de vieux meubles et des photos ayant appartenu à son ancien propriétaire.

Au début du XXe siècle, alors qu'il approche rapidement de la soixantaine, l'industriel James Deering, magnat de la machinerie agricole, décide de se faire construire une résidence sous le lumineux soleil de la Floride, aux abords de Biscayne Bay. Il prend alors le temps de dénicher soigneusement, aux quatre coins du monde, les éléments décoratifs et les matériaux de qualité nécessaires à l'érection d'un palace qui lui convienne parfaitement; il a pour décorateur Paul Chalfin, ex-conservateur du Boston Fine Arts Museum. Finalement, en 1916, une splendide et opulente villa d'inspiration Renaissance italienne dessinée par l'architecte new-yorkais F. Burrall Hoffman voit le jour sous les traits de ce qui est aujourd'hui devenu le **Vizcaya Museum and Gardens** ★★★ *(adultes 12$, enfants 5$; tlj 9h30 à 17h; 3251 S. Miami Ave.; ☎305-250-9133, www.viscayamuseum.org)*. Malheureusement pour Deering, son état de santé se détériore rapidement, et il meurt en 1925, un an avant qu'un terrible ouragan ne s'abatte sur la région et cause de sévères dommages à sa propriété. Incapables d'entretenir convenablement la demeure, ses héritiers sont bientôt contraints de s'en départir, et elle devient propriété du Dade County en 1952. De nos jours, les visiteurs peuvent admirer à la Villa Vizcaya non seulement quelque 35 pièces garnies de tableaux remarquables, d'antiquités de qualité, de tapis somptueux et de miroirs resplendissants, mais aussi de superbes jardins classiques méticuleusement entretenus qui s'étendent sur 4 ha pour former un domaine d'allure véritablement princière.

Gardien d'un riche patrimoine scientifique, le **Miami Museum of Science & Planetarium** ★★ *(adultes 10$, enfants 6$; tlj 10h à 18h; 3280 S. Miami Ave.; ☎305-646-4200, www.miamisci.org)* fait découvrir l'univers fascinant du monde de la science et de son histoire grâce à une technologie multimédia très élaborée.

Key Biscayne ★

On rejoint Key Biscayne par la chaussée Rickenbacker *(1$ par voiture)* qui enjambe Biscayne Bay. Certains d'entre vous en profiteront peut-être pour faire une halte au musée océanographique du Miami Seaquarium. Au sud de l'île, englobé dans le Bill Baggs Cape Florida State Park, se trouve le Cape Florida Lighthouse. Key Biscayne est calme et retirée, mais on a besoin d'un véhicule personnel pour s'y rendre et s'y déplacer commodément. On y trouve des terrains de golf, des plages de sable blanc et des marinas.

Le **Miami Seaquarium** ★★ *(adultes 25$, enfants 20$; tlj 9h30 à 18h; 4400 Rickenbacker Causeway; ☎305-361-5705, www.miamiseaquarium.com)* abrite plus de 10 000 créatures issues du monde fascinant du silence et les fait connaître au public grâce à différents bassins où certaines espèces tiennent la vedette. Des spectacles accompagnés d'explications ont lieu toute la journée. Citons le spectacle donné par les sympathiques dauphins qui font irrésistiblement rire petits et grands, celui des énormes mais inoffensifs lamantins, celui des inquiétants requins et enfin celui des imposantes baleines ou autres cétacés. Quelques restaurants se trouvent sur le site pour calmer une fringale.

Le **Bill Baggs Cape Florida State Park** ★ *(5$ par voiture; tlj 8h au crépuscule; 1200 S. Crandon Blvd.; ☎305-361-5811)* est situé au sud de Key Biscayne et porte le nom en l'honneur de l'ancien rédacteur en chef du défunt journal *The Miami News*, qui déploie bien des efforts de son vivant pour préserver cette aire naturelle reconnue pour faire partie du patrimoine écologique américain. Ce parc d'une superficie de 363 ha réserve aux visiteurs des aires de pique-nique, des sentiers pédestres et des plages. L'attrait principal est cependant le **Cape Florida Lighthouse** ★, érigé en 1825. Onze ans plus tard, en 1836, au cours de la deuxième guerre séminole, le phare est saccagé et finalement incendié. En 1845, il est cependant reconstruit, et c'est ainsi qu'aujourd'hui on peut encore admirer sa silhouette gracile s'élever au-dessus de la ligne d'horizon.

Au sud de Miami ★

Ouvert depuis 1981, le **Miami Metrozoo** ★★★ *(adultes 12$, enfants 7$; tlj 9h à 17h30; 12400 SW 152nd St.; ☎305-251-0400, www.miamimetrozoo.com)* a rapidement acquis assez de renom pour figurer aujourd'hui sur la liste des jardins zoologiques les plus importants des États-Unis. S'étendant sur une superficie de 117 ha, il abrite près de 1 000 animaux capables de se mouvoir facilement à l'air libre dans un milieu tropical où l'on a tenté de recréer le plus fidèlement possible un environnement naturel qui permet à chaque espèce d'évoluer sur une parcelle de terre individualisée séparée des autres par des fossés. Un train sur rails surélevés effectue un circuit panoramique en forme de boucle autour du zoo en un peu moins de 30 min, mais s'arrête à des endroits précis pour que les visiteurs qui le désirent puissent descendre et observer plus longuement les animaux exotiques qui y vivent en semi-liberté. Parmi les vedettes du zoo, mentionnons le fascinant tigre du Bengale qui circule autour de la réplique d'une partie du temple d'Angkor du Cambodge, les somnolants mais charmants koalas d'Australie qui nichent dans les branches d'une mini-forêt d'eucalyptus et bien d'autres créatures animales qui enchanteront petits et grands. Il est préférable de s'y rendre très tôt le matin, car les rayons du soleil sont si intenses en milieu de journée qu'ils peuvent rendre la visite épuisante et désagréable.

La **Monkey Jungle** *(adultes 20$, enfants 14$; tlj 9h30 à 17h; 14805 SW 216th St. ou Hainlin Mill Rd., 5 km à l'ouest de la US 1 / South Dixie Hwy.;* ☎*305-235-1611, www.monkeyjungle.com)* reçoit les visiteurs qui veulent marcher dans des chemins grillagés tout en observant de nombreuses espèces de primates, surtout des singes, en train de s'élancer de branche en branche, de grimper ou de pousser des cris stridents au milieu des 12 ha de végétation luxuriante que compte ce parc animalier.

Le **Fruit & Spice Park** ★ *(adultes 5$, enfants 1,50$; tlj 10h à 17h; 24801 SW 187th Ave., Homestead;* ☎*305-247-5727, www.fruitandspice-park.org)* se consacre à préserver et à faire connaître sur 8 ha de culture les nombreux fruits tropicaux et les différentes épices qui existent sur la planète. La meilleure période pour visiter ces merveilles de la nature va de mai à octobre.

Mélange d'étrangeté, de passion et de beauté minérale, le **Coral Castle** ★★★ *(adultes 9,75$, enfants 5$; tlj 9h à 18h; 28655 Dixie Hwy., Homestead;* ☎*305-248-6344, www.coralcastle.com)* résulte de l'obstination et de la volonté déconcertante d'un seul homme, Edward Leedskalnin, à vouloir triompher d'un destin qui se rebellait contre lui. Souvent surnommé le «Stonehenge de l'Amérique», ce lieu historique national demeure une énigme aux yeux des historiens comme du grand public et continue d'étonner autant les simples touristes que les scientifiques. Épris éperdument d'une jeune femme qui lui refuse son amour, ce Letton de très petite stature (1,52 m; 45 kg) consacre 28 ans de sa vie à déplacer, façonner et sculpter inlassablement d'énormes pierres coralliennes sans aucune aide mécanique ou humaine. Le résultat de ce travail opiniâtre autant que colossal apparaît aujourd'hui tout simplement prodigieux. Parmi quelques-unes de ses réalisations fantastiques, mentionnons le télescope, immense, et le croissant de lune.

Pour oublier pendant quelque temps le tumulte de la ville, rendez-vous au **Biscayne National Park** ★★ *(entrée libre; tlj 8h à 17h30; 9700 SW 328th St., Homestead,* ☎*305-230-1100, www.nps.gov/bisc)*, un parc aquatique particulier dont près de 95% de la superficie se trouve sous l'eau. Au sud de Biscayne Bay, des bateaux au plancher vitré sillonnent les eaux du parc, ce qui permet d'admirer une multitude de poissons colorés, des lamantins aux allures préhistoriques, des tortues marines et des coraux de formes et de tailles très diversifiées (comptez 20$ pour ces excursions). Si vous disposez

---

★ **ATTRAITS TOURISTIQUES**

1. BV Miami Seaquarium

2. BY Bill Baggs Cape Florida State Park
3. BZ Cape Florida Lighthouse

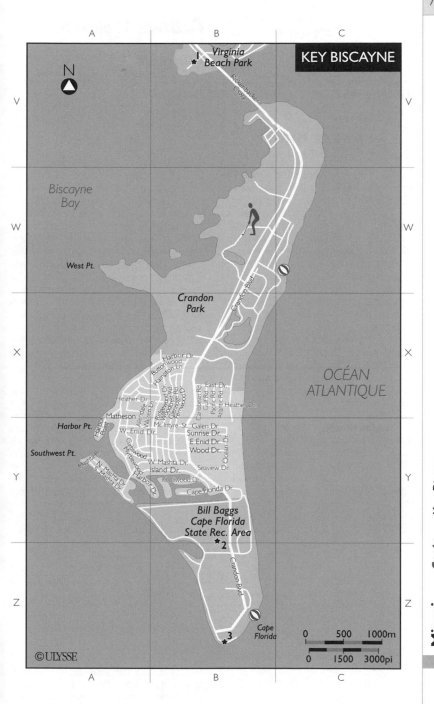

encore d'un peu de temps, la meilleure façon de découvrir le merveilleux monde sous-marin est de vous munir de palmes, d'un masque et d'un tuba, et de folâtrer librement dans l'onde claire où vivent et se reproduisent ces mille et une créatures si étranges mais si belles.

Au nord de Miami ★

Peu de visiteurs passent devant la façade de l'**American Police Hall of Fame & Museum** ★ *(4$; tlj 10h à 17h; 3801 Biscayne Blvd.; ☎305-573-0070)* sans jeter un œil perplexe sur l'automobile fixée au mur. Situé au nord du centre-ville, ce musée insolite consacré aux forces de l'ordre nous éclaire sur l'histoire policière à diverses époques de façon percutante et non dénuée d'un certain sensationnalisme. Les visiteurs qui veulent se donner le frisson peuvent s'asseoir sur la chaise électrique démodée, ou jeter un coup d'œil rapide et horrifié sur la guillotine ou à l'intérieur de la chambre à gaz. On y trouve même la voiture de police pilotée par Harrison Ford dans le film culte *Blade Runner* ainsi qu'une chambre qui reconstitue la scène d'un crime où l'on aperçoit la silhouette d'une victime tracée sur le plancher.

Le **Spanish Monastery** ★★★ *(adultes 5$, enfants 2$; lun-sam 9h à 17h, dim 13h à 17h; 16711 W. Dixie Hwy., angle NE 167th St., North Miami Beach; ☎305-945-1462, www.spanish-monastery.com)* est l'édifice le plus ancien situé à l'ouest de l'Atlantique... mais il fut d'abord érigé en Espagne vers 1141. Ce magnifique cloître espagnol médiéval est acheté au début du XXe siècle par le magnat de la presse William Randolph Hearst. On le démonte alors minutieusement, pierre par pierre, en identifiant soigneusement chacune des pièces avant de les ranger précieusement dans des boîtes qui sont acheminées aux États-Unis en 1925. Diverses mésaventures feront en sorte qu'il faudra attendre plus de 25 ans avant que le cloître ne soit enfin reconstruit à son emplacement actuel, entouré de splendides jardins.

Activités de plein air

■ Baignade

South Beach

Depuis South Beach, plus on se dirige vers le nord de Miami Beach, plus les plages sont tranquilles et, par le fait même, moins achalandées. Miami Beach est une longue bande de terre sablonneuse reliée à Miami par des *causeways* qui enjambent Biscayne Bay. Les plages de Miami voient déferler chaque année des milliers de touristes à la recherche de soleil et des bienfaits de la mer. En effet, ces plages ont de quoi satisfaire presque tout le monde, mais il n'y aucune ambiguïté qui plane sur «la» plage la plus populaire de Miami: **South Beach**, également appelée *SoBe*. Elle s'étire de 1st Street à 24th Street. Dans la partie plus méridionale de South Beach se trouve le **South Point Park**, où les vagues ne se comparent nullement aux vagues spectaculaires et bouillonnantes d'Australie, mais conviendront aux véliplanchistes pas trop difficiles qui s'y donnent parfois rendez-vous.

Un peu plus au nord, la plage que longe Ocean Drive attire une foule bigarrée qui vient se tremper les orteils, batifoler dans les vagues, s'allonger sur le sable ou tout simplement observer les gens derrière des lunettes de soleil. Il n'y a pas de palmiers qui projettent de l'ombre, mais on y loue des chaises longues et des parasols. Même les cabines des maîtres nageurs arborent des tons pastel aux lignes Art déco.

Même s'il y a une grande population gay à South Beach qui se retrouve un peu partout sur les plages de Miami Beach, la plage située aux alentours de 17th Street est considérée comme «la» **plage gay** de South Beach.

Le centre et le nord de Miami Beach

South Beach s'achève au sud de 23rd Street. Au nord de South Beach, l'activité est un peu plus tranquille derrière les multiples copropriétés. Puis, à la hauteur de 44th Street, derrière les méga-complexes d'hébergement comme le Fontainebleau, l'Eden Roc et l'Alexander Luxury Suite Hotel, se trouvent des plages moins courues par la noria de touristes de South Beach, mais qui sont surtout fréquentées par les clients de ces établissements hôteliers. Étant donné qu'il n'y a aucune plage privée à Miami, libre à vous de vous y rendre. De plus, entre 20th Street et 50th Street, se trouve un *boardwalk* où les visiteurs peuvent se balader à leur guise.

En poussant toujours plus au nord, entre 72th Street et 95th Street, vous gagnerez **Surfside Beach**, une enclave québécoise où des retraités ont élu domicile, en permanence ou en haute saison.

Haulover Beach est quant à elle située à la hauteur de 10800 Collins Avenue et se veut particulièrement propre et sans boucan. De plus, dans le même coin, un peu plus au nord, on peut s'y pointer en tenue d'Adam et Ève sans susciter le moindre étonnement. Vous l'avez deviné, il s'agit d'un tronçon de plage réservé au naturisme.

Coral Gables

Ce n'est pas une plage mais, pour la baignade à proprement parler, difficile de trouver cadre plus spectaculaire que celui de la **Venetian Pool** *(2701 DeSoto Blvd.; ☎305-460-5356, www.venetianpool.com)*. L'entrée s'élève à 6$ de novembre à mars et à 9$ le reste de l'année.

Key Biscayne

Les plages du **Bill Baggs Cape Florida State Park** *(1200 S. Crandon Blvd.; ☎305-361-5811)* et **Crandon Park Beach** plairont aux familles et aux vacanciers. On y trouve des tables de pique-nique, et des terrains de volley-ball y ont été aménagés.

■ Golf

Le golf fait sans cesse de nouveaux adeptes en Floride. Voici quelques terrains des environs de Miami:

Bayshore Golf Course
2301 Alton Rd.
Miami Beach
☎ (305) 532-3550
Un 18 trous. Normale 72.

Biltmore Golf Club
1210 Anastasia Ave.
Coral Gables
☎ (305) 460-5366
Un parcours à 18 trous (normale 71) aménagé aux abords du fameux Biltmore Hotel de Coral Gables.

Don Shula's Golf Club
7601 Miami Lakes Dr.
Miami Lakes
☎ (305) 821-1150 ou 800-247-4852
Un 18 trous. Normale 72.

Doral Golf Resort & Spa
4400 NW 87th Ave.
Miami
☎ (305) 592-2000
www.doralgolf.com
Cinq parcours à 18 trous dessinés par des architectes paysagistes réputés. Normale 70 à normale 72.

Fairmont Turnberry Isle Resort & Club
19999 W. Country Club Dr.
Aventura
☎ (305) 932-6200 ou 800-327-7028
www.turnberryisle.com
Deux terrains de golf dessinés par le réputé Robert Trent Jones s'étendent aux abords de cet hôtel de luxe (voir p 89).

■ Jogging

S'il existe un sport qui demande un minimum d'équipement et d'accoutrement, c'est bien le jogging. Assurez-vous toutefois de vous chausser d'une paire de chaussures de course qui absorbera bien les chocs tout en vous évitant des blessures aux genoux ou au dos. Des sentiers asphaltés entre la plage et Ocean Drive se prêtent bien à cet exercice. De plus, entre 20th Street et 50th Street, se trouve un *boardwalk* où les visiteurs peuvent se balader à leur guise.

Miami - Activités de plein air

■ Kayak

Urban Trails Kayak
3400 NE 163rd St.
North Miami
☎ (305) 947-0302
www.urbantrails.com
Comptez environ 8$ l'heure pour la location d'un kayak de mer (12$ pour un kayak à deux places). Visites guidées d'une durée de quatre heures également organisées (entre 35$ et 45$ par personne).

■ Patin à roues alignées

Se déplacer sous le soleil en patins à roues alignées entre Ocean Drive et la plage est une activité fort prisée. Plusieurs entreprises, entre autres sur Ocean Drive, font la location de l'équipement ainsi que des accessoires pour se protéger (casque, gants, genouillères et protège-coudes):

Fritz's Skate Shop
730 Lincoln Rd.
South Beach
☎ (305) 532-1954
Comptez 8$ l'heure ou 24$ pour la journée.

■ Pêche en haute mer

Les fonds marins de la côte Atlantique pullulent de poissons de tout acabit et ont acquis une réputation internationale pour la pêche hauturière. De plus, il s'agit d'une agréable occasion de se balader au large et d'apprécier les beautés de la mer. Si l'expérience vous intéresse, rendez-vous au nord de Miami Beach et montez à bord du bateau *Therapy IV (10800 Collins Ave., Miami Beach, ☎305-945-1578)*.

■ Plongée sous-marine

L'un des meilleurs endroits pour s'adonner à la plongée sous-marine dans les environs de Miami est le **Biscayne National Park** *(9700 SW 328th St., Homestead; ☎305-230-1100)*, dont 95% du territoire se trouve sous l'eau.

Voici quelques loueurs d'équipement qui organisent aussi des excursions:

South Beach Divers
850 Washington Ave.
Miami Beach
☎ (305) 531-6110
www.southbeachdivers.com
Propose des cours de certification et organise des excursions sous-marines en tout genre aux environs de Miami et jusqu'à Key Largo.

H2O Scuba
160 Sunny Isles Blvd.
Sunny Isles Beach
☎ (305) 956-3483
Cette boutique propose des cours de certification et loue l'équipement nécessaire pour pratiquer la plongée sous-marine.

■ Randonnée pédestre

Le **Bill Baggs Cape Florida State Park** *(1200 S. Crandon Blvd.; ☎305-361-5811)* dispose d'aires de pique-nique et de sentiers pédestres qui offrent aux visiteurs le calme et l'évasion qu'ils recherchent.

■ Vélo

Les visiteurs peuvent se balader sur la piste cyclable qui se déroule entre Ocean Drive et la plage à la hauteur de South Beach, ainsi que sur le sentier dénommé **Old Cutler Bike Path** *(entre SW 72nd St. et SW 224th St.; ☎305-375-1647)* et la **Snapper Creek Bikeway** *(SW 117th Ave. entre SW 16th St. et SW 72nd St.; ☎305-375-1647)*.

Plusieurs hôtels louent des bicyclettes, de même que quelques boutiques de vélos dont celle-ci:

Miami Beach Bicycle Center
601 5th St.
South Beach
☎ (305) 674-0150
Comptez 8$ l'heure ou 20$ pour la journée.

Miami - Activités de plein air

▲ Hébergement

Parmi la pléthore d'éta-blissements formant le parc hôtelier de Miami et ses environs, le visiteur dénichera certainement le type d'hébergement qu'il recherche. Toutefois, tenez-vous-le pour dit, on ne vient pas à Miami les poches vides, et rares sont les hôtels qui louent leurs chambres à moins de 70$ par nuitée. Toutes les chambres d'hôtel ont l'eau chaude, la télé et une salle de bain privée, sinon nous vous en ferons part.

Le centre-ville de Miami

Les hôtels du centre-ville de Miami sont générale-ment affiliés aux chaînes internationales et s'adres-sent d'abord et avant tout à une clientèle d'affaires. Ils sont situés relativement près de l'aéroport, sont do-tés de salles de conféren-ces et de chambres bien équipées, et fournissent tous les gadgets appréciés comme le service de té-lécopie et l'accès à Inter-net. Toutefois, sachez que ce quartier devient un *no man's land* dès la ferme-ture des commerces et que les bons restaurants et les boîtes de nuit sont rares. Si vous êtes à la recherche de bars et de discothèques pour occuper vos soirées, mieux vaut loger à South Beach.

Everglades Hotel
$$
≡, ♨
244 Biscayne Blvd.
☎ (305) 379-5461
🖷 (305) 577-8445
L'Everglades Hotel compte environ 315 chambres quelque peu défraîchies, mais tarifées à des prix raisonnables pour le cen-tre-ville. La plupart ont une jolie vue de Miami.

Miami River Inn
$$ pdj
≡, ≋, ♨, 🐾
118 SW South River Dr.
☎ (305) 325-0045 ou
800-468-3589
🖷 (305) 325-9227
www.miamiriverinn.com
Le Miami River Inn est un charmant *bed and breakfast* qui loue des chambres sécuritaires au confort tout à fait convenable. Les 40 chambres sont réparties dans quatre cottages situés

---

Les lieux d'hébergement qui se distinguent

Pour l'accueil: **Fairmont Turnberry Isle Resort & Club** (p 89)

Pour les amateurs d'histoire: **Biltmore Hotel** (p 92)

Pour l'ambiance romantique: **Hotel Ocean** (p 86), **Hotel Impala** (p 85)

Pour la piscine: **Fontainebleau Resort and Towers** (p 89), **Biltmore Hotel** (p 92), **The National Hotel** (p 87)

Pour le spa: **Eden Roc Renaissance Resort & Spa** (p 89)

Pour les amateurs de golf: **Fairmont Turnberry Isle Resort & Club** (p 89)

Pour les amateurs de design: **Delano Hotel** (p 86)

Pour l'atmosphère méditerranéenne: **Blue Moon Hotel & Bar** (p 84)

Pour faire la fête: **Clevelander Hotel** (p 84)

Le meilleur rapport qualité/prix: **Astor Hotel** (p 84)

au cœur du centre-ville. Chacune est agréablement garnie d'antiquités du début du XXe siècle.

Hotel Inter-Continental Miami
$$$$-$$$$$
≡, ≋, ♨, ↔, 🔒
100 Chopin Plaza
☎ (305) 577-1000 ou
800-327-3005
🖩 (305) 577-0384
www.miami.interconti.com
Le hall du chic Hotel Inter-Continental Miami brille de propreté et d'élégance. Cet établissement hôtelier de catégorie supérieure propose 606 chambres et 33 suites conçues pour satisfaire une clientèle d'affaires grâce à des installations modernes. Chacune des chambres et suites est bien équipée et dotée d'une penderie à l'intérieur de laquelle se trouve un coffre-fort pour garder vos objets de grande valeur. Certaines offrent une vue sur Biscayne Bay, tandis que d'autres font face à la ville.

Hyatt Regency Miami
$$$$-$$$$$
≡, ♨, 🔒
400 SE 2nd Ave.
☎ (305) 358-1234 ou
800-233-1234
🖩 (305) 358-0529
www.miami.hyatt.com
Si vous aimez le luxe, vous ne serez pas déçu en poussant la porte de la réception de l'hôtel Hyatt Regency. Le hall s'avère en effet faste et

bien astiqué, alors que les 600 chambres de l'établissement, réparties sur 25 étages, sont à la hauteur du chic que l'on peut s'attendre d'un établissement de cette chaîne d'hôtels bien connue. À deux pas du Metrorail et du Metromover.

South Beach

Si vous participez à un congrès au Miami Beach Convention Center, nous vous suggérons de loger dans un hôtel de South Beach près de 20th Street. Cela vous permettra de vous déplacer aisément à pied depuis votre hôtel jusqu'à votre congrès. South Beach abrite la plus grande concentration d'immeubles Art déco du globe et fourmille de bars, de restaurants et de boîtes de nuit. La plupart des hôtels de South Beach furent érigés autour des années 1930 et furent rénovés il y a quelques années en raison de la soudaine popularité grandissante pour cette destination. Mis à part quelques exceptions, ces établissements sont relativement petits et sont tenus par des propriétaires privés, mais procurent un confort tout à fait convenable. L'inconvénient majeur lorsque vous séjournez à Miami Beach est le manque évident de places de

stationnement. En effet, rares sont les hôtels qui vous offrent la possibilité de garer votre véhicule sans défrayer les coûts du *valet parking* (entre 7$ et 15$ par jour selon l'établissement choisi).

Clay Hotel
$
♨
1438 Washington Ave.
☎ (305) 534-2988 ou
800-379-2529
🖩 (305) 673-0346
www.clayhotel.com
Ouvert à ceux et celles qui ont des contraintes budgétaires, le Clay Hotel est à la fois un hôtel et une auberge de jeunesse. Il se dresse à l'angle de Washington Avenue et de la charmante Española Way, et a été amébagé dans l'ancienne demeure du musicien cubain Desi Amaz, qui lança la mode de la rumba. Très bien situé, l'établissement propose des chambres privées simples (autour de 50$), mais qui procurent un confort tout à fait honorable. Les chambres partagées (dortoirs) sont louées à des prix qui défient toute concurrence (comptez 16$ par personne). Cet endroit est très populaire auprès des globe-trotters venus des quatre coins du monde pour profiter du soleil floridien et pour s'échanger des histoires de voyage. Si possible, louez une cham-

---

▲ **HÉBERGEMENT**
1. CX Everglades Hotel
2. CY Hotel Inter-Continental Miami
3. BY Hyatt Regency Miami
4. AY Miami River Inn

● **RESTAURANTS**
1. CX Hard Rock Cafe
2. CY Indigo Restaurant & Bar
3. CX Panini Cafe Bar

➜ **SORTIES**
1. CW American Airlines Arena
2. BX Gusman Center for the Performing Arts

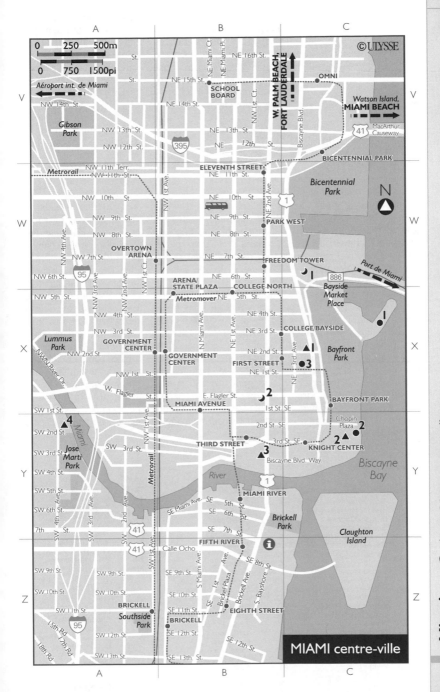

bre qui s'ouvre sur un balcon.

The Creek
$-$$ pdj
≋, ♨

2360 Collins Ave.
☎ (305) 538-1951 ou
866-445-4800
▤ (305) 531-3217
www.thecreeksouthbeach.com

Les voyageurs à la recherche d'une halte à trois sous peuvent se rabattre sur The Creek, anciennement connu sous le nom de «Banana Bungalows». Situé juste au nord de l'Art Deco District et tout près du Bass Museum, cet hôtel pratique des prix vraiment intéressants si vous êtes disposé à dormir dans un dortoir (environ 20$ par nuitée par personne). Vous y trouverez aussi des chambres privées propres, mais sans fantaisie, qui s'articulent autour de la piscine et d'un canal étroit (comptez 80$). Le restaurant sert des repas simples et drôlement économiques, tandis que des tables de ping-pong,

une agence de voyages et une blanchisserie font partie des autres services et installations proposés par l'établissement. Finalement, un stationnement économique est à la disposition des clients.

Brigham Gardens
$$-$$$
≡, ❄, ↝

1411 Collins Ave.
☎ (305) 531-1331
▤ (305) 538-9898
www.brighamgardens.com

Tenu par un sympathique duo mère-fille, le Brigham Gardens est une petite oasis de tranquillité située juste à côté de la Villa Paradiso (voir ci-dessous). On y loue 10 chambres et neuf studios répartis dans deux bâtiments de style Art déco et méditerranéen. Chaque chambre est équipée d'un réfrigérateur, d'une cafetière et d'un système de messagerie vocale. Après une journée à la plage, installez-vous au sein du jardin à l'aspect bucolique, enfoncez-vous dans le ha-

mac, écoutez le pépiement des oiseaux qui se mêle au tintement des carillons éoliens et laissez la brise vous caresser le visage, le temps d'oublier le brouhaha qui règne sur Ocean Drive.

Villa Paradiso
$$-$$$
☀, ≡

1415 Collins Ave.
☎ (305) 532-0616
▤ (305) 673-5874
www.villaparadisohotel.com

Sise à un coin de rue de la plage, la Villa Paradiso dispose de chambres et studios tranquilles au plancher de bois franc qui s'organisent autour d'une cour intérieure ombragée. Une cuisinette avec service de couverts et machine à café se trouve dans chaque chambre. L'endroit plaira à tous ceux qui cherchent un peu de tranquillité, mais qui souhaitent se déplacer aisément jusqu'aux restaurants ou être près de l'animation nocturne. L'établis-

---

▲ HÉBERGEMENT

1.	BY	Astor Hotel
2.	CY	Blue Moon Hotel & Bar
3.	CW	Brigham Gardens
4.	CX	Cardozo
5.	CY	Casa Grande Suite Hotel
6.	CX	Clay Hotel
7.	CY	Clevelander Hotel
8.	CV	Creek, The
9.	CW	Delano Hotel
10.	CY	Essex House
11.	BX	Hotel Impala
12.	CX	Hotel Ocean
13.	CV	Indian Creek Hotel
14.	CW	Loews Miami Beach Hotel
15.	CX	Marlin
16.	CW	National Hotel, The
17.	CX	Tides, The
18.	CX	Villa Paradiso
19.	CY	Waldorf Towers Hotel
20.	CX	Winter Haven

● RESTAURANTS

1.	BX	À la Folie
2.	BW	Balans
3.	CW	Blue Door
4.	CY	Cafe Med
5.	CW	Cafe Mosaic
6.	CY	Casablanca
7.	CX	Chalan
8.	BZ	China Grill
9.	CX	Deux Fontaines, Les
10.	BY	Eleventh Street Diner
11.	BZ	Entrecôte de Paris, L'
12.	CY	Fish Called Avalon, A
13.	BW	Ghirardelli
14.	CX	Grillfish
15.	CX	Jerry's Famous Deli
16.	BZ	Joe's Stone Crab Restaurant
17.	CX	Kafka's Kafé
18.	CX	Maiko Japanese Restaurant & Sushi Bar
19.	BZ	Nemo
20.	CY	News Café
21.	CX	Osteria del Teatro
22.	BY	Pizza Rustica
23.	CX	Sandwicherie, La
24.	BZ	Smith & Wollensky
25.	CX	Sushi Rock Cafe
26.	BX	Tantra
27.	BY	Thai Toni
28.	BX	Toni's Sushi Bar
29.	BW	Van Dyke Cafe
30.	BW	World Resources
31.	BW	Yuca

♪ SORTIES

1.	BY	Bash
2.	CY	Clevelander Bar
3.	CX	Crobar
4.	CW	Jackie Gleason Theater
5.	BW	Lincoln Theatre
6.	CY	Mango's Tropical Café
7.	CY	Ocean's Ten
8.	BW	Score
9.	BY	Twist
10.	BW	Van Dyke Cafe
11.	CY	Wet Willies

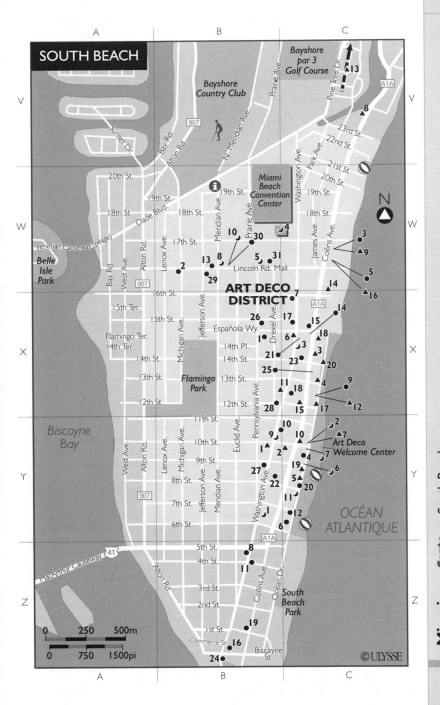

SOUTH BEACH

Bayshore par 3
Golf Course

Bayshore
Country Club

Miami
Beach
Convention
Center

Belle
Isle
Park

Venetian Causeway (péage)

ART DECO
DISTRICT

Lincoln Rd. Mall

Española Wy.

Flamingo
Park

Biscayne
Bay

Art Deco
Welcome Center

OCÉAN
ATLANTIQUE

MacArthur Causeway

South
Beach
Park

Biscayne
St.

Commerce St.

0   250   500m
0   750   1500pi

©ULYSSE

sement propose aussi un service de buanderie.

Clevelander Hotel
$$$

≡, ≋, ♨, ↔

1020 Ocean Dr.

☎ (305) 531-3485 ou
800-815-6829

🖶 (305) 534-4707

www.clevelander.com

Ceux et celles qui envisagent de faire la fête toute la nuit plutôt que de s'endormir dans l'impatience du lendemain peuvent opter pour le Clevelander Hotel. En effet, non seulement l'établissement se trouve-t-il en plein cœur de l'animation nocturne, mais encore la musique tonitruante de son bar du rez-de-chaussée mêlée au bruit des conversations résonne jusqu'aux petites heures du matin. Les 50 chambres, quant à elles, sont bien équipées et propres, mais bruyantes. Parmi les autres services que l'établissement propose à sa clientèle jeune et fringante, notons son gymnase qui surplombe le bar et la piscine.

Waldorf Towers Hotel
$$$

≡, ✳, 🔒

860 Ocean Dr.

☎ (305) 531-7684

🖶 (305) 672-6836

www.waldorftowers.com

Construit en 1937 dans le plus pur style Art déco, le Waldorf Towers Hotel a subi une cure de rajeunissement ces dernières années et est ainsi devenu un élégant hôtel-boutique. Ses 45 chambres de dimensions relativement modestes arborent aujourd'hui

une décoration épurée et design.

Astor Hotel
$$$-$$$$

≡, ♨, ❄

956 Washington Ave.

☎ (305) 531-8081 ou
800-270-4981

🖶 (305) 531-3193

www.hotelastor.com

L'Astor Hotel fut inauguré en 1936, mais les travaux de rénovation effectués au début des années 1990 ont définitivement modernisé ses installations. Situé à deux pas du Wolfsonian Museum, l'hôtel dispose de chambres tranquilles, empreintes d'élégance et meublées avec goût. S'y trouve aussi un excellent restaurant, ouvert sur un bar installé près d'une petite piscine où clapote une cascade. On vous suggère de faire votre réservation à l'avance, car l'établissement est souvent complet en raison de ses tarifs intéressants. Le personnel souriant fera l'impossible pour rendre votre séjour le plus agréable possible. Excellent rapport qualité/prix.

Blue Moon Hotel & Bar
$$$-$$$$

≡, ⤲, ≋

944 Collins Ave.

☎ (305) 673-2262 ou
800-724-1623

🖶 (305) 534-1546

www.bluemoonhotel.com

Le Blue Moon était jadis connu sous le nom de «Lafayette Hotel», mais il a depuis changé d'administration à quelques reprises pour devenir le très bel établissement d'aujourd'hui. D'abord, on

ne peut manquer sa jolie façade blanche, flanquée de grands palmiers, et ses auvents bleus et blancs. Ensuite son hall, muni de ventilateurs de plafond aux palmes de tissu, prend des allures nettement méditerranéennes, ce que confirment les environs de la jolie piscine située à l'arrière. Un ascenseur à l'ancienne mène aux 75 chambres réparties en deux bâtiments distincts. Chacune des chambres est baignée de lumière naturelle, en plus d'être décorée avec goût et un brin d'audace: couleurs joyeuses, éléments amusants comme des ventilateurs de plafond en forme d'hélice d'avion. Minibar et lecteur CD font également partie des installations.

Essex House
$$$-$$$$ pdj

≡, ≋, ◎

1001 Collins Ave.

☎ (305) 534-2700 ou
800-553-7739

🖶 (305) 532-3827

www.essexhotel.com

L'Essex House s'ajoute à la liste des hôtels à l'architecture profilée qui ont été rénovés au cours de l'année 1998. Le hall a gardé des traces de son passé comme ses boiseries foncées, ses luminaires design et une vieille toile illustrant les Everglades qui fut même retouchée par l'artiste original. On raconte que la salle du fond, qui sert aujourd'hui de bar, constitue un ancien repaire où Al Capone et ses complices aimaient jouer aux cartes. On y sert aujourd'hui le petit déjeuner le matin, ainsi que la bière ou le vin gratuit en fin d'après-midi (entre 18h et 19h). À l'extérieur, le grand balcon est un agréable endroit où flâner. Il donne sur une minuscule mais néanmoins séduisante piscine. Certaines chambres sont dotées d'un réfrigérateur et d'une cafetière. Il y a aussi des suites avec coin salon et vaste salle de bain équipée d'une baignoire à remous. Le service est efficace et attentionné.

Indian Creek Hotel
$$$-$$$$
≡, ≋, ♨

2727 Indian Creek Dr.
☎ (305) 531-2727 ou
800-491-2772
▤ (305) 531-5651
www.indiancreekhotel.com

Situé légèrement au nord de South Beach, l'Indian Creek Hotel semble figé dans le souvenir de 1936 et illustre merveilleusement bien la tendance Art déco qui a marqué Miami au début du XXᵉ siècle. En effet, les chambres, le hall et le restaurant sont garnis de meubles et de bibelots qui plongent le visiteur directement au début des années 1930. Le service est franc et souriant.

Winter Haven
$$$-$$$$ pdj
≡

1400 Ocean Dr.
☎ (305) 531-5571 ou
800-395-2322
▤ (305) 538-6387
www.winterhavenhotelsobe.com

Le Winter Haven jouit d'une remarquable localisation face à la plage. Son hall sur deux niveaux s'avère quant à lui spectaculaire. C'est là qu'est servi le petit déjeuner continental tous les matins, que plusieurs

décident toutefois d'aller prendre sur l'agréable véranda où il fait bon se détendre en regardant les passants qui déambulent sur Ocean Drive. De magnifiques photos anciennes de South Beach couvrent les murs du hall, des couloirs et des chambres. Ces dernières présentent des dimensions modestes, mais sont tout de même fort agréables avec leurs stores de bois qui s'agencent délicatement avec le beige des murs de stuc. Sur le toit, un patio avec chaises longues permet de goûter à une vue partielle de la plage. À noter que le Winter Haven appartient aux mêmes patrons que le Blue Moon et l'Essex House. Ainsi, bien qu'il n'y ait pas de piscine ici, les clients de l'établissement sont les bienvenus à celles des deux autres maillons de la chaîne.

Cardozo
$$$$-$$$$$
≡, ♨

1300 Ocean Dr.
☎ (305) 535-6500
▤ (305) 532-3563

Appartenant à la célèbre chanteuse Gloria Estefan, l'hôtel Cardozo se dresse face à la plage et constitue un bel exemple de l'architecture déroutante dite profilée. Le Cardozo compte 42 chambres réparties sur trois étages. Toutes sont impeccables, coquettes et dotées de planchers de bois franc.

Casa Grande Suite Hotel
$$$$-$$$$$
≡, ☞, ♨

843 Ocean Dr.
☎ (305) 672-7003 ou
800-688-7678
▤ (305) 673-3669
www.casagrandehotel.com

De l'extérieur, la sobre élégance du Casa Grande Suite Hotel attire peu l'attention parmi la pléthore d'hôtels ayant pignon sur Ocean Drive. Pourtant, il s'agit sans doute d'un des meilleurs hôtels de Miami et certes de l'un des plus invitants. La riche décoration des 34 unités, dont certaines sont des studios tandis que d'autres comportent de une à trois chambres à coucher, juxtapose avec brio des motifs Art déco au caractère antique de certains meubles et objets d'art. Le mobilier est fait d'acajou ou de teck, les lampes éclairent de jolis batiks, et les tapis sont importés d'Indonésie. Parmi les gadgets qui plairont sans doute aux visiteurs, mentionnons le magnétoscope et le lecteur de disques compacts.

Hotel Impala
$$$$-$$$$$ pdj
≡, ♨

1228 Collins Ave.
☎ (305) 673-2021 ou
800-646-7252
▤ (305) 673-5984

Entouré d'une végétation tropicale et luxuriante, l'Hotel Impala prend les allures d'un petit havre de paix, loin de la cohue d'Ocean Drive, grâce à son emplacement sur un tronçon de rue tranquille. Hôtel de qualité remarquable qui, soit dit en passant, ne s'affiche pas Art déco, l'Impala fait preuve d'une séduisante élégance d'antan. D'une part, son somptueux décor, composé de riches boiseries et de mobiliers recherchés, contraste avec le style Art déco et vous enveloppera comme un gant de velours. D'autre part, le cadre chaleureux et romantique des chambres saura enflammer le cœur le plus endurci tout en promettant tranquillité et repos. Fait à noter: les salles de bain sont vraiment spacieuses. Chaque chambre comprend un magnétoscope, une chaîne stéréo et un choix de disques compacts, ainsi qu'une prise pour brancher votre ordinateur portable. Le personnel est multilingue et courtois.

Hotel Ocean
$$$$-$$$$$
≡, ●, ♯, 🔒, 🐾
1230 Ocean Dr.
☎ (305) 672-2579 ou
800-783-1725
🖷 (305) 672-7665
www.hotelocean.com

Mieux vaut réserver à l'avance si vous prévoyez loger à l'Hotel Ocean. En effet, l'hôtel ne dispose que de 27 suites spacieuses fraîchement rénovées, à la décoration recherchée. Chaque suite comprend un coffret de sûreté, un minibar ainsi qu'une petite chaîne stéréo et un lecteur de disques compacts. L'accent est mis sur le confort, l'élégance et la quiétude, l'insonorisation remarquable des pièces faisant en sorte qu'il est possible de

s'isoler complètement de la cacophonie d'Ocean Drive à tout moment. Le personnel, polyglotte, cordial et dévoué, offre un service personnalisé qui vous donnera davantage la sensation d'être le propriétaire d'une petite copropriété qu'un vacancier de passage. Un dîner à son restaurant **Les Deux Fontaines** (voir p 99) vous permettra de goûter une cuisine raffinée tout en contemplant la faune racée qui déambule sur Ocean Drive. Compte tenu de son emplacement et de la qualité supérieure de ses chambres, les tarifs de l'hôtel sont abordables. Bref, cet établissement au style architectural tout à fait méditerranéen est un vrai petit bijou qui rendra votre séjour inoubliable.

Delano Hotel
$$$$$
≡, ≋, ♯, ↔
1685 Collins Ave.
☎ (305) 672-2000 ou
800-555-5001
🖷 (305) 532-0099
www.delano-hotel-miami-beach.
com

Limousines et autres bagnoles rutilantes sont souvent garées devant la porte du Delano. Malgré ses tarifs prohibitifs, l'endroit est populaire auprès du gratin qui veut «voir et être vu». Aussi est-il préférable de réserver à l'avance si vous prévoyez loger ici. Les chambres sont immaculées de blanc et sans reproche, mais les visiteurs préfèrent passer plus de temps à déambuler à travers le rez-de-chaussée au décor délirant et captivant, signé Philippe Starck. En

effet, celui-ci vous plonge dans un univers unique, déroutant et fascinant, composé d'immenses colonnes séparées par de fins voiles blancs suspendus au plafond entre lesquelles se succèdent une cuisine, des racoins pour l'intimité, d'énormes miroirs, une table de billard, des meubles stylisés futuristes et un bar où l'on s'accoude pour prendre un verre et admirer le spectacle. Finalement, en poussant la porte du fond, on arrive devant un jeu d'échecs géant, installé près de la piscine, et l'on voit d'autres objets hétéroclites dispersés çà et là, le tout semblant être sorti de l'imagination débridée et étrange d'un Fellini ou d'un Dalí.

Loews Miami Beach Hotel
$$$$$
≡, ≋, ♯, ↔
1601 Collins Ave.
☎ (305) 604-1601 ou
800-235-6397
www.loewshotels.com

Le nouveau mammouth de l'infrastructure hôtelière de Miami Beach s'appelle le «Loews». On le trouve dans le secteur des hôtels de luxe de l'intersection de Collins Avenue et de Lincoln Boulevard, aux côtés des Delano, National, Di Lidi, St. Moritz et autres Royal Palm. Très bien situé, il propose six restaurants, un comptoir de location de voitures, un centre de conditionnement physique, une piscine et près de 800 suites luxueuses.

Marlin
$$$$$

≡, ⊌, 🔒

1200 Collins Ave.

☎ (305) 673-8770

🖨 (305) 673-9609

Des personnalités du monde musical telles que le célèbre groupe irlandais U2 ont déjà utilisé le studio de 64 pistes de l'hôtel Marlin pour enregistrer leur album. Cet établissement à l'architecture profilée fait partie du méga-empire de nul autre que Chris Blackwell, propriétaire d'Island Records. N'ayez crainte, le studio est parfaitement insonorisé, et vous n'aurez aucun problème avec le bruit. Les chambres sont impeccables et truffées de petits gadgets comme un magnétoscope, une radiocassette, un système de messagerie vocale, une planche et un fer à repasser, un coffre-fort et une prise pour brancher votre ordinateur portable.

The National Hotel
$$$$$

≡, ≋, ⊌

1677 Collins Ave.

☎ (305) 532-2311 ou 800-327-8370

🖨 (305) 534-1426

www.nationalhotel.com

L'un des hôtels les plus mésestimés de l'Art Deco District, The National se dresse à seulement quelques minutes de marche d'Ocean Drive et fait revivre le charme des années 1940. Une récente réfection, qui a respecté le style d'origine de l'établissement, a recréé avec fidélité l'atmosphère de ses pre-

mières années d'existence. Le bâtiment principal, parsemé de meubles et de bibelots d'époque, renferme des chambres aux dimensions modestes mais bénéficiant d'une décoration chaleureuse et soignée. À l'arrière, une étonnante et splendide piscine bordée de palmiers relie la terrasse du café Mosaic au Tiki Bar de l'hôtel sur une distance de 62 m. L'aile tropicale de l'établissement est composée de chambres plus vastes, aux coloris rose et turquoise, qui s'ouvrent sur des balcons.

The Tides
$$$$$

≡, ≋, ⊌

1220 Ocean Dr.

☎ (305) 604-5070 ou 800-439-4095

🖨 (305) 604-5180

www.thetideshotel.com

Admirablement bien situé en plein cœur d'Ocean Drive, l'hôtel The Tides dresse avec grâce sa façade Art déco aux couleurs pâles et crémeuses. Ses 45 suites font toutes face à la mer et s'avèrent vastes, spacieuses, impeccables et pourvues d'un magnétoscope, d'une radiocassette ainsi que d'un télescope pour les curieux qui souhaitent se rincer l'œil. S'y trouve aussi une piscine pour tous ceux qui n'aiment pas l'eau salée. Le personnel est avenant et stylé.

Le centre et le nord de Miami Beach

Bay Harbour Inn & Suites
$$$ pdj

≡, ≋, ⊌

9660 East Bay Harbor Dr.

☎ (305) 868-4141

🖨 (305) 867-9094

www.bayharborinn.com

Situé à seulement quelques minutes de marche des chics Bal Harbour Shops, le Bay Harbor Inn & Suites représente une excellente option pour ceux et celles qui souhaitent loger à Bal Harbour Village sans se ruiner. Certaines chambres s'articulent autour de la piscine, tandis que d'autres bénéficient d'une jolie vue du canal. Le personnel est éternellement souriant et le service, sans faille.

The Alexander All-Suite Oceanfront Resort
$$$$-$$$$$

≡, ≋, ⊌, ☀, ⊹

5225 Collins Ave.

☎ (305) 865-6500 ou 800-327-6121

🖨 (305) 341-6553

www.alexanderhotel.com

The Alexander All-Suite Oceanfront Resort est un autre méga-complexe hôtelier digne de mention qui se dresse tout juste au nord de l'Eden Roc et du Fontainebleau. Comme son nom l'indique, cet établissement ne loue que de vastes et luxueuses suites qui arborent un décor attrayant. Elles sont pourvues de deux sanitaires, d'une cuisinette et d'un balcon. À vous de profiter des deux piscines et du spa.

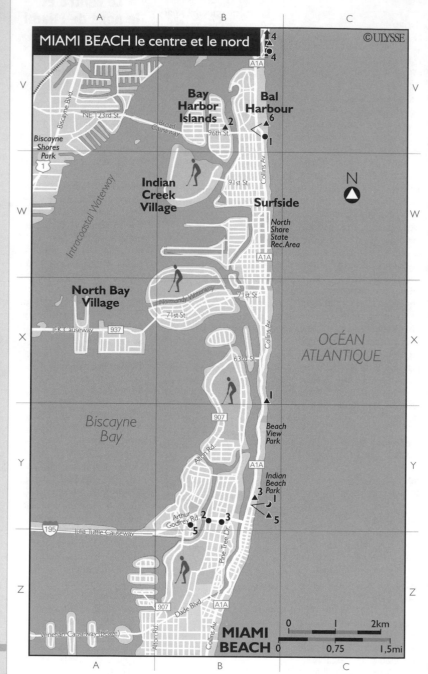

MIAMI BEACH le centre et le nord

©ULYSSE

▲ HÉBERGEMENT

1. BX Alexander All-Suite Oceanfront Resort, The
2. BV Bay Harbor Inn & Suites
3. BY Eden Roc Renaissance Resort & Spa
4. BV Fairmont Turnberry Isle Resort & Club
5. BY Fontainebleau Resort and Towers
6. BV Sheraton Bal Harbour Beach Resort

● RESTAURANTS

1. BV Al Carbón
2. BY Cafe Avanti
3. BY Forge, The
4. BV Cheesecake Factory, The
5. BY Yeung's

♪ SORTIES

1. BY Club Tropigala

Eden Roc Renaissance Resort & Spa
$$$$$
≡, ≋, ♛, ↔, 🔒, ↝
4525 Collins Ave.
☎ (305) 531-0000 ou
800-327-8337
🖷 (305) 674-5555
www.edenrocresort.com

L'Eden Roc Renaissance Resort & Spa constitue sans nul doute l'un des fleurons du parc hôtelier de Miami et s'enorgueillit d'avoir reçu bon nombre de célébrités telles que Frank Sinatra, Barbara Streisand, Harry Belafonte, Sean Connery... L'ensemble fut construit en 1956 par l'architecte Morris Lapidus, le même qui imagina les plans de son compétiteur voisin, le Fontaine-bleau. Vous disposerez ici de tout ce que vous êtes en droit d'attendre d'un hôtel de catégorie supérieure, et même plus. Ses 350 vastes chambres, déjà attrayantes, ont fait l'objet d'une rénovation récente. De plus, l'hôtel possède deux splendides salles victoriennes et un magnifique spa à la fine pointe de la technologie. Les clients peuvent également garder la forme en profitant du super-complexe sportif ou en s'attaquant au mur d'escalade près des deux piscines. La plage se trouve à deux pas derrière l'établissement.

Fairmont Turnberry Isle Resort & Club
$$$$$
≡, ◉, ≋, ♛, ↔, 🔒
19999 W. Country Club Dr., Aventura
☎ (305) 932-6200 ou
800-327-7028
🖷 (305) 933-6554
www.turnberryisle.com

Après que des gardes de sécurité vérifient votre identité à l'entrée, des chasseurs souriants, vêtus de blanc et coiffés d'un chapeau d'explorateur colonial anglais, vous souhaitent la bienvenue au Turnberry Isle Resort & Club, où luxe, opulence et élégance sont au rendez-vous. Qui a dit que l'argent ne fait pas le bonheur? Ce véritable palace se dresse au sein d'un terrain de 120 ha et abrite des chambres spacieuses dont la plupart offrent une vue magnifique sur un des deux parcours de golf. De plus, les chambres sont pourvues de salles de bain plus grandes qu'un logement à Manhattan et comprennent tous les gadgets appréciés des voyageurs d'affaires comme le fax et la prise pour ordinateur. Ceux et celles qui s'ennuient peuvent se diriger vers le centre de conditionnement physique, les courts de tennis ou les piscines. Les normes de l'hospitalité et de la courtoisie sont appliqués avec rigueur et diligence par le personnel polyglotte. Les clients peuvent profiter de la navette gratuite pour la plage et le chic Aventura Mall.

Fontainebleau Resort and Towers
$$$$$
≡, ≋, ♛, ↔, 🔒, ↝
4441 Collins Ave.
☎ (305) 538-2000 ou
800-548-8886
🖷 (305) 674-4607
www.fontainebleau.com

On a presque besoin d'une boussole et d'une carte pour se déplacer dans les dédales du Fontainebleau Resort and Towers. Ce gigantesque palace se présente comme une véritable «ville dans une ville» grâce aux nombreux services qu'il propose à sa clientèle: six restaurants, une dizaine de boutiques au niveau inférieur et une boîte de nuit où est présenté un spectacle de *show girls* qui vous plonge dans une ambiance qui n'est pas sans rappeler celle de Las Vegas ou celle des Caraïbes. Ceinturée par trois édifices qui renferment un peu plus de 1 200 chambres, la place centrale met en valeur une gigantesque piscine tropicale avec une jolie cascade, qui fut fixée sur pellicule dans le film mettant en vedette l'agent secret 007 James Bond, *Goldfinger*. De plus, on trouve au Fontainebleau des courts de tennis situés à proximité d'un gymnase fréquenté autant par une clientèle extérieure que par celle de l'hôtel. Après sa création en 1954, le Fontainebleau avait complètement déplacé l'activité touristique de South Beach à son profit. Aujourd'hui, ce complexe autosuffisant demeure fidèle à sa vocation initiale, soit celle d'offrir aux vacanciers toutes les commodités nécessaires sans qu'ils aient à s'aventurer dans le *no man's land* piétonnier que constitue le voisinage de l'hôtel. De nouvelles suites récemment ajoutées s'ouvrent sur de grands balcons d'où vous pourrez admirer une vue étendue de la mer. De plus, tous ceux qui logent dans les suites ont accès à l'étage VIP, où un petit déjeuner (buffet) est servi dès 7h.

Sheraton Bal Harbour Beach Resort
$$$$$
≡, ≋, ♨, ++
9701 Collins Ave.
☎ (305) 865-7511 ou
888-627-7079
🖹 (305) 864-2601
www.sheratonbalharbourresort.com

Loin du tohu-bohu de South Beach, la chaîne d'hôtels Sheraton possède un splendide établissement au nord de Miami Beach, le Sheraton Bal Harbour Beach Resort, qui fait face

aux chics Bal Harbour Shops et qui saura satisfaire autant les voyageurs d'affaires que les vacanciers de passage. S'y trouvent 642 chambres spacieuses, garnies de meubles stylisés et décorées avec soin jusque dans les plus petits détails. Derrière l'établissement, un magnifique pont de bois enjambe une jolie cascade et mène à de luxuriants jardins tropicaux où se trouvent deux piscines et la plage. La terrasse constitue l'endroit idéal pour relaxer sous l'ombre des parasols en lisant un bon roman. Une salle d'exercices, des courts de tennis et quatre restaurants complètent les installations. Le personnel parle une dizaine de langues et s'efforcera de combler vos moindres désirs.

- - - - - - - - - - - - - - - -

Coral Gables

Hotel Place St. Michel
$$$ pdj
≡, ♨
162 Alcazar Ave.
☎ (305) 441-1666 ou
800-848-4683
🖹 (305) 529-0074
www.hotelplacestmichel.com

Érigé en 1926, l'adorable petit Hotel Place St. Michel fut rénové au milieu des années 1990 et loue des chambres meublées à l'ancienne et dotées de planchers de bois franc. L'établissement abrite aussi un excellent restaurant (voir

p 103), réputé pour sa cuisine fraîche et raffinée. L'accueil est chaleureux et le service empressé et sans faille.

David William Hotel
$$$-$$$$
≡, ≋, ♨, ☚, 🔒
700 Biltmore Way
☎ (305) 445-7821 ou
800-757-8073
🖹 (305) 913-1933
www.davidwilliamhotel.com

Tenu par les mêmes propriétaires que le Biltmore Hotel, le David William Hotel se dresse non loin de son prestigieux confrère en plein cœur de Coral Gables. Proposant des prix nettement plus avantageux que le Biltmore, cet hôtel plaît davantage aux visiteurs qui effectuent des séjours prolongés à Miami. En effet, chaque chambre comprend un four à micro-ondes et un réfrigérateur, tandis que les suites disposent d'une cuisine complète. Si l'envie vous prend de mettre la main à la pâte, vous pouvez vous rendre au petit marché de l'hôtel situé au rez-de-chaussée, pour choisir parmi la variété de produits alimentaires et de gourmandises de qualité qui y sont vendus. En outre, l'hôtel compte six salles de conférences ainsi qu'une piscine sur le toit. Le service est souriant et courtois. Enfin, les clients peuvent jouir de tous les agréments du Biltmore grâce au service de navette

- -

▲ **HÉBERGEMENT**

1. CW Biltmore Hotel
2. BW David William Hotel
3. CV Hotel Place St. Michel
4. CW Omni Colonnade Hotel

● **RESTAURANTS**

1. CW Christy's
2. CV Restaurant Place St. Michel

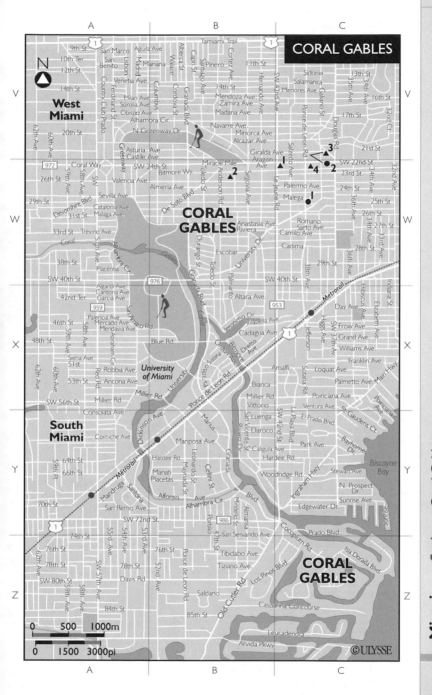

qui fait le trajet entre les deux établissements.

Biltmore Hotel
$$$$-$$$$$

≡, ≋, ♨, ↔, 🔒

1200 Anastasia Ave.

☎ (305) 445-1926 ou
800-727-1926

🖳 (305) 913-3158

www.biltmorehotel.com

Érigé en 1926, le Biltmore Hotel est l'adresse de prédilection du gratin de la société attiré par le faste d'antan, les événements culturels, le golf, la fine cuisine ainsi que les vins et les cigares de qualité. Bing Crosby et Al Capone figurent en tête de la liste des pensionnaires les plus célèbres ayant fréquenté cette institution floridienne. Fait historique notable, en 1942, l'établissement délaisse son caractère hôtelier pour devenir un hôpital militaire, rôle qu'il maintiendra jusqu'à la fin des années 1960 et qui lui vaudra la désignation de site historique en 1972. Après d'importants travaux de rénovation, il déroule à nouveau le tapis rouge et rouvre enfin ses portes en 1992. Aujourd'hui, le Biltmore, avec ses 280 chambres et suites, se classe au palmarès des grands hôtels classiques des États-Unis. De l'extérieur, impossible de rater son clocher haut de 92 m, réplique de la *Giralda* de la fameuse cathédrale de Séville, en Espagne. Impossible aussi de ne pas remarquer les couleurs soleil et pêche de ses tours. Derrière, difficile de ne pas être impressionné par le bleu de son immense piscine, qui serait la plus grande des États-Unis avec ses quelque 2 200 m². Un charme fou émane de l'immense hall aux murs lambrissés, au plafond voûté de près de 15 m et aux vitraux filtrant la lumière du jour qui baigne doucement le plancher marbré. Les chambres sont décorées avec goût, délicatesse et originalité, en particulier celles situées dans les tours. Comme activités, on propose des brunchs au champagne, des soirées d'opéra ainsi que des dégustations de vins et de cigares rares. Un centre de conditionnement physique et un tout nouveau spa inauguré en février 2005 sont aussi à la disposition de la clientèle. Bien sûr, on ne peut parler du Biltmore sans faire mention de son terrain de golf qui attire de nombreux amateurs. Ceux et celles qui préfèrent le tennis peuvent se renvoyer la balle sur un des courts de l'hôtel, éclairés la nuit.

Omni Colonnade Hotel
$$$$-$$$$$

≡, ◉, ≋, ♨, ↔

180 Aragon Ave.

☎ (305) 441-2600

🖳 (305) 445-3929

www.omnicolonnade.com

Nul doute que l'Omni Colonnade Hotel saura satisfaire les exigences des voyageurs d'affaires les plus difficiles. Dès leur arrivée, les hôtes reçoivent une flûte de champagne en guise de bienvenue et sont traités avec attention et courtoisie durant le reste de leur séjour. Parmi les services et installations offerts à la clientèle, citons la piscine, la cuve à remous, le centre de conditionnement physique et le centre d'affaires. Ses 157 chambres sont spacieuses, élégantes et tranquilles, et comprennent connexion de modem et fax.

Coconut Grove

Doubletree Hotel
$$$$-$$$$$

≡, ≋, ♨, ↔

2649 S. Bayshore Dr.

☎ (305) 858-2500 ou
800-222-8733

🖳 (305) 858-5776

Le Doubletree Hotel parvient à maintenir année après année le niveau de confort que les visiteurs s'attendent d'un établissement de cette classe. À quelques minutes de marche seulement des centres commerciaux CocoWalk et The Streets of Mayfair, ses 192 chambres conjuguent luxe et raffinement européen. La plupart des chambres ont vue sur Key Biscayne.

Mayfair House
$$$$-$$$$$

≡, ◉, ≋, ♨

3000 Florida Ave.

☎ (305) 441-0000 ou
800-433-4555

🖳 (305) 447-9173

www.mayfairhousehotel.com

Discrètement caché au coin du complexe commercial The Streets of Mayfair, le Mayfair House se présente comme un ravissant hôtel en plein centre de Coconut Grove. Les clients reçoivent plusieurs petites attentions particulières telles qu'une flûte de champagne en guise de bienvenue et l'enregistrement personnalisé à l'européenne. Ses

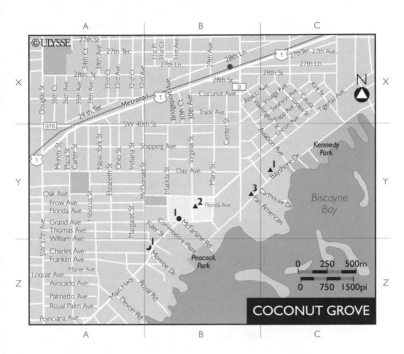

©ULYSSE

COCONUT GROVE

▲ **HÉBERGEMENT**
1. CY Doubletree Hotel
2. BY Mayfair House
3. BY Wyndham Grand Bay Hotel

● **RESTAURANTS**
1. BY Cafe Tu Tu Tango

☽ **SORTIES**
1. BZ Coconut Grove Playhouse

---

179 suites s'ouvrent sur de grands balcons et sont vastes, décorées d'un mélange de meubles d'acajou et Art déco, et pourvues d'une grande salle de bain marbrée équipée d'un petit téléviseur ainsi que d'un séchoir. Certaines disposent d'un vieux piano anglais et d'une baignoire à remous. Après une journée d'emplettes ou de visite en ville, allez-donc profiter de sa petite mais sympathique piscine qui se trouve sur le toit de l'établissement. Bref, l'endroit est calme et reposant, et le personnel met tout en œuvre pour s'assurer du bien-être des clients.

Wyndham Grand Bay Hotel
$$$$-$$$$$
≡, ≋, ♨, ↔, ∭, 🔒
2669 South Bay Shore Dr.
☎ (305) 858-9600 ou
800-327-2788
🗎 (305) 859-2026
www.wyndham.com
Le Grand Bay Hotel, une valeur sûre à Coconut Grove et un hôtel haut de gamme, propose des chambres spacieuses, confortables et élégantes, de même que plusieurs suites luxueuses. Le personnel parle plusieurs langues et déploie bien des efforts afin de rendre votre séjour le plus agréable possible.

Key Biscayne

Key Biscayne rime avec calme et tranquillité. Il va sans dire que vous aurez besoin d'une voiture pour faciliter vos déplacements. En effet, on rejoint l'île de Key Biscayne par la Rickenbacker Causeway.

ULYSSE

Silver Sands Oceanfront Motel
$$$-$$$$
≡, ≋, ☕
301 Ocean Dr.
☎ (305) 361-5441
🗎 (305) 361-5477
Le Silver Sands Oceanfront Motel a presque été emporté par l'ouragan *Andrew* en 1992. Après avoir subi

un sérieux remodelage, il a rouvert ses portes il y a quelques années et s'adresse à tous ceux qui désirent loger sur Key Biscayne, mais qui n'ont hélas pas les moyens de s'offrir une chambre au chic Sonesta Beach Resort (voir ci-dessous). Distribuées autour d'un jardin et d'une piscine, les chambres procurent un confort tout à fait correct et sont équipées d'une cuisinette. La plage est à deux enjambées des lieux.

Sonesta Beach Resort
$$$$-$$$$$
≡, ≋, 🍴, ++, 🔒
350 Ocean Dr.
☎ (305) 361-2021 ou
800-766-3782
▤ (305) 361-3096
www.sonesta.com
Synonyme de luxe et de confort, le Sonesta Beach Resort s'est refait une beauté ces dernières années après avoir subi les foudres de l'ouragan *Andrew*. La plupart des chambres offrent une vue sur la mer et sont propres, tranquilles, bien équipées, mais sans surprises. Parmi les autres services et installations, mentionnons la jolie piscine, le restaurant et une salle d'exercices. Lieu idéal pour les clients argentés qui cherchent le calme et la tranquillité près de la mer.

🍴 Restaurants

Les restaurants de Miami n'ont absolument rien à envier à ceux des autres grandes villes nord-américaines ou européennes. Grâce au climat tropical qui règne en Floride, à la proximité de la mer et à l'arrivée massive d'immigrants d'origines ethniques diverses, les menus affichés par beaucoup de restaurants de cette ville cosmopolite s'inspirent de traditions culturelles et culinaires extrêmement variées, ce qui permet à bon nombre de leurs chefs de mitonner toutes sortes de combinaisons possibles, en rejetant bien des a priori, sans même se laisser rebuter par certaines incohérences. Cette approche particulière suscite bien des audaces culinaires et produit à la longue de nombreuses et surprenantes créations. Bref, que vous soyez à la recherche de mets italiens, thaïlandais, vietnamiens, français, méditerranéens, japonais, cubains, mexicains, péruviens, argentins ou d'un mélange subtil de plats exotiques, vous trouverez de quoi délecter vos papilles gustatives. Toutefois, en dépit de toutes leurs variétés et subtilités, les menus des restaurants de Miami sont fortement influencés par la quantité phénoménale de poissons et de crustacés qui folâtrent dans les eaux chaudes et particulièrement poissonneuses de l'océan Atlantique.

Soyez par ailleurs vigilant au moment de régler votre addition car plusieurs restaurants ont pour politique d'ajouter le service automatiquement à l'addition (entre 15% et 18%).

Le centre-ville de Miami

Panini Cafe Bar
$-$$
16 NE 3rd Ave.
☎ (305) 377-2888
Le Panini Cafe Bar est un petit établissement à l'ambiance informelle qui sert un assortiment de viennoiseries et un excellent choix de paninis. On peut s'offrir un petit déjeuner pour environ 6$.

Hard Rock Cafe
$$
401 Biscayne Blvd., angle NE 4th st., Bayside Market Place
☎ (305) 377-3110
Le Hard Rock Cafe n'a nul besoin de présentation. Comme dans les autres maillons de cette chaîne internationale, l'établissement de Bayside Market Place est largement décoré d'instruments de musique et d'autres souvenirs d'artistes de renom dans

---

▲ **HÉBERGEMENT**

1.	BX	Silver Sands Oceanfront Motel
2.	BX	Sonesta Beach Resort

● **RESTAURANTS**

1.	BX	Rusty Pelican, The
2.	BX	Stefano's

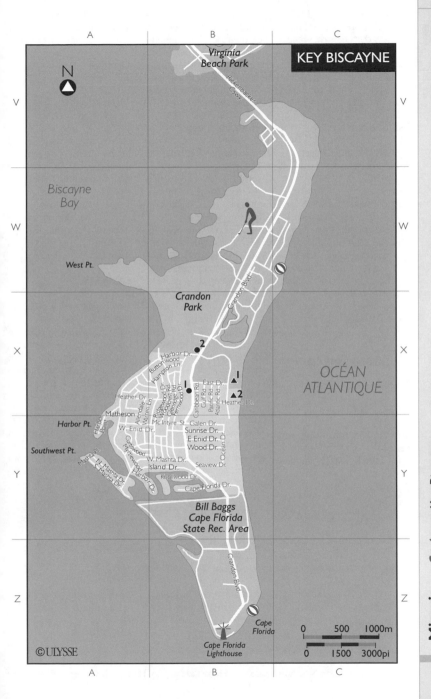

KEY BISCAYNE

Virginia Beach Park

Biscayne Bay

West Pt.

Crandon Park

OCÉAN ATLANTIQUE

Rickenbacker Cswy

Crandon Blvd.

2

Harbor Dr.
Button Wood
Hampton Ln

Heather Dr.

Allendale
Warren Ln
Mc Intyre St.
Ridgewood Dr.
Woodcrest Rd.
Glenridge Rd.
Fernwood Rd.

Caribbean Rd.
Gulf Rd.
Pacific Rd.
Atlantic Rd.
East Dr.
Heather Dr.

1
▲**1**
▲**2**

Matheson

Harbor Pt.

Southwest Pt.

Harbor Dr.
Harbor Point

Miami Dr.
N. Mashta Dr.
S. Mashta Dr.

Oakwood Dr.
Myrtlewood Dr.

W. Enid Dr.

Galen Dr.
Sunrise Dr.
E Enid Dr.
Wood Dr.
Ocean Dr.

W. Mashta Dr.
Island Dr.
Seaview Dr.

Knollwood Dr.
Cape Florida Dr.

*Bill Baggs
Cape Florida
State Rec. Area*

Crandon Blvd.

Cape
Florida

*Cape Florida
Lighthouse*

©ULYSSE

0	500	1000m
0	1500	3000pi

Miami - Carte - Key Biscayne

l'univers scintillant de la musique pop: moto d'Elvis Presley, costumes de scène de Madonna et Shakira, disques d'or des Beattles. Le menu est avare de surprises et l'endroit amusant mais bruyant.

Indigo Restaurant & Bar
$$$
Hotel Inter-Continental Miami
100 Chopin Plaza
☎ (305) 577-1000
Le restaurant de l'hôtel Inter-Continental présente un décor aux lignes classiques élaboré autour d'une magnifique sculpture d'Henry Moore. Le menu affiche des mets d'une cuisine américaine traditionnelle sans surprise, mais qui ne vous laisseront certainement pas sur votre faim.

South Beach

À la Folie
$
516 Española Way
☎ (305) 538-4484
Voici un petit café à la française des plus sympathiques installé sur Española Way. On le reconnaît à ses

quelques tables qui envahissent le trottoir et aux mélodies de chansonnette française qui s'évadent de sa minuscule salle intérieure. Galettes de sarrasin, croque-madames et crêpes figurent au menu.

Eleventh Street Diner
$
1065 Washington Ave.
☎ (305) 534-6373
Il semble que chaque ville possède son petit restaurant typique où il fait bon satisfaire un petit creux matinal après une nuit occupée à festoyer. À South Beach, un lieu où les festivités ne manquent pas, c'est l'Eleventh Street Diner qui tient ce rôle. Originalement construit par la Paramount Dining Car Co. en 1948, ce *diner* chromé Art déco a été démonté à Wilkes Barre, en Pennsylvanie, où il était en activité depuis 44 ans, pour être reconstruit pièce par pièce à South Beach en 1992. Vous pourrez y boire des *coladas* (café express cubain servi dans de grandes tasses) pour vous redonner de l'énergie, ou encore y

manger du poulet frit, la spécialité de la maison. Ouvert 24 heures sur 24.

Ghirardelli
$
801 Lincoln Rd.
☎ (305) 532-3451
La célèbre chocolaterie de San Francisco a maintenant pignon sur rue à Miami, plus précisément sur l'agréable rue piétonne qu'est Lincoln Road. On s'y arrête pour un succulent lait fouetté, une glace ou l'un des innombrables desserts gourmands qui ont fait la réputation de la maison.

Kafka's Kafé
$
1464 Washington Ave.
☎ (305) 673-9669
Le Kafka's Kafé est à la fois un cybercafé décontracté, une boutique de livres d'occasion et une maison de presse (journaux et magazines français disponibles) qui attire une foule jeune et bigarrée. L'endroit est idéal pour envoyer et recevoir du courrier électronique ainsi que pour siroter un café tout en na-

---

Les restaurants qui se distinguent

Les bonnes tables: **Osteria del Teatro** (p 101)

Les restos ouverts 24 heures sur 24: **Eleventh Street Diner** (p 96), **News Café** (p 98)

Pour côtoyer modèles et stars du cinéma: **The Forge** (p 102), **China Grill** (p 100), **Tantra** (p 99), **Nemo** (p 100), **Yuca** (p 101), **Blue Door** (p 101), **Smith & Wollensky** (p 100)

Les restos végétariens: **World Resources** (p 98)

Pour la terrasse: **News Café** (p 98), **Van Dyke Cafe** (p 98), **Les Deux Fontaines** (p 99)

viguant sur Internet. Bien sûr, on vous facture votre temps d'utilisation. Prévoyez débourser 3$ pour 15 min d'utilisation, 5$ pour 30 min ou 9$ pour une heure. Il y a des frais additionnels de 0,50$ pour chaque feuille imprimée.

Pizza Rustica
$
863 Washington Ave.
☎ (305) 674-8244
Le sympathique petit restaurant Pizza Rustica se spécialise dans les pizzas de style européen à croûte mince et croustillante, servies sur des plateaux «surdimensionnés». La pizza étendard (du même nom que le restaurant) est garnie de cœurs d'artichauts, de tomates, d'olives noires, de fromage et de *prosciutto*. Une autre pizza intéressante est la *Funghi*, recouverte de trois types de champignons. L'endroit est exigu et souvent bondé, mais il est possible de s'attabler sur sa terrasse ou d'emporter son repas. Les cartes de crédit ne sont pas acceptées.

La Sandwicherie
$
229 14th St., entre Collins Ave. et Washington Ave.
☎ (305) 532-8934
Pour remplir rapidement votre estomac sans vider votre porte-monnaie, La Sandwicherie vous propose un choix d'énormes et alléchants sandwichs en tout genre pour environ 5$: végétarien, jambon, poulet, etc. L'endroit est sans prétention et ouvre ses portes dès 10h le matin, pour ne les fermer qu'à 5h le jour

suivant. On s'y installe sur des tabourets qui s'alignent à l'extérieur le long du comptoir de service.

Balans
$$
1022 Lincoln Rd., angle Lenox St.
☎ (305) 534-9191
Le café-terrasse Balans appartient à une société britannique qui possède un établissement semblable à Londres. Sa terrasse attire les foules décontractées qui aiment bien deviser sur les aléas de la vie tout en sirotant un café ou en grignotant une bouchée. Le menu affiche des repas légers qui changent selon l'inspiration du jour, mais qui sont drôlement appétissants et tarifés à des prix tout à fait corrects. L'intérieur est moderne et peut être bruyant aux heures d'affluence, mais le service est toujours sympathique.

Cafe Med
$$
940 Ocean Dr.
☎ (305) 674-6776
Le Cafe Med possède une vaste et fort agréable terrasse ombragée, bien ventilée et remplie de grandes plantes vertes. C'est avec plaisir qu'on s'y installe pour déguster grillades et pizzas cuites au four à bois.

Casablanca
$$
650 Ocean Dr.
☎ (305) 534-9463
Le Casablanca est un restaurant italien où l'on choisira de s'installer sur la terrasse, jolie et agréable. À l'intérieur, on ne remarque

d'ailleurs qu'un long bar décoré d'affiches du film *Casablanca*. Au menu, vous retrouverez les classiques de la cuisine italienne, délicieux bien que sans surprise.

Chalan
$$
1580 Washington Ave.
☎ (305) 532-8880
En toute honnêteté, peu de gens s'arrêtent devant la façade un peu vétuste du restaurant Chalan. La plupart de ceux qui jettent un coup d'œil à l'intérieur quittent rapidement les lieux, mais ceux qui oseront pousser la porte de ce restaurant péruvien sans prétention seront sans nul doute ravis. Dans un décor qui ne paie pas de mine, on déguste de savoureux *ceviches* merveilleusement bien épicés ainsi que d'autres spécialités péruviennes comme le *lomo saltado* ou les *chicharrones*. Avec la mer toute proche, les patrons sont parvenus à faire renaître ici, à South Beach, une petite partie du patrimoine culinaire péruvien.

Jerry's Famous Deli
$$
1450 Collins Ave.
☎ (305) 532-8030
Voici un *deli* de la plus pure tradition, avec sa salle unique mais immense, son haut plafond, son long comptoir et ses banquettes de cuir rouges. Au menu, les classiques de ce type de resto: sandwich de viande fumée, spaghetti *meatballs* (boulettes de viande) et compagnie.

Miami - Restaurants - South Beach

News Café

$$

800 Ocean Dr.

☎ (305) 538-6397

Originalement un simple kiosque à journaux où l'on vendait du café et des glaces, le News Café est désormais considéré comme un établissement culte de South Beach. Sous les parasols de son immense terrasse, les touristes perplexes regardent déambuler sur Ocean Drive la faune racée qui s'y donne en spectacle, tandis que les starlettes prennent la pose en grillant une cigarette et que les habitués lisent un journal tout en étirant un énième café sous le regard amusé des passants. Ouvert jour et nuit, ce café attire en effet une foule cosmopolite qui veut «voir et se faire voir». Il n'y a pas de grandes surprises au menu, mais mentionnons toutefois que les desserts maison sont savoureux. À l'intérieur, des horloges fixées au mur indiquent l'heure de grandes villes à la mode comme Paris, Londres, Tokyo, Rome, Buenos Aires et Los Angeles. Les propriétaires exploitent aussi une petite boutique adjacente au café, qui vend des journaux, des magazines, des livres et des souvenirs. Service un peu froid.

Thai Toni

$$

890 Washington Ave.

☎ (305) 538-8424

Des chandelles à la flamme vacillante déposées çà et là sur les tables et dans des recoins aménagés pour l'intimité distillent une atmosphère romantique et élégante qui est la marque distinctive du Thai Toni. Sous l'œil bienveillant de Bouddha, la cuisine prépare d'alléchants plats arrosés de lait de coco et assaisonnés de cari qui vous transportent instantanément en Asie du Sud-Est. Le service est agréable et empressé, et les aliments sont toujours d'une indéniable fraîcheur.

Van Dyke Cafe

$$

846 Lincoln Rd., angle Jefferson Ave.

☎ (305) 534-3600

À la fois branché et bohème, le Van Dyke Cafe appartient aux mêmes propriétaires que le **News Café** (voir ci-dessus). Ce n'est donc pas une surprise de constater que le menu propose sensiblement la même chose que son confrère d'Ocean Drive et qu'il attire grosso modo le même genre de clientèle. Sa terrasse ombragée vous permet d'observer le va-et-vient quotidien de Lincoln Road derrière vos verres fumés tout en sirotant un café express bien corsé. Un élément distingue cependant le Van Dyke Cafe: des spectacles de jazz se tiennent chaque soir à l'étage.

World Resources

$$

719 Lincoln Rd., entre Euclid Ave. et Meridian Ave.

☎ (305) 535-8987

Curieux petit restaurant, le World Resources sert une cuisine hybride dans un décor encombré qui évoque une boutique d'antiquaire. En effet, l'intérieur est meublé de plusieurs antiquités qui proviennent d'Indonésie, d'Inde et d'autres pays asiatiques. Certains objets sont même à vendre: avis aux intéressés. La carte propose des sushis, du poulet, du poisson teriyaki ainsi que quelques plats végétariens tels que le tofu frit ou les légumes sautés accompagnés de nouilles et nappés d'une sauce au sésame. Bon choix de bières importées et de vins. Atmosphère bohème et foule bigarrée.

A Fish Called Avalon

$$-$$$

700 Ocean Dr.

☎ (305) 532-1727

Vous le soupçonniez peut-être déjà et vous aviez raison: le menu du restaurant A Fish Called Avalon est principalement axé sur les poissons et les crustacés. La nourriture est toujours fraîche, le service sympathique, et la terrasse permet de garder un œil sur l'activité d'Ocean Drive.

Cafe Mosaic

$$-$$$

1677 Collins Ave.

☎ (305) 532-2311

Le restaurant du **National Hotel** (voir p 87), le Cafe Mosaic, fait le bonheur des personnes qui aiment déguster d'alléchants plats dans une atmosphère digne des années 1940. La carte affiche des plats tels que le pâté de foie gras et le risotto aux fruits de mer assaisonné d'une subtilité d'épices des Caraïbes. La salle à manger est décorée avec différents meubles, bibelots et objets Art déco. Les convives qui préfèrent manger à l'air libre peuvent s'attabler sur la terrasse pour bénéficier d'une vue splendide sur la piscine bordée de palmiers. Le service est courtois et attentionné. Adjacent au restaurant, le bar est populaire le vendredi durant le *happy hour*.

Les Deux Fontaines
$$-$$$
1230 Ocean Dr.
☎ (305) 672-7878

Pour se délecter d'une fine cuisine méditerranéenne hautement acclamée, dirigez-vous vers le restaurant de l'**Hotel Ocean** (voir p 86), Les Deux Fontaines. Le menu semble s'être donné la mission d'enjôler vos papilles gustatives. En effet, il regorge de suggestions allant de l'entrée de *ceviche* jusqu'aux pâtes nappées de fruits de mer, en passant par les grillades classiques, sans oublier les prises fraîches du jour ainsi qu'un bon choix de vins et de spiritueux. On y sert aussi de gargantuesques petits déjeuners à toute heure du jour. En choisissant une table sur sa terrasse, vous aurez une vue intéressante de l'activité fourmillante d'Ocean Drive. Le personnel multilingue est avenant.

L'Entrecôte de Paris
$$-$$$
419 Washington Ave.
☎ (305) 673-1002

N'hésitez pas à pousser la porte de L'Entrecôte de Paris si vous êtes à la recherche de spécialités françaises. Ce petit mais sympathique restaurant prend des allures de bistro français sans prétention et sert à ses clients tous les classiques de l'Hexagone à des prix qui ne malmèneront pas trop leur budget.

Grillfish
$$-$$$
1444 Collins Ave., angle Española Way
☎ (305) 538-9908

Une délicieuse odeur de poisson grillé flotte dans l'air dès qu'on entrouvre la porte du Grillfish. Dans un décor où se mélangent le métal et le gothique, attablez-vous pour déguster l'un des nombreux plats de poisson qui figurent sur le menu, apprêté selon vos préférences. Prix fort corrects.

Maiko Japanese Restaurant & Sushi Bar
$$-$$$
1255 Washington Ave.
☎ (305) 672-2773

De biais avec le bureau de poste, le Maiko Japanese Restaurant & Sushi Bar s'est taillé une place de choix à South Beach grâce à des plats sans surprise, mais diablement alléchants et bon marché, et grâce aussi à son excellent service.

Sushi Rock Cafe
$$-$$$
1351 Collins Ave.
☎ (305) 532-2133

En consultant le menu du Sushi Rock Cafe, on saisit rapidement la signification du nom du restaurant. Tous les menus sont en effet imprimés sur des pochettes d'albums de musique rock et affichent évidemment les classiques de la cuisine nipponne: sushis, tempuras, teriyakis. Sachez que le niveau élevé des décibels mêlé à celui des conversations rythmées peut rendre l'endroit très bruyant et vous incommoder quelque peu si vous êtes à la recherche d'un coin intime. Néanmoins, le service est attentionné.

Tantra
$$-$$$
1445 Pennsylvania Ave.
☎ (305) 672-4765

Êtes-vous à la recherche d'un brin de folie et en même temps d'une cuisine hybride, raffinée, aux saveurs et parfums quelque peu exotiques, capables d'émoustiller tous vos sens? Si oui, le restaurant Tantra saura répondre à votre demande. À n'en point douter, il mettra en émoi votre sensualité grâce à un environnement tout à la fois sonore, visuel, olfactif et tactile très particulier qui se combinera à des créations culinaires uniques. En effet, dès qu'on franchit le seuil de cet établissement, on constate qu'on vient de poser le pied sur un moelleux tapis de gazon et qu'une subtile odeur

Miami - Restaurants - South Beach

de jasmin flotte dans l'air. Pour couronner le tout, une douce musique baigne les lieux, des danseuses du ventre se donnent en spectacle, et des serveuses se glissent discrètement entre les tables, tandis que votre cœur se met à battre la chamade.

Toni's Sushi Bar
$$-$$$
1208 Washington Ave.
☎ (305) 673-9368

L'étoile du Toni's Sushi Bar n'a pas pâli depuis son inauguration. Son menu continue d'énumérer des plats de sushis, de sashimis et de tempuras qui font toujours honneur à la cuisine japonaise. Si le menu du jour ne vous tente guère, libre à vous de créer vos propres combinaisons ou d'opter pour un plat de poulet ou de bœuf teriyaki.

China Grill
$$$
404 Washington Ave.
☎ (305) 534-2211

Welcome to China Grill!, vous dira-t-on à l'entrée d'un des restaurants les plus étincelants de South Beach où les célébrités de passage ne manquent pas de venir briller par leur présence. Impossible de ne pas river ses yeux sur l'extérieur du China Grill en raison de l'immense tour illuminée par des néons multicolores qui lui confère des allures de réacteur nucléaire sur le point d'entrer en phase critique. En soirée, l'atmosphère qui y règne s'apparente davantage à celle d'un night-club qu'à celle d'un restaurant à cause de

la musique tonitruante qui rivalise avec les conversations rythmées des clients. La cuisine du China Grill se veut asiatique-française-éclectique, ce qui signifie qu'on y mitonne un large éventail de plats originaux. Les desserts risquent pour leur part d'en mener plus d'un tout droit vers un coma hypoglycémique. Les portions sont généreuses et servies sur une gigantesque assiette posée au centre de la table dans laquelle les convives peuvent piger.

Joe's Stone Crab Restaurant
$$$
fermé mi-mai à mi-oct
11 Washington Ave.
☎ (305) 673-0365

Difficile de passer sous silence le nom du restaurant Joe's Stone Crab. Au dire de ses clients réguliers, la qualité des aliments qu'on y sert n'a jamais fléchi depuis son ouverture tout au début du XXe siècle. Évidemment, se rendre ici et commander autre chose que des pinces de crabe de roche est un peu comme se rendre dans un *steakhouse* pour y demander un plat de tofu et de légumes sautés. Mis à part les pinces de crabe de roche, des plats de poisson, crustacés et fruits de mer tels que crevettes, huîtres, saumon et homard noircissent le menu, et tous sont apprêtés délicieusement, tandis que le steak ou les côtelettes de porc sauront satisfaire les carnivores irréductibles. Le décor est chaleureux et élégant, mais la longueur des files d'attente atteste de la popula-

rité de cette institution locale à certains jours; aussi est-il préférable de ne pas s'y rendre à l'improviste et de réserver sa table à l'avance.

Nemo
$$$
100 Collins Ave.
☎ (305) 532-4550

Au réputé restaurant Nemo, calmar frit, curry de canard, agneau désossé et beaucoup de poissons préparés selon des recettes inventives et présentés de façon quasi artistique composent le menu. Artistes, top-modèles et gens d'affaires fréquentent assidûment cet établissement branché au mobilier métallique à l'allure Art déco.

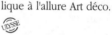

Smith & Wollensky
$$$
1 Washington Ave., South Pointe Park
☎ (305) 673-2800

Le célèbre restaurant new-yorkais Smith & Wollensky s'est installé à Miami et vous convie à un dîner où le gigantisme est de mise dans un environnement au panorama saisissant. Cet établissement a gardé les mêmes couleurs, le vert et le blanc, et la même façade architecturale qu'à Manhattan, ainsi que la même qualité et la même fraîcheur des aliments qu'on y sert. Mais on doit avouer que la vue à South Beach est beaucoup plus intéressante que celle qu'offre la 49e Rue de New York. Le carnivore qui sommeille en vous pourra y déguster des portions pantagruéliques de filet de surlonge, de *t-bones* et de pinces de crabe de roche (en saison seulement, soit de la mi-octobre à la mi-mai) préparées à la perfection. Pour tomber dans l'extase, goûtez aux desserts, véritables chefs-d'œuvre de l'art culinaire qui fondent dans la bouche. Les amis de Bacchus ne seront certainement pas déçus par la longue liste de vins de qualité qui figurent sur la carte. Vous aurez ensuite le loisir de vous retirer à un bar extérieur pour siroter une bière froide et fumer un cigare; rafraîchi par les ventilateurs, vous admirerez depuis votre observatoire privilégié le passage des bateaux à l'extrémité sud de la péninsule de Miami Beach. Le service est courtois, empressé et sans faille.

Blue Door
$$$-$$$$
1685 Collins Ave.
☎ (305) 674-6400
Le restaurant du **Delano Hotel** (voir p 86), le Blue Door, relève maintenant de l'équipe administrative du **China Grill** (voir p 100). La cuisine d'influence française est dorénavant sous la supervision du chef de renommée mondiale Claude Troisgros et de son adjoint Marc Salonsky. Manger à l'intérieur vous fera bénéficier des décors fantasmagoriques propres au Delano, alors que des banquettes installées autour de la piscine se prêtent mieux aux tête-à-tête ou à l'observation des affrontements entre joueurs d'échecs sur des échiquiers géants issus de l'imagination étrange du designer Philippe Starck.

Osteria del Teatro
$$$-$$$$
1443 Washington Ave., angle Española Way
☎ (305) 538-7850
L'Osteria del Teatro s'est forgé une réputation fort enviable dans les cercles d'amateurs de bonne cuisine de Miami en gardant très élevées les normes en matière de restauration gastronomique. D'ailleurs, ce n'est pas un hasard si cet établissement cumule honneur sur honneur et compte parmi les meilleurs restaurants de Miami. Certes, les tarifs pratiqués sont élevés, mais ils sont largement justifiés si vous êtes en mesure d'apprécier à sa juste valeur la fine cuisine italienne. Le local est assez exigu et offre une jolie vue grâce à des fenêtres panoramiques par où l'on embrasse d'un seul coup d'œil tout le coin de rue. Rares sont les clients qui ne se pâment pas de plaisir devant les merveilleuses recettes qui ont fait la réputation du Vieux Continent. La réservation de votre table est vivement recommandée.

Yuca
$$$-$$$$
501 Lincoln Rd., angle Drexel Ave.
☎ (305) 532-9822
En espagnol, le mot *yuca* réfère à un légume tropical. En décomposant le mot de façon plus subtile, on découvre qu'il veut également dire *Young Upscale Cuban American* ou, si vous préférez, l'expression latino-américaine qui équivaut au mot «yuppie». En

d'autres mots, on ne vient pas ici les poches vides. Dans un lumineux local moderne, goûtez donc à des plats à saveur hybride dont la préparation procède de la fusion entre les cuisines cubaine et américaine. Évidemment, la vedette incontestée du menu est la *yuca* apprêtée selon différentes recettes: *yuca* fourrée aux champignons sauvages ou poulet mariné grillé et servi avec couscous et *yuca*.

Le centre et le nord de Miami Beach

The Cheesecake Factory
$-$$
Aventura Mall, 19501 Biscayne Blvd.
Aventura
☎ (305) 792-9696
The Cheesecake Factory est une bonne adresse à retenir pour ceux et celles qui veulent savourer une des 30 sortes de gâteaux au fromage qui noircissent son menu. Des plats de résistance comme le steak, le poulet ou le poisson, sont aussi disponibles. On vous suggère de réserver à l'avance car l'endroit est souvent bondé.

Yeung's
$-$$
954 41st St.
☎ (305) 672-1144
Ne vous fiez pas à la façade du restaurant Yeung's car l'endroit offre le meilleur service de mets chinois (pour emporter) de tout Miami Beach. Peut-être un soir serez-vous trop fatigué pour aller dîner à l'exté-

Miami - **Restaurants** - Le centre et le nord de Miami Beach

rieur sans avoir fait de réservation, ou simplement en aurez-vous marre du restaurant de votre hôtel, alors le Yeung's viendra à votre rescousse. Le menu est varié au point de rendre le choix difficile, et la cuisine, contrairement à ce qu'on pourrait s'attendre d'un restaurant «pour emporter», plaira au palais le plus fin: la carte affiche des classiques comme la soupe *wong tong*, les *egg rolls* et le poulet du Général Tao, mais aussi des ailerons de requin farcis avec du crabe et d'autres mets moins connus. On se fera aussi un plaisir de satisfaire à vos demandes spéciales au besoin (pas de sel, pas de glutamate, etc.).

Cafe Avanti
$$
732 41st St.
☎ (305) 538-4400
S'il vous prend l'envie d'un dîner romantique un peu à l'écart de la cohue de South Beach, vous serez agréablement bien servi par le Cafe Avanti. Ce restaurant italien propose une cuisine raffinée et délicate, préparée avec une attention évidente. La liste des vins comporte quant à elle une sélection intéressante de crus italiens ainsi qu'un choix de bières italiennes à essayer comme apéritif. Il règne ici une atmosphère calme et feutrée qui se prête particulièrement bien au dîner en tête-à-tête. Service empressé et courtois.

Al Carbón
$$$
9701 Collins Ave.
Bal Harbour Village
☎ (305) 868-2518
Al Carbón, le restaurant argentin du **Sheraton Bal Harbour Beach Resort** (voir p 90), a acquis une excellente réputation, aussi bien auprès de la population locale que des visiteurs de passage. Évidemment, les grillades argentines sont à l'honneur et sont apprêtées dans une cuisine à aire ouverte. Le décor se compose de chaises et de tables artisanales peintes à la main. Dans un autre restaurant de l'hôtel, le planureux brunch du dimanche *($$; dim 12h15 à 15h)* est l'endroit tout choisi pour prendre ses aises et s'empiffrer des innombrables spécialités concoctées par les chefs. Attablez-vous près de la fenêtre, où la vue donne sur une jolie cascade aussi rafraîchissante que décorative, et dégustez un verre de champagne avec jus d'orange; libre à vous, de surcroît, d'en redemander autant de fois que vous le désirez. Sushis, huîtres, pâtes, poulet, bœuf, agneau, poissons, salade grecque, œufs, saucisses, gâteaux et autres pâtisseries font partie du festin pantagruélique auquel vous êtes convié ici chaque dimanche.

The Forge
$$$-$$$$
432 41st St., entre Royal Palm Ave. et Sheridan Ave.
☎ (305) 538-8533
The Forge ressemble au lieu de tournage d'un film de mafiosi avec ses miroirs rococo, ses plafonds hauts, ses murs lambrissés, ses vitraux colorés, son ambiance feutrée et ses chaises capitonnées de cuir où une clientèle élégamment drapée de noir et tirée à quatre épingles aime bien venir s'asseoir. Qui plus est, la cuisine de l'établissement se révèle à la hauteur du somptueux décor qu'il déploie, et l'on vous suggère vivement de jeter votre dévolu sur les steaks juteux et gargantuesques qui y sont servis. Si, pour vous, le vin est synonyme de plaisir, vous saliverez d'envie en jetant un coup d'œil sur la carte, qui indique que plus de 30 000 bouteilles vieillissent dans les caves de l'honorable maison.

Little Havana

Hy-Vong
$$
3458 SW 8th St.
☎ (305) 446-3674
Mieux vaut éviter le Hy-Vong si vous êtes pressé. Ce petit restaurant vietnamien est toujours bondé de fidèles clients qui attendent en file avant de se délecter des savoureuses spécialités merveilleusement relevées de la maison. Le décor est ringard, on y mange coude à coude, et le service est parfois désagréable, mais

les plats ne déçoivent jamais.

Versailles
$$
3555 SW 8th St.
☎ (305) 445-7614 ou 444-0240

Le restaurant Versailles est le fief attitré des hommes d'affaires cubains qui viennent y savourer une cuisine typiquement cubaine tout en abordant toutes sortes de sujets de conversation, le plus courant étant probablement l'éventuel renversement de Fidel Castro. D'innombrables miroirs et chandeliers assurent le lien entre ce resto cubain... et Versailles.

Coral Gables

Christy's
$$$-$$$$
3101 Ponce de León Blvd., angle Malaga Ave.
☎ (305) 446-1400

Restaurant branché très prisé de la population locale, le Christy's propose une carte où les plats sont toujours savoureux, raffinés et bien présentés. La salade César est incontournable, mais la spécialité de la maison est le monstrueux steak apprêté selon la cuisson désirée. L'éclairage tamisé se conjugue parfaitement avec la musique classique pour créer une atmosphère propice à vous faire passer une soirée des plus agréables.

Restaurant Place St. Michel
$$$-$$$$
162 Alcazar Ave., angle Ponce de León Blvd.
☎ (305) 444-1666

Le Restaurant Place St. Michel, situé dans l'hôtel du même nom (voir p 90), présente un très beau décor antique et chaleureux. Sa carte est réputée pour la qualité de sa nouvelle cuisine américaine qui s'inspire de la cuisine française, laquelle a acquis une excellente notoriété à Miami. Après une entrée d'escargots Bourgogne ou une bisque de homard du Maine, laissez-vous tenter par le suprême de poulet, les linguini St. Michel ou le couscous végétarien. Le personnel souriant est sympathique et dévoué; il se fera un plaisir de vous suggérer les spécialités de la maison.

Coconut Grove

Cafe Tu Tu Tango
$$
CocoWalk, 3015 Grand Ave.
☎ (305) 529-2222

Installé à l'étage du centre commercial **CocoWalk** (voir p 106), le Cafe Tu Tu Tango prend les allures d'un loft de Barcelone avec ses aires ouvertes dont les murs sont ornés de tableaux d'artistes contemporains et d'objets hétéroclites. De plus, il n'est pas rare d'y voir des artistes en plein processus de création mettant ensuite en vente leur toile sitôt terminée. Le sympathique personnel se fera un plaisir de vous commenter les nombreux plats aux goûts assez éclectiques qui figurent sur le menu de cet établissement d'un genre particulier. On suggère aux clients de choisir plusieurs mets tels que le *cajun chicken egg roll*, les *picadillo empanadas* ou le *Barcelona stir fry*, et de se les partager. Pour se désaltérer, la sangria maison est aussi hautement recommandée. Des spectacles de *baladi* et des séances de tarot animent parfois les soirées. La salle s'ouvre en outre sur une grande terrasse extérieure.

Key Biscayne

The Rusty Pelican
$$$
3201 Rickenbacker Causeway
☎ (305) 361-3818

The Rusty Pelican est l'endroit tout indiqué pour se délecter en bénéficiant d'une vue splendide de Biscayne Bay. Le menu propose des plats classiques comme du steak, du poisson et des crustacés.

Stefano's
$$$
24 Crandon Blvd.
☎ (305) 361-7007

Le Stefano's est l'adresse à retenir pour ceux et celles qui aiment bien la cuisine maison aux parfums de l'Italie. La carte affiche des plats comme les raviolis fourrés aux champignons sauvages ou les linguinis nappés de fruits de mer. Adjacent au restaurant, se trouve une petite épicerie fine qui prépare de bons sandwichs pour environ 5$. On y propose aussi un excellent choix de vins.

Miami - Restaurants - Key Biscayne

♪ Sorties

Miami offre à ses visiteurs mille et une possibilités de se divertir une fois la nuit tombée, la plupart des établissements étant concentrés à South Beach. Même si South Beach est beaucoup plus petit que Manhattan, ce quartier se situe à l'épicentre de la vie nocturne de Miami Beach et rivalise à bien des égards avec le *borough* de la *Big Apple* pour le titre de *City that never sleeps*. En effet, South Beach exalte une atmosphère pimpante qui attire une foule tout azimut qui aime extérioriser sa joie de vivre et la manifester spontanément dans la rue, dans un bar ou dans un club en une sorte de farandole populaire.

Pour en connaître davantage sur la vie culturelle de Miami, consultez l'hebdomadaire *Miami New Times*. Ce journal constitue une véritable mine de renseignements sur les spectacles de musique en tous genres, dresse la liste des nouveaux restaurants, bars, cabarets et salles de spectacle, et donne les horaires des principaux cinémas. Il est distribué gratuitement et est publié tous les jeudis. On le trouve dans plusieurs lieux publics très fréquentés comme les bars, les cafés, les restaurants et quelques boutiques.

Publiée le vendredi, la section *week-end* du journal local *The Miami Herald* traite de danse, de musique, de restaurants, de théâtre et de bien d'autres activités culturelles et sociales qui composent au fil des semaines l'actualité du monde du spectacle et des variétés de Miami.

Ticketmaster *(☎305-358-5885)* est un service téléphonique grand public qui fournit la liste des spectacles de danse, de théâtre, de musique ou de sport. On peut aussi acheter des billets par son entremise.

■ Bars et boîtes de nuit

Les noctambules se dirigeront vers Miami Beach une fois la nuit tombée, tout spécialement à South Beach où se trouvent les boîtes les plus en vue. Les night-clubs exigent généralement un droit d'entrée qui varie entre 5$ et 15$ selon la notoriété de l'établissement.

Bash
655 Washington Ave.
☎ (305) 538-2274
L'acteur Sean Penn est l'un des propriétaires de cette boîte branchée dans laquelle une foule bien habillée se presse sur le plancher de danse.

Clevelander Bar
1020 Ocean Dr.
☎ (305) 531-3485
Le bar extérieur du Clevelander Hotel, aménagé autour de sa piscine et qui donne littéralement sur Ocean Drive, attire une foule énergique et bruyante. Spectacles de musiciens en soirée.

Club Tropigala
Fontainebleau Resort & Tower
4441 Collins Ave., Miami Beach
Des dîner-spectacles à la cubaine ou à la Las Vegas sont présentés dans ce temple, véritable icône des années 1950 et 1960.

Crobar
1445 Washington Ave.
☎ (305) 531-5027
Cette grande discothèque attire une foule nombreuse du jeudi au lundi soir. Grande piste de danse et musique tonitruante. Soirée gay le dimanche.

Mango's Tropical Café
900 Ocean Dr.
☎ (305) 673-4422
La musique latine s'échappe de ce bar-restaurant, ce qui vous permettra de le repérer de loin. À l'intérieur, vous trouverez une ambiance des plus chaudes entretenues par des danseuses qui se déhanchent sur des airs endiablés.

Ocean's Ten
960 Ocean Dr.
☎ (305) 604-1999
Voisin du **Cafe Med** (voir p 97), l'Ocean's Ten propose des spectacles extérieurs de musique latine. Les musiciens prennent place sur une petite scène placée devant une piscine entourée de tables.

Van Dyke Cafe
846 Lincoln Rd., angle Jefferson Ave.
☎ (305) 534-3600
Une boîte de jazz de qualité se trouve à l'étage de cet agréable restaurant de la rue piétonne qu'est Lincoln Road.

Wet Willies
760 Ocean Dr.
☎ (305) 532-5650
Une des attractions majeures du bar Wet Willies est son grand balcon qui surplombe Ocean Drive, un poste d'observation remarquable. Les daïquiris exquis de la maison constituent son autre grand attrait. Foule jeune et désordonnée.

■ Scène gay

La majorité des boîtes de nuit qui s'adressent à la clientèle gay, presque exclusivement masculine en fait, se trouve à South Beach, où s'est déplacée la vie nocturne depuis la fin des années 1990. De plus, les autres bars et discothèques du quartier s'affichent en général comme étant *gay-friendly* (sympathique aux gays). Certains établissements dits «pour tous» vont même jusqu'à organiser des soirées thématiques gays chaque semaine (voir la description du **Crobar** plus haut à titre d'exemple). Pour en savoir davantage sur les événements ponctuels, les hebdomadaires gratuits *Hotspot* et *Wire* constituent de bonnes sources.

Score
727 Lincoln Rd.
☎ (305) 535-1111
Boîte très populaire qui abrite plusieurs bars sur différents niveaux, en plus de disposer d'une agréable terrasse extérieure. Le thé dansant du dimanche après-midi y est particulièrement couru.

Twist
1057 Washington Ave.
☎ (305) 538-9478
Un autre bar fort apprécié, qui s'étend sur deux niveaux. Musique hip-hop et techno la fin de semaine. Billard et «vidéobar».

■ Spectacles et concerts

Coconut Grove Playhouse
3500 Main Hwy.
Coconut Grove
☎ (305) 442-4000
www.cgplayhouse.org
Des pièces de théâtre diverses sont montées dans cette salle.

Gusman Center for the Performing Arts
174 E. Flagler St.
Miami
☎ (305) 372-0925
Cette salle de 1 700 places propose des spectacles divers, dont des concerts du **Florida Philarmonic Orchestra**. C'est aussi ici qu'est projetée la majorité des films lors du **Miami International Film Festival**, qui se tient annuellement en février.

Jackie Gleason Theater
1700 Washington Ave.
South Beach
☎ (305) 673-7300
Des spectacles de ballet, de danse, d'opéra et de théâtre sont régulièrement à l'affiche de cette salle de spectacle, qui est la plus importante de Miami Beach avec ses 2 700 places. De nombreuses comédies musicales de Broadway y font aussi halte régulièrement.

Lincoln Theatre
541 Lincoln Rd.
South Beach
☎ (305) 673-3331 ou
800-597-3331
Pour vous délecter des airs de musique classique, le **New World Symphony** *(www.nws.org)* propose une série de concerts d'octobre à mai au Lincoln Theatre.

Miami-Dade County Auditorium
2901 W. Flagler St.
Miami
☎ (305) 547-5414
Plus grande salle de spectacle de Miami avec ses 2 430 sièges, le Miami-Dade County Auditorium est aussi la demeure du **Florida Grand Opera** *(www.fgo.org)*. Des concerts du **Florida Philharmonic Orchestra** y sont aussi présentés.

■ Sports professionnels

Baseball

Pour assister à une rencontre des **Marlins de la Floride**, une équipe professionnelle de la Ligue nationale de baseball, rendez-vous au **Pro Player Stadium** *(2269 NW 199th St., ☎ 305-626-7400, www.floridamarlins.com)*. La saison régulière s'étend d'avril à octobre.

Basket-ball

Le **Heat de Miami** est l'équipe professionnelle de basket de la ville. Il dispute ses parties locales à l'**American Airlines Arena** *(610 Biscayne Blvd., Miami; ☎ 786-777-1000)*. La saison s'étend d'octobre à avril.

Miami - Sorties

Football

Entre les mois d'août et de décembre, les toujours respectables **Dolphins de Miami** défendent leurs couleurs au **Pro Player Stadium** *(2269 NW 199th St.;* ☎*305-620-2578)*. On vous suggère vivement de réserver vos billets quelques mois à l'avance, car il est pratiquement impossible de s'en procurer le jour même du match, à moins d'être prêt à négocier un prix prohibitif avec un *scalper* (revendeur de billets).

Pelote basque (jai alai)

Pour vous familiariser avec «*the fastest game on earth*», pointez-vous au **Jai Alai Fronton** *(3500 NW 37th Ave.,* ☎*305-633-6400)*.

Achats

Avec les centres commerciaux ultrachics d'Aventura et de Bal Harbour Village, les nombreuses boutiques spécialisées de Coral Gables, les élégantes galeries d'art de South Beach, les innombrables commerces de vêtements de Washington Avenue, les magasins de cigares roulés à la main et les simples kiosques à souvenirs kitsch, Miami a beaucoup à offrir aux amateurs de lèche-vitrine et aux fouineurs de tout acabit.

■ Centres commerciaux

Le **Bayside Market Place** *(401 Biscayne Blvd., Miami;* ☎*305-577-3344, www.baysidemarketplace.com)* est situé sur le bord de l'eau au centre-ville de Miami. Ce centre commercial géant compte une centaine de boutiques allant du **Sunglass Hut** *(*☎*305-375-0365)*, où l'on trouve toutes sortes de lunettes et d'accessoires pour protéger ses yeux contre l'ardent soleil des tropiques, jusqu'à **Perfumania** *(*☎*305-577-0032)*, d'où s'échappent de suaves effluves, en passant par la populaire boutique de lingerie fine **Victoria's Secret** *(*☎*305-374-8030)*. Au milieu de tout cela, il y a également plusieurs comptoirs de restauration rapide pour prendre une bouchée.

Les très chics **Bal Harbour Shops** *(9700 Collins Ave., Bal Harbour Village;* ☎*305-866-0311, www.balharbourshops.com)* se dressent devant le splendide Sheraton Bal Harbour. Aménagé parmi des aires ouvertes où pousse une végétation luxuriante parsemée de palmiers, ce centre commercial abrite une foule de boutiques qui sauront sûrement satisfaire les goûts les plus divers et les plus extravagants. Difficile de trouver un autre endroit qui regroupe autant de boutiques exclusives comme Veneta, Cartier, Chanel, Escada, Gucci, Prada, Gianni Versace, Hermes, Saks Fifth Avenue, Tiffany & Co., et bien d'autres. Les boutiques les moins chères

sont Gap et Banana Republic.

L'**Aventura Mall** *(19501 Biscayne Blvd., Aventura;* ☎*305-935-1110, www.shopaventuramall.com)*, un autre centre commercial géant, regroupe de grands magasins comme Bloomingdale's, Macy's, JC Penney, Sears, ainsi que plus de 235 boutiques spécialisées comme Guess, Gap et Victoria's Secret. S'y trouvent encore plusieurs comptoirs de restauration rapide et quelques restaurants de plus haute gamme comme The Cheesecake Factory. Le centre compte enfin un complexe de 24 salles de cinéma.

Situés côte à côte, **CocoWalk** *(3015 Grand Ave., Coconut Grove;* ☎*305-444-0777)* et **The Streets of Mayfair** *(2911 Grand Ave., Coconut Grove)* sont deux centres commerciaux à la mode qui attirent une foule de curieux qui viennent dépenser leurs billets verts ou faire du lèche-vitrine. On y retrouve un mélange d'environ 80 boutiques, des bars et des restos, ainsi que de nombreuses salles de cinéma.

■ Galeries d'art

Le quartier de Coral Gables compte nombre de galeries d'art qui sauront sûrement plaire aux collectionneurs, entre autres **Americas Collection** *(2440 Ponce de León Blvd., Coral Gables,* ☎*305-446-5578)*, **Ambrosino Gallery** *(3095 SW 39th Ave., Coral Gables;* ☎*305-445-2211)* et **Diana Lowestein Fine Art**

(3080 SW 38th Ct., Coral Gables; ☎305-774-5969).

■ Librairies

Borders *(3390 Mary St., Coconut Grove; ☎305-447-1655)* propose un excellent choix de romans, de guides de voyage et de livres d'art. S'y trouve aussi un petit café où l'on vend des viennoiseries.

Située juste au nord de l'Aventura Mall, la librairie **Borders** *(19925 Biscayne Blvd., Aventura; ☎305-935-0027)* possède une autre succursale qui propose à ses clients un choix incomparables de livres en tous genres.

En parlant de grande chaîne, **Barnes & Noble** *(152 Miracle Mile, Coral Gables; ☎305-446-4152)* est représentée un peu partout à travers les États-Unis, et Miami ne fait pas exception. Contrairement aux grandes surfaces, le Barnes & Noble de Coral Gables est somme toute assez sympathique. On y trouve aussi un petit café.

Le **Kafka's Kafé** *(1464 Washington Ave., South Beach; ☎305-673-9669)* est à la fois un café électronique décontracté et une librairie spécialisée dans la vente de livres usagés en tous genres. On y trouve aussi des journaux et magazines internationaux.

Au **Books & Books** *(933 Lincoln Rd., Miami Beach; ☎305-532-3222; 265 Aragon Ave., Coral Gables; ☎305-442-4408)*, la qualité des livres et le service sont excellents. Bonne section sur la poésie. Il s'agit du lieu rêvé pour peut-être dénicher un vieux classique qui dort sur une tablette.

The Gay Emporium *(720 Lincoln Rd., South Beach; ☎305-534-4763)* garnit ses rayons d'une excellente sélection de littérature gay.

Pour une bonne sélection de livres en français et en espagnol, **Pierre Books** *(18185 Biscayne Blvd., Aventura; ☎305-792-0766).*

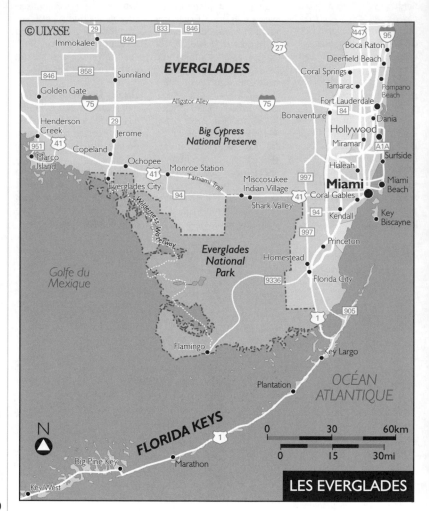

©ULYSSE

Immokalee

EVERGLADES

Boca Raton
Deerfield Beach
Coral Springs
Tamarac
Pompano Beach
Fort Lauderdale
Bonaventure
Hollywood
Miramar
Surfside

Sunniland
Golden Gate
Henderson Creek
Jerome
Copeland
Ochopee
Everglades City
Monroe Station
Misscosukee Indian Village
Shark Valley
Marco Island

Big Cypress National Preserve

Dania

Hialeah
Miami
Miami Beach
Coral Gables
Kendall
Key Biscayne

Tamiami Trail

Princeton

Everglades National Park

Homestead

Florida City

Golfe du Mexique

Wilderness Waterway

Flamingo

Key Largo

Plantation

OCÉAN ATLANTIQUE

N

FLORIDA KEYS

Big Pine Key

Marathon

Key West

0   30   60km
0   15   30mi

LES EVERGLADES

Les Everglades

★ ★ ★

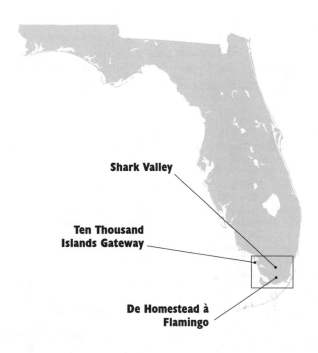

Shark Valley

Ten Thousand Islands Gateway

De Homestead à Flamingo

Les Everglades

Réserve de la biosphère, site figurant sur la Liste du patrimoine mondial de l'UNESCO et troisième réserve naturelle en importance aux États-Unis, l'**Everglades National Park** jouit aujourd'hui d'une renommée internationale. Mais il n'en fut pas toujours ainsi car les Everglades n'ont longtemps été considérés par plusieurs que comme un enchevêtrement inextricable de rivières boueuses, de cours d'eau fétides infestés de moustiques voraces et de créatures bizarres qui folâtrent dans le dédale d'un des derniers fragments restés à l'état sauvage des vastes forêts tropicales situées au nord du tropique du Cancer.

Fermant la péninsule floridienne au sud, les Everglades voient les **Tequestas** s'installer sur la côte sud-est et les **Calusas** en faire autant au sud-ouest à peu près à la même époque, soit il y a 11 000 ans. La colonisation espagnole, à partir du milieu du XVIᵉ siècle, en viendra à éliminer presque entièrement ces nations autochtones dès le début du XIXᵉ siècle.

Entre-temps, d'autres peuplades amérindiennes chassées des Carolines, de la Géorgie et de l'Alabama, s'établissent dans les parages vers la fin du XVIIIᵉ siècle. Il s'agit des **Creeks** et des **Muskogee Creeks**, collectivement appelés les **Séminoles**. En 1830, le Congrès américain décide de relocaliser toutes les tribus amérindiennes établies à l'est du Mississippi, les forçant celles-ci à se déplacer vers l'ouest. Les Séminoles refusent alors de quitter leurs terres, ce qui conduit bientôt aux guerres séminoles de 1835-1842 et de 1855-1858. Une poignée d'entre eux survivront aux conflits et se réfugieront dans les Everglades, en ce lieu sauvage alors nimbé de mystère où les Blancs n'osent s'aventurer à leur poursuite. Leurs descendants, les **Miccosukees**, vivent toujours dans les Everglades aujourd'hui.

Au cours du XIXᵉ siècle et de la première moitié du XXᵉ siècle, les Everglades sont en grande partie asséchés afin de permettre l'extension de l'agriculture. Des dommages irréparables sont alors causés à cet environnement naturel par le développement urbain sur de vastes terrains ainsi conquis sur la forêt. La bataille visant à protéger cet écosystème unique en sera une de longue haleine. **Ernest F. Coe**, un paysagiste originaire du Connecticut que l'on considère aujourd'hui comme le père

du parc national des Everglades, s'établit dans le sud de la Floride dès 1920. Il entreprend dès lors la lutte qui conduira à l'adoption par le Congrès américain d'un projet de loi visant la création d'une réserve naturelle en 1934. Pourtant, ce n'est finalement qu'en 1947 qu'est créé le parc national des Everglades, afin de mettre un terme au développement effréné et de protéger les 606 000 ha encore à l'état sauvage.

D'autres visionnaires participent à l'époque aux efforts pour que soit enfin reconnue l'importance écologique des Everglades. C'est le cas tout particulièrement de la légendaire **Marjorie Stoneman Douglas**, auteure de l'ouvrage *The Everglades: River of Grass*, esprit libre et environnementaliste avant la lettre. Elle siégera sur le comité de création du parc des Everglades, puis sur celui du Biscayne National Park (voir le chapitre «Miami»). Elle s'éteint en 1998 à l'âge vénérable de 108 ans.

Décrits comme un immense fleuve d'herbes (*river of grass*) prenant sa source dans le lac Okeechobee, au sud d'Orlando, et coulant lentement vers la baie de Floride et le golfe du Mexique, les Everglades forment un sanctuaire naturel ponctué de mangroves et de *hardwood hammocks* (îlots couverts d'arbres) qui donne refuge à de nombreuses espèces animales et végétales dont certaines menacées de disparition, comme la panthère de Floride et le lamantin.

Mieux vaut vous lever très tôt si vous souhaitez voir la faune qui vit dans le parc. Dans les brumes du matin qui s'effilochent lentement, vous aurez peut-être la chance de voir glisser silencieusement sur l'eau des alligators ou de surprendre l'envolée acrobatique de quelques-unes des 300 espèces d'oiseaux aquatiques qui nichent dans les marais. Sachez toutefois que les animaux de grande taille se donnent rarement en spectacle, car ils préfèrent fuir à la moindre alerte. De plus, durant l'après-midi, le soleil est tout simplement brûlant et rend la visite tout à fait insupportable, surtout en été. Pour apprécier une visite dans le mystérieux monde des Everglades, il faut prévoir s'enfoncer plus profondément à l'intérieur du parc. Finalement, les créatures les plus voraces du parc ne sont pas nécessairement les alligators ou les serpents venimeux, mais plutôt les insectes de tout acabit qui vous rendront sûrement fou si vous n'appliquez pas d'insectifuge. Rappelez-vous aussi que la baignade dans les étangs d'eau douce est à proscrire; l'eau n'y est guère limpide... et la faune très présente.

Quelques règles de base

Si vous apercevez un alligator, ne vous en approchez pas trop car ces reptiles qui semblent si lourdauds se déplacent étonnamment vite hors de l'eau. N'oubliez pas que vous êtes à l'intérieur d'un parc national et que les animaux sont en liberté. Il est strictement interdit de nourrir les alligators ou toute autre espèce qui évolue dans le parc.

Accès et déplacements

Trois entrées permettent d'accéder au parc national des Everglades. L'entrée principale, ou **Park Headquarters**, se trouve à une quinzaine de kilomètres au sud-ouest des villes de **Florida City** et de **Homestead**, toutes deux situées au sud de Miami. La route 9336 conduit à cet accès.

En venant du nord, la **Shark Valley Entrance** est accessible par la route 41, aussi appelée **Tamiami Trail**. Elle se trouve à 60 km à l'ouest de Miami, sur la côte est, et à 125 km à l'est de Naples, sur la côte ouest.

À l'ouest, le **Ten Thousand Islands Gateway** est situé à **Everglades City**, à quelque 50 km au sud-est de Naples.

Il est aussi possible de pénétrer dans le parc par le sud en bateau, à la marina de **Flamingo**, qui donne sur la baie de Floride.

L'accès au parc, pour une durée de un à sept jours, coûte 10$ par véhicule et 5$ par piéton ou cycliste.

Renseignements utiles

■ Bureaux de renseignements touristiques

Everglades National Park Headquarters
40001 State Rd. 9336
Homestead
☎ (305) 242-7700
www.nps.gov/ever

■ Urgences

Pour toute urgence, communiquez avec les *rangers* du parc en composant le ☎(305) 247-7272.

Attraits touristiques

De Homestead à Flamingo ★ ★ ★

La meilleure façon d'être absolument sûr de pouvoir observer des alligators est sans doute de s'arrêter à l'**Everglades Alligator Farm** *(adultes 17$, enfants 10$, incluant la visite en hydroglisseur; tlj 9h à 18h; 40351 SW 192nd Ave.; ☎305-247-2628, www.everglades. com)*. Ici, dans cette ferme d'élevage, il y en a des centaines. Des spectacles sont souvent présentés, et des excursions d'une trentaine de minutes dans les Everglades à bord d'**hydroglisseurs** font partie du forfait.

L'entrée principale du parc national des Everglades, qui se trouve au sud-ouest de la ville de Homestead, à seulement quelques heures de route de Miami, mène au **Ernest F. Coe Visitor Center** *(tlj 8h à 17h en hiver, 9h à 17h en été; ☎305-242-7700)*. Ce centre d'accueil des visiteurs offre plusieurs brochures informatives sur le parc. De plus, on y diffuse un film éducatif sur les Everglades. La location de canots et des visites à bord d'hydroglisseurs sont également proposées ici.

À peine 7 km plus loin, le **Royal Palm Visitor Center** *(tlj 8h à 16h15; ☎305-242-7700)* présente une exposition interactive qui explique l'écosystème du parc. Deux sentiers de randonnée pédestre partent de ce centre d'accueil: l'**Anhinga Trail ★** et le **Gumbo-Limbo Trail ★** (voir section «Activités de plein air»).

La route qui conduit ensuite jusqu'à l'extrême sud des Everglades fait environ 65 km. Plusieurs arrêts sont possibles en chemin afin de mieux apprécier les ri-

chesses du parc. Ainsi, à 10 km de l'entrée principale, se trouvent le terrain de camping et l'accès au sentier de randonnée pédestre dénommé le **Pineland Trail**. À 20 km de l'entrée, un court sentier permet d'atteindre le **Pa-hay-okee Overlook ★ ★**, une tour d'observation d'où la vue de la **Shark River**, cette immense rivière d'herbes, est saisissante. Le mot «Pa-hay-okee», d'origine amérindienne, signifie d'ailleurs «eaux herbeuses».

Alligator ou crocodile?

Pour le commun des mortels, il n'est pas évident de différencier l'alligator du crocodile. En fait, les deux espèces sont cousines, et, chose rarissime, elles cohabitent dans le sud des Everglades.

L'alligator est le plus présent, et ce, dans toutes les parties du parc. D'ailleurs, on ne le considère plus aujourd'hui comme une espèce menacée.

Pour sa part, le crocodile, dont le museau est plus effilé et les dents incisives inférieures apparentes, ne vit que dans le sud des Everglades. On n'en dénombre que quelques centaines, si bien qu'il compte parmi les espèces en voie d'extinction.

La route donne plus loin accès à d'autres sentiers de randonnée, ainsi qu'à des voies canotables. Tout au bout du trajet, vous atteindrez le village de **Flamingo**, qui don-

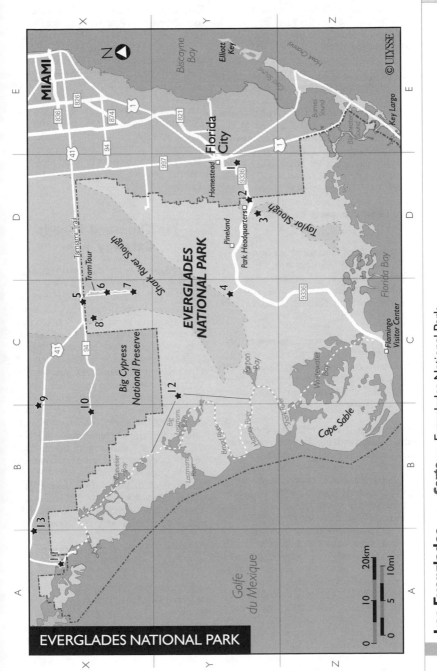

Les Everglades - Carte - Everglades National Park

ne sur la baie de Floride. S'y trouvent un autre centre d'accueil des visiteurs *(tlj 7h30 à 17h; ☎239-695-2945)*, une marina et un hôtel avec restaurant.

Shark Valley ★★

La route 41, ou Tamiami Trail, qui traverse l'État d'une côte à l'autre à travers la Big Cypress National Preserve, puis en suivant la limite nord de l'Everglades National Park, donne accès au **Shark Valley Visitor Center** *(tlj 8h30 à 17h en hiver, 9h à 17h en été; ☎305-221-8776)*. On peut y louer un vélo ou prendre part à une visite guidée à bord d'un **tramway sur pneus ★** *(adultes 12$, enfants 7,25$)*.

Il s'agit de deux bons moyens pour explorer la **Shark Valley Loop Road ★★**, un sentier asphalté en boucle qui serpente à travers la végétation (*sawgrass* et îlots couverts d'arbres que l'on nomme *hardwood hammocks*) sur 25 km.

À mi-parcours, une **tour d'observation** permet d'embrasser du regard toute cette partie du parc. À noter que les crocodiles sont très nombreux dans cette portion du parc, et il y a de fortes chances, surtout en hiver, d'en apercevoir.

Située un peu à l'ouest de l'entrée du parc, la **Miccosukee Indian Reservation** est une petite bourgade peuplée de descendants de Séminoles et d'autres tribus qui se réfugièrent dans les Everglades à l'époque des guerres séminoles. Bien que ces Amérindiens y vivent depuis des lustres, il leur a fallu attendre jusqu'en 1962 pour que le gouvernement américain leur accorde le statut officiel de tribu. On trouve aujourd'hui dans cette réserve un petit musée, ainsi que des boutiques d'artisanat (quelques-unes) et de t-shirts (nombreuses). Parmi les objets intéressants, mentionnons les vêtements en patchwork colorés, les bijoux et les paniers de fabrication artisanale. Des spectacles au cours desquels est expliquée la technique qu'utilisaient les anciens pour maîtriser les alligators sans les tuer sont aussi présentés.

Encore plus à l'ouest, le Tamiami Trail permet d'atteindre l'**Oasis Visitor Center** *(tlj 9h à 16h30; ☎941-695-4111, www.nps.gov/bicy)*, centre d'accueil des visiteurs de la **Big Cypress National Preserve**. Une exposition et un film expliquent l'importance de cette région marécageuse de 290 000 ha protégée depuis 1974 parce que son bassin hydrographique est indispensable à la survie des Everglades. Certaines espèces animales en voie d'extinction sont aussi protégées par cette réserve naturelle, comme la panthère de Floride. Des sentiers de randonnée pédestre sont accessibles à l'arrière du centre d'accueil.

Ten Thousand Islands Gateway ★★

À Everglades City, le **Gulf Coast Visitor Center** *(tlj 8h à 16h30 en hiver, 9h à 16h30 en été; ☎941-695-3311)* marque l'entrée ouest de l'Everglades National Park. On peut y voir une exposition interactive, y louer un canot ou s'y inscrire à une visite en bateau. Cette partie du parc ne peut être explorée que par voie navigable, à bord de bateaux à moteur ou de canots. Everglades City marque d'ailleurs l'une des extrémités du **Wilderness Waterway**, une route canotable de 165 km qui mène jusqu'à Flamingo, tout au sud des Everglades (voir section «Activités de plein air» sous «Canot et kayak»). On peut aussi y explorer les nombreuses îles de la région côtière («Ten Thousand Islands» signifie «dix mille îles») où vivent lamantins et dauphins. Des **visites organisées en bateau ★★** *(adultes 16$, enfants 8$; départs toutes les 30 min)*, d'une durée de 90 min, rendent facile cette exploration.

Dans les environs se trouve **Ochopee**, un petit village effacé que vous croiserez rapidement si vous n'êtes pas attentif. Il se targue de posséder le plus petit bureau de poste des États-Unis, sans doute avec raison!

Activités de plein air

■ Canot et kayak

Plusieurs routes canotables sillonnent l'intérieur du parc des Everglades. Elle permettent d'explorer des zones inaccessibles autrement. Le **Nine Mile Pond Canoe Trail**, au nord-est de Flamingo, court à travers une mangrove sur quelque 8 km. On peut louer des canots sur place.

Le **West Lake Trail** fait quant à lui près de 13 km. Ce circuit suit les rives du West Lake jusqu'à un site dénommé «Alligator Creek» et traverse quatre types de mangroves.

Le **Wilderness Waterway** s'adresse pour sa part aux canoteurs d'expérience. Cette route s'étire sur 165 km de rivière entre **Flamingo**, à l'extrême sud du parc, et **Everglades City**, à l'entrée ouest. Elle traverse d'innombrables baies dont la grande Whitewater Bay. Il faut prévoir entre 8 et 10 jours pour parcourir la distance. Des sites de camping sauvage et des abris où passer la nuit sont prévus le long du parcours. Il faut obtenir un permis aux centres d'accueil des visiteurs de Flamingo ou d'Everglades City, là où l'on peut également louer des canots.

■ Observation des oiseaux

La faune ailée est particulièrement riche à l'intérieur des limites du parc national des Everglades. On peut y observer facilement diverses espèces d'oiseaux comme des aigrettes, des hérons, des pélicans bruns, des frégates, des spatules rosées, des ibis, des tantales d'Amérique, des flamants, des faucons, des vautours et autres rapaces. Les sentiers de randonnée pédestre (voir plus haut) permettent de s'adonner facilement à cette activité.

■ Pêche

Des excursions de pêche sont organisées au départ de la marina de **Flamingo**, à l'extrémité sud des Everglades, aux abords de la baie de Floride.

Sauvons les Everglades!

Sauvons les Everglades! Cette phrase répétée à maintes reprises et avec obstination n'est pourtant pas vide de sens. La survie de la faune et de la flore des Everglades est directement liée au cycle naturel des eaux. Depuis que le monde moderne a commencé à empiéter sur le territoire des Everglades, leurs frontières ont été considérablement repoussées, et ce qui en est resté a été horriblement lacéré par des routes qui mènent à des terrains convertis en champs labourés. Qui plus est, des canaux ont été creusés pour drainer les marécages et alimenter en eau les régions cultivées.

Le rythme de vie des animaux suit le cycle des saisons sèche et humide. Ainsi, les alligators construisent leurs nids lorsque l'eau atteint son niveau le plus élevé. Si, pour les besoins agricoles, on draine les eaux des marais, on peut imaginer sans mal le déséquilibre écologique qui peut s'en suivre. Un autre problème alarmant est l'utilisation d'engrais chimiques et de pesticides qui se déversent ensuite dans les eaux du parc. Des substances chimiques comme le phosphate, le nitrate ou même le mercure se retrouvent alors dans l'alimentation des animaux et bouleversent ainsi la chaîne alimentaire. Des autopsies ont révélé que des dépôts de mercure sont directement liés à la mort de certains animaux.

▪ Randonnée pédestre

Deux sentiers de randonnée pédestre ont comme point de départ le **Royal Palm Visitor Center**, à l'entrée est du parc. L'**Anhinga Trail** est une boucle de moins de 1 km qui permet néanmoins l'observation des tortues, des lapins, de divers oiseaux et même des alligators. Cette piste facile aménagée sur des passerelles de bois est particulièrement appréciée des visiteurs accompagnés de jeunes enfants. L'autre sentier est le **Gumbo-Limbo Trail**, une autre boucle de 1 km qui serpente à travers une végétation abondante composée de palmiers et d'orchidées.

Plus loin, près du Long Pine Key Campground, se trouve les **Long Pine Key Trails**, un réseau de 45 km de sentiers à travers une forêt de pins. On peut y apercevoir des cerfs à queue blanche, des opossums et des ratons laveurs.

À 20 km de l'entrée est du parc, le court **Pa-hay-okee Overlook Trail** donne accès à une tour d'observation. De là-haut, on peut admirer la spectaculaire «rivière d'herbe» qu'est la Shark River. Des faucons et des vautours peuvent être aperçus dans les parages.

À 35 km de l'entrée, le **Mahogany Hammock Trail** sillonne une forêt d'acajous sur environ 1 km. Une quinzaine de kilomètres plus loin, le **West Lake Trail**, une autre courte piste de moins de 1 km, permet d'explorer une mangrove.

Au départ du Flamingo Visitor Center, plusieurs autres sentiers sont accessibles: le **Christian Point Trail** (6 km), le **Snake Bight Trail** (5,5 km), le **Rowdy Bend Trail** (8,5 km) et le **Coastal Prairie Trail** (25 km). Ces sentiers permettent l'exploration de la prairie côtière du sud-ouest du parc des Everglades. On y remarque divers variétés de cactus et de yuccas.

▪ Vélo

La **Shark Valley Loop Road**, un sentier asphalté en boucle de 25 km auquel on accède par l'entrée nord du parc des Everglades, se prête particulièrement bien à une balade à vélo. On peut louer des vélos au **Shark Valley Visitor Center** (☎*305-221-8776)*. Comptez 5$ l'heure. Il y a aussi des visites à vélo commentées par des naturalistes qui sont organisées, et ce, sans frais additionnels; elles durent environ trois heures.

Des vélos peuvent aussi être loués au centre d'accueil des visiteurs de **Flamingo**.

▪ Visites en hydroglisseur

Les hydroglisseurs (*air boats* en anglais), sont des embarcations à fond plat mues par de grandes hélices aériennes situées à l'arrière. Ils peuvent se déplacer à grande vitesse partout dans les Everglades. De nombreuses possibilités d'excursions à bord de ces véhicules sont proposées aux visiteurs. Voici les adresses de quelques-unes des entreprises qui en organisent:

Everglades Alligator Farm
40351 SW 192nd Ave.
Homestead
☎ (305) 247-2628
www.everglades.com
Comptez 17$ par adulte et 10$ par enfant, incluant la visite d'une ferme d'élevage et la présentation de spectacles.

Everglades Private Air Boat Tours
Tamiami Trail (US Highway 41)
au sud de Naples
☎800-368-0065
www.epat.cc
Embarcations de petite taille.

Captain Doug's Small Airboat Tours
Everglades City
☎800-282-9194
Embarcations de petite taille.

Hébergement

De Homestead à Flamingo

Long Pine Key Campground
$
☎800-365-2267
http://reservations.nps.gov
Situé à 10 km de l'entrée est du parc national des Everglades, ce terrain de camping rudimentaire propose des emplacements pour tentes et motorisés, mais sans électricité ni douche. Il faut réserver des mois à l'avance pour une place pendant la haute saison (mi-novembre à mi-avril). Le reste de l'année, c'est premier arrivé, premier servi.

Flamingo Campground
$
☎800-365-2267
http://reservations.nps.gov
Le terrain de camping de Flamingo est comparable à celui de Long Pine Key, mais il a l'avantage de mettre des douches à la disposition des visiteurs. Réservations requises longtemps à l'avance en haute saison (mi-novembre à mi-avril).

Flamingo Lodge
$$-$$$
≡, ≋, ♨, ☞
1 Flamingo Lodge Hwy.
Flamingo
☎(941) 695-3101 ou
800-600-3813
▤(941) 695-3921
www.flamingolodge.com
Le Flamingo Lodge est le seul hôtel situé à l'intérieur des limites de l'Everglades National Park. On y propose 74 chambres de type motel mais de bon confort et 24 cottages avec cuisine équipée mais sans télé. Belle piscine entourée de plantes tropicales. Location de vélos, canots et kayaks.

Restaurants

De Homestead à Flamingo

Flamingo Lodge Restaurant
$$
1 Flamingo Lodge Hwy.
Flamingo
☎(941) 695-3101
Le restaurant du Flamingo Lodge est le seul situé sur la route entre l'entrée principale du parc, près de Homestead, et Flamingo. Heureusement, il est assez bien et sert une bonne variété de plats: fruits de mer, plats de bœuf ou de poulet, mets végétariens. Belle vue de la baie de Floride.

Shark Valley

Miccosukee Restaurant
$-$$
Tamiami Trail, à l'entrée du parc
☎(305) 223-8380
Ce restaurant de type cafétéria n'a rien de bien spécial si ce n'est qu'il appartient à des Amérindiens de la nation des Miccosukees. Cuisses de grenouille et queues d'alligator frites figurent au menu.

Les Everglades - **Carte** - Everglades National Park

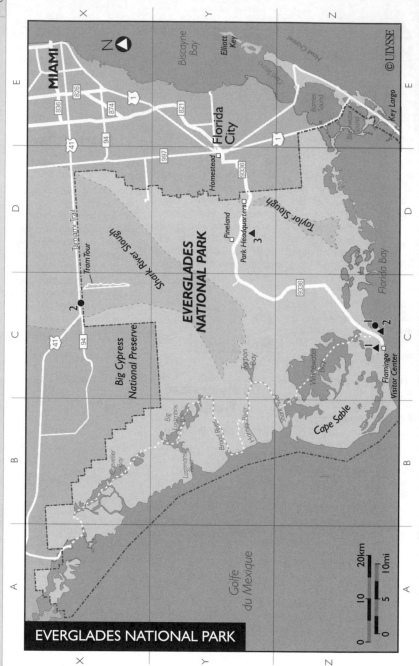

EVERGLADES NATIONAL PARK

© ULYSSE

▲ **HÉBERGEMENT**

1. CZ Flamingo Campground
2. CZ Flamingo Lodge
3. DY Long Pine Key Campground

● **RESTAURANTS**

1. CZ Flamingo Lodge Restaurant
2. CX Miccosukee Restaurant

Les Keys ★★★

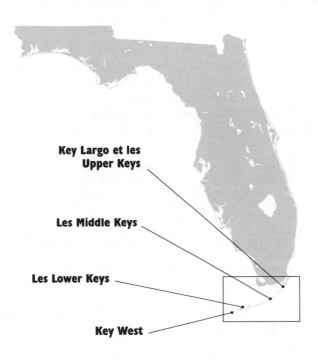

Key Largo et les Upper Keys

Les Middle Keys

Les Lower Keys

Key West

Les Keys

U n millier d'îles composent l'archipel des Keys, qui s'allonge à l'extrémité méridionale de la péninsule de la Floride sur plus de 250 km vers le sud-ouest. Bordées d'un côté par l'océan Atlantique et de l'autre par la baie de Floride puis le golfe du Mexique, les Keys forment un univers en soi, à l'atmosphère bien différente de l'effervescente Miami et des autres régions de la Floride. On y découvre une certaine douceur de vivre qu'on serait davantage tenté d'associer aux îles des Caraïbes qu'aux stations balnéaires floridiennes. C'est le paradis des pêcheurs, des plongeurs, des amants de la nature... et des artistes.

C 'est l'explorateur espagnol **Ponce de León**, avec ses compagnons parmi lesquels figure le chroniqueur **Antonio de Herrera**, qui «découvre» les Keys en 1513. Alors à la recherche de la mythique fontaine de Jouvence, il ne prend alors cependant pas possession de ce chapelet d'îles infestées de moustiques, qui est ainsi laissé aux pirates pour les décennies à venir.

Ce n'est qu'au début du XIXᵉ siècle que les premiers colons s'établissent dans les Keys après que la marine américaine en eut chassé les pirates. Ils y cultivent entre autres l'ananas dans les Upper Keys, et une conserverie d'ananas est bientôt construite à Key West. La culture des *key limes* (petits citrons verts), utilisés pour la confection des fameuses *key lime pies*, connaît plus tard un essor important.

D'autres choisissent des chemins différents et deviennent ce qu'on appelle des ***shipwreckers***, ces aventuriers qui s'approprient les biens contenus dans les nombreux navires qui coulent au large, s'échouent sur les récifs ou s'abîment sur les côtes.

Plus tard se développent l'industrie de l'éponge, qui fait la fortune de plusieurs hommes d'affaires avisés, puis celle du cigare, instaurée par des fabricants cubains. Key West joue à cette époque un certain rôle dans la libération de Cuba du joug espagnol. Ainsi, le héros de l'indépendance cubaine **José Martí** établit ses quartiers généraux à Key West dans les années 1890. Puis, en 1898, c'est du port de Key West que vient le *USS Maine*, ce navire dont l'explosion au large de La Havane déclenche la guerre hispano-américaine qui conduira au retrait de l'Espagne de l'île de Cuba.

Henry Flagler, le magnat du chemin de fer qui avait développé le Florida East Coast Railway, décide au début du XXᵉ siècle de prolonger son réseau de Miami jusqu'à Key West, un projet fou qui nécessite la construction d'une série de ponts ferroviaires entre les îles, une véritable prouesse technique pour l'époque. Le chemin de fer atteint finalement Key West en 1912, ce qui contribue à l'avènement du tourisme comme élément important de l'économie, les gens riches pouvant désormais accéder aisément à la région pour profiter des douceurs du climat subtropical de Key West.

La grande dépression de 1929 et des années 1930 frappe durement les Keys, la ville principale Key West allant même jusqu'à déclarer faillite. Le chemin de fer est quant à lui détruit par un féroce ouragan en 1935, le **Great Labor Day Hurricane**, ce qui force l'accélération du projet de construction d'une autoroute. Cette route, la **Florida Keys Overseas Highway**, est achevée en 1938. Ce n'est toutefois qu'après la Seconde Guerre mondiale que le tourisme de masse prend un réel essor. À la même époque, l'établissement d'une base de sous-marins de la US Navy à Key West et l'éclosion du marché de la crevette viennent diversifier et enrichir l'économie locale.

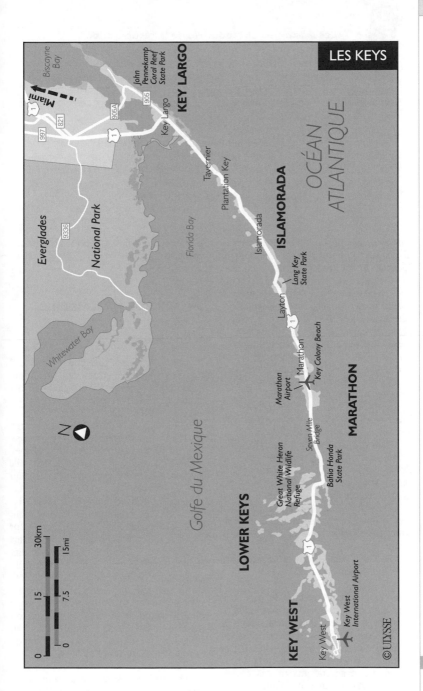

LES KEYS

Les Keys - Carte

Dès la venue des premiers explorateurs européens, il est clair que les Keys occupent une position stratégique sur la route menant vers le continent américain. Il en sera d'ailleurs ainsi pendant des décennies. Toutefois, les eaux tumultueuses des environs et la présence d'un important récif corallien provoquent de nombreux accidents et naufrages.

Plusieurs aventuriers que l'on appelle les *shipwreckers* entreprennent de partir à la recherche des épaves des navires qui s'abîment au large des Keys, afin de récupérer leurs cargaisons. Ainsi, tout au long du XIXe siècle, c'est une véritable industrie de la récupération qui se développe ici et qui contribue bientôt à faire de Key West la ville avec le revenu *per capita* le plus élevé des États-Unis.

Plusieurs célébrités adoptent les Keys au fil des ans. C'est le cas par exemple de l'écrivain **Ernest Hemingway**, qui s'établit à Key West de 1929 à 1939 et y écrit certains de ses classiques, dont *Pour qui sonne le glas*. Le naturaliste **John James Audubon** s'installe aussi à Key West le temps de réaliser plusieurs gravures coloriées d'oiseaux. Le président **Harry S. Truman** achète une maison à Key West que l'on surnomme la *Little White House* (la petite Maison-Blanche). Et la liste continue avec des noms comme **Tennessee Williams**, **Robert Frost**...

Une route unique, l'Overseas Highway, qui est en fait le prolongement de la US Highway 1, permet aujourd'hui aux automobilistes de parcourir les Keys. Les Upper Keys, auxquelles appartient Key Largo, sont très populaires auprès des excursionnistes de fin de semaine venant de la région de Miami. La circulation peut donc y être assez dense la fin de semaine et en haute saison (décembre à mars). La route s'amincit plus au sud et traverse les Middle Keys, puis les Lower Keys jusqu'à la célèbre Key West.

Cette longue route réserve le pire (alignement de *fast foods*, forêt d'enseignes au néon) et le meilleur (vues saisissantes de la mer et des tronçons d'anciens ponts ferroviaires, Seven-Mile Bridge). Mais il faut toujours se rappeler que c'est en la délaissant que l'on accède aux trésors cachés des Keys et de leur écosystème unique:

barrière de corail, végétation subtropicale, mangrove, faune.

Accès et déplacements

■ En voiture

Plusieurs des îles qui forment l'archipel des Keys sont traversées par une route unique, soit la route 1 (**US Highway 1**), qui prend ici le nom d'**Overseas Highway**.

Tout au long de la route, vous apercevrez les bornes kilométriques qui servent à situer les lieux (petits panneaux verts avec chiffres en blanc). Il s'agit en fait de **Mile Markers** (MM), qui vont du MM 126, au sud de Florida City, au MM 0, à l'intersection des rues Fleming et Whitehead à Key West. Les habitants des Keys réfèrent continuellement aux Mile Markers pour localiser un endroit, en spécifiant en plus le côté de la route. Par exemple, on dira d'un lieu qu'il se trouve au MM 96 du côté de l'océan (*oceanside*) ou au MM 96 du côté de la baie (*bayside*) selon qu'il se trouve du côté de l'océan Atlantique, soit sur la gauche quand on se dirige vers le sud, ou du côté de la baie de Floride et plus loin du golfe du Mexique, soit du côté droit de la route en allant vers Key West.

Comme il n'y a pas de service de transport en commun dans les Keys, à part qu'à Key West, l'utilisation d'une voiture pour se dé-

Les ponts des Keys

L'archipel des Keys débute tout juste au sud de Miami et s'étend sur plus de 250 km. Parmi la multitude de petites îles qui forment l'archipel, certaines sont aujourd'hui reliées les unes aux autres par l'Overseas Highway (prolongement méridional de la US Highway 1), constituée en partie de 43 ponts dont le célèbre Seven-Mile Bridge (le pont de sept milles de long, soit environ 11 km). Voici la liste et l'emplacement de chacun de ces ponts:

Jewfish Draw Bridge	MM 106	North Pine	MM 29,5
Key Largo Cut	MM103,5	South Pine	MM 28,5
Tavernier Creek	MM 91	Torch Key Viaduct	MM 28
Snake Creek	MM 86	Torch-Ramrod	MM 27,5
Whale Harbor	MM 84	Nile Channel	MM 26
Tea Table Relief	MM 80	Kemp's Channel	MM 23,5
Tea Table	MM 79	Bow Channel	MM 20
Indian Key	MM 78	Park	MM 18,5
Lignumvitae	MM 77,8	North Harris	MM 18
Channel 2	MM 73	Harris Gap	MM 17,5
Channel 5	MM 71	Harris	MM 16
Long Key	MM 65	Lower Sugat Loaf	MM 15,5
Tom's Harbor 3	MM 61	Saddle Bunch 2	MM 14,5
Tom's Harbor 4	MM 60	Saddle Bunch 3	MM 14
Vaca Cut	MM 53	Saddle Bunch 4	MM 13
Seven-Mile	MM 47	Saddle Bunch 5	MM 12,5
Little Duck Missouri	MM 39,5	Shark Channel	MM 11,8
Missouri-Ohio	MM 39	Rockland Channel	MM 10
Ohio-Bahia Honda	MM 38	Boca Chica	MM 6
Bahia Honda	MM 36	Stock Island	MM 5
Spanish Harbor	MM 33,5	Key West	MM 4

placer d'un point à un autre est pratiquement incontournable.

■ En avion

Il y a deux petits aéroports dans les Keys, soit à Marathon et à Key West. Il s'agit d'aéroports régionaux desservis par des lignes aériennes domestiques.

Florida Keys Marathon Airport
MM 52, du côté de la baie
☎ (305) 289-6060 ou 743-2155
Liaisons avec Miami et vols privés. Quelques comptoirs de location de voitures à l'aéroport.

Key West International Airport (EYW)
S. Roosevelt Blvd.
☎ (305) 296-5439
Desservi par American Eagle, US Airways et Delta, qui proposent des liaisons vers et de Miami, Fort Lauderdale, Orlando, Tampa et Atlanta. Les principaux loueurs internationaux d'automobiles sont présents à l'aéroport.

Si on ne loue pas de voiture, il faut prendre un **taxi** pour rejoindre le quartier d'Old Town à Key West. Comptez environ 10$ pour la course.

Les Keys - Accès et déplacements

■ En autocar

Greyhound
3535 S. Roosevelt Blvd., Suite 104
Key West
☎ (305) 296-9072
www.greyhound.com

Au départ de Miami (et inversement), trois départs par jour permettent de franchir les Keys en environ cinq heures, avec arrêts dans plusieurs des îles de l'archipel (Key Largo, Tavernier, Islamorada, Marathon, Big Pine Key, Cudjoe Key, Sugarloaf, Big Coppit). Le billet aller pour Key West coûte 35,50$.

■ En navette maritime

Il existe des navettes maritimes qui relient Fort Myers Beach et Marco Island, sur la côte ouest de la Floride, à Key West: **Express to Key West Ferry** *(☎239-394-9700; www. keywestferry.com)*. Comptez 73$ pour un aller (trois heures et demie) et 135$ pour l'aller-retour. De Marco Island, départ à 9h et retour à 17h30. De Fort Myers Beach, départ à 8h avec retour à 17h, ainsi qu'à 9h avec retour à 18h.

Déplacements dans la ville de Key West

Il est préférable de garer sa voiture dans un stationnement et d'explorer Key West à pied ou à vélo (voir la section «Activités de plein air»). Les services de transport public s'avèrent quant à eux très efficaces.

■ Transports publics

Key West

Le **City Transit System** *(☎305-292-8160, www. keywestcity.com)* assure le service d'autobus urbain de Key West. Quelques routes identifiées par des panneaux de couleurs différentes permettent d'atteindre aisément tous les quartiers de la ville entre 6h30 et 23h30. Coût du billet: 1$.

■ Location de véhicules électriques

Key West

Une façon originale d'arpenter les rues de Key West consiste à louer un petit véhicule électrique pouvant atteindre une vitesse maximale de 40 km/h. Il faut être détenteur d'un permis de conduire pour louer un de ces véhicules. Il faut compter 29$ de l'heure pour un véhicule à deux places et 39$ de l'heure pour un quatre places (durée minimale de location: deux heures). Voici quelques adresses de loueurs:

Key West Cruisers
500 Truman Ave.
☎ (305) 294-4724

ReefMobile Electric Cars
501 Greene St.
☎ (305) 294-8656

Monarch Custom Carts
1020 Duval St.
☎ (305) 292-2229
Voiturettes électriques aux formes rappelant des voitures anciennes ou des véhicules tout-terrains.

■ Location de scooters

Key West

Également très populaire, le scooter représente une autre option. Comptez environ 25$ pour la location d'un de ces véhicules. Bien que ce ne soit pas obligatoire, munissez-vous d'un casque protecteur, pour quelques dollars de plus, car plusieurs chutes sont signalées chaque année...

Barracuda Scooters
tlj 8h30 à 18h
2401 N. Roosevelt Blvd.
☎ (305) 296-8007

Moped Hospital
601 Truman Ave.
☎ (305) 296-3344

Renseignements utiles

■ Bureaux de renseignements touristiques

Florida Keys & Key West Visitors Bureau
☎ (305) 296-1552 ou 800-FLA-KEYS
www.fla-keys.com

Key Largo et les Upper Keys

Key Largo Chamber of Commerce
tlj 9h à 18h
106000 Overseas Hwy.
MM 106, du côté de la baie
☎ (305) 451-1414 ou 800-822-1088
www.keylargo.org

Les Middle Keys

Islamorada Chamber of Commerce
Islamorada Visitor Center
MM 83,2, du côté de la baie
☎ (305) 664-4503 ou 800-322-5397
www.islamoradachamber.com

Marathon Chamber of Commerce
Marathon Visitor Center
MM 54, du côté de la baie
☎ (305) 743-5417 ou 800-262-7284
www.floridakeysmarathon.com

Les Lower Keys

Lower Keys Chamber of Commerce
MM 31, du côté de l'océan
Big Pine Key
☎ (305) 872-2411 ou 800-872-3722
www.lowerkeyschamber.com

Key West

Key West Chamber of Commerce
lun-ven 8h30 à 6h30, sam-dim 9h à 18h
402 Wall St. (Mallory Square)
☎ (305) 294-2587 ou 800-527-8539
www.keywestchamber.com

■ Soins médicaux

Mariners Hospital
MM 91,5, Key Largo
☎ (305) 852-4418

Fisherman's Hospital
MM 48,7, Marathon
☎ (305) 743-5533

Lower Florida Keys Medical Center
Key West
☎ (305) 294-5531

■ Urgences

Key West Police
☎ (305) 294-2511 ou 294-2514

■ Visites guidées

Key West

Conch Tour Train
☎ (305) 294-5161
www.conchtourtrain.com
Circuit commenté de 90 min dans les différents quartiers de Key West à bord d'un petit train touristique. Adultes 20$, enfants 10$.

Old Town Trolley Tours
☎ (305) 296-6688
www.trolleytours.com
Tramway touristique qui sillonne les rues de la ville. Vous pourrez y monter et en descendre comme bon vous semblera, à l'un de ses 10 arrêts. Le billet pour la journée coûte 20$ pour les adultes et 10$ pour les enfants.

Attraits touristiques

Key Largo et les Upper Keys ★

Plus longue île de la chaîne des Keys floridiennes, **Key Largo ★** se positionne comme la capitale mondiale de la plongée, rien de moins! Il est vrai qu'avec les eaux cristallines dans lesquelles baigne une importante barrière corallienne, les environs de Key Largo ne manquent pas d'attraits pour les plongeurs. De plus, le John Pennekamp Coral Reef State Park et le National Marine Sanctuary constituent autant de lieux protégés dont l'une des vocations consiste à faciliter l'accessibilité à ces remarquables paysages sous-marins.

En 1947, le film *Key Largo*, qui met en vedette Humphrey Bogart et Lauren Bacall, contribue largement à la renommée de l'endroit, et ce, même si quelques scènes seulement sont effectivement tournées ici (au Caribbean Club Bar).

L'attraction majeure des environs demeure cependant le **John Pennekamp Coral Reef State Park** ★★★ *(tlj 8h au crépuscule; MM 102,5, Key Largo;* ☎*305-451-1202, www.pennekamp-park.com)*, voué à la protection d'une vaste barrière de corail habitée par plus de 500 espèces de poissons et autres animaux marins. Ce parc sous-marin, le premier à avoir vu le jour aux États-Unis, doit son nom à l'ancien éditeur du *Miami Herald* John Pennekamp, qui contribue à créer ce parc en 1961 dans le but de préserver le seul récif de corail vivant du territoire américain. Des excursions de plongée-tuba et de plongée sous-marine sont évidemment possibles ici, de même que des tours à bord de bateaux à fond de verre. On peut aussi louer canots et kayaks, et des emplacements de camping sont également disponibles.

Avec son voisin établi en 1990, le **Florida Keys National Marine Sanctuary**, qui couvre en fait toutes les eaux des côtes de l'ensemble de l'archipel des Keys, c'est plus de 2 900 milles nautiques carrés de barrière corallienne et de mangrove qui sont protégées.

Au Holiday Inn Key Largo Resort & Marina, vous pouvez prendre part à des excursions à bord d'un bateau à fond de verre (voir p 137) et visiter *The African Queen (entrée libre; MM 100;* ☎*305-451-4655)*, un petit bateau à vapeur construit en 1912 qui devint célèbre lorsque utilisé pour le tournage du fameux film *La Reine africaine*, avec Humphrey Bogart et Katharine Hepburn.

Parmi les autres attraits des environs, mentionnons **Dolphins Plus** *(31 Corrine Place, Key Largo;* ☎*305-451-1993, www.dolphinsplus.com)*, un de ces endroits où il est possible de nager avec des dauphins, ainsi qu'avec, dans ce cas-ci, des otaries.

Au bout de Burton Drive, non loin du grand complexe d'appartements **Ocean Pointe Suites** (voir p 141), le **Harry Harris Park** possède une petite plage familiale flanquée d'un terrain de jeux.

Les Middle Keys

Les Middle Keys s'alignent entre les bornes MM 85 et MM 45, soit d'Islamorada jusqu'au Seven-Mile Bridge.

Islamorada

Autoproclamée capitale mondiale de la pêche sportive, Islamorada propose effectivement d'innombrables possibilités d'excursions de pêche au marlin, au barracuda, au tarpon et autres. À noter que les résidants de l'endroit prononcent le nom de leur village «aille-la-mo-ra-da».

On peut y visiter le **Windley Key Fossil Reef Geological State Park** *(MM 85, du côté de la baie;* ☎*305-664-2540)*, qui abrite un récif corallien à découvert. Celui-ci fut jadis le site d'une carrière exploitée afin d'y recueillir des pierres utilisées pour la construction du chemin de fer d'Henry Flagler.

Le **Theater of the Sea** ★ *(adultes 23,95$, enfants 15,95$; tlj 9h30 à 16h; MM84,5 du côté de l'océan;* ☎*305-664-2431, www.theaterofthesea.com)* propose quant à lui des spectacles de dauphins et permet la baignade avec ces toujours populaires mammifères marins *(150$ pour une heure)*, de même qu'avec des otaries *(100$ l'heure)* et des raies *(50$ l'heure)*. Des bassins contenant d'autres animaux marins sont également présents sur le site de ce parc zoologique en activité depuis 1946.

Au MM 81,6, du côté de l'océan, s'élève le **Hurricane Monument**, qui rend hommage aux victimes du Great Labor Day Hurricane de 1935, un ouragan meurtrier qui fit beaucoup de dégâts à l'époque, incluant la destruction du chemin de fer.

Marathon

Située en plein centre des Keys, Marathon fut jadis le site d'un village amérindien. Des fouilles archéologiques menées à **Crane Point Hammock** ★ *(MM 50;* ☎*305-743-9100, www.cranepoint.org)* ont en effet permis de retrouver les traces d'une présence humaine précolombienne, celle des Calusas. On peut aujourd'hui y visiter le **Museum of Natural History of the Florida Keys** ★ *(lun-sam 9h à 17h, dim 12h à 17h),* qui rend compte des siècles de présence humaine dans les environs (armes, outils, poteries), en plus de constituer une intéressante vitrine sur la faune et la flore de cette portion des Keys. Le musée présente aussi plusieurs objets recueillis à bord des nombreux navires qui venaient s'échouer sur le récif corallien des Keys, dont une partie du trésor récupéré par Mel Fisher (voir la section «Key West»).

Le **Florida Keys Children's Museum** *(*☎*305-743-9100),* également installé à Crane Point Hammock, propose aux plus jeunes une série d'expositions interactives intérieures et extérieures.

Marathon abrite également le **Dolphin Research Center** ★★ *(adultes 17,50$, enfants 11,50$; tlj 9h à 16h; MM 56, du côté de l'océan;* ☎*305-289-1121, www.dolphins.org),* un autre site où il est permis, sur réservation, de nager avec des dauphins *(divers programmes proposés au coût de 100$ à 165$ par adulte).* Ce centre de recherche et d'éducation universitaire a acquis une réputation des plus enviables pour son travail de réhabilitation de nombreux dauphins et autres animaux marins recueillis alors qu'ils étaient malades ou blessés. Ce sont ces spécimens qui peuvent être observés ici pendant leur «convalescence». C'est ici que fut tourné le film original racontant les aventures du dauphin *Flipper,* dans les années 1950.

Tout juste avant d'accéder au fameux Seven-Mile Bridge, un arrêt au **Pigeon Key Historic District** ★★ *(tlj 9h à 16h; MM 47;* ☎*305-743-5999 ou 289-0025, www.pigeonkey. org)* s'impose. Le site comprend une halte routière avec tables de pique-nique et **points d'observation** ★★★, ainsi qu'un petit musée. Un train touristique conduit les visiteurs sur une portion de l'ancien pont du chemin de fer, l'**Old Seven-Mile Bridge**, parallèle au pont routier d'aujourd'hui *(départ toutes les heures entre 10h et 15h).* L'ensemble vise à rendre hommage aux travailleurs qui construisirent ce pont, élément clé de l'Overseas Railway d'Henry Flagler, et qui résidèrent à Pigeon Key au début du XXe siècle.

Le **Seven-Mile Bridge** ★★★ relie Marathon aux Lower Keys. Comme son nom l'indique, il mesure environ 7 milles (un peu moins en fait), soit autour de 11 km. Inauguré au milieu des années 1980, ce magnifique ouvrage d'art vient remplacer l'Old Seven-Mile Bridge, qu'on avait converti en pont routier après la destruction du chemin de fer.

Les Lower Keys ★

Entre Pigeon Key et Key West, les Lower Keys s'étendent sur 40 km. Les amants de la nature apprécieront tout particulièrement cette série de petites îles.

C'est par exemple dans cette portion des Keys que l'on trouve le magnifique **Bahia Honda State Park** ★★ *(MM 36,8;* ☎*305-872-2353).* Il possède de jolies plages avec fond sablonneux, chose inusitée dans les Keys, situées autant du côté Atlantique que du côté du golfe du Mexique. Quelques emplacements fort prisés pour le camping sont disponibles dans le parc. Par ailleurs, un sentier conduit aux vestiges d'un ancien pont qui faisait partie du chemin de fer d'Henry Flagler.

Depuis le Bahia Honda State Park, des excursions sont organisées tous les jours vers le **Looe Key National Marine Sanctuary** *(adultes 28$;* ☎*305-872-3210),* à quelque 7 km au large dans l'océan Atlantique. Créée en 1981, cette réserve marine est considérée comme l'un des meilleurs sites de plongée des Keys.

Les Keys - Attraits touristiques - Les Lower Keys

Il y a aussi Big Pine Key qui abrite le **National Key Deer Refuge** ★★ *(MM 30,5, du côté de la baie, Big Pine Key;* ☎*305-872-2239, www. nationalkeydeer.fws.gov)*, une vaste zone de préservation d'une espèce de cerfs (*Key deers*) de petite taille (60 cm en moyenne) menacée d'extinction. De nombreux panneaux invitent fortement les automobilistes à diminuer leur vitesse dans les parages, car ces petits cousins des cerfs de Virginie ont la fâcheuse habitude de «traverser la route sans regarder»... Il faut suivre ces directives à la lettre car elles sont scrupuleusement appliquées par les autorités, et ce, même depuis que des clôtures ont été érigées pour empêcher les cerfs de s'aventurer sur la route nationale. À l'intérieur de la réserve faunique, de courts sentiers de randonnée pédestre permettent d'apercevoir quelques-uns des 300 petits cerfs qui vivent ici, surtout si on les emprunte tôt le matin ou au crépuscule.

Key West ★★★

Avec ses belles maisons blanches entourées de jardins qu'un climat semi-tropical se charge d'entretenir la luxuriance, Key West, la ville la plus méridionale rattachée aux États-Unis continentaux, possède un cachet tout à fait unique. On nous y rappelle d'ailleurs souvent que la ville est plus rapprochée de Cuba que de Miami... Ça en dit long sur l'ambiance détendue qui prévaut ici et sur l'esprit d'indépendance tout à fait particulier des habitants, surnommés les *Conchs* (conques).

Autrefois lieu de résidence d'auteurs célèbres comme Ernest Hemingway et

La *Conch Republic*

Dans ce monde à part du reste de la Floride et des États-Unis que constitue Key West, on entretient un très fort sentiment d'appartenance et une certaine indépendance. Ainsi, les natifs de Key West se sont surnommés eux-mêmes les *Conchs* (conques), du nom du mollusque longtemps pêché ici, reconnu pour sa coquille dure et rugueuse.

Cette volonté d'indépendance atteint son paroxysme en 1982, lorsque le gouvernement fédéral érige un barrage douanier un peu au nord de Key Largo, sur la US Highway 1, dans le but de freiner l'entrée au pays de nombreux immigrants illégaux. Voyant les embouteillages ainsi provoqués auxquels ils seront confrontés au moment de leur retour de vacances, les touristes commencent alors à éviter les Keys et à annuler leurs réservations, ce qui provoque dans la région une grave baisse de l'activité économique. Furieuses, les autorités locales proclament alors la sécession des Keys en guise de représailles, créant ainsi la *Conch Republic*, et déclarent officiellement la guerre aux États-Unis! L'humour des *Conchs* étant ce qu'il est, le président de la nouvelle république annonce toutefois une minute plus tard la reddition de son «pays» et réclame une aide internationale d'un milliard de dollars afin de rétablir l'économie ravagée de la nation... Cette aide à la «reconstruction» ne viendra bien sûr jamais, mais la couverture médiatique exceptionnelle de l'événement conduira rapidement à l'élimination du poste douanier.

Ne restent plus aujourd'hui de ce savoureux épisode que la commémoration annuelle, le 23 avril, du bras de fer «historique» devenu prétexte à plusieurs jours de célébrations et les drapeaux de la *Conch Republic* qui flottent un peu partout en ville. Dans certaines boutiques, vous trouverez également d'amusants passeports émis par les Keys.

La Floride, une péninsule qui baigne dans l'océan Atlantique et le golfe du Mexique, attire les plongeurs du monde entier. - *VISIT FLORIDA*

La maison de Key West où Hemingway a vécu et écrit pendant plus de 10 ans abrite aujourd'hui un musée très couru. - *VISIT FLORIDA*

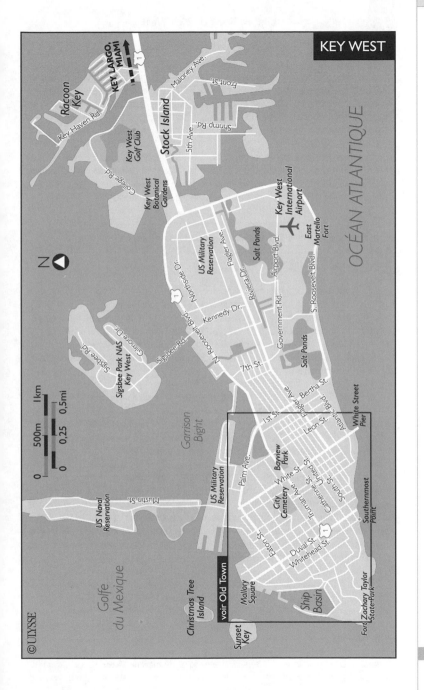

KEY WEST

OCÉAN ATLANTIQUE

Golfe
du Mexique

Les Keys - **Carte** - Key West

©ULYSSE

Les maisons de Key West

Le quartier historique d'Old Town englobe la plus importante concentration aux États-Unis d'habitations construites en bois au cours du XIXᵉ siècle. La majorité d'entre elles sont en fait construites entre 1886 et 1912. Après avoir atteint un état de délabrement avancé au milieu du XXᵉ siècle, ces maisons sont restaurées à partir des années 1970 quand la Ville, l'État de la Floride et les autorités fédérales en matière de conservation architecturale prennent tour à tour conscience de la richesse du quartier.

De manière générale, vous entendrez souvent parler des *conch houses* de Key West. Il convient cependant de préciser que l'appellation **conch house** ne désigne pas un style architectural en particulier. Il s'agit plutôt d'un terme générique utilisé quand on parle des maisons populaires typiques de Key West.

Plus de la moitié des demeures d'Old Town présentent des éléments architecturaux associés au style **néoclassique**, avec leurs colonnes, balustrades et frontons qui évoquent les temples grecs. On en trouve de beaux exemples au **618 Caroline Street** et au **527 Fleming Street**.

Les *eyebrow houses* représentent une variation du style néoclassique très typique de Key West. Le toit de ces maisons est orienté dans le sens de la rue plutôt que perpendiculairement, et il se prolonge au-dessus des fenêtres de l'étage pour former une sorte de sourcil (*eyebrow*) qui protège les ouvertures du soleil. La demeure située au **643 Williams Street** illustre magnifiquement ce style avec ses cinq fenêtres à l'étage. D'autres beaux exemples sont à signaler au **614 Fleming Street** et au **401 Frances Street**.

Si l'on veut identifier un style **vernaculaire** qui soit vraiment propre à Key West, il faut se tourner vers les *shotgun houses*, qui constituent la forme la plus typique d'habitat populaire de l'île. Construites pour la plupart par les grandes fabriques de cigares afin d'y loger leurs ouvriers, ces habitations ne possèdent que peu d'éléments décoratifs extérieurs. En général, leur largeur n'équivaut qu'à celle d'une pièce, les autres s'alignant derrière, perpendiculairement à la rue. La porte se trouve à l'une des extrémités de la façade et s'ouvre sur un couloir qui mène en droite ligne vers la porte arrière. Ainsi, une balle de revolver (*shotgun*) tirée en travers de la porte avant traverserait la maison sans rencontrer un quelconque obstacle, d'où le surnom un peu saugrenu donné à ces demeures. Un bel alignement de quatre maisons du genre se trouve aux numéros **411 à 417 Truman Avenue**. Également à découvrir dans ce style, les maisons situées au **531 Caroline Street**, au **921 Eaton Street** et au **821 Frances Street**.

Quant à la *Bahama house* d'inspiration caribéenne, on n'en trouve plus aujourd'hui que quelques-unes. La maison située au **730 Eaton Street** en constitue probablement l'exemple le plus authentique. Elle fut à l'origine bâtie en 1847 aux Bahamas sur l'île d'Abaco, puis démantelée et transportée ici en bateau par son propriétaire John Bartlum.

On remarque aussi, ici et là, de beaux exemples de **maisons victoriennes**, caractérisées par l'asymétrie de leur façade et une ornementation élaborée. Il faut voir par exemple les deux maisons voisines du **701 et 703 Fleming Street**, de même que celle située au **1311 Truman Avenue**. Parmi les différents styles qu'englobe l'appellation «maisons victoriennes», le style **Queen Anne** compte quelques dignes représentantes, dont la célèbre **Southernmost House** *(1400 Duval St.)* et la fort jolie **Artist House** *(534 Eaton St.)*. On peut aussi classer dans cette famille les ***gingerbread houses***, ces «maisons en pain d'épice» dont l'ornementation extérieure rappelle la dentelle. On en trouve une splendide représentante au **615 Elizabeth Street**.

De nombreuses autres demeures opulentes s'élèvent un peu partout dans le quartier historique. Mentionnons par exemple la **Heritage House** *(410 Caroline St.)*, un *conch mansion* aux accents néoclassiques construit en 1834, dont le jardin abrite un modeste cottage où logeait le poète Robert Frost lors de ses nombreux séjours à Key West entre 1945 et 1960. Il faut aussi jeter un coup d'œil sur l'intrigante **Richard Peacon House** *(712 Eaton St.)*, splendide demeure octogonale unique en son genre à Key West, qui appartint un temps au designer Calvin Klein.

Tennessee Williams, Key West entretient toujours aujourd'hui son image délicieusement bohème de terre d'accueil par excellence des poètes et écrivains. On raconte que plus de 100 d'entre eux résident ici à temps plein ou partiel, dont les écrivains québécois Michel Tremblay et Marie-Claire Blais, la «Canadienne de Key West» comme l'appellent d'ailleurs les Français. Leur présence, combinée à celle de nombreux autres artistes et d'une communauté gay particulièrement dynamique, a fortement contribué à l'étonnante effervescence de la vie artistique de cette petite ville. En témoignent ses innombrables galeries d'art, ses théâtres, ses événements littéraires.

Quelques possibilités de tours guidés permettent d'obtenir un rapide aperçu de la ville et de ses différents quartiers. Parmi elles, mentionnons le **Conch Tour Train** *(adultes 20$, enfants 10$; tlj 9h à 16h30; Mallory Square;* ☎*305-294-5161, www.conchtourtrain. com)*, un petit train touristique qui, depuis 1958, sillonne en tous sens les rues de Key West, avec commentaires d'un conducteur-guide. L'**Old Town Trolley** *(adultes 20$, enfants 10$; tlj 9h à 16h30;* ☎*305-296-6688)* constitue une autre option intéressante. Pour un tarif unique, il est possible d'embraquer et de descendre de ce tramway touristique autant de fois qu'on le désire à une dizaine d'arrêts à travers la ville.

Old Town ★★★

La majorité des sites d'intérêt de la ville est concentrée dans le quartier historique d'Old Town, incluant le célèbre Mallory Square, le secteur portuaire historique, l'effervescente Duval Street et l'amusant Southernmost Point. On considère généralement que tout le secteur de Key West situé à l'ouest de White Street forme l'Old Town.

Au-delà des attractions à visiter dont les descriptions suivent, il est fort agréable de se promener à pied ou à bicyclette dans les belles rues résidentielles du quartier (Greene, Caroline, Eaton, Fleming, Southard et autres), avec leurs irrésistibles maisons victoriennes posées dans des écrins luxuriants, que les habitants de Key West ont amoureusement restaurées. Des plans permettant de repérer les plus belles maisons sont distribués au centre d'information touristique de Mallory Square. Voir aussi notre encadré «Les maisons de Key West».

Le **Mallory Square** ★★ *(au bout de Whitehead St.)* devient chaque soir le lieu de rassemblement par excellence de Key West alors que résidants, touristes, musiciens et amuseurs publics se donnent rendez-vous pour célébrer le coucher du soleil, une tradition maintenant bien implantée. C'est également ici qu'accostent les grands pa-

Les Keys – Attraits touristiques – Key West

quebots de croisière qui font escale à Key West. Tout près du Mallory Square, l'étrange **Key West Historic Memorial Sculpture Garden** présente une collection de bustes de citoyens ayant marqué d'une manière ou d'une autre l'histoire de la ville. Un monument rend aussi hommage aux *shipwreckers*, ces aventuriers qui faisaient commerce des trésors qu'ils dénichaient sur des navires ayant sombré au large.

Inauguré au début de 2005, **Pirate Soul** *(adultes 12,95$, enfants 6,95$; tlj 9h à 19h; 524 Front St.;* ☎*305-292-1113, www.piratesoul. com)* est un petit musée amusant consacré aux pirates. On y explique le mode de vie de ces aventuriers à l'aide de quelque 500 objets d'époque (armes, costumes, trésors) et de bornes interactives.

L'**Historic Seaport District** est délimité par les rues Simonton, Grinnell et Caroline, ainsi que par le port même. De très nombreuses excursions en mer sont possibles à partir d'ici, dont des tours à bord du **Schooner Western Union** *(sorties de 13h30 à 15h30 et de 19h à 21h; 202 William St.;* ☎*305-292-1766, www.schoonerwesternunion.com)*, dernier grand voilier construit à Key West (1939), devenu une sorte de symbole de la ville. C'est aussi d'ici que part la navette maritime en direction du **Dry Tortugas National Park** (voir p 136).

Au **Flagler Station Over-Sea Railway Historeum Museum** *(tlj 9h à 17h; 901 Caroline St.;* ☎*305-295-3562)*, photographies, vidéos et souvenirs de toutes sortes rappellent la saga que constitua la construction du *"railroad that went to the sea"*, soit le chemin de fer d'Henry Flager qui, en 1912, relia Key West au continent.

Duval Street ★★ constitue quant à elle l'artère principale de la ville. Restaurants, boutiques en tous genres et boîtes de nuit s'y alignent sur plusieurs pâtés de maisons. Le soir, toutes sortes de musiques s'échappent des bars bondés pour créer une ravissante atmosphère festive. C'est aussi sur Duval Street que se trouve le plus haut bâtiment de la ville: l'hôtel **Crown Plaza La Concha** ★★ *(430 Duval St.)*. Une terrasse a été aménagée sur le toit de l'hôtel et offre une splendide vue sur Key West et le coucher du soleil.

Les enfants apprécieront la découverte de la faune marine des environs au **Key West Aquarium** *(adultes 9$, enfants 4,50$; tlj 10h à 18h; 1 Whitehead St.;* ☎*305-296-2051, www. keywestaquarium.com)*, une attraction classique de la ville ayant ouvert ses portes en 1934. Dans le même complexe, le **Key West Shipwreck Historeum Museum** ★ *(adultes 9$, enfants 4$; tlj 9h45 à 16h45; 1 Whitehead St.;* ☎*305-292-8990)* présente des reconstitutions avec acteurs qui rendent hommage au célèbre *shipwrecker* Asa Tift. Sur place se dresse une tour d'observation de 20 m de haut qui servait à repérer les navires en difficulté.

Le Custom House Building (maison de la douane) abrite de nos jours le **Key West Museum of Art & History** *(8$; tlj 9h à 18h; 281 Front St.;* ☎*305-295-6616)*, à la fois musée d'art (œuvres d'artistes locaux, nationaux et internationaux) et musée d'histoire de l'archipel des Keys (souvenirs d'Hemingway, témoignages sur l'influence de la communauté cubaine).

Mel Fisher perpétue à sa façon la tradition des *shipwreckers* jusqu'à sa mort, en 1998. Aussi consacre-t-il 16 ans de sa vie à la

---

★ **ATTRAITS TOURISTIQUES**

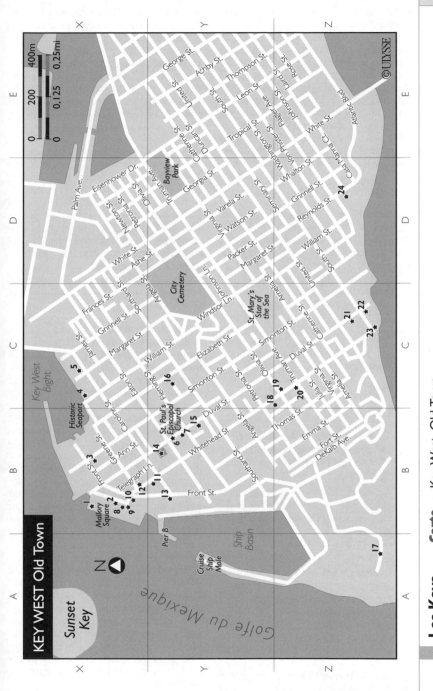

KEY WEST Old Town

Sunset Key

Golfe du Mexique

Key West Bight

Historic Seaport

Mallory Square

Pier B

Cruise Ship Mole

Ship Basin

Palm Ave.

Eisenhower Dr.

Truman Ave.

Bayview Park

George St.

Ashby St.

Thompson St.

Leon St.

South St.

United St.

Olivia St.

Petronia St.

Newton St.

White St.

Ashe St.

Frances St.

Grinnell St.

Margaret St.

Southard St.

Angela St.

City Cemetery

Windsor Ln.

Johnson Ln.

Georgia St.

Virginia St.

Watson St.

Varela St.

Packer St.

Margaret St.

William St.

Duncan St.

Catherine St.

Tropical St.

Washington St.

Von Phister St.

Flagler Ave.

Johnson St.

Laird St.

Rose St.

White St.

Whalton St.

Seminary St.

Grinnell St.

Reynolds St.

Casa Marina Ct.

Atlantic Blvd.

Frances St.

James St.

Margaret St.

Caroline St.

Greene St.

Ann St.

Eaton St.

Fleming St.

William St.

Elizabeth St.

Simonton St.

Duval St.

Whitehead St.

Angela St.

Southard St.

Petronia St.

Truman Ave.

Olivia St.

Amelia St.

Catherine St.

Simonton St.

Julia St.

Virginia St.

Amelia St.

Thomas St.

Emma St.

Fort St.

DeKalb Ave.

United St.

South St.

William St.

Duval St.

St. Paul's Episcopal Church

St. Mary's Star of the Sea

Front St.

Telegraph Ln.

Les Keys - Carte - Key West, Old Town

©ULYSSE

0 200 400m

0 0,125 0,25mi

recherche de l'épave du navire espagnol *Nuestra Señora de Atocha*, qui sombra au large de Key West au XVIIᵉ siècle. Ses efforts ne sont pas vains puisque lorsqu'il retrouve finalement le navire en 1985, il met en même temps la main sur un trésor d'objets en or et en argent évalué à plus de 400 millions de dollars! L'État tente bien de lui réclamer le trésor, mais Fisher finit par avoir gain de cause après une longue bataille judiciaire. Une partie du trésor peut aujourd'hui être observée au **Mel Fishers Maritime Museum** ★★ *(adultes 7,50$, enfants 3,75$; tlj 9h30 à 17h; 200 Greene St.; ☎305-294-2633, www.melfisher.org).*

L'**Audubon House & Gardens** ★ *(adultes 9$, enfants 5$; tlj 9h30 à 16h30; 205 Whitehead St.; ☎305-294-2116, www.audubonhouse.com)* rend compte, avec des moyens quelque peu limités, du séjour aux Keys du célèbre artiste et naturaliste John James Audubon en 1832, au cours duquel il peint 18 espèces d'oiseaux peuplant l'archipel pour son fameux recueil *Birds of America*. On peut aujourd'hui voir sur place quelques-unes des gravures originales d'Audubon, en plus de déambuler dans le très beau jardin de la propriété.

La Pan American Airways et le premier vol commercial de l'histoire

À l'angle des rues Whitehead et Caroline se trouve aujourd'hui le restaurant **Kelly's Caribbean Grill & Brewery** (voir p 149). Mais ce bâtiment fut jadis le premier siège social de la Pan American Airways. D'ailleurs, c'est au départ de Key West que la Pan Am programma le premier vol commercial de tous les temps, à destination de La Havane, en 1927.

La **Harry S. Truman Little White House** ★★ *(adultes 10$, enfants 5$; tlj 9h à 17h; 111 Front St.; ☎305-294-9911, www.trumanlittlewhitehouse.com)* a été ainsi surnommée car l'ancien président américain en avait fait son lieu de retraite privilégié, s'y réfugiant à 10 occasions au cours de son mandat à la tête du pays, soit un total de 175 jours. Un autre ex-président, John F. Kennedy, y organisa pour sa part une réunion au sommet, avec l'invasion de la baie des Cochons (Cuba) à l'ordre du jour.

C'est de 1829 que date la plus ancienne demeure de Key West. La résidence qui abrite l'**Oldest House/Wrecker's Museum** *(adultes 5$, enfants 1$; lun-sam 10h à 16h, dim 12h à 16h; 322 Duval St.; ☎305-294-9502)* est à l'origine habitée par un marin, le capitaine Francis Watlington, qui œuvre dans l'industrie de la récupération comme *shipwrecker*. Parmi les objets que l'on peut voir aujourd'hui dans cette maison devenue musée, il y a d'ailleurs un document qui énumère les règles de cette industrie hors du commun.

Le **San Carlos Institute** *(3$; mar-ven 11h à 17h, sam 11h à 21h, dim 11h à 16h, lun fermé; 516 Duval St.; ☎305-294-3887)* évoque la longue tradition des relations entre Cuba et Key West. Créée en 1871 par des immigrants cubains, cette institution joue un rôle de premier plan au fil des décennies qui suivent. José Martí y prononce par exemple des discours importants sur la libération de Cuba face à l'Espagne. Le bâtiment colonial espagnol actuel date cependant de 1924, celui d'origine ayant été détruit par un ouragan. Ce centre culturel abrite entre autres une bibliothèque, un théâtre et un musée qui présente des expositions sur l'indépendance de Cuba et la présence de la communauté cubaine en Floride.

Ça vaut la peine de faire une halte à l'extraordinaire havre de paix que sont devenus les splendides jardins du **Nancy Forester's Secret Garden** ★★ *(6$; 1 Free School Lane; ☎305-294-0015, www.nfsgarden.com).* Sous de grands palmiers, arbres fruitiers et autres arbres centenaires, d'innombrables plantes tropicales sont ici fièrement entretenues. La présence de plusieurs perroquets, même en cage, ajoute à l'exotisme de l'endroit.

La construction du fort Zachary Taylor s'effectue entre 1845 et 1866. Des soldats nordistes y seront cantonnés pendant la guerre civile américaine, avec comme mission de bloquer les approvisionnements par bateau destinées aux forces sudistes. Le fort servira aussi de base militaire lors du conflit contre les Espagnols (1898), mais aucun combat n'aura lieu ici. Au cours du XXᵉ siècle, il sera pendant un temps utilisé par la Marine américaine, avant d'être complètement abandonné. L'excavation du site est finalement entrepris à compter de 1968, ce qui permet de mettre au jour, entre autres trésors, une importante collection de canons datant de l'époque de la guerre de Sécession qu'il est aujourd'hui possible de découvrir au **Fort Zachary Taylor State Historic Site** ★ *(3,50$; tlj 8h au coucher du soleil; à l'extrémité de Southard St., dans la Truman Annex; ☎305-292-6713, www.floridastateparks.org).*

Le **Bahama Village**, avec son marché typique, ses restos de cuisine caribéenne et ses galeries d'art, rappelle le rôle joué par les ressortissants des Bahamas dans l'histoire de la ville. Ce quartier s'étend aux environs de l'intersection des rues Duval et Petronia.

Le récipiendaire du prix Nobel de littérature Ernest Hemingway vit à Key West de 1931 à 1940 et y demeure propriétaire d'une maison jusqu'à sa mort, en 1961. Cette belle demeure d'inspiration coloniale espagnole, devenue l'**Ernest Hemingway Home & Museum** ★★★ *(adultes 10$, enfants 6$; visites guidées toutes les 15 min; tlj 9h à 17h; 907 Whitehead St.; ☎305-294-1136, www.hemingwayhome.com),* peut aujourd'hui être visitée de fond en comble, incluant la piscine arrière qui fut la première construite sur l'île et le studio dans lequel travaillait le romancier à l'arrière de la maison. Vous y croiserez aussi d'innombrables chats aux pattes de devant à six griffes que l'on prétend être des descendants des compagnons bien-aimés du grand écrivain.

Il est possible de gravir les 88 marches du **Key West Lighthouse Museum** *(adultes 8$, enfants 4$; tlj 9h30 à 16h30; 938 Whitehead St.; ☎305-294-0012)* pour en atteindre le sommet et se voir ainsi récompensé par une belle vue de la ville. Ce phare, érigé en 1847, demeura en exploitation jusqu'en 1969.

Le **Key West Butterfly & Nature Conservatory** *(1316 Duval St.; ☎296-2988, www.wingsofimagination.com)* permet l'observation de

Le MM 0 de la route US Highway 1

À Key West, l'historique US Highway 1 devient le Roosevelt Boulevard puis la Truman Avenue. La borne MM 0, limite méridionale de cette longue route nationale, se trouve à l'angle des rues Fleming et Whitehead, dans le quartier historique d'Old Town.

La route 1 ne se contente pas du rôle que lui confère son titre de «Florida Keys Overseas Highway», soit celui de voie de communication principale des Keys. Cette route, qui joua un rôle majeur dans le développement de toute la Côte Est américaine, poursuit sa course sur le continent, et ce, jusqu'à Fort Kent (Maine), à quelque 3 960 km de son point de départ.

L'origine de cette route remonte aussi loin qu'au XVIIᵉ siècle, époque où l'un de ses tronçons actuels était une route postale dans la région de Boston, en Nouvelle-Angleterre. Elle continue à se dérouler vers le sud dans les décennies qui suivent, et en 1926, alors qu'est adopté aux États-Unis le système de numérotation actuel, elle devient la US Highway 1.

Les Keys - Attraits touristiques - Key West

quelque 1 000 papillons d'une cinquantaine d'espèces différentes.

La splendide **Southernmost House** ★ *(tlj 9h à 18h; 1400 Duval St.;* ☎*305-296-3141, www. themansionkeywest.com)*, une construction de style Queen Anne réalisée en 1896, présente aujourd'hui divers objets et documents qui relatent les moments important de l'histoire de la ville. On peut ainsi y voir divers documents signés de la main de l'un ou l'autre des six présidents américains à avoir visité Key West, de même que des lettres, photographies et autres souvenirs d'Ernest Hemingway et Tennessee Williams.

Personne ne peut résister à la tentation de se faire photographier aux côtés de la grande borne colorée qui marque le **Southernmost Point** *(angle Whitehead et South)*, soit le point le plus méridional rattaché aux États-Unis continentaux.

Ne manquez pas de jeter un coup d'œil sur l'élégant **Wyndham Casa Marina** ★ *(1500 Reynolds St.)*, l'un de ces grands palaces hôteliers construits par Henry Flagler le long de sa ligne de chemin de fer. Cet immense bâtiment de style Renaissance espagnole est achevé en 1921 afin d'accueillir les riches Américains qui, grâce au chemin de fer, peuvent venir profiter du doux climat de Key West. L'hôtel ferme ses portes au début des années 1960, mais la chaîne Marriott investira de grosses sommes dans sa rénovation à la fin des années 1970. Il a retrouvé aujourd'hui son lustre d'antan et constitue l'hôtel chic par excellence de la ville (voir p 146).

Ailleurs à Key West

Deux tours sont construites à partir de 1861 pour consolider le système de défense de l'île dont le fort Zachary Taylor est alors le point central: l'**East Martello Tower** *(adultes 6$, enfants 4$; tlj 9h30 à 16h30; 3501 S. Roosevelt Blvd.;* ☎*305-296-3913)*, où loge aujourd'hui l'East Martello Gallery and Museum, et la **West Martello Tower** *(angle White St. et Atlantic Blvd.;* ☎*305-294-3210)*, dont les ruines abritent aujourd'hui le splendide

jardin de palmiers, d'orchidées et de broméliacées du Joe Allen Garden Center.

Pour partir à la découverte du **Dry Tortugas National Park** ★★★ *(*☎*305-242-7700 ou 292-6713, www.fortjefferson.com)*, le moyen le plus simple consiste à monter à bord du **Dry Tortugas National Park Ferry** *(95$ incluant petit déjeuner, déjeuner et tour guidé; départ à 7h30, retour à 17h;* ☎*305-292-6100, www. drytortugasferry.com)*, au départ de l'Historic Seaport. Sur Garden Key, l'une des petites îles de l'archipel des Dry Tortugas situées à quelque 115 km de Key West, se trouve le fort Jefferson. La construction de cet imposant fort débute en 1846 et s'étend sur une trentaine d'années sans jamais être complétée. Le but est alors de faciliter le contrôle de la navigation dans le golfe du Mexique. Le fort sert aussi de prison militaire durant la guerre civile américaine. Son prisonnier le plus célèbre est alors le Dr. Samuel Mudd, à qui l'on reproche d'avoir soigné l'assassin du président Abraham Lincoln. Des visites guidées permettent de découvrir cet étonnant ouvrage d'architecture militaire et d'en connaître davantage sur l'archipel des Dry Tortugas, devenu parc national en 1992.

Activités de plein air

■ Baignade

Les Keys n'offrent que très peu de plages. Par contre, le **Bahia Honda State Park** *(MM 37, du côté de l'océan)* possède les plus belles plages sablonneuses de l'archipel. Tables de pique-nique et emplacements de camping.

D'autres plages artificielles s'étendent ici et là, mais elles sont toujours de dimensions très restreintes. On en trouve par exemple quelques-unes à **Key West**. Celles-ci sont couvertes de sable là où l'on s'étend pour se faire bronzer, mais rocheuses sous la surface de l'eau. La plus importante est **Smathers Beach**, que longe le South Roosevelt Boulevard. Tables de pique-nique, toilettes, terrains de volley-ball, stationnement.

Une plage assez agréable se cache également dans le **Fort Zachary Taylor State Park**. Tables de pique-nique et grils.

Au **Dry Tortugas National Park**, où l'on peut se rendre à l'aide d'une navette maritime (voir p 138) ou en s'inscrivant à une excursion en bateau ou en hydravion (voir ci-dessous), se trouve une très belle plage que caresse une eau calme et turquoise. Les adeptes de la plongée-tuba pourront en profiter pour explorer de petits récifs situés tout près; les amants de la nature, pour observer plusieurs espèces d'oiseaux; et les amateurs d'histoire, pour visiter le fort Jefferson.

Pourquoi si peu de plages dans les Keys?

La surprise est grande pour plusieurs voyageurs habitués aux longues et larges plages sablonneuses des côtes floridiennes: à part dans le Bahia Honda State Park, il n'y a pour ainsi dire pas de plage dans les Keys. Pourquoi?

Ce sont les vagues qui transportent le sable sur les côtes, ce qui en vient à former les plages. Or, les Keys sont «protégées» par une longue barrière corallienne sur laquelle se brisent les vagues avant de rejoindre le littoral, ce qui les force du coup à abandonner en cours de route leur cargaison de sable. Ailleurs en Floride, les îles-barrières jouent ce rôle de protectrices des côtes et d'«intercepteurs», et c'est sur leur pourtour que se forment les plages.

■ Excursions en avion

Vous pouvez choisir l'hydravion pour vous rendre au **Dry Tortugas National Park**, au large de **Key West**, afin de profiter au passage de vues exceptionnelles:

Seaplanes of Key West
aéroport de Key West
3471 S. Roosevelt Blvd.
☎ (305) 294-0709
www.seaplanesofkeywest.com
Départs à 8h, 10h, 12h et 14h. Comptez 180$ par adulte pour une excursion d'une demi-journée et 305$ pour la journée entière (130$ ou 225$ pour les enfants).

■ Excursions en bateau

Les excursions à bord de bateaux à fond de verre sont très courues dans les environs de **Key Largo**. Elles rendent facilement accessibles à tous les publics les richesses de la vie marine aux abords de la barrière de corail protégée par le **John Pennekamp Coral Reef State Park**. Ainsi, à l'accueil du parc, vous pourrez vous inscrire à l'une des trois excursions quotidiennes du *Spirit of Pennekamp (adultes 21$, enfants 14$; 9h15, 12h15 et 15h)*.

Le *Key Largo Princess (20$; tlj 10h, 13h et 16h; ☎305-451-4655)*, un autre bateau à fond de verre, propose le même type de visite au départ de la marina du Holiday Inn Key Largo Resort & Marina.

Dans le port animé de **Key West**, de nombreuses possibilités d'excursions sont proposées. Par exemple, plusieurs navires suggèrent de vous amener en mer pour mieux apprécier le fameux coucher de soleil de Key West:

Schooner *Western Union*
☎ (305) 292-1766
www.schoonerwesternunion.com
Dernier grand voilier construit à Key West (1939), le *Western Union* est devenu l'un des emblèmes de la ville. De nombreuses croisières sont organisées à bord de ce beau navire, mais les plus agréables sont celles qui ont le coucher de soleil comme toile de fond. Comptez 59$ pour les adultes et 25$ pour les enfants.

Schooner *America*
☎ (305) 292-7787
www.schooneramerica.com
Autre goélette à bord de laquelle on peut aller apprécier le coucher de soleil. Réservations requises.

Les Keys - Activités de plein air

Également très en demande, les croisières ayant comme destination principale le **Dry Tortugas National Park** sont nombreuses. Voici une entreprise qui organise ce genre d'excursion:

Yankee Fleet
☎ (305) 294-7009 ou 800-634-0939
www.yankeefleet.com
Croisière d'une journée incluant les repas, la visite du fort Jefferson et l'équipement de plongée-tuba. Comptez environ 120$ par adulte et 80$ par enfant.

■ Kayak

La popularité du kayak ne cesse de croître. La location de ce type d'embarcation est possible à de nombreux endroits ainsi que dans plusieurs hôtels. Voici quelques adresses où louer des kayaks:

Florida Bay Outfitters
MM 104
Key Largo
☎ (305) 451-3018
Location de kayaks pour explorer la mangrove du John Pennekamp Coral Reef State Park.

Florida Keys Kayak & Sail
MM 77,5
Islamorada
☎ (305) 664-4878
Location de kayaks à l'heure, à la demi-journée ou à la journée.

Bahia Honda State Park
MM 37
☎ (305) 872-3210
Comptez 10$ l'heure pour la location d'un kayak simple et 18$ pour un kayak à deux places. Tarifs à la journée également proposés.

■ Observation des oiseaux

Au **Bahia Honda State Park** et à plusieurs autres endroits dans les Lower Keys, vous aurez le loisir de découvrir de beaux représentants de l'avifaune (grands hérons, diverses aigrettes, coucous de mangrove, goélands, pélicans bruns, etc.).

Le **Dry Tortugas National Park**, au large de **Key West**, est un véritable paradis pour les amateurs d'ornithologie. L'archipel protégé par ce parc national se trouve au milieu de la route de migration de nombreuses espèces. On pourra entres autres y croiser sternes, fauvettes, moqueurs, frégates...

■ Pêche sportive

Avec la plongée, la pêche sportive constitue l'autre activité de plein air la plus populaire dans les Keys. En effet, partout vous serez invité à prendre part à des excursions en haute mer à bord de bateaux affrétés (*charters*). Les mordus pourront même pour leur part s'inscrire à l'un des nombreux tournois organisés tout au long de l'année.

Islamorada, qui s'est autoproclamée «capitale mondiale de la pêche sportive», offre de nombreuses possibilités d'excursions à ceux qui veulent aller taquiner le tarpon, le marlin et les autres gros poissons qui vivent au large.

La pêche au gros est une activité que l'on associe aussi à **Key West**, et ce, depuis l'époque où Ernest Hemingway s'y adonnait avec zèle. Encore aujourd'hui, des excursions de pêche au marlin, au barracuda, à l'espadon et autres sont proposées. Il suffit de se rendre au Mallory Square pour négocier le prix d'une excursion directement avec les marins. Vous pouvez aussi vous inscrire à une sortie en mer plus touristique qui inclut toutes sortes d'autres activités en plus de la pêche proprement dite:

Gulfstream III
☎ (305) 296-8498
Comptez environ 40$ par adulte pour la journée, sans les repas.

■ Plongée sous-marine

Les environs de Key Largo forment un terrain de jeux idéal pour les amateurs de plongée. Il y a bien sûr le **John Pennekamp Coral Reef State Park**, qui a pour vocation la protection d'une barrière de corail où vivent plus de 500 espèces de poissons multicolores. Outre la faune spectaculaire et les quelque 55 variétés de coraux que les plongeurs peuvent observer, il y a une statue du Christ haute de 3 m, réplique du *Cristo Degli Abissi* de la mer Méditerranée (près de Gênes). Baptisée le ***Christ of the Deep***, elle fut offerte à l'Underwater Society of America par l'industriel Egidi Cressi en 1961. Elle repose à une profondeur d'environ 7 m et constitue un site de plongée très populaire. Les plongeurs certifiés peuvent prendre part aux excursions quotidiennes du ***Reef Adventures*** *(adultes 41$; tlj 9h30 et 13h30)*, un bateau de 35 places, en s'inscrivant à l'accueil du parc. Location de matériel sur place.

Certains souhaiteront partir à la découverte du ***Spiegel Grove***, un ancien navire fort imposant (160 m) de la Marine américaine, intentionnellement coulé à 10 km au large de Key Largo en 2002 pour devenir un récif artificiel. Il repose maintenant à 40 m de profondeur et abrite une riche faune marine.

On trouve d'innombrables clubs de plongée qui organisent des excursions vers les différents sites. En voici quelques-uns:

Conch Republic Divers
MM 90,8
Tavernier
☎ (305) 852-1655

Horizon Divers
100 Ocean Dr.
Key Largo
☎ (305) 453-3535
www.horizondivers.com

Sea Dwellers Dive Center
MM 99,8
Key Largo
☎ (305) 451-3640 ou 800-451-3640

À **Key West**, de nombreux centres de plongée proposent des sorties au récif corallien. En voici quelques-uns:

Get Wet
805 Duval St.
☎ (305) 294-7738
Propose aussi des excursions de plongée-tuba et des visites à bord d'un bateau à fond de verre.

Dive Key West
1605 N. Roosevelt Blvd.
☎ (305) 296-3823
www.divekeywest.com

Captain's Corner
angle Greene et Elizabeth
☎ (305) 296-8865
www.captainscorner.com

■ Plongée-tuba

Encore une fois, c'est à Key Largo, plus précisément au **John Pennekamp Coral Reef State Park**, que les amateurs de plongée-tuba trouveront leur compte. Ils pourront s'embarquer à bord des bateaux ***El Captain***, ***Sea Garden*** et ***Dolphin*** *(adultes 27,95$; tlj 9h, 12h et 15h)* pour des excursions de deux heures et demie. Location de matériel sur place.

Le **Looe Key National Marine Sanctuary**, accessible depuis le **Bahia Honda State Park** *(MM 36,8)*, s'avère un autre lieu de plongée-tuba très couru. Il est possible d'y observer, de 2 m à 12 m de profondeur, des coraux aux couleurs éclatantes dans une eau d'une grande limpidité. Comptez environ 28$ par adulte pour cette excursion *(Bahia Honda State Park, ☎305-872-3210)*.

Pou **Key West**, référez-vous aux adresses des clubs de plongée ci-dessus, la plupart proposant aussi des excursions incluant de la plongée-tuba. Consultez aussi la rubrique «Excursions en bateau» plus haut pour les croisières vers le **Dry Tortugas National Park**, dont les forfaits comprennent des périodes de plongée-tuba.

■ Randonnée pédestre

Au **Bahia Honda State Park** *(MM 36,8)*, un court sentier de randonnée (2 km) rend possible la découverte des dunes et de la mangrove, en plus des vestiges d'un ancien pont ferroviaire.

À l'intérieur des limites du **National Key Deer Refuge** *(MM 30,5)*, de courtes pistes permettent d'apercevoir quelques-unes des 300 petits cerfs (*Key deers*) qui vivent dans cette réserve faunique. Pour maximiser

Les Keys - Activités de plein air

vos chances, explorez ces sentiers tôt le matin ou au crépuscule, alors que les cerfs sont plus actifs.

■ Vélo

Le **Florida Overseas Heritage Trail**, actuellement en cours de réalisation, reliera d'ici 2008 Key Largo à Key West. Ce sentier multi-activités sera d'abord et avant tout une piste cyclable qui suivra le parcours de l'ancien chemin de fer d'Henry Flagler. Il permettra aux amants de la nature d'accéder à de nombreuses zones protégées. Les amateurs d'histoire ne seront quant à eux pas en reste, puisque le sentier empruntera les anciens ponts ferroviaires qu'il contribuera ainsi à mettre en valeur.

Plusieurs tronçons sont déjà aménagés, si bien que la piste cyclable, qui longe la route principale, permet actuellement de circuler, grosso-modo, de Key Largo (borne MM 106) jusqu'au Seven-Mile Bridge. Une fois-là, l'exploration de l'**Old Seven-Mile Bridge** vous réserve des vues remarquables. Cet ancien pont ferroviaire n'est aujourd'hui accessible qu'aux piétons et aux cyclistes, si l'on fait abstraction du petit train touristique qui le traverse une fois l'heure.

Voici quelques adresses pour l'entretien ou la location de vélos:

Tavernier Bicycles and Hobbies
lun-sam 9h30 à 18h
MM 91,8
☎ (305) 852-2859
Réparation de vélos et location à la journée, à la semaine ou au mois.

Marathon Bike Rentals
☎ (305) 743-3204
Location de vélos. Possibilité de livraison à votre hôtel moyennant un supplément.

Key West est une ville qui se prête bien à l'exploration à vélo. Comme il y a très peu de pentes, il s'agit en fait d'un excellent moyen pour prendre le temps de déambuler dans les quartiers résidentiels afin de jeter un coup d'œil aux belles *conch houses* que la population locale restaure et entretient amoureusement. Prévoyez autour de 8$ par jour pour la location d'un vélo. Voici quelques adresses à Key West:

Bike Shop
1110 Truman Ave.
☎ (305) 294-1073

The Bicycle Center
523 Truman Ave.
☎ (305) 294-4556

Tropical Bicycles & Scooter Rentals
1300 Duval St.
☎ (305) 294-8136

▲ Hébergement

Key Largo et les Upper Keys

John Pennekamp Coral Reef State Park
$
bc
MM 102,5
Key Largo
☎ (305) 451-1202
www.pennekamppark.com
Ce parc marin, paradis des plongeurs, propose 48 emplacements de camping pour tentes et véhicules récréatifs (raccords pour électricité et eau courante). Comptez autour de 25$ par jour. Il est impératif de réserver longtemps à l'avance, surtout en haute saison.

Tavernier Hotel
$$
▥, ⛵
91865 Overseas Hwy.
Tavernier
☎ (305) 852-4131 ou
800-515-4131
www.tavernierhotel.com
Un ancien palace cinématographique fut reconverti en hôtel dans les années 1930: le Tavernier Hotel. On le reconnaît aisément à sa façade rose un peu kitsch. On y trouve 18 chambres simples et économiques. Le **Copper Kettle Restaurant** (voir p 146) est attenant à l'établissement.

Rock Reef Resort
$$-$$$
❊
98750 Overseas Hwy.
Key Largo
☎ (305) 852-2401 ou
800-477-2343
▤ (505) 852-5355
www.rockreefresort.com
Le Rock Reef Resort est un petit centre de vacances comprenant 21 chambres réparties dans six bâtiments au cœur d'un joli jardin tropical où poussent arbres fruitiers, roses et orchidées. Il y a même un jardin de bonsaïs. Neuf des chambres comprennent une cuisine équipée. La présence d'un quai d'une trentaine de mètres représente un boni pour les amateurs de pêche.

Ocean Pointe Suites
$$$ pdj
≡, ☵, ⛵
500 Burton Dr.
Tavernier
☎ (305) 853-3000 ou
800-882-9464
▤ (305) 853-3007
www.oceanpointesuites.com
Le vaste complexe de l'Ocean Pointe Suites est situé à Tavernier. Il comprend cinq bâtiments de quatre étages, avec 150 appartements complets de une ou deux chambres à coucher. Chaque unité

Les lieux d'hébergement qui se distinguent

Les adresses de charme: **Westwinds Inn**, Key West (p 143), **Marquesa Hotel**, Key West (p 144), **Curry Mansion Inn**, Key West (p 144)

Pour les amoureux des fonds marins: **Jules' Undersea Lodge**, Key Largo (p 142)

Pour les activités de plein air: **Long Key State Park** (p 142), **Bahia Honda State Park**, Big Pine Key (p 143)

Pour le jardin luxuriant: **Westwinds Inn**, Key West (p 143), **Heron House**, Key West (p 144)

Pour les romantiques: **Avalon Bed & Breakfast**, Key West (p 143)

Pour la vue: **Crowne Plaza La Concha**, Key West (p 143)

Pour les amateurs d'histoire: **Curry Mansion Inn**, Key West (p 144), **Southernmost House**, Key West (p 146), **Wyndham Casa Marina**, Key West (p 146)

s'avère confortable, très bien équipée, et orientée de manière à avoir vue sur l'océan. On trouve également sur le site une marina, une grande piscine, des courts de tennis et une minuscule plage, sans grand intérêt toutefois. Le petit déjeuner est servi à la capitainerie de la marina. Un bon choix pour les familles.

Holiday Inn Key Largo Resort & Marina
$$$-$$$$
≡, ≋, ⍦, ⚌
99701 Overseas Hwy.
Key Largo
☎ (305) 451-2121 ou
800-843-5397
🖷 (305) 451-5592
www.holidayinnkeylargo.com
Le complexe hôtelier Holiday Inn est composé de 132 chambres confortables, mais, comme son nom le laisse sous-entendre, sa principale qualité demeure la présence de son port de plaisance d'où partent bateaux de pêche, bateaux à fond de verre, bateaux-casinos... On peut même y visiter l'*African Queen*, le petit navire d'Humphrey Bogart dans le film du même nom. Au-delà de ces activités, on remarque deux piscines chauffées, un bar et un restaurant intéressant, le **Bogie's Cafe** (voir p 147).

Jules' Undersea Lodge
$$$$-$$$$$
≡
51 Shoreland Dr.
Key Largo
☎ (305) 451-2353
🖷 (305) 451-4789
www.jul.com
Cet hôtel a ceci de particulier qu'il se cache dans

l'Emerald Lagoon, à l'intérieur d'un ancien laboratoire sous-marin ancré à 10 m sous la surface de l'eau... Les clients doivent donc se rendre à leurs chambres en tenue de plongée sous-marine, ce qui implique qu'ils sont plongeurs certifiés ou qu'ils s'inscrivent à une formation de trois heures (en sus). L'hôtel dispose d'une suite unique comprenant deux chambres à coucher. Un grand hublot permet d'observer la vie marine. Les prix sont évidemment élevés, mais incluent les repas et les plongées à volonté.

Marriott Key Largo Bay Beach Resort
$$$$-$$$$$
≡, ≋, ⍦, ⚌, 🔒
103800 Overseas Hwy.
Key Largo
☎ (305) 453-0000 ou
866-849-3753
🖷 (305) 453-0093
www.marriottkeylargo.com
Le Marriott Beach Resort est l'un des complexes hôteliers les plus luxueux de Key Largo. Ses 153 chambres de bonnes dimensions sont décorées avec goût, et plusieurs offrent une belle vue sur la baie. Une foule d'activités est proposée, incluant excursions de plongée, location de kayaks et de vélos, tennis, volleyball, activités pour les enfants, etc. Accès gratuit au bateau-casino *SunCruz Casino*. Plage privée.

Les Middle Keys

Islamorada

Long Key State Park
$
bc
67400 Overseas Hwy.
Long Key
☎ (305) 664-4815 ou
800-326-3521
Ce parc d'État réserve aux campeurs 60 emplacements au bord de l'océan Atlantique. Plusieurs activités de plein air peuvent être pratiquées sur place: randonnée pédestre, canot, plongée, observation des oiseaux... Lieu extrêmement populaire pour lequel il faut réserver très longtemps à l'avance.

Chesapeake Resort
$$$$-$$$$$ pdj
≡, ≋, ⛱
83409 Overseas Hwy.
Islamorada
☎ (305) 664-4662 ou
800-338-3395
🖷 (305) 664-8595 ou 664-2796
www.chesapeake-resort.com
Ce centre de vacances propose 65 chambres et suites avec vue sur l'océan ou sur ses très beaux jardins avec palmiers. On trouve aussi sur le site deux piscines, des courts de tennis et un petit port de plaisance.

Hampton Inn & Suites
$$$$-$$$$$
≡, ≋, ⍦, ⛱, ⚌
80001 Overseas Hwy.
Islamorada
☎ (305) 664-0073 ou
800-426-7866
🖷 (305) 664-0807
www.keys-resort.com
Le complexe Hampton Inn & Suites comprend

79 suites de une ou deux chambres à coucher avec cuisinette bien équipée. Le site où est érigé l'établissement, du côté de la baie, s'avère fort agréable avec ses grands palmiers, sa jolie piscine et son accès direct à la mer.

Les Lower Keys

Bahia Honda State Park
$
bc
36850 Overseas Hwy.
Big Pine Key
☎ (305) 872-2353 ou
800-326-3521
www.bahiahondapark.com
Il y a 80 emplacements de camping dans ce superbe parc qui abrite les plus belles plages sablonneuses des Keys. Trois refuges bien équipés, qui comptent deux chambres à coucher chacun, mais sans télévision ni téléphone, sont aussi disponibles. L'endroit est à ce point convoité qu'il faut réserver au moins quatre mois à l'avance.

Key West

Old Town

Key West Youth Hostel
$
bc, ≡
718 South St.
☎ (305) 296-5719
🖷 (305) 296-0672
www.keywesthostel.com
L'auberge de jeunesse de Key West propose le gîte en dortoirs de 8 à 16 lits pour autour de 28$ par jour. Confort basique, mais accueil souriant.

L'Habitation Guesthouse
$$-$$$ pdj
≡, ✿
408 Eaton St.
☎ (305) 293-9203 ou
800-697-1766
🖷 (305) 296-1313
www.lhabitation.com
Une belle *conch house* d'Eaton Street abrite les huit chambres du *bed and breakfast* L'Habitation. Le mobilier d'osier et le décor sobre mais de bon goût contribuent efficacement au charme de l'établissement. Petit déjeuner servi sur la terrasse.

Westwinds Inn
$$$ pdj
≡, ≋
914 Eaton St.
☎ (305) 296-4440 ou
800-788-4150
🖷 (305) 293-0931
www.westwindskeywest.com
Installé dans deux belles maisons victoriennes voisines situées à un jet de pierre de l'Historic Seaport District, le Westwinds Inn est un *bed and breakfast* des plus charmants. Les demeures semblent reposer au cœur d'un immense jardin tropical composé de grands arbres et d'innombrables plantes, dans la plus pure tradition de Key West. On y propose des chambres aux dimensions restreintes et de fort agréables suites avec chambre à coucher et salon muni d'un canapé-lit. De beaux meubles en osier ornent chambres et suites. Dans les jardins luxuriants, vous noterez la présence de deux piscines. Le petit déjeuner, excellent, est servi aux abords de l'une d'entre elles. À noter qu'il n'y a

pas de téléviseur dans les chambres. Par contre, une salle commune avec télé, réfrigérateur, cuisinière et accès à Internet est accessible à tous.

Avalon Bed & Breakfast
$$$-$$$$ pdj
≡, ≋, ✿
1317 Duval St.
☎ (305) 294-8233 ou
800-848-1317
www.avalonbnb.com
Une magnifique maison historique datant de 1895 abrite aujourd'hui le joli *bed and breakfast* Avalon. Toutes les chambres sont agréables et décorées de manière à leur donner un côté romantique des plus appréciables, avec leurs lits drapés de blanc que protègent de grandes moustiquaires. Pour encore plus de tranquillité, optez pour le Honeymoon Cottage, situé à l'arrière de la maison principale.

Crowne Plaza La Concha
$$$-$$$$
≡, ≋, 🍽
430 Duval St.
☎ (305) 296-2991 ou
800-745-2191
🖷 (305) 292-2339 ou 292-3213
www.laconchakeywest.com
Installé dans un grand bâtiment historique de Duval Street, le plus haut des environs avec ses sept étages sur lesquels sont réparties 160 chambres, La Concha se veut l'établissement le plus chic du centre de Key West. Il s'agit en fait d'une sorte d'institution avec ses planchers de marbre, ses belles boiseries foncées et sa décoration qui évoque l'époque de sa construction (1925). Aménagée sur le toit, sa terrasse, The Sun-

set from the Top, est devenue un lieu de rencontre très prisé à l'approche du coucher du soleil. On y trouve aussi la piscine de l'hôtel.

Curry Mansion Inn
$$$-$$$$ pdj

≡, ≋, ♨

511 Caroline St.

☎ (305) 294-5349 ou
800-253-3466

📠 (305) 294-4093

www.currymansion.com

Cette splendide demeure est réputée avoir appartenu au premier millionnaire qu'ait connu Key West, le *shipwrecker* d'origine bahamienne William Curry. Aujourd'hui transformée en une agréable auberge de charme comptant 28 chambres, cette maison figure au registre national des bâtiments historiques. L'atmosphère chaleureuse que l'on retrouve autant dans les chambres que dans les aires communes, notamment dans la superbe salle à manger et sous la grande véranda, donne à l'établissement un délicieux cachet romantique. Le petit déjeuner prend la forme d'un buffet très complet servi sur une terrasse attenante à la piscine.

Heron House
$$$-$$$$ pdj

⚓, ≋

512 Simonton St.

☎ (305) 294-9227 ou
888-861-9066

📠 (305) 294-5692

www.heronhouse.com

Cette auberge renferme 23 chambres de luxe réparties dans quatre bâtiments entourés d'un jardin luxuriant avec cascades. Les chambres les plus belles donnent d'ailleurs sur le jardin et même sur la piscine. Toutes sont joliment décorées d'antiquités.

Southernmost Hotel
$$$-$$$$

≡, ≋

1319 Duval St.

☎ (305) 296-5611 ou
800-354-4455

📠 (305) 294-8272

www.southernmosthotel.com

Cet hôtel très apprécié comprend 127 chambres réparties sur trois niveaux. Chacune est moderne et habillée de couleurs joyeuses. L'établissement met à la disposition de ses clients deux piscines avec bars.

Hilton Key West Resort & Marina
$$$$-$$$$$

≡, ≋, ♨, ++

245 Front St.

☎ (305) 294-4000 ou
800-221-2424

📠 (305) 294-4086

www.keywestresort.hilton.com

La chaîne internationale Hilton jouit d'une excellente localisation dans le quartier d'Old Town, non loin de l'activité du Mallory Square et de Duval Street. Le Hilton Key West renferme 178 vastes et confortables chambres avec balcon. Des maisonnettes de une à trois chambres, situées sur une petite île du nom de Sunset Key, non loin de l'hôtel principal, peuvent aussi être louées. Petites plages privées.

Marquesa Hotel
$$$$-$$$$$

≡, ≋

600 Fleming St.

☎ (305) 292-1919 ou
800-869-4631

📠 (305) 294-2121

www.marquesa.com

On ne peut manquer la très belle maison historique turquoise aux auvents marines dans laquelle ni-

---

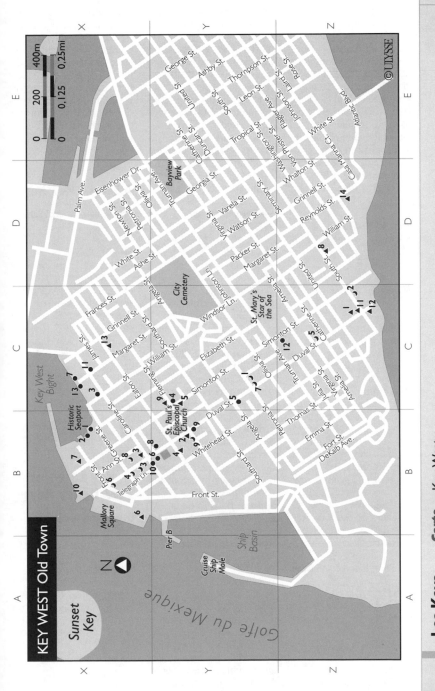

KEY WEST Old Town

Sunset
Key

Key West Bight

Historic
Seaport

Mallory
Square

Pier B

Ship
Basin

Cruise
Ship
Mole

Golfe du Mexique

Palm Ave.

Eisenhower Dr.

Newton St.

Olivia St.

Petronia St.

Truman Ave.

Bayview
Park

George St.

Ashby St.

Thompson St.

Leon St.

Land St.

Rose St.

United St.

Catherine St.

Duncan St.

South St.

Tropical St.

Flagler Ave.

Johnson St.

Von Phister St.

White St.

Casa Marina Ct.

Atlantic Blvd.

Georgia St.

Varela St.

Watson St.

Virginia St.

Packer St.

Margaret St.

Seminary St.

Grinnell St.

Reynolds St.

William St.

South St.

Whalton St.

White St.

Frances St.

Grinnell St.

Margaret St.

James St.

Ashe St.

Angela St.

Southard St.

William St.

Eaton St.

Caroline St.

Fleming St.

Front St.

Duval St.

Whitehead St.

Thomas St.

Emma St.

Fort St.

DeKalb Ave.

Simonton St.

Elizabeth St.

Windsor Ln.

Johnson Ln.

City
Cemetery

St. Mary's
Star of
the Sea

St. Paul's
Episcopal
Church

Amelia St.

Catherine St.

Olivia St.

Truman Ave.

Simonton St.

Duval St.

Angela St.

Petronia St.

Julia St.

Virginia St.

Amelia St.

Front St.

Telegraph Ln.

Ann St.

Greene St.

0   200   400m

0   0,125   0,25mi

N

©ULYSSE

Les Keys - Carte - Key West

che le Marquesa Hotel. En fait, cette auberge est plus grande qu'il n'y paraît puisqu'elle se répartit à l'intérieur de quatre bâtiments, dont deux belles maisons victoriennes restaurées avec goût. L'établissement compte 27 chambres meublées d'antiquités, ce qui lui confère une certaine intimité dans un cadre charmant. La réputation du **Café Marquesa** (voir p 149), au rez-de-chaussée, n'est plus à faire.

Hyatt Key West Resort & Marina
$$$$$
≡, ≋, ♨, 🔒
601 Front St.
☎ (305) 296-9900 ou
800-554-9288
🖺 (305) 292-1038
www.hyatt.com
Toutes les 120 chambres du Hyatt donnent sur un balcon privé en plus d'offrir à leurs occupants confort et commodités de toutes sortes (minibar, coffret de sûreté, séchoir, cafetière, planche et fer à repasser). Le complexe même est très élégant, et, avec ses nombreux balcons et passerelles, il semble avoir été conçu pour permettre d'admirer les célèbres couchers de soleil de Key West. Petite plage privée et site de plongée sur place.

Pier House Resort & Caribbean Spa
$$$$$
≡, ≋, ♨, ↔, ≈, ♈, ⚘
1 Duval St.
☎ (305) 296-4600 ou
800-327-8340
🖺 (305) 296-7568 ou 296-9085
www.pierhouse.com
Les 142 chambres de cet hôtel varient grandement en dimensions, en luxe et en vue panoramique (certaines n'en ont pas du tout). Cela dit, l'établissement jouit d'une excellente localisation près de la marina et du Mallory Square, d'un centre de santé (spa) complet, de trois restaurants et de quatre bars, bref de quoi permettre un séjour de qualité dans ce que l'on peut qualifier de centre de villégiature de premier ordre.

Southernmost House
$$$$$ pdj
≡, ≋, ⚘
1400 Duval St.
☎ (305) 296-3141 ou
888-764-6633
🖺 (305) 468-6327
www.southernmosthouse.com
À la fois musée et hôtel, cette splendide demeure victorienne que l'on dit située au point le plus méridional rattaché aux États-Unis continentaux, ce que conteste avec raison la maison voisine (qui a toutefois bien moins de charme), propose 12 chambres aux décors variés. Elles sont aménagées à l'intérieur de la demeure principale ou dans des maisonnettes confortables situées dans le jardin ou près de la piscine, non loin de la mer.

Wyndham Casa Marina
$$$$$
≡, ≋, ♨, ↔
1500 Reynolds St.
☎ (305) 296-3535 ou
800-626-0777
www.casamarinakeywest.com
Construit en 1921 pour loger les riches Américains du nord du pays qui, grâce au chemin de fer, venaient profiter du doux climat de Key West, le Casa Marina demeure aujourd'hui l'hôtel de luxe par excellence de Key West. Élégance et raffinement caractérisent ses 312 chambres, ses suites et ses aires publiques. Les chambres sont de dimensions relativement modestes, mais donnent sur une petite terrasse ou un balcon. Grande plage privée et trois piscines.

Ailleurs à Key West

Dry Tortugas National Park
$
bc
☎ (305) 242-7700
Quelques emplacements de camping sous la tente, une dizaine seulement, sont disponibles sur Garden Key, l'îlot sur lequel a été construit le fort Jefferson. Il n'y a pas d'eau courante sur le site; prévoyez-en des réserves.

Restaurants

Key Largo et les Upper Keys

Copper Kettle Restaurant
$-$$
MM 91,8
Tavernier
☎ (305) 852-4113
Voisin de l'historique Tavernier Hotel, ce resto sans fantaisie décoré tel un cottage anglais propose de délicieuses spécialités locales, dont une fameuse *key lime pie*.

Les restaurants qui se distinguent

Les bonnes tables: **Marker 88**, Islamorada (p 147), **Café Marquesa**, Key West (p 149), **Pisces**, Key West (p 149)

Les institutions locales: **Pepe's**, Key West (p 149)

Pour des fruits de mer frais: **The Fish House**, Key Largo (p 147)

Pour l'animation: **Jimmy Buffett's Margaritaville Cafe**, Key West (p 148)

Pour la *key lime pie*: **Copper Kettle Restaurant**, Tavernier (p 146)

Pour les bières de microbrasseries: **Kelly's Caribbean Grill & Brewery**, Key West (p 149)

Bogie's Cafe
$$
MM 100
Key Largo
☎ (305) 451-2121

Ce sympathique restaurant avec terrasse extérieure fait partie du complexe du Holiday Inn Key Largo Resort & Marina. Comme son nom le suggère, ce restaurant se veut une sorte d'hommage à l'acteur Humphrey Bogart, si bien que de nombreuses affiches de ses films couvrent les murs. Menu varié de cuisine américaine.

The Fish House
$$-$$$
MM 102,4, du côté de l'océan
Key Largo
☎ (305) 451-4665

Comme son nom l'indique, c'est pour goûter aux prises du jour des pêcheurs des environs que l'on vient au Fish House. Aussi, dans un décor tout à fait dans le ton (des filets de pêche pendent du plafond), savourerez-vous des fruits de mer d'une fraîcheur incomparable. Également

au menu: steaks, poulet et plats de pâtes. Au dessert, la *key lime pie* faite maison est un *must*. Le resto-piano-bar **Encore**, avec sa terrasse tropicale, est située à la même adresse. Excellent rapport qualité/prix.

Les Middle Keys

Islamorada

Lorelei Restaurant & Cabana Bar
$$
MM 82
Islamorada
☎ (305) 664-4656

La belle salle à manger du Lorelei, avec sa cuisine à aire ouverte, offre en prime une belle vue sur la baie. Au menu, on retrouve l'habituelle combinaison steaks et fruits de mer, à prix relativement abordable. Les queues de homard constituent en saison un choix très éclairé. Des spectacles sont présentés régulièrement au bar-terrasse.

Marker 88
$$-$$$
fermé lun
MM 88, du côté de la baie
Islamorada
☎ (305) 852-9315

D'excellents fruits de mer dans une atmosphère détendue: voilà la recette qui fait le succès du Marker 88 depuis 1967. Poissons, homard, crabe et crevettes sont ici apprêtés de manière fort innovatrice, au grand plaisir des convives. Belle vue de la baie. En soirée seulement.

Key West

Old Town

BO's Fish Wagon
$
fermé dim
801 Caroline St.
☎ (305) 294-9272

Le look particulier de ce bar-restaurant a de quoi surprendre: noix de coco suspendues partout, vieille voiture rouillée intégrée à la «façade». Ce bric-à-brac qui défie toute comparaison constitue toutefois une halte appréciée pour quiconque souhaite se régaler d'un poisson grillé frais du jour ou de *conch fritters* typiques, dans un cadre complètement *cool*.

Alonso's Oyster Bar
$$
700 Front St.
☎ (305) 294-5880
Situé au-dessus du A&B Lobster House (voir plus loin), Alonso's se veut une adresse plus abordable à l'atmosphère nettement plus détendue que celui-ci. Essayez-y le chili aux palourdes, une des spécialités de la maison. Bon choix de bières de microbrasseries.

Hard Rock Cafe
$$
313 Duval St.
☎ (305) 293-0230
Il y a une succursale de la célèbre chaîne Hard Rock Cafe à Key West. Heureusement, les promoteurs ont su faire en sorte que ce voyant élément s'intègre bien au décor de la ville, dans une très belle maison de Duval Street. À l'intérieur, la recette habituelle est appliquée: innombrables souvenirs de stars de la musique populaire en montre partout, musique et menu simple de hamburgers et autres sandwichs clubs.

Jimmy Buffett's Margaritaville Cafe
$$
500 Duval St.
☎ (305) 292-1435
Propriété du chanteur Jimmy Buffett, ce café propose des mets simples (hamburgers, sandwichs, etc.), dont plusieurs rebaptisés du nom des chansons du patron, comme le fameux Cheeseburger in Paradise ou la Son of a Son of a Sailor Salad. L'établissement est coloré, et une entraînante musique caribéenne l'emplit chaque soir, à l'image des spectacles de Buffett.

Turtle Kraals Restaurant & Bar
$$
1 Margaret St.
☎ (305) 294-2640
À la recherche d'un établissement sans prétention pour déguster de grosses portions de fruits de mer? Le Turtle Kraals, aujourd'hui installé dans ce qui fut hier une conserverie de viande de tortue, répondra à vos attentes. On y trouve plusieurs salles: une première entoure le bar; une seconde, plus grande, offre une belle vue sur le port; et finalement il y a une terrasse située à l'étage. Poissons et crustacés sont ici apprêtés à la manière des îles des Caraïbes.

Crabby Dick's Restaurant
$$-$$$
712 Duval St.
☎ (305) 294-7229
On ne peut manquer la belle maison blanche au

Les spécialités culinaires des Keys

Les Keys comptent plusieurs spécialités culinaires qui leur sont propres. Vous les retrouverez au menu de la majorité des restaurants. Parmi les plats régionaux à essayer, mentionnons la **conch chowder**, dont la recette varie considérablement d'un établissement à l'autre. Il s'agit d'une épaisse soupe de conque.

Également à signaler, le plat de crevettes que l'on nomme **Sautéed Key West pink shrimp**, ainsi que les **stone crabs** (crabes de roche) dont on ne mange que les pinces (les crabes mêmes sont remis à l'eau où leurs pinces se régénèrent en deux ans, dit-on).

À Key West, il faut aussi goûter aux fameux **conch fritters**, de succulents beignets de fruits de mer.

Au dessert, la réputation de la **key lime pie** (tarte aux citrons verts des Keys) n'est plus à faire.

Les Keys - Restaurants - Key West

grand balcon dans laquelle loge le Crabby Dick's Restaurant. On peut d'ailleurs s'attabler sur ce balcon ombragé et ainsi profiter d'une belle vue de Duval Street tout en dégustant fruits de mer ou steak juteux. *Happy Hour* tous les jours de 16h à 19h, avec apéritifs à moitié prix et drinks à 1$ ou 2$.

Half Shell Raw Bar
$$-$$$
231 Margaret St.
☎ (305) 294-7496
Endroit simple où l'on s'installe à de grandes tables sur des bancs de bois, le Half Shell Raw Bar conviendra aux familles qui veulent s'offrir de bons fruits de mer sans défoncer leur budget. Les murs de l'unique grande salle sont recouverts de plaques d'immatriculation américaines et étrangères, ce qui ne manque pas d'amuser jeunes et moins jeunes. Au menu, on remarque particulièrement les huîtres, le plateau de fruits de mer et le *surf & turf*, constitué de côtes levées et de crevettes géantes. Service sans fla-fla.

Kelly's Caribbean Grill & Brewery
$$-$$$
301 Whitehead St.
☎ (305) 293-8484
L'actrice Kelly McGillis (*Top Gun*, *Witness*, etc.) est la propriétaire du resto qui porte son prénom et qui occupe aujourd'hui les locaux du premier siège social de la Pan American Airways. Au menu, spécialités caribéennes apprêtées de manière relevée et innovatrice. Le

vivaneau arrosé d'une vinaigrette à la framboise est particulièrement réussi. Bières brassées sur place.

Pepe's
$$-$$$
806 Caroline St.
☎ (305) 294-7192
Fondé il y a près d'un siècle (1909) et installé depuis 1962 dans une cabane devenue bringuebalante de Caroline Street, Pepe's est une véritable institution appréciée des amateurs d'huîtres et de poissons frais. La petite terrasse ombragée attenante est plus agréable que la rustique salle, qui a sans doute connu de meilleurs jours. Il s'agit aussi d'une bonne adresse pour ceux qui aiment les petits déjeuners bien copieux.

Grand Café
$$$
314 Duval St.
☎ (305) 292-4740
C'est la magnifique terrasse du Grand Café, joliment aménagée autour d'une belle grande maison blanche, la William Porter House, qui attire d'abord l'attention sur ce restaurant qui allie les cuisines européenne, caribéenne et louisianaise. Bon choix de martinis et belle carte des vins.

A&B Lobster House
$$$$
700 Front St.
☎ (305) 294-5800
Cuisine relevée, cadre élégant, belle vue du port, voilà les ingrédients du A&B Lobster House. Au menu, mentionnons les plats de homard, la bouillabaisse et le filet mignon sauce béar-

naise, sans oublier les entrées d'huîtres. Beau choix de vins californiens.

Café Marquesa
$$$$
600 Fleming St.
☎ (305) 292-1919
Au rez-de-chaussée du **Marquesa Hotel** (voir p 144), vous trouverez une excellente table: le Café Marquesa. Sa très jolie salle est garnie d'un beau mobilier moderne de bois foncé. De classiques nappes blanches recouvrent élégamment les tables. Dans ce cadre agréable vous sera proposé un menu de cuisine contemporaine américaine. Les préparations de homard grillé sont à signaler, tout comme le carré d'agneau. Le pain frais cuit sur place et les desserts succulents comptent aussi parmi les spécialités de la maison. Bonne sélection de vins. Excellent service.

Pisces
$$$$
1007 Simonton St.
☎ (305) 294-7100
L'ancien Café des Artistes s'est métamorphosé en un restaurant de fine cuisine de fruits de mer. La même équipe qui a fait du Café des Artistes l'un des établissements les plus renommés de Key West officie toujours dans sa réincarnation sous le nom de Pisces. Homard flambé au cognac, flétan rôti et autres préparations spectaculaires comblent à coup sûr le gourmet gourmand qui sommeille en chacun de nous. Toujours l'une des bonnes adresses de Key

West, malgré le nouveau nom. En soirée seulement.

Sorties

Key Largo et les Upper Keys

■ Bars et boîtes de nuit

Caribbean Club Bar
MM 104
Key Largo
☎ (305) 451-9970
Ce bar typique des Keys doit sa notoriété au fait

qu'on y tourna en 1947 quelques scènes du film *Key Largo*, avec Humphrey Bogart et Lauren Bacall (tout le reste du film fut conçu dans les studios d'Hollywood). L'établissement est quelque peu rustre, mais la vue des couchers de soleil s'avère extraordinaire. Musiciens sur scène la fin de semaine.

Encore
MM 102,4, du côté de l'océan
Key Largo
☎ (305) 451-4665
Le resto-piano-bar Encore, qui dispose d'une agréable terrasse tropicale, se trouve tout juste à côté du restaurant **The Fish House** (voir p 147). Un pianiste anime

les soirées du mercredi au dimanche, à partir de 19h.

Les Middle Keys

■ Bars et boîtes de nuit

Lorelei Restaurant & Cabana Bar
MM 82
Islamorada
☎ (305) 664-4656
Le bar-terrasse du restaurant **Lorelei** (voir p 147) constitue une agréable halte pour prendre un verre. Des musiciens jouent ici presque tous les soirs après 17h.

Les festivals de Key West

Ville dont la vitalité culturelle constitue l'un de ses traits de caractère les plus appréciés, Key West propose une riche programmation de festivals et événements en tous genres. Voici quelques-unes de ces manifestations:

Key West Literary Seminar
www.keywestliteraryseminar.org
Janvier
Festival littéraire d'une durée de quatre jours qui attirent de nombreux auteurs de partout aux États-Unis.

Conch Republic Independence Celebration
www.conchrepublic.com
Avril
Pendant 10 jours, des activités de toutes sortes sont organisées pour commémorer l'«insurrection» du 23 avril 1982.

PrideFest Key West
www.pridefestkeywest.com
Juin
L'importante communauté gay de Key West célèbre en grande pompe, comme il se doit, la fierté gay. Spectacles, danses dans les rues, défilés et autres fêtes sont alors à l'honneur.

Cuban American Heritage Festival
www.cubanfest.com
Festival haut en couleur qui célèbre la présence cubaine en Floride.

Hemingway Days
Juillet
Divers événements littéraires ou autres rappellent le souvenir d'Ernest Hemingway, le citoyen le plus illustre qu'ait connu Key West.

Fantasy Fest
www.fantasyfest.net
Octobre
Un bal masqué qui s'étend sur 10 jours...

Key West

■ Bars et boîtes de nuit

Dans la trépidante Duval Street, et dans quelques rues transversales des environs, règne une atmosphère qui n'est pas sans rappeler, quoiqu'en plus familial, celle du Quartier Français de La Nouvelle-Orléans. Des airs en tous genres joués par des musiciens s'échappent des innombrables bars aux portes grandes ouvertes sur la rue, créant une ambiance chaude et festive qui déborde de partout et vient rejoindre les passants. Voici quelques-uns de ces établissements comptant parmi les plus animés. Plusieurs d'entre eux ouvrent tôt dans la journée et ne ferment qu'à 2h du matin (4h la fin de semaine). Les moins de 21 ans ne sont pas admis dans les pubs et les bars.

BO's Fish Wagon
801 Caroline St.
☎ (305) 294-9272
Plusieurs choisissent ce resto-bar bric-à-brac sans prétention (vous comprendrez ce que nous entendons par là quand vous le verrez de vos yeux...) le temps d'une bière.

The Bull and Whistle Bar
224 Duval St.
☎ (305) 296-4565
The Bull est un autre bar très animé (musiciens sur place) et ouvert sur la rue, typique de Key West. Situé à l'étage, The Whistle Bar possède un grand balcon qui surplombe Duval Street, un poste d'observation des plus appréciés. Les adeptes du naturisme se donnent quant à eux rendez-vous sur le toit de l'édifice, au **Garden of Eden**, là où le port de vêtements est optionnel.

Captain Tony's Saloon
428 Greene St.
☎ (305) 294-1838
Voici l'un des bars les plus célèbres de Key West. C'est en fait ici que se trouvait le Sloppy Joe's original (voir ci-dessous). Il est amusant de jeter un coup d'œil sur les souvenirs des célébrités ayant fait la fête ici, qui tapissent les murs. Musiciens country et blues tous les soirs. Table de billard.

Hog's Breath Saloon
400 Front St.
☎ (305) 292-2032
Autre bar légendaire de Key West. Musiciens (blues, folk) et animations en tous genres à partir de 13h.

Jimmy Buffett's Margaritaville Cafe
500 Duval St.
☎ (305) 292-1435
Propriété du chanteur Jimmy Buffett, ce bar-restaurant s'anime tous les soirs au son des musiques des Caraïbes. Coloré, animé et tapageur.

Sloppy Joe's
201 Duval St.
☎ (305) 294-5717
Un autre des bars célèbres de Key West, Sloppy Joe's a ouvert ses portes en 1937. Ce pub fut pendant longtemps l'un des repaires préférés d'Ernest Hemingway, et son décor le rappelle à l'aide de souvenirs en tous genres.

Spectacles de musiciens (rock, R&B) tous les soirs à compter de 17h.

The Sunset from the Top
Crowne Plaza La Concha
430 Duval St.
☎ (305) 296-2991
Installé sur le toit de l'hôtel La Concha, le point le plus élevé de l'île, ce bar est l'endroit tout indiqué pour prendre un verre tout en contemplant le coucher du soleil.

■ Scène gay

L'ouverture d'esprit légendaire de Key West se reflète entre autres façons dans la tolérance généralisée à l'endroit de sa communauté gay, émancipée et dynamique. Ainsi, il n'y a pas de quartier gay en tant que tel à Key West. Les établissements *gay-friendly* (sympathiques aux gays) et ceux qui s'adressent spécifiquement à cette clientèle se retrouvent donc un peu partout dans l'Old Town. Voici quelques-unes des boîtes de nuit spécialisées comptant parmi les plus appréciées. Pour en savoir davantage, notamment sur les spectacles et manifestations au programme au moment de votre visite, communiquez avec le **Gay and Lesbian Community Center** *(513 Truman Ave.,* ☎*305-292-3223, www. glcckeywest.org)*.

801 Bourbon Bar
801 Duval St.
☎ (305) 294-9349
Des spectacles de *drag queens* (personnificateurs) animent les soirées de cette populaire boîte située dans

le même complexe que le Number One Saloon (voir ci-dessous).

Atlantic Shores Beach Club
511 South St.
☎ (305) 296-2491
Les thés dansants du dimanche après-midi constituent une sorte de tradition gay propre à Key West. Celui de l'Atlantic Shores Beach Club, particulièrement extravagant, est devenu un classique du genre qui attire autant les hommes que les femmes. Il se tient autour de la piscine, et les vêtements sont optionnels.

The Crystal Room
1125 Duval St.
☎ (305) 296-6706
Situé à l'étage du La-Te-Da (voir ci-dessous), ce cabaret propose chaque soir un spectacle de qualité.

La-Te-Da
1125 Duval St.
☎ (305) 296-6706
Un autre des thés dansants du dimanche les plus connus en ville est celui qu'organise le La-Te-Da autour de sa piscine. On trouve aussi plusieurs bars dans ce vaste établissement où sont également présentés des spectacles de personnificateurs six soirs par semaine.

Number One Saloon
514 Petronia St.
☎ (305) 294-9349
Une clientèle principalement masculine vient s'éclater ici au son du disco. Le Number One Saloon est attenant au 801 Bourbon Bar (voir ci-dessus).

■ Spectacles et concerts

Tennessee Williams Fine Arts Center
Florida Keys Community College
5901 College Rd.
☎ (305) 296-1520
La plus grande salle de spectacle de la ville et de tout l'archipel. À l'affiche se succèdent pièces de théâtre, représentations de ballet, concerts du Key West Symphony Orchestra, etc.

Waterfront Playhouse
Mallory Square
☎ (305) 294-5015
Pièces de théâtre et comédies musicales sont ici présentées.

Red Barn Theatre
319 Duval St.
☎ (305) 296-9911
Petit théâtre où sont montées des pièces originales.

⬛ Achats

Key West

Key West possède un important réseau de galeries d'art, gage de la vivacité de sa scène culturelle. Plusieurs ont pignon sur l'Upper Duval Street, en particulier sur la portion de cette rue comprise entre les rues Virginia et United, notamment la **Gingerbread Square Gallery** *(1207 Duval St.;* ☎*305-296-8900).* D'autres établissements s'égrènent un peu partout en ville, comme la grande **Gallery on Greene** *(606 Greene St.;* ☎*305-294-1669).*

Mentionnons par ailleurs la présence du **Key West Island Book Store** *(513 Fleming St.,* ☎*305-294-2904),* une adorable librairie dans laquelle s'empilent romans, recueils de poésie et ouvrages sur Key West. Les œuvres réalisées par des auteurs locaux, d'hier et d'aujourd'hui, occupent ici une place importante.

Bien sûr, au **Mallory Square** et tout le long de **Duval Street**, s'alignent des boutiques de souvenirs en tous genres. On y vend de tout, de la pire camelote aux trouvailles les plus réjouissantes.

Fort Lauderdale et ses environs

Fort Lauderdale

Au sud de Fort Lauderdale

Au nord de Fort Lauderdale

Fort Lauderdale et ses environs

La «Venise d'Amérique», voilà le titre pompeux que s'est fait attribuer Fort Lauderdale en raison de l'existence de ses quelque 500 km de canaux navigables bordés de maisons cossues.

Bien que Fort Lauderdale ne soit pas Venise, il faut tout de même lui reconnaître un charme certain. Plus importante ville du **Broward County**, Fort Lauderdale, grâce à sa situation géographique à l'embouchure de la **New River**, qui croise à sa hauteur l'**Intracoastal Waterway** avant de se jeter dans l'océan Atlantique, est devenue une sorte de paradis pour les amateurs de navigation de plaisance, de pêche et de farniente. Qui plus est, son économie diversifiée et vigoureuse a favorisé le développement d'un agréable centre-ville pourvu d'équipements culturels de qualité, et la revitalisation du *Strip*, cette artère à vocation touristique qui longe la plage.

L'histoire moderne de la ville remonte à 1838, alors que le major **William Lauderdale** fait construire un fortin pour protéger contre les Séminoles la poignée de colons établie dans les environs.

D'autres pionniers viennent s'installer aux abords de la New River au cours des décennies suivantes, dont **Frank Stranahan** en 1893. Il ouvre alors un poste de traite avec les Amérindiens et met sur pied un service de traversier. On peut toujours aujourd'hui admirer sa maison et celles de certains autres de ses contemporains dans ce qui est considéré comme le quartier historique de la ville.

La venue du chemin de fer d'**Henry Flagler** en 1896 contribue, comme partout ailleurs sur la côte est de la Floride, au développement économique des environs. Puis arrive en scène un promoteur immobilier visionnaire du nom de **Charles Rodes**, qui imagine l'augmentation de la superficie utilisable de Fort Lauderdale par la création d'un réseau de canaux et la formation de péninsules sur lesquelles pourront être construites de belles résidences au bord de l'eau. La «Venise d'Amérique» voit alors le jour.

Aujourd'hui, la ville est devenue une station touristique de premier plan grâce à sa belle plage sablonneuse, son imposant port de croisières, **Port Everglades**, son centre de congrès moderne et ses nombreux établissements hôteliers.

Au sud et au nord de la ville, à l'intérieur des limites du Broward County que couvre le présent chapitre, d'autres stations balnéaires appréciées des vacanciers se succèdent dans ce qui constitue la partie sud de la **Gold Coast**, un autre titre pour le moins ronflant qui désigne la côte est de la Floride entre Miami et Palm Beach. Ainsi, tout juste au nord de Miami Beach, les villes d'**Hallandale**, **Hollywood** et **Dania** précèdent Fort Lauderdale. Puis, au nord de cette dernière, se trouvent **Lauderdale-by-the-Sea**, **Pompano Beach**, **Hillsboro Beach** et **Deerfield Beach**.

Accès et déplacements

■ En voiture

Fort Lauderdale se trouve à moins de 40 km au nord de Miami. La route 1 (**US Highway 1**, aussi appelée **Federal Highway**) et la route I-95 (**Interstate 95**), beaucoup plus rapide, permettent d'accéder aux environs en venant du sud ou du nord.

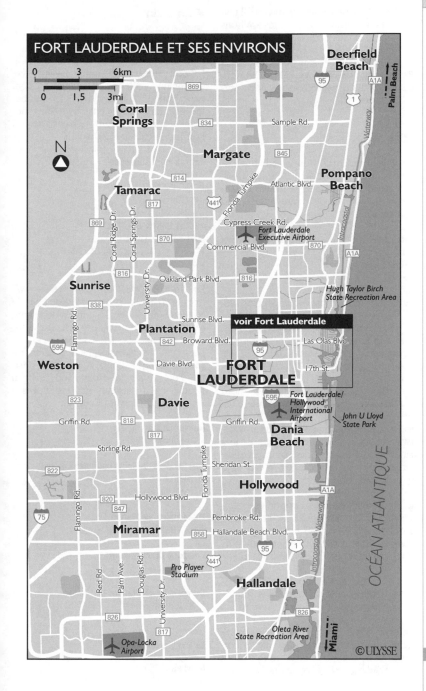

FORT LAUDERDALE ET SES ENVIRONS

0   3   6km
0   1,5   3mi

N

Deerfield
Beach

Palm Beach

Coral
Springs

Margate

Tamarac

Pompano
Beach

Sample Rd.

Atlantic Blvd.

Cypress Creek Rd.
Fort Lauderdale
Executive Airport

Commercial Blvd.

Coral Ridge Dr.
Coral Springs Dr.
University Dr.

Sunrise

Oakland Park Blvd.

Hugh Taylor Birch
State Recreation Area

Flamingo Rd.

Plantation

Sunrise Blvd.

Broward Blvd.

voir Fort Lauderdale

Las Olas Blvd.

Weston

Davie Blvd.

FORT
LAUDERDALE

17th St.

Davie

Fort Lauderdale/
Hollywood
International
Airport

John U Lloyd
State Park

Griffin Rd.

Griffin Rd.

Dania
Beach

Stirling Rd.

Sheridan St.

Hollywood

Flamingo Rd.

Hollywood Blvd.

Pembroke Rd.

Miramar

Hallandale Beach Blvd.

Red Rd.
Palm Ave.
Douglas Rd.
University Dr.

Pro Player
Stadium

Hallandale

Florida Turnpike

OCÉAN ATLANTIQUE

Intracoastal Waterway

Oleta River
State Recreation Area

Opa-Locka
Airport

Miami

©ULYSSE

La route I-75 (**Interstate 75**) traverse l'État d'ouest en est entre Naples et les environs de Weston. Cette portion de la route 75, qui franchit en fait les Everglades, prend aussi les noms évocateurs d'**Everglades Parkway** ou d'**Alligator Alley**. Près de Weston, elle se fond à la **route 595** qui donne accès à Fort Lauderdale.

■ En avion

Le Fort Lauderdale-Hollywood International Airport, où défilent 21 millions de passagers chaque année, se trouve à environ 6,5 km au sud du centre-ville de Fort Lauderdale:

Fort Lauderdale-Hollywood International Airport (FLL)
☎ (954) 359-1200
www.fll.net

Parmi les nombreuses compagnies aériennes nationales et internationales qui le desservent, voici les plus importantes: Air Canada, Air Transat, American Airlines, Continental, Delta, United Airlines, US Airways.

En **voiture**, la route 1 en direction nord conduit au centre-ville de Fort Lauderdale. Pour atteindre le *Strip*, il faut prendre la route A1A qui enjambe l'Intracoastal Waterway. La route 1 en direction sud mène à Hollywood. La plupart des compagnies internationales de location de voitures sont représentées à l'aéroport.

La course en **taxi** entre l'aéroport et le centre-ville de Fort Lauderdale coûte environ 15$. Pour atteindre Fort Lauderdale Beach, comptez autour de 20$, et un peu plus pour vous rendre à Hollywood Beach.

Les navettes **Airport Express** (☎*954-561-8888*) relient l'aéroport aux plus grands hôtels (entre 12$ et 18$ par personne).

En **bus**, la ligne n° 1 mène de l'aéroport au terminus situé en plein centre-ville de Fort Lauderdale, angle NW 1st Avenue et Broward Boulevard (1$ par personne).

■ En train

Les trains *Silver Meteor*, *Silver Star* et *Palmetto*, mis en service par la société Amtrak, relient Miami, Fort Lauderdale, Hollywood, Tampa, Orlando, Jacksonville, Savannah, Charleston, Washington DC et New York. Il faut toutefois bien vérifier les itinéraires car, à certaines heures, des trains «express» peuvent ne pas s'arrêter à Fort Lauderdale et Hollywood:

Amtrak Fort Lauderdale
200 SW 21st Terrace
☎ (954) 587-6692 ou 800-872-7245
www.amtrak.com

Amtrak Hollywood
3001 Hollywood Blvd.
☎ (954) 921-4517 ou 800-872-7245
www.amtrak.com

Le **Tri-Rail** (☎*800-874-7245, www.tri-rail.com*) est par ailleurs un service de train de banlieue qui dessert les comtés de Miami-Dade, Broward et Palm Beach. Les tarifs, fort économiques, vont de 3$ à 11$ par personne. Des navettes gratuites relient les stations du Tri-Rail aux aéroports de Miami, Fort Lauderdale-Hollywood et Palm Beach. Il y a plusieurs stations situées à l'intérieur du Broward County:

Hollywood Station
3001 Hollywood Blvd.

Fort Lauderdale-Hollywood International Airport
500 Gulf Stream Way

Fort Lauderdale Station
200 SW 21st Terrace

Pompano Beach Station
3491 NW 8th Ave.

Deerfield Beach Station
1300 W. Hillsboro Blvd.

■ En autocar

Greyhound
☎800-231-2222
www.greyhound.com

Il y a deux gares routières dans la région:

Greyhound Fort Lauderdale
515 NE 3rd St.
☎ (954) 764-6551

Greyhound Hollywood
1707 Tyler St.
☎ (954) 922-8228

■ Transports publics

Le **Broward County Transit** (☎954-357-8400, www.broward.org/bct) assure le service d'autobus dans la région. Le prix du billet est de 1$. Divers laissez-passer qui permettent un nombre illimité de déplacements sont disponibles: 1 jour (2,50$), 7 jours consécutifs (9$), 31 jours consécutifs (32$).

Les bateaux-taxis constituent une autre façon de se déplacer:

Water Taxis et Water Bus
☎ (954) 467-6677
www.watertaxi.com
Ces embarcations sillonnent les canaux de Fort Lauderdale entre Port Everglades et Las Olas Boulevard, et le long de la New River jusqu'au centre-ville. Il y a une vingtaine d'arrêts. Prix unique pour toute la journée (5$), pour 3 jours consécutifs (10$), pour 7 jours consécutifs (25$) ou pour 31 jours consécutifs (35$).

Renseignements utiles

■ Bureaux de renseignements touristiques

Greater Fort Lauderdale Convention & Visitors Bureau
1850 Eller Dr., Suite 303
Port Everglades
Fort Lauderdale
☎ (954) 765-4466 ou 800-227-8669
www.sunny.org

Chamber of Commerce Tourist Office
512 NE 3rd Ave.
Fort Lauderdale
☎ (954) 462-6000

Hollywood Office of Tourism
330 N. Federal Hwy.
Hollywood
☎ (954) 923-4000 ou 800-231-5562
www.visithollywood.org

■ Soins médicaux

C.L.S.C.
1770 E. Hallandale Beach Blvd.
Hallandale
☎ (954) 458-2572
▤ (954) 458-9922

Memorial Regional Hospital
3501 Johnson St.
Hollywood
☎ (954) 987-2000
www.mhs.net

Attraits touristiques

Fort Lauderdale ★★

Ville-centre du Broward County, Fort Lauderdale doit son nom au major William Lauderdale, qui y érige un fort à l'époque des guerres séminoles. Vers la fin du XIXe siècle, Fort Lauderdale n'est qu'un simple poste de traite ignoré de bien des gens. L'arrivée du train en 1896 contribue au développement la ville, mais son réel essor ne débute que quelques années plus tard, lorsqu'on décide de changer le visage de la ville en creusant plusieurs canaux navigables et qu'on érige demeures et commerces sur leurs rives. Fort Lauderdale devient alors la «Venise d'Amérique» avec ses quelque 500 km de canaux.

Si vous êtes né dans les années 1950, les mœurs débridées de jeunes étudiants en semaine de relâche printanière, telles que dépeintes dans le film *Where the Boys Are*, tourné à Fort Lauderdale en 1960, vous donnent peut-être une image quelque peu négative de cette localité. En effet, à cette époque, Fort Lauderdale se voit envahir annuellement par les étudiants qui viennent bruyamment y faire la fête pendant leur *Spring Break*.

Vers le milieu des années 1980, la ville commence toutefois à élaborer des stratégies pour éloigner cette clientèle dissipée afin de redorer son image. Aussi Fort Lauderdale est-elle aujourd'hui redevenue une station balnéaire plutôt paisible, fréquentée par une clientèle familiale.

Le centre-ville ★★

Situé en bordure de la New River, entre l'autoroute I-95 et l'Intracoastal Waterway, le centre-ville de Fort Lauderdale est fort agréable et regroupe des institutions culturelles d'intérêt. Son artère principale est **Las Olas Boulevard** ★, élégante rue bordée de plusieurs boutiques, cafés-terrasses et restaurants. On y remarque aussi une agréable promenade baptisée **Riverwalk** ★ qui longe la rivière.

Frank Stranahan, l'un des premiers citoyens de la ville, érige au début du XXᵉ siècle la **Stranahan House** ★ *(adultes 6$, enfants 3$; mer-sam 10h à 15h, dim 13h à 15h, lun-mar fermé; 335 SE 6th Ave.; ☎954-524-4736, www. stranahanhouse.com)*. Elle succède à un poste de traite que Stranahan avait construit ici dès 1893. Rénovée vers le milieu des années 1980, cette maison est devenue aujourd'hui un musée historique. Les antiquités et les boiseries finement ouvragées qu'on peut voir en visitant l'intérieur de ce bel édifice ancien reconstituent admirablement bien le cadre de vie de l'époque.

Non loin de là, le **Fort Lauderdale Museum of Art** ★★ *(adultes 6$, enfants 3$; lun, mer, ven-dim 11h à 19h, jeu 11h à 21h, mar fermé; 1 E. Las Olas Blvd.; ☎954-525-5500, www.moafl. org)* présente la plus importante collection hors d'Europe d'œuvres réalisées par les artistes expressionnistes du mouvement CoBrA, originaire de Copenhague, Bruxelles et Amsterdam, qui s'est manifesté au milieu du XXᵉ siècle. Le musée abrite en outre plusieurs tableaux de l'impressionniste américain William Glackens, ainsi que des œuvres de Picasso, des canevas étranges de Dalí et même quelques peintures contemporaines d'Andy Warhol.

Installé dans ce qui fut le New River Inn, un hôtel construit en 1905, l'**Old Fort Lauderdale Museum of History** *(adultes 5$; mar-ven 11h à 17h, sam-dim 12h à 17h; 231 SW 2nd Ave.; ☎954-463-4431, www.oldfortlauderdale. org)* raconte les origines de la ville. Il fait partie de l'**Historic Village Complexe**, qui comprend aussi la **King-Cromartie House** (1907) et la reconstitution d'une école de 1899.

Le **Museum of Discovery and Science** ★★ *(adultes 9$, enfants 7$; lun-sam 10h à 17h, dim 12h à 18h; 401 SW 2nd St.; ☎954-467-6637, www.mods.org)* constitue l'une des attractions les plus visitées de la ville. On y trouve toute sorte d'expositions visant à intéresser jeunes et moins jeunes au monde des sciences. Un cinéma **IMAX** *(adultes 9$, enfants 7$)*, dont l'écran sur lequel sont projetés des films en trois dimensions fait cinq étages de haut, se trouve également sur place. Réductions sur billet combinant l'accès au musée et au cinéma IMAX *(adultes 14$, enfants 12$)*.

Plus loin, le **Broward Center for the Performing Arts** *(201 SW 5th Ave.; ☎954-462-0222, www.browardcenter.org)* se veut le cœur de la vie culturelle locale, dans ce que l'on appelle le **Riverwalk Arts & Entertainment District**. Il renferme deux salles de spectacle: l'**Au-Rene Theater** (2 700 places) et l'**Amaturo Theater** (590 places).

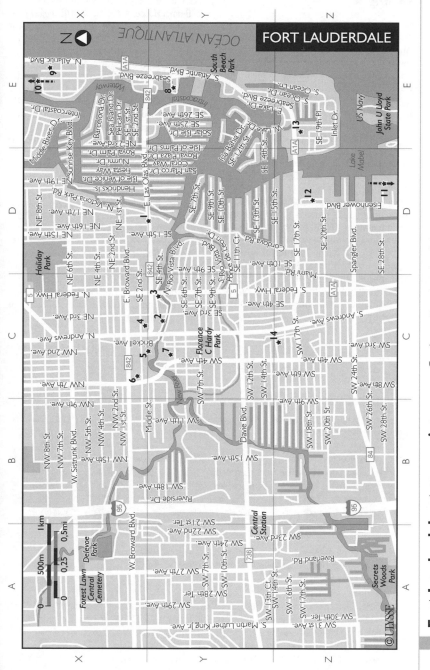

Fort Lauderdale et ses environs - **Carte** - Fort Lauderdale

Le *Strip* ★

Le *Strip* est cette artère à vocation touristique très animée qui borde l'océan Atlantique sur 8 km entre le 17th Street Causeway et le Sunrise Boulevard. On y remarque boutiques, cafés, hôtels, ainsi qu'une agréable promenade le long de la jolie plage publique. Ici, les établissements hôteliers et autres constructions n'obstruent pas l'accès à la mer puisqu'ils s'alignent sur le côté opposé du *Strip*.

L'**International Swimming Hall of Fame** *(adultes 3$; lun-ven 9h à 19h, sam-dim 9h à 17h; 1 Hall of Fame Dr.; ☎954-462-6536, www.ishof.org)* rend hommage aux athlètes de tous les pays qui se sont signalés dans le monde de la natation et du plongeon, d'Esther Williams à Johnny «Tarzan» Weismuller, en passant par Sylvie Bernier, Sylvie Fréchette, Alex Baumann, Mark Spitz, Greg Louganis et autres. Il abrite aussi deux piscines olympiques ouvertes au public, où se tiennent occasionnellement diverses compétitions.

Tout juste au sud de Sunrise Boulevard, la **Bonnet House** ★★ *(adultes 10$, enfants 8$; mer-ven 10h à 15h, sam 10h à 16h, dim 12h à 16h, lun-mar fermé; 900 N. Birch Rd.; ☎954-563-5393, www.bonnethouse.org)* se dresse près de la plage au milieu d'un terrain de 14 ha couvert de végétation tropicale, incluant de nombreux lys jaunes (*bonnet* en anglais). Construite en 1920 à partir de coraux et de pins, cette vieille demeure, ornée de jolis balcons en fer forgé, appartient alors à l'artiste muraliste de Chicago Frederic Clay Bartlett. Avec sa seconde épouse, Helen Birch, celui-ci fait l'acquisition de nombreux tableaux au cours de ses voyages en Europe. À la mort d'Helen, en 1925, il lègue ces trésors à l'Art Institute de Chicago. Parmi ceux-ci figure la célèbre toile *Un dimanche après-midi à l'île de la Grande-Jatte* de Georges Seurat (voir *Guide Ulysse Chicago*). Bartlett se remariera plusieurs années plus tard, avec l'artiste Evelyn Fortune Lilly, et ensemble ils réaliseront quelques œuvres d'art qui viendront rehausser leur demeure hivernale et que l'on peut toujours admirer aujourd'hui.

La Venise d'Amérique

À l'embouchure de la New River, à la hauteur de l'Intracoastal Waterway, Fort Lauderdale compte près de 500 km de canaux bordés par de riches propriétés, ce qui a donné l'idée aux autorités locales de proclamer la ville la «Venise d'Amérique», rien de moins...

C'est à un certain Charles Rodes, promoteur immobilier de son état, que l'on doit cette particularité de Fort Lauderdale. C'est lui qui dessine les canaux de la ville de manière à former des péninsules sur lesquelles il pourra aménager des lots pour la construction résidentielle. Sa stratégie ne tardera pas à attirer une clientèle fortunée séduite par la possibilité de s'installer au bord de l'eau dans d'opulentes demeures.

Ces voies navigables sont de nos jours sillonnées quotidiennement par des milliers de bateaux. On dit d'ailleurs que les riverains posséderaient pas moins de 40 000 yachts dûment enregistrés!

Pour les visiteurs qui ne possèdent pas d'embarcation, les Water Taxis et les Water Bus constituent les moyens les plus économiques pour se balader sur les canaux de la Venise d'Amérique. Il y a aussi de nombreuses possibilités d'excursions commentées (Jungle Queen, Carrie B, Riverfront Cruises et autres). Celles-ci s'avèrent un brin «voyeuses» puisqu'on s'y amuse à montrer du doigt les somptueuses résidences des gens riches et célèbres établis le long des canaux.

Fort Jefferson, surnommé le «Gibraltar du Golfe», s'élève sur Garden Key, une petite île qui fait partie du Dry Tortugas National Park. - *VISIT FLORIDA*

La Mizner Fountain, près de l'hôtel de ville de Palm Beach, rend hommage à Addison Mizner, architecte très en vue dans les années 1920, à qui l'on doit de nombreuses villas et plusieurs bâtiments publics de la ville, s'inspirant à la fois du style colonial espagnol et de la Renaissance italienne. - *Claude Morneau*

Le **Hugh Taylor Birch State Park** *(3109 E. Sunrise Blvd.;* ☎*954-564-4521)* s'étend au pied de Sunrise Boulevard entre l'Intracoastal Waterway et l'océan Atlantique. Il forme une enclave naturelle bienvenue dans un secteur à l'urbanisation rapide.

Le port et les canaux ★★

Le **Port Everglades** ★ *(*☎*954-523-3404, www.broward.org/port)* est le deuxième port de croisières en importance au monde. On peut y voir jusqu'à 50 paquebots appartenant à une quinzaine de compagnies de croisières parmi lesquelles figurent Carnival, Celebrity, Cunard, Holland America, Princess, Royal Caribbean et autres. Ces navires amènent plus d'un million de vacanciers chaque année vers les différentes îles des Caraïbes.

C'est dans ce secteur que se trouve le **Greater Fort Lauderdale Broward County Convention Center** *(1950 Eisenhower Blvd.;* ☎*954-765-5900, www.ftlauderdalecc.com)*, le vaste centre de congrès ultramoderne de la ville.

L'hôtel **Hyatt Regency Pier 66 Resort** ★ *(2301 SE 17th Street Causeway; www.pier66.hyatt.com)*, tout en hauteur, possède au sommet un salon panoramique tournant. De là, la vue des canaux qui font de Fort Lauderdale la «Venise d'Amérique» est saisissante.

Au **Radisson Bahia Mar Beach Resort** *(801 Seabreeze Blvd.)*, on peut prendre part à des croisières commentées sur les **canaux de la ville** ★★ ainsi qu'à des excursions de pêche ou de plongée (voir section «Activités de plein air»).

Un peu à l'intérieur des terres, le petit **Fort Lauderdale Antique Car Museum** *(adultes 8$, enfants gratuit; lun-ven 10h à 15h; 1527 SW 1st Ave.;* ☎*954-779-7300, www.antiquecarmuseum.org)* présente une collection de quelques dizaines de voitures de la première moitié du XXe siècle.

Au sud de Fort Lauderdale

Dania

Une visite de la ville de Dania permet d'assister au *fastest game on earth*, c'est-à-dire à une partie de pelote basque *(jai alai)* au **Dania Jai Alai** *(301 E. Dania Blvd.;* ☎*954-920-1511, www.betdania.com)*.

La plage de Dania attire également de nombreux amateurs de soleil, tandis que le **John U. Lloyd Beach State Park** *(6503 N. Ocean Dr., Dania Beach;* ☎*954-923-2833)* reçoit les amants de la nature.

Hollywood ★

La ville d'Hollywood, en Floride, est située à près de 10 km au sud de Fort Lauderdale. Non, Hollywood n'est pas le pendant côtier est-américain de la «Mecque» du cinéma américain située en Californie. En fait, elle ressemble davantage à une enclave québécoise greffée sur la côte est de la Floride. Pour fuir les rigueurs de leur hiver, plusieurs *snowbirds* du Québec louent au cours de cette saison des copropriétés ou acquièrent des résidences secondaires près de la mer, dans les environs d'Hollywood. Ici la plage est plus calme et plus propre qu'à South Beach. Les résidents permanents ou de passage sont plus âgés, certains à la retraite. Quant à l'infrastructure hôtelière, elle est surtout composée de petits établissements qui se dressent à deux pas de la plage.

L'activité est centrée sur le **Broadwalk** ★, une large artère piétonne bordée de commerces de tout acabit, qui longe la plage sur un peu plus de 3,5 km. Elle est fréquentée par des adeptes du patin à roues alignées, des cyclistes, des coureurs et des marcheurs.

Dans le petit centre-ville, vous remarquerez l'**Art and Culture Center of Hollywood** ★ *(adultes 5$; mar-mer, ven-sam 10h à 16h, jeu 10h à 20h, dim 13h à 16h, lun fermé; 1650 Harrison St.;* ☎*954-921-3275)*, qui présente des œuvres contemporaines d'artistes du sud de la Floride et propose des expositions d'art amérindien.

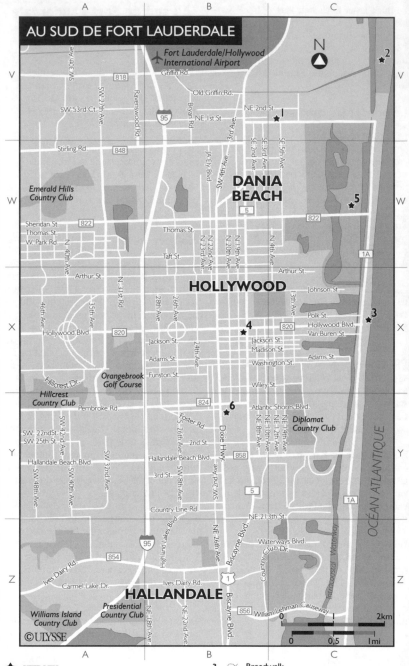

AU SUD DE FORT LAUDERDALE

Fort Lauderdale/Hollywood
International Airport

DANIA
BEACH

HOLLYWOOD

Orangebrook
Golf Course

Hillcrest
Country Club

Diplomat
Country Club

OCÉAN ATLANTIQUE

HALLANDALE

Williams Island
Country Club

Presidential
Country Club

©ULYSSE

Emerald Hills
Country Club

Fort Lauderdale et ses environs - Carte - Au sud de Fort Lauderdale

★ **ATTRAITS**

1. CV Dania Jai Alai
2. CV John U. Lloyd Beach State Park
3. CX Broadwalk
4. BX Art and Culture Center of Hollywood
5. CW Anne Kolb Nature Center at West Lake Park
6. BY Hollywood Greyhound Track

Pour une découverte de l'univers particulier que constitue une mangrove, rendez-vous au **Anne Kolb Nature Center at West Lake Park** *(1$; tlj 9h à 17h; 751 Sheridan St.; ☎954-926-2410)*. Parmi les nombreux services et équipements proposés aux visiteurs, mentionnons la tourelle d'observation, les excursions commentées en bateau, la location de canots et kayaks, les pistes cyclables et les sentiers de randonnée pédestre qui permettent l'observation de plusieurs spécimens d'oiseaux (hérons bleus, aigrettes, martins-pêcheurs).

Hallandale

La ville voisine d'Hallandale, continuité naturelle d'Hollywood, compte aussi de nombreux hôtels économiques et immeubles résidentiels alignés le long d'une belle plage.

Les amateurs de courses de lévriers se donnent quant à eux rendez-vous au **Hollywood Greyhound Track** *(intersection Federal Hwy. et Pembroke Rd.; ☎954-454-9400, www.hollywoodgreyhound.com)*, une institution locale. Les courses ont lieu tous les soirs à 19h5 au cours des mois de décembre à mai. Un programme en après-midi qui débute à 12h5 est également proposé les mardis, jeudis et samedis.

Au nord de Fort Lauderdale

Tout juste au nord de Fort Lauderdale, **Lauderdale-by-the-Sea** constitue un autre pôle touristique comprenant quelques hôtels de villégiature le long de la plage et de plus petits établissements quelque peu en retrait.

Plus loin, **Pompano Beach** abrite le **Pompano Harness Track** *(Powerline Rd., au sud d'Atlantic Road; ☎954-972-2000)*, où sont présentées des courses de chevaux sous harnais du mois d'octobre au début du mois d'août.

Hillsboro Beach, plus au nord, est un joli quartier résidentiel comprenant plusieurs belles demeures donnant directement sur la plage. Ce secteur se prolonge jusqu'à une autre belle et paisible plage: **Deerfield Beach**.

Activités de plein air

■ Baignade

La grande région de Fort Lauderdale compte tout près de 40 km de plages sablonneuses, et partout la baignade y est bonne. Voici quelques-unes de ces plages.

À **Fort Lauderdale**, la plage située entre Sunrise Boulevard et Las Olas Boulevard fut le lieu de tournage du film intitulé *Where the Boys Are*. Celui-ci brossait un portrait peu reluisant des mœurs d'étudiants en vacances. Cette période est désormais révolue, et l'endroit, d'une propreté exemplaire, attire désormais une clientèle familiale. L'accès à cette plage de 6 km se fait par Ocean Boulevard, que l'on surnomme ici le *Strip*, et est facilitée par l'absence de construction du côté est du boulevard. Maîtres nageurs, restaurants, toilettes et douches.

Si vous cherchez une solution de rechange à la mer et aux piscines d'hôtel, pourquoi ne pas opter pour les piscines olympiques de l'**International Swimming Hall of Fame** *(1 Hall of Fame Dr.; ☎954-828-4580)*? Au nombre de deux, elles sont ouvertes au public tous les jours de 8h à 16h, à moins que ne s'y tienne une compétition quelconque.

La petite plage de **Dania** fait à peine 1 km de long, mais son sable est particulièrement doux, et de nombreux palmiers viennent l'égayer. Jetée pour les amateurs de pêche au pied de Dania Beach Boulevard, toilettes et douches.

Les belles plages d'**Hollywood** s'étirent sur environ 8 km et sont bordées d'innombrables motels dont certains donnent sur le Broadwalk qui, lui, fait 3,5 km de long. Plutôt tranquilles, elles sont envahies par de nombreux *snowbirds*, ces Québécois, Canadiens et Américains à la retraite qui viennent y passer l'hiver. Il y a plusieurs accès bien indiqués sur Ocean Drive. Aires de pique-nique, maîtres nageurs, restaurants, toilettes et douches.

À **Hallandale**, la plage municipale se trouve à l'extrême nord de la ville. De dimensions restreintes, elle est particulièrement appréciée des familles avec jeunes enfants. Aires de pique-nique, maîtres nageurs, restaurants, toilettes et douches.

Au nord de Fort Lauderdale, la petite communauté de **Lauderdale-by-the-Sea** jouit d'une jolie plage de 1,6 km bordée de palmiers. Jetée pour les pêcheurs à la hauteur de NE 50th Street, restaurants, toilettes et douches.

La plage de **Pompano Beach** se cache derrière un écran d'immeubles en hauteur. Elle s'étire sur 1 km et donne accès au Pompano Pier, une jetée de 300 m située à la hauteur d'Atlantic Boulevard. Aires de pique-nique, maîtres nageurs, restaurants, toilettes et douches.

Plus au nord, la plage peu fréquentée de **Deerfield Beach** plaira aux amateurs de cueillette de coquillages. Aires de pique-nique, maîtres nageurs, restaurants, toilettes et douches.

■ Canot et kayak

On peut louer des canots au **Hugh Taylor Birch State Park** *(3109 E. Sunrise Blvd., Fort Lauderdale;* ☎*954-564-4521)*, un parc situé entre l'océan Atlantique et l'Intracoastal Waterway. Il en est de même au **John U. Lloyd Beach State Park** *(6503 N. Ocean Dr., Dania;* ☎*954-923-2833)*.

Pour une découverte de l'univers particulier que constitue une mangrove, rendez-vous au **Anne Kolb Nature Center at West Lake Park** *(1$; tlj 9h à 17h; 751 Sheridan St., Hollywood;* ☎*954-926-2410)*. Location de canots et kayaks sur place.

■ Excursions en bateau

Carrie B. Harbor Tours
Fort Lauderdale
☎ (954) 768-9920
www.carriebcruises.com
Croisières commentées d'une heure et demie sur les canaux de Fort Lauderdale. Départs de Riverwalk, angle Las Olas Boulevard et SE 5th Avenue, à 11h, 13h et 15h tous les jours, durant l'hiver seulement. Comptez 14$ par adulte et 7$ par enfant.

Jungle Queen River Boat
Radisson Bahia Mar Beach Resort
801 Seabreeze Blvd.
Fort Lauderdale
☎ (954) 462-5596
www.junglequeen.com
Croisières sur l'Intracoastal Waterway et la New River à bord de splendides navires à aubes (180 ou 550 passagers). Départs à 10h et 14h *(adultes 14$, enfants 10$)*, ainsi qu'à 19h *(adultes 31$, enfants 17$, repas inclus)*.

Riverfront Cruises & Anticipation Yachts
702 NE 2nd Avenue
Fort Lauderdale
☎ (954) 463-3440
www.anticipation.com
Départs toutes les deux heures entre 10h30 et 20h30. Adultes 14$, enfants 8$.

■ Golf

Bonaventure Country Club
200 Bonaventure Blvd.
Weston
☎ (954) 389-2100
www.golfbonaventure.com
Deux parcours à 18 trous de calibre professionnel.

The Diplomat Country Club Golf Course
3555 S. Ocean Dr.
Hollywood
☎ (954) 883-4444 ou 954-457-2000
www.diplomatresort.com
Le terrain de golf attenant à l'imposant **Westin Diplomat Resort & Spa** (voir p 169) d'Hollywood.

■ Pêche

Toutes sortes d'excursions de pêche sont organisées à partir de la marina du Radisson Bahia Mar Beach Resort. Voici une adresse, mais sachez qu'il y en a plein d'autres:

Flamingo Driftfishing
Radisson Bahia Mar Beach Resort
Fort Lauderdale
☎ (954) 462-9194
www.flamingofishing.com
Trois excursions par jour: de 8h à 12h, de 13h à 17h et de 19h à 23h. Adultes 25$, enfants 16$.

Pour ceux qui préfèrent s'installer confortablement sur un ponton de pêche pour lancer leur ligne, la région en compte plusieurs: le **Dania Pier** *(Dania Beach Blvd., Dania)*, l'**Anglin's Pier** *(N.E. 50th St., Lauderdale-by-the-Sea)*, le **Pompano Pier** *(Atlantic Blvd., Pompano Beach)* et le **Deerfield Pier** *(Deerfield Beach)*.

■ Plongée sous-marine

Il y a plusieurs sites de plongée appréciés des amateurs dans les environs. On compte notamment quelque 80 vaisseaux coulés volontairement pour en faire des épaves artificielles. Quelques adresses d'organisateurs d'excursions:

American Dream Dive Charters
Hyatt Regency Pier 66 Resort
Fort Lauderdale
☎ (954) 577-0338
www.scubafortlauderdale.com
Comptez entre 45$ et 60$ par adulte pour une excursion.

Pro Dive
429 Seabreeze Blvd.
Fort Lauderdale
☎ (954) 776-3483
www.prodiveusa.com
Un bateau à fond de verre conduit les participants vers divers sites de plongée.

■ Randonnée pédestre

Au **Anne Kolb Nature Center at West Lake Park** *(1$; tlj 9h à 17h; 751 Sheridan St., Hollywood;* ☎*954-926-2410)*, des sentiers de randonnée pédestre permettent l'observation de plusieurs spécimens d'oiseaux (hérons bleus, aigrettes, martins-pêcheurs).

■ Vélo

Le **Broadwalk** d'**Hollywood**, une longue et large promenade revêtue qui s'étend sur 3,5 km en bordure d'une belle plage, constitue un endroit apprécié des cyclistes.

Un réseau de pistes cyclables permet d'explorer le **Anne Kolb Nature Center at West Lake Park** *(1$; tlj 9h à 17h; 751 Sheridan St., Hollywood;* ☎*954-926-2410)*.

Quelques adresses pour la location de vélos:

Downtown Bicycles
2226 SE 17th St.
Fort Lauderdale
☎ (866) 813-7368

Hollywood Bike Rentals
1907 N. Surf Rd.
Hollywood
☎ (954) 536-4396

Fort Lauderdale et ses environs - Activités de plein air

Hébergement

Fort Lauderdale

Backpackers Beach Hostel
$
≡

2114 N. Ocean Blvd.
☎ (954) 567-7275
🖨 (954) 567-9697
www.fortlauderdalehostel.com

Le Backpackers Beach Hostel conviendra aux voyageurs désargentés à la recherche d'un gîte frugal... mais près de la plage. Cette auberge de jeunesse loue des lits modestes en dortoir (20$) et des chambres de type motel (50$). Il n'y a pas de téléviseur dans les chambres ou dortoirs, mais il y a deux salles communes qui en sont équipées.

La Casa Del Mar
$$-$$$ pdj
≋, ⬟

3003 Granada St.
☎ (954) 467-2037 ou
866-467-2037
🖨 (954) 467-7439
www.lacasadelmar.com

La Casa Del Mar, un charmant *bed and breakfast* aux allures Art déco, est située à deux pas de la plage. Certaines chambres comprennent un four à micro-ondes. Un plantureux petit déjeuner vous est servi sous l'ombrage des parasols au sein d'un jardin bucolique. Des chambres non-fumeurs sont aussi disponibles.

Shell Motel
$$-$$$
≡, ✽, 🔒

3030 Bayshore Dr.
☎ (954) 463-1723
🖨 (954) 462-7348
www.shellmotel.com

Le Shell Motel constitue une option économique pour la région. Au total, on y dénombre 22 unités simples dotées d'un coffret de sûreté. Certaines prennent la forme d'appartements de une ou deux chambres à coucher et sont équipées d'un réfrigérateur, d'un four à micro-ondes et d'une cafetière. Un joli jardin tropical égaie l'établissement.

Waterfront Inns
$$-$$$ pdj
≡, ≋, ⬤, ↔

521 Fort Lauderdale Beach Blvd.
☎ (954) 564-4341 ou
800-543-2006
🖨 (954) 565-9564
www.waterfrontinns.com

Cet établissement d'une soixantaine d'unités propose des chambres décorées sobrement mais confortables, ainsi que des studios et des appartements de une ou deux chambres à coucher avec cuisinettes équipées. Situé en face de la plage, sur le *Strip*, il jouit d'une localisation fort avantageuse. Petite touche de raffinement: on y sert l'*afternoon tea* tous les jours.

Riverside Hotel
$$$-$$$$
≡, ≋, ⬟, ✽

620 E. Las Olas Blvd.
☎ (954) 467-0671 ou
800-325-3280
🖨 (954) 462-2148
www.riversidehotel.com

Tous ceux qui veulent loger loin du tohu-bohu de la plage peuvent se diriger vers le Riverside Hotel, qui affiche une jolie façade habillée de vieilles fenêtres qui s'ouvrent. Il s'agit du

---

Les lieux d'hébergement qui se distinguent

Pour l'accueil: **Manta Ray Inn**, Hollywood (p 169)

Pour les amateurs d'histoire: **Riverside Hotel**, Fort Lauderdale (p 166)

Pour la piscine: **The Westin Diplomat Resort & Spa**, Hollywood (p 169), **Seminole Hard Rock Hotel & Casino**, Hollywood (p 169)

Pour l'architecture moderne: **The Westin Diplomat Resort & Spa**, Hollywood (p 169)

Pour la vue: **Hyatt Regency Pier 66 Resort**, Fort Lauderdale (p 167)

plus ancien hôtel (1936) de tout le Broward County. Les chambres, réparties sur six étages, sont correctes, propres et tranquilles, tandis que le personnel s'avère fort sympathique.

Sheraton Yankee Clipper
$$$-$$$$
≡, ≋, ♨, ↔, 🔒
1140 Seabreeze Blvd.
☎ (954) 524-5551 ou
888-627-7108
🖨 (954) 523-5376
www.sheratonclipper.com

Cet immense établissement de plus de 500 chambres se trouve au cœur de l'action de Fort Lauderdale Beach. Les chambres présentent des dimensions un peu limitées, mais sont habillées de couleurs joyeuses. Toutes disposent en outre d'une cafetière. Piscine extérieure et courts de tennis complètent les installations.

Sheraton Yankee Trader Beach Resort
$$$-$$$$
≡, ≋, ♨, ↔, 🔒
321 N. Fort Lauderdale Beach Blvd.
☎ (954) 467-1111 ou
888-627-7109
🖨 (954) 462-2342
www.sheratontrader.com

Le Sheraton Yankee Trader Beach Resort propose environ 460 chambres réparties dans deux bâtiments en hauteur situés en face de la plage, de l'autre côté de la rue qui la longe. Ces chambres s'avèrent convenables et même confortables, quoique sans surprises. Toutes sont munies d'une cafetière, ainsi que d'un fer et d'une planche à repasser.

Hyatt Regency Pier 66 Resort
$$$$
≡, ≋, ♨, ↔, ❤, 🔒
2301 SE 17th Street Causeway
☎ (954) 525-6666 ou
800-327-3796
🖨 (954) 728-3541
www.pier66.hyatt.com

Difficile de manquer cet établissement tout en hauteur coiffé d'une grande couronne qui abrite un salon panoramique tournant (un tour complet prend 66 min). De là-haut, la vue des canaux qui font de Fort Lauderdale la «Venise d'Amérique» est magnifique. Une grande marina s'étend au pied de l'établissement, qui compte 380 chambres donnant chacune sur un balcon. Un spa de qualité complète les installations de l'établissement.

Hilton Fort Lauderdale Airport
$$$$-$$$$$
≋, ♨
1870 Griffin Rd.
☎ (954) 920-3300 ou
800-445-8667
🖨 (954) 920-0517

Le Hilton Fort Lauderdale Airport propose 388 chambres confortables et spacieuses. Situé sur la route I-95 près de l'intersection de la route I-595, l'établissement se trouve à moins de 10 min de l'aéroport de Fort Lauderdale et tout près du Greater Fort Lauderdale Convention Center.

Harbor Beach Marriott Resort & Spa
$$$$-$$$$$
≡, ≋, ♨, ↔, ❤, 🔒
3030 Hollywood Dr.
☎ (954) 525-4000 ou
800-222-6543
🖨 (954) 766-6152
www.marriottharborbeach.com

Le Harbor Beach Marriott Resort & Spa représente dignement cette chaîne internationale avec ses chambres lumineuses et spacieuses, qui donnent sur un balcon avec vue sur la mer ou sur l'Intracoastal Waterway. L'hôtel abrite en outre un centre de santé (spa) des plus modernes.

Au sud de Fort Lauderdale

Hollywood

Ramada Inn Hollywood Beach Resort
$$-$$$
≡, ≋, ☀, ↔, 🔒
101 N. Ocean Dr.
☎ (954) 921-0990 ou
800-331-6103
🖨 (954) 920-9480
www.ramada.com

Situé entre Fort Lauderdale et Miami, le Hollywood Beach Resort propose des studios et des suites pouvant accueillir jusqu'à quatre personnes. Une grande piscine se trouve à l'arrière de l'établissement à deux pas de la plage. Le rez-de-chaussée débouche sur un centre commercial où l'on peut faire ses emplettes. De plus, un cinéma se dresse devant l'hôtel. Bar-restaurant O'Malley's sur place. Il s'agit d'un hôtel offrant un bon rapport qualité/prix.

Fort Lauderdale et ses environs - Carte - Fort Lauderdale

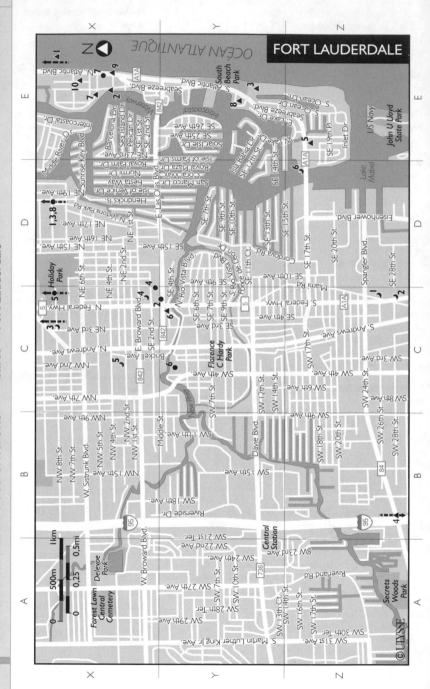

Manta Ray Inn
$$$

≡, ●

1715 S. Surf Rd.
☎ (954) 921-9666 ou
800-255-0595
▤ (954) 929-8220
www.mantarayinn.com

Ce charmant petit hôtel de deux étages en bord de mer abrite une douzaine de grands appartements de une ou deux chambres à coucher avec cuisinette équipée. Chaque unité d'hébergement arbore un décor frais caractérisé par l'utilisation de motifs fleuris et la présence de meubles en osier. À l'extérieur, des grils sont réservés à l'usage des clients, et la plage est à un jet de pierre. Accueil chaleureux et emplacement idéal.

Seminole Hard Rock Hotel & Casino
$$$$

≡, ≋, ♨, ↔, ⅄, 🔒, ♠

1 Seminole Rd.
☎ (954) 327-7625 ou
866-502-7529
www.seminolehardrock.com

Cet hôtel voué au culte de la musique populaire est entouré d'un magnifique jardin paysager avec palmiers royaux. Une piscine en forme de lagon, agré-mentée de toboggans dissimulés dans une colline, s'étend au cœur du jardin. Les quelque 500 chambres de l'établissement, spacieuses et de grand confort, présentent un décor moderne aux lignes dépouillées. Toutes sont munies d'une cafetière et d'un minibar. Une salle de spectacle de 5 000 sièges et un casino ouvert 24 heures sur 24 font également partie du complexe.

The Westin Diplomat Resort & Spa
$$$$

≡, ≋, ♨, ↔, ⅊, ⅄, 🔒, ♿

3555 S. Ocean Dr.
☎ (954) 602-6000 ou
888-627-9057
www.diplomatresort.com

Le Diplomat, un hôtel légendaire dans la région, a su renaître de ses cendres de façon spectaculaire en 2002. En effet, on a tout simplement rasé l'hôtel original datant des années 1950 pour entreprendre la construction d'un nouvel établissement qui aurait coûté, dit-on, près d'un milliard de dollars. L'architecture moderne et audacieuse qui caractérise aujourd'hui cet établissement de verre et de béton de 36 étages en surprendra plus d'un. Mais il faut admettre que cette gigantesque structure dont la forme évoque celle d'une immense lettre *H* est fort élégamment agencée. On y trouve près de 1 000 chambres de catégorie supérieure dont certaines, les plus chères, donnent sur un balcon. La grande piscine avec fond de verre et cascade qui se jette dans un second bassin en contrebas constitue l'un des éléments distinctifs de ce palace moderne. Courts de tennis et terrain de golf de 18 trous plairont aux sportifs, alors que discothèque, bars, centre de santé (spa) et boutiques occuperont les autres.

🍴 Restaurants

Fort Lauderdale

Archives Book Cafe
$

1948 E. Sunrise Blvd.
☎ (954) 764-8212

Hors des sentiers battus, l'adorable Archives Book Cafe est propice à la lecture et à la rêverie. En plus du café et des viennoiseries, on y vend des vieux

es. Une douce
... classique baigne
...ux.

Coquille
$
1619 E. Sunrise Blvd.
☎ (954) 467-3030
Situé près de la plage, le restaurant La Coquille est une adresse prisée des amateurs de cuisine française. Sa terrasse arrière, ombragée par des palmiers, permet de dîner en toute tranquillité.

Sukhothai
$$
1930 E. Sunrise Blvd.
☎ (954) 764-0148
Pour des mets asiatiques à bon prix, rendez-vous tout près de l'Archives Book Cafe (voir ci-dessus), au Sukhothai. On y sert d'alléchants plats fumants comme les *steamed dumplings* et le *Thai red curry* dans un local sobre et discret.

Le Café de Paris
$$-$$$
dim fermé
715 E. Las Olas Blvd.
☎ (954) 467-2900
Les amateurs de gastronomie française se donnent rendez-vous au Café de Paris pour s'attabler dans une de ses sept salles à manger afin de déguster de merveilleux délices de

l'Hexagone. Certains préfèrent prendre place sur sa terrasse pour garder un œil sur le va-et-vient des passants. Le personnel est affable et souriant.

Shirttail Charlies
$$-$$$
400 SW 3rd Ave.
☎ (954) 463-3474
Installé près de l'eau, le Shirttail Charlies dispose de deux salles à manger. La première se trouve au rez-de-chaussée et s'ouvre sur une terrasse. Si vous voulez vous offrir plus qu'un simple repas, montez à l'étage pour savourer des mets plus élaborés tels que des médaillons de porc, des queues d'alligator, du filet mignon ou la prise du jour. Si vous dînez à l'étage, on vous remettra un billet pour sillonner gratuitement les canaux de la ville durant 30 min dans le bateau des propriétaires.

Shula's on the Beach
$$-$$$
321 N. Atlantic Blvd.
☎ (954) 355-4000
Le Shula's on the Beach est un restaurant respecté dans les cercles culinaires de Fort Lauderdale grâce à une recette simple mais efficace: une personnalité sportive qui prête son nom (en l'occurrence l'an-

cien coach des Dolphins de Miami, Don Shula), un décor sobre et d'énormes steaks de qualité bien juteux. La spécialité de la maison est évidemment le steak, mais on y sert aussi du homard et des pinces de crabe de roche (en saison seulement). La salle à manger s'avère d'une classique élégance alors que la grande terrasse couverte est lumineuse et offre une jolie vue sur la mer. Ce restaurant fait partie du complexe du **Sheraton Yankee Trader Beach Resort** (voir p 167).

Sushi Jazz
$$-$$$
1902 Harrison St.
☎ (954) 927-8474
Devinez ce qui vous attend au Sushi Jazz? Eh oui, dans un petit local décoré sans artifice, on déguste les classiques de la cuisine nippone: sushis, poulet teriyaki et *stir fry* aux légumes. On prend ensuite le saké sous les airs d'une musique de jazz.

French Quarter Restaurant
$$$-$$$$
dim fermé
215 SE 8th Ave.
☎ (954) 463-8000
Comme son nom le laisse sous-entendre, le French Quarter prépare une cuisine typique de La Nouvelle-

Les restaurants qui se distinguent

Les bonnes tables: **Le Café de Paris**, Fort Lauderdale (p 170)

Pour la terrasse: **Shula's on the Beach**, Fort Lauderdale (p 170)

Pour l'*entertainment*: **Mai-Kai**, Fort Lauderdale (p 171)

Orléans. Crevettes créoles, bouillabaisse et steak tartare composent le menu. À noter que ce restaurant est aujourd'hui installé dans ce qui fut la demeure du premier maire de Fort Lauderdale.

Mai-Kai
$$$-$$$$
3599 N. Federal Hwy.
☎ (954) 563-3272

Certains d'entre vous soulèveront peut-être un sourcil dubitatif en poussant la porte du restaurant polynésien Mai-Kai. Les plats hybrides, mélanges de recettes asiatiques et américaines, sont cuits dans des fours à bois ou grillés sous les flammes de la cuisine à aire ouverte, puis servis dans un décor pittoresque animé par des danseuses polynésiennes. Kitsch mais amusant.

Au sud de Fort Lauderdale

Hollywood

O'Malley's Bar & Restaurant
$
101 N. Ocean Dr.
☎ (954) 920-4062

Situé derrière le **Ramada Inn Hollywood Beach Resort** (voir p 167), ce bar-restaurant sert des sandwichs au poulet, des hamburgers et des *nachos*. Atmosphère détendue et vue de la mer.

Warehaus 57
$
1904B Hollywood Dr.
☎ (954) 926-6633

Aménagé dans un local tout en longueur, le Warehaus 57 est un café sans

prétention baigné de musique classique qui sert des plats simples pour calmer une petite fringale. S'y trouvent aussi une bibliothèque, quelques fauteuils et des magazines.

Pazzo
$-$$
2032 Harrison St.
☎ (954) 923-0107

Aussitôt que vous aurez franchi le seuil du restaurant Pazzo, une véritable explosion de couleurs s'offrira à vos yeux. De plus, des fleurs séchées déposées çà et là sur les tables contribuent à créer une atmosphère agréable et détendue. La carte est variée et affiche des plats de poulet farci avec du crabe, des pizzas croustillantes, du filet mignon et des sandwichs *focaccia*. Pour terminer, offrez-vous un *tiramisu*.

Las Brisas
$$-$$$
600 N. Surf Rd.
☎ (954) 923-1500

Le Las Brisas est un restaurant argentin où l'on choisit de s'attabler sur la petite terrasse pour déguster une délicieuse grillade tout en observant la mer. Végétariens s'abstenir... à moins qu'un poisson grillé fasse l'affaire. En soirée seulement.

Tac "O" The Town
$$-$$$
2007 Harrison St.
☎ (954) 920-9300

Le menu du Tac "O" The Town comprend naturellement tous les classiques de la cuisine mexicaine tels qu'*enchiladas*, *burritos*, *fajitas*, *guacamole* et, bien

sûr, *tacos*. On mange à des tables en céramique colorées, entourées de murs pastel, et sous les airs des *mariachis* qui chantent leur romance les soirs du vendredi et du samedi.

Giorgio's Grill
$$$
606 N. Ocean Dr.
☎ (954) 929-7030

De l'extérieur, on remarque facilement le Giorgio's Grill grâce à son énorme façade orange. Pâtes, poissons, volailles et viandes composent le menu et sont apprêtés de façon convenable, puis servis dans une grande salle à manger lumineuse à l'ambiance conviviale.

Sorties

Fort Lauderdale

■ Bars et boîtes de nuit

O'Hara's Jazz & Blues Café
722 E. Las Olas Blvd.
☎ (954) 524-1764

Des musiciens de blues ou de jazz se produisent chaque soir dans cette boîte qui compte en plus un agréable café-terrasse.

Rush Street
220 SW 2nd St.
☎ (954) 522-6900

Cette discothèque doublée d'un bar à martinis vibre au rythme des succès des années 1980, 1990 et 2000.

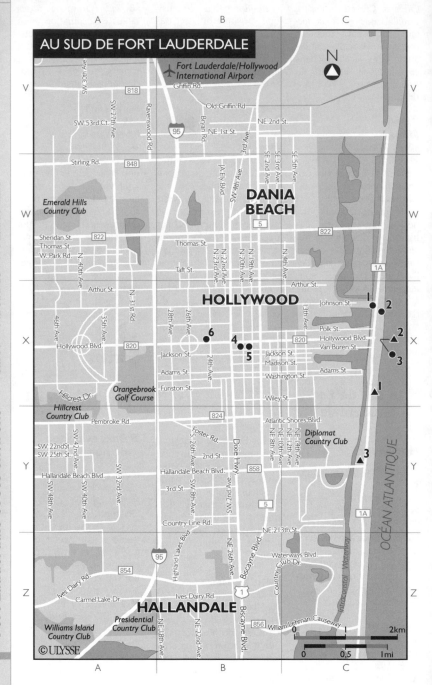

AU SUD DE FORT LAUDERDALE

▲ HÉBERGEMENT

1. CX Manta Ray Inn
2. CX Ramada Inn Hollywood Beach Resort
3. CY Westin Diplomat Resort & Spa, The

● RESTAURANTS

1. CX Giorgio's Grill
2. CX Las Brisas
3. CX O'Malley's Bar & Restaurant
4. BX Pazzo
5. BX Tac "O" The Town
6. BX Warehaus 57

St. Tropez Casino Cruises
Port Everglades
☎ (800) 575-5520
www.sttropezcasinocruises.com
Entrée et consommations gratuites. Au-delà de 500 machines à sous et une quarantaine de tables de jeu (blackjack, roulette, poker, baccarat, craps). Il faut avoir 21 ans et plus pour être admis sur ce bateau-casino.

■ Scène gay

Fort Lauderdale est une destination populaire auprès des gays. Avec l'augmentation de la population gay dans la ville et ses environs, à **Wilton Manors** notamment, on voit apparaître de plus en plus d'établissements qui répondent à leurs besoins. Outre la communauté gay et lesbienne de Wilton Manors, il n'y a pas de quartier gay à proprement parler. Un peu partout en ville, des restaurants, hôtels, *bed and breakfasts* (nombreux) et boîtes de nuit s'affichent clairement comme s'adressant à cette clientèle ou comme étant *gay-friendly* (sympathiques aux gays).

Pour de l'information particulière sur tout ce qui touche la vie gay à Fort Lauderdale, communiquez avec le **Gay and Lesbian Community Center of South Florida** *(1717 N. Andrews Ave.; ☎954-463-9005, www.glccfl.*

org). Pour les événements ponctuels et la programmation des spectacles dans les bars, consultez la publication hebdomadaire *HotSpots*. Voici quelques-unes des quelque 40 boîtes dans lesquelles se donne rendez-vous la gent gay une fois la nuit tombée:

Coliseum
2520 S. Miami Rd.
☎ (954) 832-0100
Grande discothèque où la musique techno est à l'honneur.

The Copa
2800 S. Federal Hwy.
☎ (954) 463-1507
Une institution à Fort Lauderdale, ce bar gay figure toujours parmi les plus populaires de la ville, et ce, de nombreuses années après avoir ouvert ses portes. Il compte plusieurs salles et une agréable terrasse. Animation constante jusqu'à 4h du matin.

George's Alibi
2266 Wilton Dr.
☎ (954) 565-2526
Cet établissement se définit comme un «vidéobar» et un café. Il s'agit d'un établissement très apprécié pour les spectacles qu'on y présente et les clips musicaux ou humoristiques que diffusent ses nombreux écrans.

■ Spectacles et concerts

Broward Center for the Performing Arts
201 SW 5th Ave.
☎ (954) 462-0222
www.browardcenter.org
Situé au cœur du **Riverwalk Arts & Entertainment District** du centre-ville de Fort Lauderdale, ce complexe est constitué de deux salles de spectacle: l'**Au-Rene Theater** (2 700 places) et l'**Amaturo Theater** (590 places). Concerts classiques, comédies musicales, pièces de théâtre, spectacles de danse et tours de chants de vedettes de la musique pop y sont tour à tour à l'affiche.

Fort Lauderdale Swap Shop
3291 W. Sunrise Blvd.
☎ (954) 791-7927
En plus de son immense marché aux puces (voir section «Achats»), ce complexe un peu particulier compte pas moins de 13 écrans de ciné-parc *(drive-in theaters)*.

■ Sports professionnels

Baseball

Fort Lauderdale Stadium
1301 NW 55th St.
☎ (954) 776-1921
www.theorioles.com
Les Orioles de Baltimore, équipe professionnelle de

la Ligue américaine de baseball, jouent leurs matchs pré-saison au Fort Lauderdale Stadium chaque année au cours du mois de mars.

Hockey sur glace

Les **Panthers de la Floride** représentent la ville dans la Ligue nationale de hockey, le circuit professionnel nord-américain. Les matchs locaux de l'équipe sont disputés à l'**Office Depot Center** *(angle Sunrise Blvd. et NW 136th Ave.;* ☎*954-835-8000, www.officedepotcenter.com).*

Au sud de Fort Lauderdale

■ Bars et boîtes de nuit

Seminole Hard Rock Hotel & Casino
1 Seminole Rd.
Hollywood
☎ (954) 327-7625
Ce vaste complexe hôtelier abrite une salle de spectacle de 5 000 sièges dans laquelle se produisent des musiciens rock, blues et autres. On trouve aussi sur place un casino ouvert 24 heures sur 24.

■ Spectacles et concerts

Hollywood Playhouse
2640 Washington St.
Hollywood
☎ (954) 922-0404
Des comédies musicales de Broadway en tournée sont souvent présentées dans cette salle.

O'Malley's Bar & Restaurant
101 N. Ocean Dr.
Hollywood
☎ (954) 920-4062
Aucune cravate n'est requise pour se sentir à l'aise au O'Malley's Bar & Restaurant. L'établissement est ouvert sur la plage et plaira aux puristes du rock-and-roll et de la musique alternative. Les haut-parleurs crachent en effet les vieux classiques d'Echo and the Bunnymen et de REM. Ambiance décontractée et nourriture salée.

■ Sports professionnels

Courses de chevaux

Pompano Harness Track
Powerline Rd., au sud d'Atlantic Road
Pompano Beach
☎ (954) 972-2000
Des courses de chevaux sous harnais sont présentées dans cet hippodrome du mois d'octobre au début du mois d'août.

Courses de lévriers

Hollywood Greyhound Track
intersection Federal Hwy. et Pembroke Rd.
Hollywood
☎ (954) 454-9400
Les courses ont lieu au cours des mois de décembre à mai.

Jai alai (pelote basque)

Dania Jai Alai
301 E. Dania Beach Blvd.
Dania
☎ (954) 920-1511
www.betdania.com
Ouvert toute l'année.

Achats

Fort Lauderdale

Las Olas Boulevard
www.lasolasboulevard.com
Cette élégante artère du centre-ville de Fort Lauderdale est bordée de belles boutiques, de galeries d'art, de cafés et de restaurants.

Sawgrass Mills Mall
angle W. Sunrise Blvd. et Flamingo Rd.
☎ (954) 846-2350
www.sawgrassmills.com
Quelque 400 boutiques de mode y proposent les grandes marques à prix réduits.

The Galleria
E. Sunrise Blvd., non loin d'Ocean Boulevard
☎ (954) 564-1015
www.galleriamall-fl.com
Ce centre commercial est situé près de la plage de Fort Lauderdale. Les grands magasins Saks Fifth Avenue et Neiman Marcus y sont entre autres représentés.

Fort Lauderdale Swap Shop
3291 W. Sunrise Blvd.
☎ (954) 791-7927
www.floridaswapshop.com
Gigantesque marché aux puces où l'on trouve littéralement de tout. Spectacles de cirque et attractions foraines ajoutent un brin de folie à l'ensemble.

Palm Beach et ses environs

★ ★ ★

Palm Beach

West Palm Beach

Au sud de Palm Beach

Au nord de Palm Beach

Richesse et opulence, voilà les deux premiers mots qui viennent à l'esprit pour décrire Palm Beach. En effet, depuis un peu plus d'une centaine d'années, les gens riches et célèbres ont choisi l'île-barrière sur laquelle se trouve la ville de Palm Beach pour s'installer dans des demeures plus spectaculaires les unes que les autres. Hier, ce furent les Flagler, Rockefeller, Kennedy et autres. Aujourd'hui, ce sont les Trump, Desmarais et compagnie. Deux acteurs principaux ont présidé à la fondation puis au développement de cet enclave pour milliardaires: Henry Morrison Flagler et Addison Mizner.

Henry Morrison Flagler arrive en Floride à la fin du XIXe siècle après avoir fondé la Standard Oil Corporation avec John D. Rockefeller et fait fortune dans le domaine du raffinage du pétrole. Il perçoit rapidement le potentiel de développement de la Floride, cette contrée de soleil au climat si doux. Il constate toutefois l'absence d'infrastructure d'accueil et de voies de communication, ce qu'il considère rapidement comme une bien intéressante opportunité d'affaires. Dans les années qui suivent, il entreprend la construction d'une série de grands hôtels le long de la côte atlantique de la Floride, qu'il reliera par chemin de fer avec son fameux **Florida East Coast Railway.**

Après avoir développé son réseau au nord de l'État, dans les environs de Jacksonville et de St. Augustine, puis jusqu'à Ormond Beach, Flagler vient à Palm Beach, où il est séduit par cette île couverte de grands palmiers. On raconte qu'il en est ainsi depuis qu'un navire espagnol transportant des noix de coco s'est échoué dans les parages en 1879. Les quelques colons alors établis ici auraient récupéré la cargaison, puis planté toutes les noix de coco.

Flagler choisit donc Palm Beach pour y établir la plus prestigieuse station balnéaire de l'État, là où, du moins selon ses plans à ce moment-là, il souhaite que sa ligne de chemin de fer atteigne son but ultime. Il y fait construire en 1894 un hôtel de 1 150 chambres d'une richesse exceptionnelle, le **Royal Poinciana Hotel** (aujourd'hui disparu), afin d'y accueillir la crème de la bourgeoisie des États du nord, puis un deuxième hôtel de luxe en 1896, le **Palm Beach Inn** qui deviendra **The Breakers Hotel** en 1901, et enfin une résidence d'hiver de rêve en 1902, baptisée *Whitehall*, qu'il offre en cadeau de mariage à sa troisième épouse.

L'impulsion est ainsi donnée, et bientôt les capitaines d'industrie et autres milliardaires viennent à leur tour s'établir dans le voisinage. La riche Palm Beach est née.

Dans les années 1920, **Addison Mizner** devient l'un des architectes favoris de la haute société floridienne. Il réalise à cette époque de nombreuses villas privées et bâtiments publics à Palm Beach, dans un vocabulaire architectural qui s'inspire à la fois du style colonial espagnol et de la Renaissance italienne: murs extérieurs de stuc rose surmontés de toits de tuiles rouges, grands balcons couverts, ouvertures en arche menant à des cours intérieures. Mizner utilise aussi toutes sortes de techniques pour «vieillir» volontairement ses structures afin de leur donner une allure plus vénérable, voire historique: murs, sculptures et meubles sciemment abîmés, plafonds noircis, etc. On parlera du style néo-méditerranéen pour décrire la manière de Mizner, qui marquera de façon indélébile le design d'ensemble de Palm Beach.

PALM BEACH et ses environs

Jupiter

Space Coast

PALM BEACH GARDENS

John D. MacArthur Beach State Park

Bee Line Hwy.

North Lake Blvd.

North Lake Blvd.

Orange Blvd.

Singer Island

ROYAL PALM BEACH

WEST PALM BEACH

Seminole Pratt Whitney Rd.

Royal Palm Beach Blvd.

Florida Turnpike

Military Tr.

Okeechobee Blvd.

voir agrandissement

Palm Beach International Airport

Federal Hwy.

Palm Beach Zoo

Southern Blvd.

Atlantis

Forest Hill Blvd.

Wellington

Lake Worth Rd.

Lantana

SOUTH PALM BEACH

Lantana Rd.

Hypoluxo Rd.

Congress Ave.

Boynton Beach Blvd.

Boynton Beach

Jorg Rd.

Lake Ida Rd.

Arthur R. Marshall Loxahatchee National Wildlife Refuge

Delray Beach

Atlantic Ave.

Military Tr.

Yamato Rd.

Florida Atlantic University

Glades Rd.

Boca Raton

Florida Turnpike

FORT LAUDERDALE, MIAMI

OCÉAN ATLANTIQUE

0   6   12km

0   2,5   5mi

©ULYSSE

Palm Beach et ses environs - Carte

Aujourd'hui, Palm Beach est aussi un comté qui englobe plusieurs autres municipalités. Ainsi, immédiatement à l'ouest de la ville de Palm Beach, sur le continent, s'étend **West Palm Beach**. D'abord quartier populaire où résident les ouvriers et les domestiques qui travaillent à la construction et à l'entretien des maisons bourgeoises de Palm Beach, la ville de West Palm Beach est devenue le centre des affaires du comté. Plus au sud, les stations balnéaires de **Delray Beach** et, surtout, de l'élégante **Boca Raton** attirent leur part de visiteurs. Au nord, **North Palm Beach**, avec sa belle plage de **Singer Island**, et **Jupiter** méritent qu'on s'y attarde.

Les limites du Palm Beach County englobent aussi, à l'ouest, le **lac Okeechobee**, le plus grand de toute la Floride.

Accès et déplacements

■ En voiture

Les principaux axes routiers nord-sud sont la rapide route I-95 (**Interstate 95**), qui suit la côte est de la Floride sur toute sa longueur, et le non moins rapide **Florida Turnpike**, qui mène vers le nord jusqu'à Orlando. La route 1 (**US Highway 1**) traverse aussi le comté du nord au sud, en passant à travers les villes, alors que la route A1A (**Coastal Highway A1A**) parcourt les îles-barrières.

■ En avion

Environ 6 millions de passagers fréquentent chaque année le Palm Beach International Airport, qui se trouve à 4 km au sud-ouest du centre-ville de West Palm Beach, à 6 km de Palm Beach, à environ 40 km au nord de Boca Raton et à quelque 25 km au sud de Jupiter:

Palm Beach International Airport (PBIA)
angle Congress Ave. et Belvedere Rd.
☎ (561) 471-7420
www.pbia.org

Une vingtaine de compagnies aériennes desservent cet aéroport, dont les suivantes: Air Canada (en hiver seulement), American Airlines, CanJet, Continental, Delta, United Airlines et US Airways.

Les grandes compagnies internationales de location de voitures sont représentées à l'aéroport. En **voiture**, la route 98 en direction est, ou Southern Boulevard, conduit à Palm Beach. Pour aller au centre-ville de West Palm Beach, il faut emprunter la route I-95 vers le nord jusqu'au Okeechobee Boulevard, direction est.

Des **taxis** et **limousines** sont aussi disponibles, et les **bus** de Palm Tran (voir plus loin) desservent aussi l'aéroport.

■ En train

Les trains *Silver Meteor*, *Silver Star* et *Palmetto*, mis en service par la société Amtrak, relient Miami, Fort Lauderdale, West Palm Beach, Tampa, Orlando, Jacksonville, Savannah, Charleston, Washington DC et New York. Il faut toutefois bien vérifier les itinéraires car, à certaines heures, des trains «express» peuvent ne pas s'arrêter à West Palm Beach:

Amtrak West Palm Beach
201 S. Tamarind Ave.
West Palm Beach
☎ (561) 832-6169 ou 800-872-7245
www.amtrak.com

Le **Tri-Rail** (☎800-874-7245, *www.tri-rail. com*) est par ailleurs un service de train de banlieue qui dessert les comtés de Miami-Dade, Broward et Palm Beach. Les tarifs, fort économiques, varient de 3$ à 11$ par personne. Plusieurs départs de la West Palm Beach Station vers le sud entre 4h27 et 20h3 en semaine, et entre 6h47 et 20h3 la fin de semaine. En direction opposée, départs de la Miami Airport Station entre 4h13 et 19h29 en semaine, entre 7h13 et 21h29 le samedi, et entre 7h13 et 19h29 le dimanche. Des navettes gratuites relient les stations du Tri-Rail aux aéroports de Miami, Fort Lauderdale-Hollywood et Palm Beach. Il y a plusieurs stations dans le Palm Beach County, dont les suivantes:

West Palm Beach Station
203 S. Tamarind Ave.

Lake Worth Station
1703 Lake Worth Rd.

Delray Beach Station
345 S. Congress Ave.

Boca Raton Station
601 NW 53rd St.

■ En autocar

Greyhound
☎800-231-2222
www.greyhound.com

Voici les gares routières situées à l'intérieur des limites du Palm Beach County:

Greyhound West Palm Beach
205 Tamarind Ave.
☎(561) 833-8534

Greyhound Delray Beach
402 SE Sixth Ave.
☎(561) 272-6447

Greyhound Jupiter
211 Commerce Way
☎(561) 744-2070

■ Transports publics

La société **Palm Tran** *(☎561-841-4200, www. co.palm-beach.fl.us/palmtran/)* gère le service public de bus qui dessert Palm Beach et West Palm Beach. Le billet coûte 1,25$ pour les adultes et 0,60$ pour les enfants. Un laissez-passer d'un jour à utilisation illimitée est aussi disponible au prix de 3$.

Renseignements utiles

■ Bureaux de renseignements touristiques

Palm Beach County Convention and Visitors Bureau
1555 Palm Beach Lakes Blvd.
West Palm Beach
☎(561) 233-3000 ou 800-554-7256
▤(561) 471-3990
www.palmbeachfl.com

Singer Island Information Center
2655 N. Ocean Dr.
Singer Island
☎(561) 840-3301
www.singerislandflorida.com

Attraits touristiques

Palm Beach ★ ★ ★

L'île-barrière sur laquelle se trouve Palm Beach fait une trentaine de kilomètres de long. Elle est séparée de West Palm Beach par l'Intracoastal Waterway qui, à sa hauteur, s'élargit pour former le **lac Worth**. C'est dans la partie nord de l'île que s'est développée l'enclave pour gens fortunés à laquelle Henry Flagler donne son impulsion de départ à la fin du XIXᵉ siècle. Parmi les spectaculaires résidences que l'on peut apercevoir dans le secteur, celle qui attire le plus l'attention est sans doute *Mar-a-Lago* ★ *(on ne visite pas; 1100 S. Ocean Blvd.)*, demeure du milliardaire Donald Trump sise sur un vaste domaine qui s'étend, comme son nom le sous-entend, de l'océan jusqu'au lac Worth. Trump en a fait l'acquisition en 1985 des mains de Marjorie Merriweather Post, héritière du magnat des céréales et autres produits alimentaires.

Les amateurs de lèche-vitrine s'en donneront pour leur part à cœur joie sur la célèbre **Worth Avenue ★ ★**, où s'aligne une impressionnante série de boutiques de luxe. Addison Mizner, architecte en grande partie responsable du style architectural particulier que présente la ville, dessine les plans de nombreux bâtiments de cette avenue au milieu des années 1920, lui conférant ainsi une élégance remarquable. On lui doit d'ailleurs l'**Everglades Club** ★, qui se dresse au bout de l'avenue.

Les environs du **Town Hall** ★ *(360 S. County Rd.)*, l'hôtel de ville flanqué de la **Mizner Fountain** ★ et du **Memorial Park**, tous deux dessinés par Mizner, constituent une autre portion attrayante de la ville.

Plus au nord, la **Phipps Plaza** ★ *(accès par la North County Road, au nord de Royal Palm Way)* mérite un coup d'œil. De beaux bâtiments aux lignes méditerranéennes, réalisés dans les années 1920 par Addison Mizner et d'autres architectes en vue de l'époque, y entourent un beau parc couvert d'arbres exotiques.

Un peu à l'ouest de la Phipps Plaza s'élèvent les bâtiments qui appartiennent à la **Society of the Four Arts** ★ *(2 Four Arts Plaza;* ☎*561-655-7226, www.fourarts.org)*, sorte de fondation vouée à la promotion des arts visuels, de la musique, de la littérature et du théâtre. La demeure originale de la société, conçue en 1936 par l'architecte suisse Maurice Fatio, abrite aujourd'hui une bibliothèque d'art. En face, un second édifice, signé Addison Mizner celui-là, sera acquis et transformé par la société à la fin des années 1940. On le désigne aujourd'hui du nom de l'**Esther B. O'Keeffe Gallery** *(adultes 4$; lun-sam 10h à 17h, dim 14h à 17h)*. Des expositions, des films et des concerts y sont présentés régulièrement. Autour de ces deux bâtiments, des jardins de sculptures ont été aménagés.

Au début du XXᵉ siècle, le magnat du chemin de fer Henry Flagler confie la conception des plans d'une résidence d'hiver à

Palm Beach aux architectes John Carrère et Thomas Hastings, auxquels il doit déjà la réalisation de son **Ponce de León Hotel** (voir p 280) à St. Augustine. Il veut alors offrir cette nouvelle demeure en guise de cadeau de mariage à Mary Lily Kenan, sa troisième femme, avec laquelle il convole en 1901 alors qu'il est âgé de 71 ans. Les travaux se terminent en 1902, date à laquelle les tourtereaux prennent possession d'un véritable palais Beaux-Arts tout blanc de 55 pièces baptisé *Whitehall*. Henry Flagler meurt en 1913, et Mary Lily quatre ans plus tard. Les héritiers vendent *Whitehall* en 1925, et la propriété est alors transformée en hôtel avec l'ajout, à l'arrière de la maison originale, d'une aile de 12 étages (détruite en 1963, à l'exception de son rez-de-chaussée). Le Whitehall Hotel demeurera en exploitation de 1925 à 1959.

Aujourd'hui inscrite sur la liste des lieux historiques américains, la résidence est devenue l'**Henry Morrison Flagler Museum** ★★ *(adultes 10$, enfants 3$; mar-sam 10h à 17h, dim 12h à 17h, lun fermé; angle Cocoanut Row et Whitehall Way;* ☎*561-655-2833, www. flagler.org)* dès 1960 grâce à Jean Flagler Matthews, petite-fille d'Henry Flagler, qui avait racheté la propriété l'année précédente dans le but express de la convertir en musée. Il est ainsi maintenant possible de visiter plusieurs des pièces de la maison, où l'on trouve toujours le mobilier ayant appartenu aux Flagler. Les plus spectaculaires sont la **Music Room** ★★, avec son orgue à tuyaux, ses nombreuses toiles du XVIIIᵉ siècle et la remarquable fresque qui orne son plafond, la **Grand Ballroom** ★, salle de bal de style Louis XV, et l'étonnante **salle de billard**. À l'étage, la chambre à coucher principale et les 14 suites destinées aux invités peuvent être visitées. À l'extérieur, on peut voir le **wagon privé** dans lequel voyageaient les Flagler.

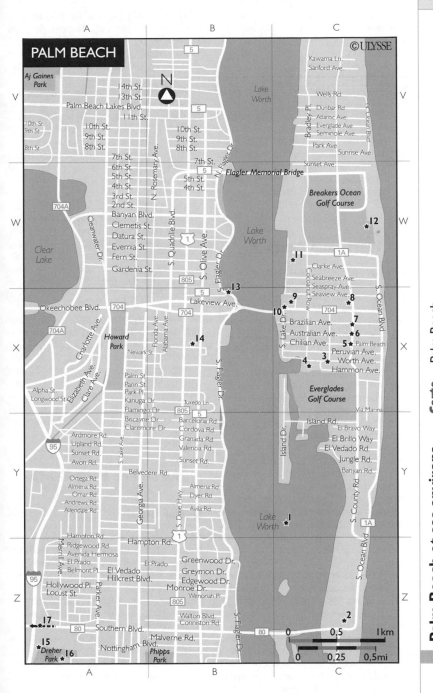

Des concerts de musique classique et des conférences sur l'histoire et l'architecture sont aussi présentés au musée.

C'est en 1896 qu'Henry Flagler fait construire **The Breakers Hotel** ★★★ *(One S. County Rd.;* ☎*561-655-6611 ou 888-273-2537, www. thebreakers.com)* (voir p 185), à l'époque appelé le «Palm Beach Inn». Mais celui-ci sera détruit par un incendie, puis reconstruit dans son état actuel en 1926. Il ne faut pas manquer de jeter un coup d'œil sur son somptueux hall et son magnifique jardin intérieur. Des visites guidées *(adultes 10$)* sont organisées les mercredis et samedis à 15h, à partir du hall.

West Palm Beach ★

À l'époque de la construction des premiers hôtels et des premières riches demeures de Palm Beach, Henry Flagler prévoit l'aménagement d'une cité lui faisant face à l'ouest du lac Worth, où pourront s'installer les ouvriers qui travaillent à la réalisation de ses rêves et les domestiques qui les entretiendront: **West Palm Beach**. Plus tard, cette ville indépendante a toutefois su atteindre le statut de métropole du Palm Beach County et possède aujourd'hui un quartier des affaires où se dressent plusieurs gratte-ciel et où se développent des institutions culturelles de bon calibre.

Flagler Drive constitue une belle promenade le long du lac Worth, appréciée à la fois par les piétons, les cyclistes et les automobilistes. Il permet notamment de découvrir un monument à la mémoire de Martin Luther King et de profiter d'une belle vue de l'eau et, en face, de l'île de Palm Beach.

À la suite de travaux d'agrandissement réalisés à la fin des années 1990, le **Norton Museum of Art** ★★ *(adultes 8$, enfants 3$; lun-sam 10h à 17h, dim 13h à 17h, mai à oct fermé lun; 1451 S. Olive Ave.;* ☎*561-832-5196, www.norton.org)* est devenu le plus grand musée d'art de la Floride. La collection permanente de ce musée fondé en 1941 par l'industriel Ralph H. Norton comprend des œuvres d'artistes européens (Paul Cézanne, Pablo Picasso, Paul Gauguin...) et américains (Edward Hopper, Jackson Pollock, Andy Warhol...) des XIXᵉ et XXᵉ siècles, ainsi que des objets d'art chinois de 1700 av. J.-C. à nos jours.

Le **South Florida Science Museum** *(adultes 7$, enfants 5$, 2$ additionnels pour l'accès au planétarium; lun-ven 10h à 17h, sam 10h à 18h, dim 12h à 18h; 4801 Dreher Trail N.;* ☎*561-832-1988, www.sfsm.org)* présente des expositions interactives sur des thèmes scientifiques divers, en plus de posséder un aquarium et un planétarium.

Quelque 600 animaux de 125 espèces différentes habitent au **Palm Beach Zoo at Dreher Park** *(adultes 11$, enfants 7$; tlj 9h à 17h; 1301 Summit Blvd.;* ☎*561-547-9453, www. palmbeachzoo.org)*, incluant des panthères de Floride, une espèce en voie d'extinction, des flamants roses, des tigres et autres bêtes.

Au **Lion Country Safari** ★ *(adultes 20$, enfants 16$; tlj 9h30 à 16h30; 2003 Lion Country Safari Rd. par Southern Blvd.;* ☎*561-793-1084, www.lioncountrysafari.com)*, situé à quelque 25 km à l'ouest de la route I-95, plus d'un millier d'animaux exotiques évoluent en quasi-liberté dans sept types distincts d'habitats. Les visiteurs sont invités à suivre à bord de leur voiture un parcours qui sillonne le parc sur 7,5 km.

Au sud de Palm Beach

Delray Beach

En plus de posséder une jolie plage publique, Delray Beach abrite le **Morikami Museum & Japanese Gardens** ★ *(adultes 9$, enfants 6$; mar-dim 10h à 17h, lun fermé; 4000 Morikami Park Rd.;* ☎*561-495-0233, www.morikami.org)*, une institution qui met en valeur divers aspects de la culture japonaise. Il faut préciser qu'au début du XXᵉ siècle plusieurs fermiers japonais spécialisés dans la culture des ananas se sont installés dans les environs. Le musée se veut une sorte d'hommage à leur intention.

Boca Raton ★★

L'architecte Addison Mizner, que ses réalisations à Palm Beach avaient fait connaître, arrive à Boca Raton en 1925, alors que la ville n'est encore qu'une petite bourgade. Il y construit le Cloister Inn, devenu aujourd'hui le **Boca Raton Resort & Club** ★ (voir p 186), et quelques autres bâtiments dans le style néo-méditerranéen si particulier qui est le sien, en plus d'y aménager la large avenue du **Camino Real** ★, qui, selon les plans d'origine, inclura un canal navigable en son centre. Pris de court par l'effondrement du marché immobilier à la fin des années 1920, il ne réussira cependant pas à finaliser la ville idéale dont il rêve. Mais on peut toutefois affirmer que Boca Raton a su bien vieillir, pour se muer peu à peu en une station balnéaire appréciée à l'urbanisme soigné.

Le **Mizner Park** *(400 N. Federal Hwy.; www. miznerpark.org)*, réalisé en 1991, est un élégant ensemble qui combine commerces et résidences privées. En plus d'évoquer par son nom la mémoire de l'architecte, ce complexe a en quelque sorte contribué à réhabiliter le style architectural qu'il chérissait en empruntant largement à la manière du maître.

Le **Boca Raton Museum of Art** ★ *(adultes 8$, enfants gratuit; mar, jeu, sam 10h à 17h, mer, ven 10h à 21h, dim 12h à 17h, lun fermé; 501 Plaza Real, Mizner Park; ☎561-392-2500, www.bocamuseum.org)* est un musée d'art relativement modeste dont la collection permanente compte tout de même 4 000 tableaux et sculptures, la plupart réalisés au cours du XIXᵉ siècle.

Au nord de Palm Beach

Singer Island ★

Île-barrière située tout juste au nord celle de Palm Beach, Singer Island possède une belle et large plage sablonneuse. Plusieurs hôtels s'élèvent aux abords cette plage, où de nombreuses possibilités d'activités nautiques sont proposées. Notez qu'il n'y a pas de lien routier entre Palm Beach et Singer Island. Il faut plutôt y accéder depuis le continent par le PGA Boulevard, qui conduit dans la partie nord de l'île, ou par le Blue Heron Bridge, qui mène dans la partie sud.

Le **John D. MacArthur Beach State Park** *(tlj 8h au crépuscule; 4$ par véhicule, 1$ par piéton; route A1A; ☎561-624-6950, www.macarthurbeach.org)* englobe la portion nord de Singer Island. Une promenade en bois court à travers une mangrove, non loin d'une plage de 3 km. Des sentiers de randonnée pédestre sont aussi accessibles.

Jupiter

La plus vieille structure de tout le Palm Beach County se trouve à Jupiter. Il s'agit du **Jupiter Inlet Lighthouse** *(adultes 6$; sammer 10h à 16h, jeu-ven fermé; 500 Captain Armour's Way; ☎561-747-8380, www.lrhs.org)*, un phare haut de 32 m, toujours en activité aujourd'hui, qui fut construit en 1859. Il faut gravir un escalier d'une centaine de marches avant d'atteindre le sommet et de profiter de la belle vue qu'il offre sur les environs.

Activités de plein air

■ Baignade

Plusieurs plages s'alignent dans les environs. Celles de **Boca Raton**, de **Delray Beach** et de **Palm Beach** (à la hauteur de Worth Avenue) sont particulièrement appréciées. Par contre, c'est probablement celle de **Singer Island**, l'île-barrière située immédiatement au nord de Palm Beach, qui s'avère la plus belle. Large et sablonneuse, elle plaît à coup sûr. On y propose de plus toutes sortes d'activités aquatiques.

■ Golf

Le Palm Beach County compte pas moins de 160 terrains de golf. Le comté est d'ailleurs chaque année le théâtre de deux tournois du circuit professionnel de la PGA.

Palm Beach et ses environs - Activités de plein air

The Breakers Hotel Golf Club
One S. County Rd.
Palm Beach
☎ (561) 655-6611
www.thebreakers.com

PGA National Golf Club
400 Avenue of the Champions
Palm Beach Gardens
☎ (561) 627-2000
www.pgaresort.com
Cinq terrains de calibre professionnel à normale 72.

Boca Raton Resort & Club
501 E. Camino Real
Boca Raton
☎ (561) 447-3000
www.bocaresort.com
Terrain de golf à normale 72 attenant au centre de villégiature du même nom (voir p 186).

■ Observation des oiseaux

Le **John D. MacArthur Beach State Park** *(tlj 8h au crépuscule; 4$ par véhicule, 1$ par piéton; route A1A, Singer Island;* ☎*561-624-6950, www.macarthurbeach.org)*, situé dans la portion nord de Singer Island, offre de nombreuses possibilités d'observer diverses espèces d'oiseaux: aigrettes, ibis, pélicans bruns, sternes.

■ Plongée sous-marine

Des excursions de plongée sous-marine et de plongée-tuba sont organisées par **Oceanside Beach Service** *(1165 E. Blue Heron Blvd., Singer Island;* ☎*561-881-8116 ou 888-826-9046, www.beachservice.com)*. On peut aussi y louer kayaks, motomarines, embarcations à voile et vélos.

■ Vélo

Une piste cyclable longue de 5 km sillonne les rues de **Palm Beach**, et l'emprunter représente une bonne façon de découvrir les splendides demeures de l'île.

Palm Beach Bicycle Trail Shop
233 Sunrise Ave.
Palm Beach
☎ (561) 659-4583
www.palmbeachbicycle.com
Location de vélos en tous genres. Comptez 8$ l'heure ou 20$ pour la journée.

⌂ Hébergement

Palm Beach

Bradley House
$$$
≡, ●
280 Sunset Ave.
☎ (561) 832-7050 ou
800-822-4116
▤ (561) 835-9666
www.bradleyhousehotel.com
Cet établissement propose des studios et des appartements de une ou deux chambres à coucher. Rénovées récemment, toutes les unités sont munies de plancher de bois et de cuisine avec comptoir en granit.

The Chesterfield
$$$$-$$$$$
≡, ≋, ♨, ☞
363 Cocoanut Row
☎ (561) 659-5800 ou
800-243-7871
▤ (561) 659-6707
www.chesterfieldpb.com
Ce petit hôtel au grand luxe occupe un bel immeuble construit en 1926, situé non loin de la chic Worth Avenue. Sa décoration opulente, autant dans les aires publiques que dans les chambres, semblera chargée aux yeux de plusieurs, mais n'en témoigne pas moins d'un raffinement certain. Mentionnons que le thé est servi tous les après-midis dans la bibliothèque de cet établissement de propriété britannique, qui propose en outre un restaurant de qualité, un bar agréable et un *cigar room* où prendre un bon cognac. Chacune des 43 chambres et des 11 suites est agrémentée de fleurs fraîches.

Four Seasons Resort Palm Beach
$$$$$
≡, ≋, ♨, ✻, ↔, ❡, chiens, &
2800 S. Ocean Blvd.
☎ (561) 582-2800 ou
800-432-2335
▤ (561) 547-1557
www.fourseasons.com/palm-beach
Le Four Seasons de Palm Beach est un élégant centre de villégiature de taille raisonnable avec ses 210 chambres. Ce éclairées de turelle et dé soin, donner un balcon qui surplombe l'océan ou le beau jardin agrémenté d'une piscine. Des courts de tennis et une salle d'exercices moderne comptent parmi les installations de l'établissement.

Ⓤ

The Breakers Hotel
$$$$$
≡, ≋, ❡, ↔, ❡, &
One S. County Rd.
☎ (561) 655-6611 ou
888-273-2537
▤ (561) 659-8403
www.thebreakers.com
Grand palace et établissement légendaire de Palm Beach, The Breakers est considéré à juste titre comme l'un des meilleurs hôtels des États-Unis. Situé au cœur de Palm Beach, en bordure d'une plage privée, ce centre de villégiature propose une combinaison remarquable d'architecture raffinée, de services de qualité (trois bars, six restaurants, un spa) et d'installations récréatives (quatre piscines, une di-

Palm Beach et ses environs - **Hébergement** - Palm Beach

Les lieux d'hébergement qui se distinguent

Pour le grand luxe: **The Breakers Hotel**, Palm Beach (p 185)

Pour le jardin tropical: **Sundy House Inn**, Delray Beach (p 186)

Pour les amateurs d'histoire: **The Breakers Hotel**, Palm Beach (p 185), **Boca Raton Resort & Club**, Boca Raton (p 186)

Pour l'*afternoon tea*: **The Chesterfield**, Palm Beach (p 185)

Pour les amateurs de tennis: **Boca Raton Resort & Club**, Boca Raton (p 186)

Pour les golfeurs: **PGA National Resort & Spa**, Jupiter-Palm Beach Gardens (p 188)

ne de courts de tennis, trois parcours de golf). Ses 560 spacieuses chambres présentent une riche décoration de bon goût. L'hôtel actuel surplombe l'océan Atlantique depuis 1926. Il a succédé à l'établissement de bois du même nom construit pour Henry Flagler en 1896, deux fois victime d'incendie.

West Palm Beach

Hibiscus House Downtown
$$$ pdj

≡, ⚲, ≋, 🐾

213 S. Rosemary Ave.
☎ (561) 833-8171 ou
866-833-8171
🖷 (561) 833-8114
www.hibiscushousedowntown.com

Ce charmant *bed and breakfast* abrite huit chambres réparties dans deux demeures construites en 1917 qu'on a déplacées ici en 1996. Installé dans un quartier agréable, non loin du centre commercial CityPlace, l'établissement est entouré d'une luxuriante végétation. À l'intérieur, des meubles et tapis d'époque ajoutent au cachet de ce gîte. Une petite piscine

est accessible dans la cour arrière.

Au sud de Palm Beach

Delray Beach

Sundy House Inn
$$$-$$$$

≡, ≋, ⚲, ☕, 🔒

106 S. Swinton Ave.
☎ (561) 272-5678 ou
877-439-9601
🖷 (561) 272-1115
www.sundyhouse.com

Construite en 1902 dans le style Queen Anne, la maison qui abrite le Sundy House Inn ne manque pas de charme. On y trouve quatre suites de une ou deux chambres à coucher avec cuisinette équipée. Un cottage indépendant est aussi proposé, de même que six chambres aménagées dans les anciennes écuries. L'ensemble est installé dans un magnifique jardin tropical, cascades et perroquets inclus. Un étang artificiel dans lequel les invités peuvent nager avec des poissons colorés complète le tout.

Boca Raton

Boca Raton Resort & Club
$$$$-$$$$$

≡, ≋, ⚲, ++, ⚲, 🔒

501 E. Camino Real
☎ (561) 447-3000 ou
888-491-2622
🖷 (561) 447-3183
www.bocaresort.com

Particulièrement reconnu pour ses installations de tennis avec ses 30 courts, ce centre de villégiature de luxe possède un terrain de golf de calibre professionnel, abrite un spa de première qualité et dispose d'une marina sur l'Intracoastal Waterway. Ses chambres et suites sont décorées de charmants tissus fleuris et de beaux meubles d'acajou. La section la plus ancienne de cet hôtel correspond à l'auberge nommée «Cloister Inn» en 1926, qui fut réalisée selon les plans du fameux architecte Addison Mizner.

▲ **HÉBERGEMENT**

I.	CW	Bradley House
2.	CW	Breakers Hotel, The
3.	CX	Chesterfield, The
4.	CZ	Four Seasons Resort Palm Beach
5.	BV	Hibiscus House Downtown

● **RESTAURANTS**

I.	CX	Café L'Europe
2.	CW	Escalier, L'
3.	CX	Hamburger Heaven
4.	CX	Leopard Lounge and Restaurant, The
5.	CW	Too Jay's Original Gourmet Deli
6.	BX	Tsunami

◗ **SORTIES**

I.	AX	Raymond F. Kravis Center for the Performing Arts

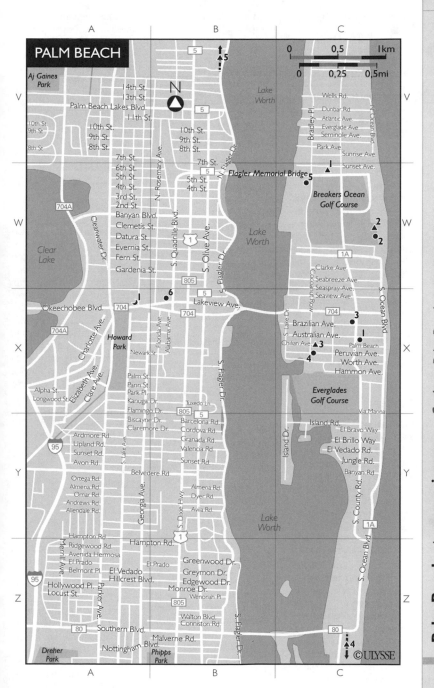

PALM BEACH

Aj Gaines Park

Lake Worth

14th St.
13th St.
Palm Beach Lakes Blvd.
11th St.

N

10th St.
9th St.
8th St.

10th St.
9th St.
8th St.

Wells Rd.
Dunbar Rd.
Atlantic Ave.
Everglade Ave.
Seminole Ave.
Park Ave.
Sunrise Ave.

7th St.
6th St.
5th St.
4th St.
3rd St.
2nd St.
Banyan Blvd.
Clemetis St.
Datura St.
Evernia St.
Fern St.
Gardenia St.

7th St.
5th St.
4th St.

Flagler Memorial Bridge

Sunset Ave.

Breakers Ocean Golf Course

Clear Lake

Lake Worth

Clarke Ave.
Cocoanut Ave.
Seabreeze Ave.
Seaspray Ave.
Seaview Ave.

Okeechobee Blvd.

Lakeview Ave.

Brazilian Ave.
Australian Ave.
Chilan Ave.

Peruvian Ave.
Palm Beach
Worth Ave.
Hammon Ave.

Howard Park

Newark St.

Florida Ave.
Alabama Ave.

Palm St.
Pann St.
Park Pl.
Kanuga Dr.
Flamingo Dr.
Biscayne Dr.
Claremore Dr.

Tuxedo Ln.

Barcelona Rd.
Cordova Rd.
Granada Rd.
Valencia Rd.

Everglades Golf Course

Via Marina

Ardmore Rd.
Upland Rd.
Sunset Rd.
Avon Rd.

Sunset Rd.

Island Rd.
El Bravo Way
El Brillo Way
El Vedado Rd.
Jungle Rd.
Banyan Rd.

Ortega Rd.
Almena Rd.
Omar Rd.
Andrews Rd.
Allendale Rd.

Belvedere Rd.

Almena Rd.
Dyer Rd.
Avila Rd.

Alpha St.
Longwood St.

Charlotte Ave.
Elizabeth Ave.
Clare Ave.

Georgia Ave.

S. Dixie Hwy.

Lake Worth

Hampton Rd.
Ridgewood Rd.
Avenida Hermosa
El Prado
Belmont Pl.

Hampton Rd.

El Prado

Greenwood Dr.
Greymon Dr.
Edgewood Dr.
Monroe Dr.

Merrill Ave.

El Vedado
Hillcrest Blvd.

Wenonah Pl.

Hollywood Pl.
Locust St.

Parker Ave.

Walton Blvd.
Conniston Rd.

Dreher Park

Southern Blvd.

Nottingham Blvd.

Malverne Rd.

Phipps Park

©ULYSSE

Palm Beach et ses environs - Carte - Palm Beach

Au nord de Palm Beach

Singer Island

Crowne Plaza Oceanfront
$$$$
≡, ⁂, ♨, 🔒, ♿
3200 N. Ocean Dr.
☎ (561) 842-6171 ou
800-475-1396
🖷 (561) 841-7474
www.oceanfrontcp.com
Cet établissement se donne des allures d'hôtel-boutique grâce à la décoration sobre mais de fort bon goût de ses 190 confortables chambres. Chacune offre en prime une vue sur la mer et possède un balcon. L'établissement donne en outre accès directement à la belle plage de Singer Island, là où sont proposées toutes sortes d'activités nautiques.

Jupiter

PGA National Resort & Spa
$$$$-$$$$$
≡, ⁂, ♨, ●, ↔, ⛳, 🔒
400 Avenue of the Champions
Palm Beach Gardens
☎ (561) 627-2000 ou
800-633-9150
www.pgaresort.com
Les sportifs trouveront à la fois infrastructures à leur mesure et grand luxe dans ce centre de vacances. Pas moins de cinq terrains de golf, neuf piscines, 19 courts de tennis, une salle d'entraînement et un spa combleront leurs moindres désirs. L'établissement compte 339 chambres et suites, ainsi que 50 cottages de une ou deux chambres

à coucher avec cuisinette équipée.

Restaurants

Palm Beach

Hamburger Heaven
$
dim fermé
314 S. County Rd.
☎ (561) 655-5277
Établi depuis 1945, ce restaurant est le meilleur endroit en ville où manger un gigantesque hamburger. Les petits déjeuners sont aussi copieux et, chose rare dans les parages, à prix abordables.

Too Jay's Original Gourmet Deli
313 Royal Poinciana Plaza
☎ (561) 659-7232
Pour un sandwich à la viande fumée, c'est à ce typique *deli* à la new-yorkaise qu'il faut s'arrêter. Des salades élaborées sont aussi proposées, et le succulent gâteau au fromage compte parmi les spécialités de la maison.

Café L'Europe
$$$$
331 S. County Rd.
☎ (561) 655-4020
Ce café possède une jolie salle où l'on remarque arches et murs de briques qui confèrent à l'établissement une ambiance chaleureuse. Une salle à manger privée est par ailleurs aménagée dans le cellier fort bien garni de la maison. Caneton rôti, veau sauté et darnes de saumon constituent

quelques exemples de ce que l'on retrouve au menu de cet établissement très formel. Un pianiste agrémente toutes les soirées. On peut aussi choisir de s'installer au bar à caviar attenant, à l'atmosphère légèrement plus détendue. Soir seulement. Tenue de ville requise.

The Leopard Lounge and Restaurant
$$$
363 Cocoanut Row
☎ (561) 659-5800
Le chic hôtel **The Chesterfield** (voir p 185) abrite ce restaurant à la décoration opulente. Certains cligneront sans doute des yeux en apercevant les tentures rouges et les motifs léopard des nappes et moquettes, mais apprécieront, une fois la surprise passée, l'intimité de la salle et la qualité du service. Steaks, poissons et pâtes figurent au menu relativement simple de la maison. Des musiciens sont présents tous les soirs. Tenue de ville requise en soirée.

L'Escalier
$$$$
dim-lun fermé
One South County Rd.
☎ (561) 659-8480
Situé dans l'ultrachic hôtel **The Breakers** (voir p 185), L'Escalier se veut un restaurant de gastronomie française. Le décor, riche et classique, traduit d'ailleurs fort bien cette intention. Foie gras, sole meunière, agneau rôti, tournedos, voilà autant de classiques ici habilement réinventés par le chef. Excellent choix

---

Les restaurants qui se distinguent

Les bonnes tables: **L'Escalier**, Palm Beach (p 188); **La Vieille Maison**, Boca Raton (p 189)

Pour les amateurs de vins: **Café L'Europe**, Palm Beach (p 188); **L'Escalier**, Palm Beach (p 188)

Pour les amateurs de fromages: **La Vieille Maison**, Boca Raton (p 189)

---

de vins. Tenue de ville requise.

West Palm Beach

Tsunami
$$-$$$
651 Okeechobee Blvd.
☎ (561) 835-9696
Ce restaurant de cuisine asiatique fusion se cache dans le centre commercial CityPlace. Dans une salle à manger au haut plafond habillée d'un décor moderne, vous savourerez des mets remarquablement apprêtés et présentés. Les sushis sont ici particulièrement réussis. En soirée seulement.

Au sud de Palm Beach

Boca Raton

La Vieille Maison
$$$
770 E. Palmetto Park Rd.
☎ (561) 391-6701
Ce restaurant de cuisine provençale propose des mets raffinés dans un splendide décor ancien.

Fruits de mer, cailles aux raisins et plats de veau ou d'agneau sont servis dans le cadre d'une élégante maison néo-méditerranéenne signée Addison Mizner et construite en 1928. On y accède après avoir poussé de grandes portes en fer forgé qui s'ouvrent sur un beau jardin. Le restaurant comporte deux salles à manger, soit une sur chaque étage. Choix impressionnant de fromages.

Sorties

West Palm Beach

■ Spectacles et concerts

Raymond F. Kravis Center for the Performing Arts
701 Okeechobee Blvd.
West Palm Beach
☎ (561) 832-7469
www.kravis.org
Opéra, ballet, danse moderne, musiques classique, de jazz ou pop sont tour à

tour à l'honneur dans cette salle de concerts.

■ Sports professionnels

Courses de lévriers

Palm Beach Kennel Club Entertainment Complex
1111 N. Congress Ave.
☎ (561) 683-2222
www.pbkennelclub.com
Présentation de courses de lévriers et de matchs de *jai alai* (pelote basque). Également sur place, salles de poker et autres jeux de hasard.

Palm Beach et ses environs - Sorties - West Palm Beach

Au nord de Palm Beach

■ Bars et boîtes de nuit

Palm Beach Princess
Port of Palm Beach
Route 1, entre 45th St. et Blue
Heron Blvd.
Riviera Beach
☎ (561) 845-7447 ou
800-841-7447
www.pbcasino.com
Croisière d'une durée de cinq heures sur un bateau-casino, incluant repas et spectacles. Deux départs par jour. Réservée aux personnes de 21 ans et plus en soirée. Comptez entre 25$ et 40$ par personne.

■ Sports professionnels

Baseball

Roger Dean Stadium
4751 Main St.
Jupiter
☎ (561) 775-1818
www.rogerdeanstadium.com
Le Rogers Dean Stadium, à Jupiter, est le site d'entraînement printanier des Cards de Saint Louis et des Marlins de la Floride, deux équipes professionnelles de la Ligue nationale de baseball.

Achats

Palm Beach

Worth Avenue est considérée comme la Rodeo Drive de Palm Beach. Les boutiques de luxe s'y alignent, de Chanel à Ralp Lauren, en passant par Escada, Louis Vuitton, Giorgio Armani, Gucci et Cartier. L'architecture relevée de l'ensemble rend l'expérience encore plus agréable.

West Palm Beach

CityPlace
700 S. Rosemary Ave.
☎ (561) 366-1000
www.cityplace.com
Ce centre commercial comprend une soixantaine de boutiques, incluant Macy's et Barnes & Noble, ainsi qu'un complexe de 20 salles de cinéma.

Harley-Davidson
2955 45th St.
☎ (561) 659-4131
www.harleyofpalmbeach.com
L'un des plus grands concessionnaires de motos Harley-Davidson aux États-Unis. Des dizaines de motos en montre (location possible) ainsi que des vêtements et objets divers portant la marque du légendaire fabricant.

Au sud de Palm Beach

Boca Raton

Mizner Park
400 N. Federal Hwy.
☎ (561) 362-0606
www.miznerpark.org
Très beau centre commercial aménagé au début des années 1990 à la manière d'Addison Mizner: bâtiments de style néo-méditerranéen, rues pavées bordées de grands palmiers, fontaines et bassins.

La Space Coast

★ ★ ★

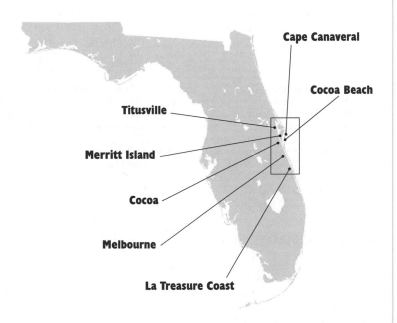

Cape Canaveral

Cocoa Beach

Titusville

Merritt Island

Cocoa

Melbourne

La Treasure Coast

La Space Coast

Technologie de pointe et grande nature font bon ménage dans le Brevard County, où les astronautes du Kennedy Space Center cohabitent avec les espèces protégées du Merritt Island National Wildlife Refuge et du Canaveral National Seashore.

Si l'industrie spatiale représente aujourd'hui le moteur économique de la région, il en est tout autrement jusqu'au milieu du XXe siècle, alors que la culture des oranges, l'élevage et la pêche génèrent l'essentiel des revenus des habitants. Le coup d'envoi du programme américain d'exploration spatiale à la fin des années 1950 transformera complètement le paysage. Bientôt, cette nouvelle vocation sera évoquée jusque dans l'indicatif régional utilisé ici (321), clin d'œil amusant qui rappelle le compte à rebours précédant le lancement d'une fusée.

Ce qu'on appelle la Space Coast (côte de l'espace) s'étend entre Palm Bay et Titusville. Dans le présent chapitre, nous nous concentrerons sur les environs de Cocoa Beach, station balnéaire agréable situé tout près du Kennedy Space Center et du Merritt Island National Wildlife Refuge. Elle se trouve aussi à moins de 80 km d'Orlando et de ses parcs d'attractions.

Accès et déplacements

■ En voiture

La route I-95 (**Interstate 95**) donne accès à la région en venant du sud ou du nord, de même que la route 1 (**US Highway 1**), beaucoup plus lente. Du sud, la route A1A (**Coastal Highway A1A**) parcourt pour sa part les îles-barrières jusqu'à Cocoa Beach.

Depuis la région d'Orlando, la **Bee Line Expressway**, ou route 528 (péage), mène jusqu'à Cocoa Beach.

■ En avion

Une majorité de voyageurs internationaux qui viennent séjourner dans la région arrivent par l'**Orlando International Airport** (voir p 223), situé à environ 45 min de route. Il

y a cependant un petit aéroport à 3,5 km à l'ouest de Melbourne, desservi par Delta, Continental et quelques autres compagnies aériennes régionales:

Melbourne International Airport
1 Air Terminal Pkwy.
☎ (321) 723-6227
www.mlbair.com

Quelques compagnies de location de **voitures** sont présentes sur place. Des **navettes** vous conduiront de cet aéroport jusqu'aux différents hôtels de la région pour 10$ à 20$ par personne.

L'aéroport est également desservi par les **autobus** de la Space Coast Area Transit (1$ par personne).

■ En autocar

Greyhound
☎ 800-231-2222
www.greyhound.com

Voici les gares routières situées dans la région:

Greyhound Cocoa
Station-service EXXon
4301 State Rd. 524
☎ (321) 636-6531

Le lancement d'une navette à Cape Canaveral constitue un spectacle saisissant.
Il s'agit toutefois d'un événement rare, si bien qu'il faut la plupart du temps se contenter de la visite
de l'extraordinaire Kennedy Space Center pour en apprendre davantage sur l'exploration spatiale.
- VISIT FLORIDA

Construit en 1887, le Ponce de León Inlet Lighthouse, non loin de Daytona Beach, est le plus haut phare de la Floride (52,5 m). Abandonné en 1970, il rouvre ses portes en 1982 et se voit désigné monument historique. - *VISIT FLORIDA*

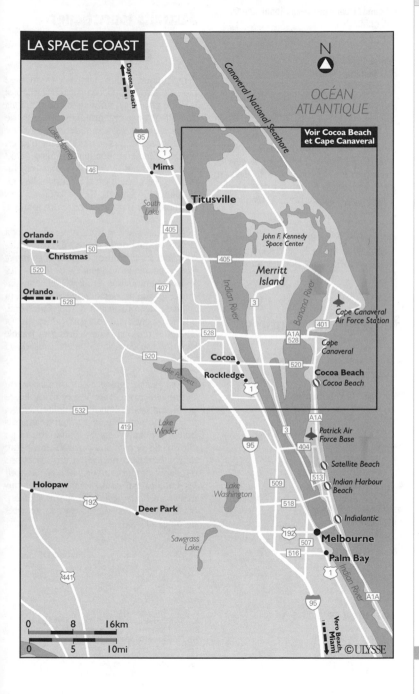

LA SPACE COAST

N

OCÉAN ATLANTIQUE

Canaveral National Seashore

Daytona Beach

95

1

Mims

Titusville

Voir Cocoa Beach et Cape Canaveral

John F. Kennedy Space Center

46

South Lake

405

Orlando

50

Christmas

520

Merritt Island

405

407

3

Cape Canaveral Air Force Station

401

Orlando

528

Indian River

Cape Canaveral

528

A1A 528

Cocoa

520

Cocoa Beach

Cocoa Beach

520

Rockledge

1

Lake Poinsett

532

A1A

419

Lake Winder

3

Patrick Air Force Base

95

404

Satellite Beach

Holopaw

509

513

Indian Harbour Beach

Lake Washington

192

518

Deer Park

Indialantic

Sawgrass Lake

192

507

Melbourne

516

Palm Bay

441

1

Indian River

95

A1A

Vero Beach, Miami

0   8   16km

0   5   10mi

©ULYSSE

La Space Coast - Carte

Greyhound Melbourne International Airport
1 Air Terminal Pkwy.
☎ (321) 723-4329

Greyhound Titusville
1220 S. Washington Ave.
☎ (321) 267-8760

■ Transports publics

La société **Space Coast Area Transit** *(☎321-633-1878, www.ridescat.com)* gère le service de transport en commun dans le Brevard County, qui englobe entre autres Cocoa, Cocoa Beach, Melbourne et Titusville. Tarif: 1$.

À Cocoa Beach, le **Beach Trolley** s'arrête à plusieurs endroits le long de la plage et pratique le même tarif que les autres bus *(1$)*.

Renseignements utiles

■ Bureaux de renseignements touristiques

Space Coast Office of Tourism
2725 Judge Fran Jamieson Way
Viera
☎ (321) 637-5483 ou 877-572-3224
www.space-coast.com

■ Soins médicaux

Cape Canaveral Hospital
701 Cocoa Beach Cswy.
Cocoa Beach
☎ (321) 799-7111

Attraits touristiques

Cocoa Beach ★

Sympathique station balnéaire fréquentée par les familles, Cocoa Beach est aussi connue pour les nombreuses compétitions de surf qu'on y organise. Les amateurs de ce sport auront par exemple un aperçu de son importance aux yeux des gens d'ici en visitant l'immense **Ron Jon Surf Shop** *(4151 N. Atlantic Ave.; ☎321-799-8888, www.ronjons. com)*. Cocoa Beach est d'ailleurs le lieu de résidence du fameux Kelly Slater, six fois champion du monde de cette discipline.

Certains se souviendront aussi de Cocoa Beach comme de la petite ville où se déroulaient les aventures de *Jinny* (*I Dream of Jeannie* en version originale), cette série télévisée comique des années 1960 dans laquelle plusieurs personnages travaillaient à titre d'astronautes à Cape Canaveral, effectivement situé tout près d'ici. Il y a d'ailleurs toujours une **I Dream of Jeannie Lane** incluse dans la grille de rues de la ville.

Cocoa Beach, grâce à la proximité du Kennedy Space Center Visitor Complex et du Merritt Island National Wildlife Refuge, à sa plage agréable, à ses établissements hôteliers relativement économiques, et au fait qu'elle se trouve à environ une heure de route seulement des parcs d'attractions d'Orlando, représente un choix avisé pour les familles qui souhaitent combiner farniente au bord de la mer, parcs thématiques, découvertes scientifiques et activités de plein air.

La Space Coast - Accès et déplacements

★ **ATTRAITS TOURISTIQUES**

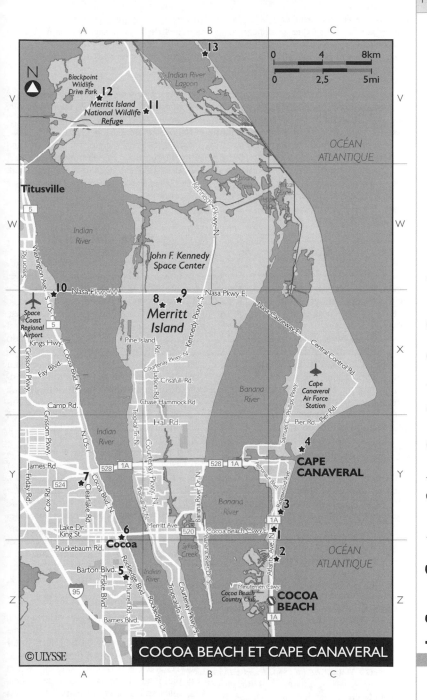

La Space Coast - Carte - Cocoa Beach et Cape Canaveral

COCOA BEACH ET CAPE CANAVERAL

©ULYSSE

C'est sur le **Cocoa Beach Pier** ★ *(401 Meade Ave.;* ☎*321-783-7549)* que se concentre le gros de l'animation en ville. Cafés-terrasses, bars, arcades et boutiques en tous genres s'alignent sur cette jetée de pêcheurs de 250 m de long construite en 1962.

À l'extrême nord de Cocoa Beach, juste en face de Cape Canaveral, le **Port Canaveral** *(www.portcanaveral.org)* est le lieu de départ de nombreux paquebots de croisière qui explorent les eaux des Caraïbes (Carnival, Disney, Holland America, Norwegian, Royal). Il s'agit du troisième port du genre en importance de la Floride, après ceux de Miami et de Fort Lauderdale.

Cocoa

Située sur le continent, en face de Cocoa Beach et au-delà de Merritt Island, la ville de Cocoa possède un joli quartier historique dénommé **Cocoa Village** ★ *(délimité par Riveredge Blvd., King St., Florida Ave. et Derby St.;* ☎*321-631-9075, www.cocoavillage.com).* Il fait bon y déambuler dans ses rues pavées bordées d'arbres, à la découverte de boutiques d'antiquaires, de galeries d'art et de belles maisons anciennes. Parmi celles-ci, mentionnons la **Porcher House** *(lun-ven 9h à 17h; 434 Delannoy Ave.;* ☎*321-639-3500),* construite en 1916 pour Edward P. Porcher, important agriculteur du début du XXᵉ siècle.

Également à voir à Cocoa, le **Brevard Museum of History and Science** *(2201 Michigan Ave.;* ☎*321-632-1830, www.brevardmuseum. com)* raconte l'histoire de la région.

Melbourne

Plus importante ville de la région, Melbourne est située tout juste au sud de Cocoa. Elle abrite deux sites touristiques d'intérêt: le Brevard Zoo et le Brevard Museum of Art & Science.

Au **Brevard Zoo** *(adultes 9$, enfants 6$; tlj 9h30 à 17h; 8225 N. Wickham Rd.;* ☎*321-254-9453, www.brevardzoo.org),* quelque 550 animaux évoluent en quasi-liberté (girafes, rhi-

nocéros, antilopes, jaguars...). Des passerelles de bois et des circuits à faire en petits trains ou en kayak permettent aux visiteurs d'observer les différentes espèces représentées.

Le **Brevard Museum of Art & Science** *(adultes 5$, enfants 2$, entrée libre le jeudi 13h à 17h; mar-sam 10h à 17h, dim 13h à 17h, lun fermé; 1463 Highland Ave. N.;* ☎*321-242-0737, www. artandscience.org)* est un musée d'art (arts africain primitif, précolombien et moderne) doublé d'un musée des sciences (**Ruth Cote Clemente Science Center**) qui s'adresse aux enfants.

Cape Canaveral

Au cours des premières heures du programme spatial américain, soit à la fin des années 1950 et au début de la décennie suivante, tous les lancements de fusée se font à Cape Canaveral, également une base de l'armée de l'air américaine. La course à l'espace lancée par le célèbre discours du président John F. Kennedy en 1961, qui prédit que les Américains se poseront sur la Lune avant la fin de la décennie, engendre dès lors un développement frénétique des équipements de la NASA (National Aeronautics and Space Administration), qui débordent bientôt sur Merritt Island.

Ainsi, le **Kennedy Space Center** ★★★ *(adultes 37$, enfants 27$, incluant la visite en autocar et les films IMAX; tlj 9h à 18h; S.R. 405, Titusville;* ☎*321-449-4444, www.kennedyspacecenter. com)* s'étend aujourd'hui sur une partie de Merritt Island, que l'Indian River sépare de Titusville, alors que la majorité de ses nombreuses rampes de lancement s'alignent toujours sur le Cape Canaveral, qu'on rebaptisa «Cape Kennedy» entre 1963 et 1973, et qui se trouve à l'est de la Banana River.

La première partie de la visite se fait à pied, tout juste après avoir franchi les guichets d'entrée, au **Kennedy Space Center Visitor Complex** ★★. Dans un premier temps, le **Rocket Garden** ★★ propose une exposition en plein air d'une collection de fusées, capsules spatiales et autres navettes. Non

Les lancements

On évalue que chaque lancement de navette spatiale attire entre 100 000 et 300 000 visiteurs dans le Brevard County, une véritable manne pour les hôteliers, restaurateurs et autres commerçants de la région.

Interrompus depuis le terrible accident qui a tué les sept astronautes présents à bord de la navette Columbia en février 2003, les lancements ont repris en juillet 2005 lorsque Discovery a pris son envol, une bonne nouvelle pour une économie locale passablement malmenée au cours des dernières années (baisse de l'activité touristique au lendemain des attaques terroristes du 11 septembre 2001, catastrophe de 2003, ouragans à répétition de 2004).

Il est possible d'assister aux lancements de navettes à l'intérieur même du Kennedy Space Center. Pour ce faire, des réservations doivent être effectuées sur le site Internet *www.kennedyspacecenter.com* ou par téléphone (☎321-867-4636). Les billets sont mis en vente environ six semaines avant chaque lancement *(adultes 37$, enfants 27$)*.

Sinon, il y a plusieurs points d'observation appréciables à l'extérieur du complexe, comme par exemple au Merritt Island National Wildlife Refuge, ou sur la route 402, ou encore aux abords de l'Indian River à Titusville.

Rappellez-vous toutefois que votre horaire doit vous permettre une bonne flexibilité car il arrive souvent que les lancements soient retardés de quelques heures à quelques jours en cas de conditions climatiques défavorables.

loin de là, deux **cinémas IMAX** présentent des films tridimensionnels sur le thème de la conquête spatiale, et **Astronaut Encounter** constitue un lieu de rencontre où les visiteurs peuvent échanger avec de vrais astronautes. Expositions, spectacles divers, restaurants et boutiques sont également accessibles dans les parages.

Plus loin, le **Space Walk of Honor**, qui se veut un hommage aux pionniers du programme spatial américain, contourne un étang et conduit à l'émouvant **Astronaut Memorial** ★, dédié spécialement à ceux d'entre eux qui y ont laissé leur vie.

Dernier élément de cette partie du complexe, **Shuttle Explorer** ★★ présente une impressionnante reconstitution grandeur nature de la navette Explorer.

Tout près de là se trouvent les quais d'embarquement pour les **visites en autocar** ★★★ des installations de la NASA. Celles-ci, d'une durée d'environ deux heures et demie *(départs toutes les 15 min de 10h à 14h45)*, conduisent d'abord les participants au **LC 39 Observation Gantry** ★★, où une tour d'observation permet de contempler les rampes de lancement, puis au **Vehicule Assembly Building**, que l'on dit être un des plus grands bâtiments du monde.

La visite en autocar se poursuit jusqu'à l'**Apollo/Saturn V Center** ★★★. Dans un gigantesque hangar, on retrouve une fusée lunaire Saturn V, d'une hauteur de 110 m. La reconstitution d'un centre de contrôle permet de revivre un lancement, et un film raconte l'alunissage historique d'Apollo XI.

La Space Coast - Attraits touristiques - Cape Canaveral

Titusville

Cette ville d'environ 40 000 habitants fait littéralement face au Kennedy Space Center, et d'ailleurs la majorité de sa population active y travaille. Il s'agissait donc de l'endroit idéal pour l'établissement de l'**Astronaut Hall of Fame** ★ *(adultes 14$, enfants 10$; tlj 9h à 17h; intersection des routes 1 et 405;* ☎*321-269-6100)*, qui présente chacun des astronautes américains ayant pris part aux diverses missions spatiales. Des expositions et des films racontent l'histoire de la conquête de l'espace et évoquent en quoi devrait être composé son futur. Des simulateurs permettent d'expérimenter l'apesanteur ou encore la force G à laquelle sont soumis les cosmonautes au moment du décollage.

Merritt Island

Le **Merritt Island National Wildlife Refuge** ★★★ *(entrée libre; lun-ven 8h à 16h30, sam 9h à 17h, dim nov à mar 9h à 17h, dim avr à oct fermé;* ☎*321-861-0667, www.merrittisland.fws.gov)* propose un spectaculaire contraste avec la NASA, son voisin immédiat. Nulle part ailleurs au monde ne peut-on retrouver côte à côte d'aussi remarquables exemples du génie scientifique humain et de la grande nature. Cette réserve faunique de 56 000 ha constituée en 1963 est vouée à la protection de plusieurs espèces animales menacées: lamantins, tortues de mer, aigles à tête blanche *(bald eagles)*, lynx. Une route non revêtue de 10 km, le **Black Point Wildlife Drive** ★★, permet de l'explorer afin d'y observer les canards dans leurs quartiers d'hiver, de même que de nombreuses autres espèces d'oiseaux. Des haltes et une tour prévue à cette fin facilitent encore davantage l'observation des oiseaux.

Au **Visitor Information Center** *(entrée libre; lun-ven 8h à 16h30, sam-dim 9h à 17h, avr à oct dim fermé; State Rd. 402)*, des guides naturalistes accueillent les visiteurs. On y trouve aussi une librairie spécialisée bien pourvue. À l'arrière, une passerelle en bois mène à différents sentiers de randonnée pédestre. Une plate-forme d'observation permet même d'apercevoir des lamantins, ces étonnants mammifères marins.

Situé au nord de la réserve faunique, le **Canaveral National Seashore** ★★ *(tlj 6h à 20h; accès sud par la route 402, à une quinzaine de kilomètres à l'est de Titusville;* ☎*321-867-4077, www.nps.gov/cana/index.htm)*, un parc littoral créé en 1975, s'étire sur 40 km. Y est notamment protégée de tout développement **Playalinda Beach** ★★★, dernière plage sauvage de l'est de la Floride.

La Treasure Coast

Entre Melbourne et Jupiter, 160 km plus au sud, s'étend la Treasure Coast (côte aux trésors). On y trouve quelques stations balnéaires d'intérêt, notamment sur la longiligne **Hutchison Island**, comme l'agréable **Vero Beach** ★.

Activités de plein air

■ Baignade

La plage de **Cocoa Beach** s'avère à la fois agréable et pas trop encombrée. De nombreuses activités peuvent y être pratiquées (surf, volley-ball et autres). Maîtres nageurs, nombreux restaurants, jetée de pêcheurs animée.

Les amateurs de plages sauvages peu fréquentées se dirigeront quant à eux vers la magnifique **Playalinda Beach** du **Canaveral National Seashore**. Rappelez-vous toutefois qu'il n'y a ici aucun service.

■ Canot et kayak

Adventure Kayak of Cocoa Beach
Ramp Rd.
Cocoa Beach
☎ (321) 480-8632
www.advkayak.com
Visites guidées en kayak d'une durée de deux à trois heures à la découverte d'une mangrove avec, au programme, observa-

tion des lamantins, des dauphins et des oiseaux.

■ Observation des oiseaux

Spatules rosées, canards (en hiver), aigrettes, hérons, aigles à tête blanche (*bald eagles*) habitent le **Merritt Island National Wildlife Refuge** *(entrée libre;* ☎ *321-861-0667, www.merrittisland.fws.gov)*. Une route de 10 km et une tour d'observation facilitent l'approche de l'abondante faune ailée présente dans cette réserve naturelle.

■ Pêche

De nombreux amateurs de pêche se donnent rendez-vous tous les jours sur le **Cocoa Beach Pier** *(401 Meade Ave.;* ☎ *321-783-7549)*, qui s'avance dans l'océan sur une distance d'environ 250 m.

De plus, des excursions de pêche de toute nature sont organisées au départ du **Port Canaveral**.

■ Surf

Les vagues de **Cocoa Beach** sont particulièrement appréciées des amateurs de surf. D'ailleurs, de nombreuses compétitions sont organisées ici tout au long de l'année. Les débutants peuvent s'inscrire à des cours de surf afin de s'initier aux rudiments de la discipline:

Cocoa Beach Surfing School
150 E. Columbia Lane
☎ (321) 868-1980
www.cocoabeachsurfingschool.com
Comptez 150$ pour une leçon de trois heures.

La Space Coast - Activités de plein air

Hébergement

Cocoa Beach

Holiday Inn Cocoa Beach Resort
$$
≡, ≋, ♥, ❄, ✛
1300 N. Atlantic Ave.
☎ (321) 783-2271 ou
800-206-2747
🗏 (321) 784-8878
www.hicentralflorida.com/cocoa.
html
Les quelque 500 chambres de cet établissement sont simples mais agréablement décorées de couleurs joyeuses. Les *KidsSuites* possèdent une section réservée aux enfants avec jeux vidéo.

The Inn at Cocoa Beach
$$$-$$$$ pdj
≡, ≋, ✛
4300 Ocean Beach Blvd.
☎ (321) 799-3460 ou
800-343-5307
🗏 (321) 784-8632
www.theinnatcocoabeach.com
Il y a de nombreux hôtels à Cocoa Beach, dont plusieurs associés à des chaînes. Mais l'établissement le plus intéressant des environs est sans aucun doute The Inn at Cocoa Beach. Voilà un véritable hôtel de charme aménagé dans deux jolis bâtiments de stuc rose séparés l'un de l'autre par une place où l'on remarque une petite fontaine. L'auberge possède aussi une agréable piscine, à l'arrière, et, en prime, donne directement sur la plage. Les belles grandes chambres s'avèrent chaleureuses avec leurs meubles anciens, ainsi que leurs bibelots, magazines, livres et plantes vertes, qui donnent l'impression d'être reçu à la maison d'une vieille connaissance. Celles avec vue sur la mer donnent toutes sur un balcon avec berceuses. Le vin est gracieusement offert entre 16h30 et 18h, une belle occasion de fraterniser avec les autres occupants. Petit déjeuner copieux et vraiment délicieux inclus. Accueil très sympathique. Bicyclettes à la disposition des clients.

Titusville

Best Western Space Shuttle Inn
$$ pdj
≡, ≋, ♥
3455 Hwy. 50 (Cheney Hwy.)
☎ (321) 269-9100 ou
800-523-7654
🗏 (321) 383-4676
www.spaceshuttleinn.com
Hôtel correct, bon marché et situé à deux pas du Kennedy Space Center, le Best Western Space Shuttle Inn conviendra parfaitement aux gens qui souhaitent s'arrêter brièvement ici, le temps de visiter les installations de la NASA.

La Treasure Coast

Vero Beach constitue une cité balnéaire dont la popularité va croissant. Plusieurs centres de villégiature de qualité y sont maintenant installés, dont les quelques-uns que voici.

Vero Beach Hotel and Club
$$$-$$$$ pdj
≡, ≋, ♥, ❄
3500 Ocean Dr.
Vero Beach
☎ (772) 231-5666 ou
800-841-5666
🗏 (772) 234-4866
Ce petit complexe situé sur la plage renferme 54 suites confortables de une ou deux chambres à coucher

---

Les lieux d'hébergement qui se distinguent

Pour le charme: **The Inn at Cocoa Beach**, Cocoa Beach (p 200)

Pour les familles: **Holiday Inn Cocoa Beach Resort**, Cocoa Beach (p 200); **Disney's Vero Beach Resort**, Vero Beach (p 201)

Pour l'accueil: **The Inn at Cocoa Beach**, Cocoa Beach (p 200)

avec coin repas, réfrigérateur et four à micro-ondes.

Vero Beach Inn
$$$-$$$$
≡, ≋, ♨, ✳
4700 N. Route A1A
Vero Beach
☎ (772) 231-1600 ou
800-227-8615
🗐 (772) 231-9547
www.verobeachinn.com
Un grand bâtiment de briques avec fenêtres à carreaux abrite la centaine de chambres du Vero Beach Inn, installé directement sur la plage. Certaines chambres sont équipées d'un réfrigérateur ou d'un four à micro-ondes (quelques-unes ont les deux), et plusieurs offrent une belle vue sur la mer.

Disney's Vero Beach Resort
$$$$$
≡, ≋, ♨, ☻, ⊹, ≋, 🔒
9250 Island Grove Terrace
Vero Beach
☎ (772) 234-2000 ou
800-359-8000
🗐 (772) 234-2030
www.dvcresorts.com
Ce complexe situé en bord de mer propose une foule d'activités destinées aux familles, une magnifique piscine en forme de lagon, un golf miniature et des petits déjeuners en compagnie des personnages de Disney. Les unités d'hébergement (chambres ou cottages) sont spacieu-ses et habillées de couleurs gaies. Certaines sont équipées d'une cuisine.

Restaurants

Cocoa Beach

Atlantic Ocean Grille
$$
401 Meade Ave.
☎ (321) 783-7549
Ce resto de poissons et fruits de mer sans prétention est établi sur le Cocoa Beach Pier, ce qui assure à ses clients une belle vue de l'océan Atlantique. Pour les carnivores irrécupérables, des steaks apparaissent également au menu.

The Mango Tree
$$$
lun fermé
118 N. Atlantic Ave.
☎ (321) 799-0513
Il ne faut pas se laisser rebuter par l'aspect plus que quelconque de l'extérieur. Les gens du coin n'hésitent pas à recommander cet établissement, et ils savent ce qu'ils font. On y trouve plusieurs salles décorées avec goût ainsi qu'un jardin où l'on peut s'installer par beau temps. Un pianiste est présent tous les soirs et contribue à l'ambiance romantique des lieux. Parmi les mets particulièrement réussis de la maison, mentionnons la succulente bisque de fruits de mer, le saumon du jour, les assiettes de crevettes et langoustines, et les tournedos aux champignons. Petite note amusante: serveurs et pianiste se font complices dans une mise en scène où la musique accompagne le dévoilement des plats. Service excellent. En soirée seulement.

Cocoa

Café Margaux
$$
mar et dim fermé
220 Brevard Ave.
Cocoa Village
☎ (321) 639-8343
Les cuisines française et italienne se côtoient à cet autre favori de la région. Ce restaurant se trouve dans la partie historique de Cocoa, en face de Cocoa Beach. La salle intérieure présente un décor classique de belle tenue, alors que la terrasse extérieure s'avère fort agréable. Pâtes, filet mignon et canard rôti figurent au menu. Excellente sélection de vins.

La Space Coast - Restaurants - Cocoa

Les restaurants qui se distinguent

Les bonnes tables: **The Mango Tree**, Cocoa Beach (p 201); **Café Margaux**, Cocoa (p 201)

Pour l'ambiance romantique: **The Mango Tree**, Cocoa Beach (p 201)

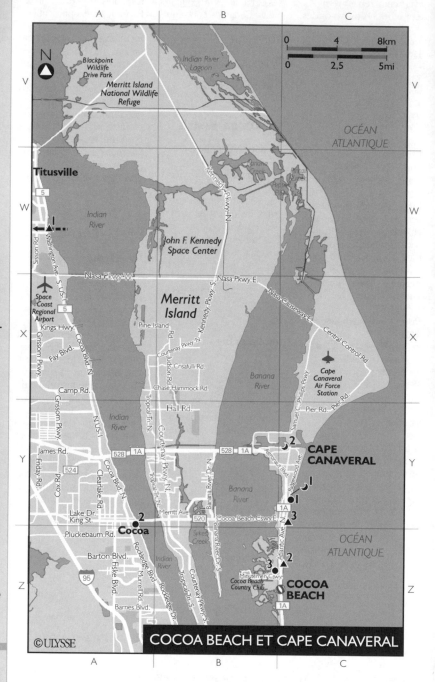

COCOA BEACH ET CAPE CANAVERAL

©ULYSSE

Sorties

Cocoa Beach

■ Bars et boîtes de nuit

À Cocoa Beach, c'est sur le **Cocoa Beach Pier** *(à la hauteur de Meade Avenue)* que ça se passe. Des bars comme le sympathique **Boardwalk Tiki Bar** attirent une foule enthousiaste à la tombée du jour, surtout le vendredi soir lors du *Friday Night Boardwalk Bash*.

Au départ du Port Canaveral, **SunCruz Casinos** *(610 Glen Cheek Dr.; ☎321-799-3511 ou 888-765-5711, www.suncruzcasino.com)* propose des croisières-casino d'une durée d'environ cinq heures, deux fois par jour, comprenant buffet, boissons, spectacles, 500 machines à sous et diverses tables de jeux.

La Treasure Coast

■ Sports professionnels

Baseball

Holman Stadium - Dodgertown
4101 26th St.
Vero Beach
☎ (772) 569-6858
www.vbdodgers.com
Lieu d'entraînement printanier du célèbre club professionnel des Dodgers de Los Angeles de la Ligue nationale de baseball.

Achats

Cocoa Beach

Ron Jon Surf Shop
4151 N. Atlantic Ave.
☎ (321) 799-8888
www.ronjons.com
On ne peut le manquer. Une institution à Cocoa Beach depuis 1963. Sur deux niveaux totalisant près de 5 000 m², quelque 35 000 articles incluant des planches de surf, mais aussi des maillots de bain, bikinis, verres fumées... Ouvert 24 heures sur 24.

Cocoa

Cocoa Village
www.cocoavillage.com
Joli quartier historique où l'on trouve de nombreuses boutiques d'antiquaires, galeries d'art, bijouteries et autres. Délimité par Riveredge Boulevard, King Street, Florida Avenue et Derby Street.

Merritt Island

Merritt Square Mall
777 E. Merritt Island Cswy.
☎ (321) 452-3272
www.merrittsquaremall.com
Le plus important centre commercial des environs avec sa centaine de boutiques, ses restaurants et ses salles de cinéma.

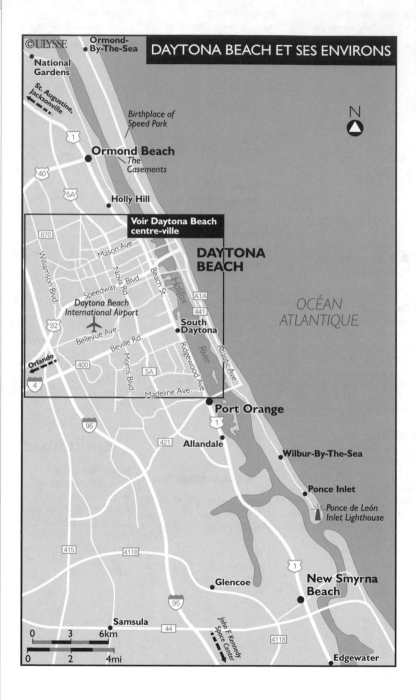

© ULYSSE

DAYTONA BEACH ET SES ENVIRONS

Ormond-By-The-Sea

National Gardens

St. Augustine, Jacksonville

Birthplace of Speed Park

Ormond Beach
The Casements

Holly Hill

Voir Daytona Beach centre-ville

DAYTONA BEACH

Mason Ave.

Nova Blvd.

Beach St.

Halifax

Williamson Blvd.

Speedway Blvd.

Daytona Beach International Airport

Bellevue Ave.

Beville Rd.

South Daytona

Orlando

Morris Blvd.

Ridgewood Ave.

River

Madeline Ave.

OCÉAN ATLANTIQUE

Atlantic Ave.

Port Orange

Allandale

Wilbur-By-The-Sea

Ponce Inlet

Ponce de León Inlet Lighthouse

Glencoe

New Smyrna Beach

Samsula

John F. Kennedy Space Center

Edgewater

0   3   6km
0   2   4mi

Daytona Beach et ses environs

★ ★

Daytona Beach
Ormond Beach
Ponce Inlet
New Smyrna Beach

Les sports motorisés ont façonné la personnalité de Daytona Beach et ses environs, et ce, dès le début du XXᵉ siècle. Installée au début des années 1870 sur les terres d'une ancienne plantation par le promoteur immobilier **Mathias Day**, la ville de Daytona Beach est incorporée en 1876. Le Florida East Coast Railway d'Henry Flagler atteint la région peu de temps après (1888). Puis, à partir de 1903, des courses automobiles sont organisées directement sur la plage à Ormond Beach, tout juste au nord de Daytona Beach, afin d'amuser les nantis qui viennent passer leurs vacances à l'**Ormond Hotel**, établissement aujourd'hui disparu qu'avait acquis Flagler préalablement à l'arrivée de sa voie ferrée pour en faire un hôtel de prestige.

Cette pratique pour le moins singulière voit le jour du fait que le sable bien damé de la plage, à cet endroit, constitue une surface idéale pour la course automobile à une époque où les routes revêtues sont encore rares. Elle durera jusqu'en 1935. Puis des courses de stock-cars et de motocyclettes suivront. La construction du **Daytona International Speedway** en 1958 viendra consolider encore davantage, si la chose est possible, la vocation de la ville. Des courses en tous genres s'y tiennent depuis, dont le célèbre Daytona 500 (500 milles de Daytona).

Aujourd'hui, les automobiles peuvent toujours circuler sur la plage, mais sur certaines portions seulement et à basse vitesse, limitations obtenues de longues luttes par les groupes écologistes.

Ville de 65 000 habitants, Daytona Beach vit principalement du tourisme, grâce à la spectaculaire plage de 37 km de son agglomération, qui attire les étudiants pendant leur pause printanière *(Spring Break)* et les familles le reste de l'année. Celles-ci trouvent ici hébergement à prix raisonnable (sauf lorsqu'il y a courses) et proximité relative par rapport aux grands parcs d'attractions d'Orlando, à un peu plus d'une heure de route. Les événements de sports motorisés contribuent également aux recettes touristiques de la ville, de même que les tournois de golf de la Ladies Professional Golf Association (LPGA), dont le siège est installé ici.

Accès et déplacements

■ En autocar

Greyhound
☎ 800-231-2222
www.greyhound.com

La gare routière de Daytona Beach est située à l'adresse suivante:

Daytona Beach Greyhound Bus Terminal
138 S. Ridgewood Ave.
☎ (386) 255-7076

■ En avion

Le Daytona Beach International Airport est situé non loin du Daytona International Speedway et à environ 7 km à l'ouest du bord de mer.

Daytona Beach International Airport
700 Catalina Dr.
Daytona Beach
☎ (386) 248-8069
www.flydaytonafirst.com

Les principales compagnies aériennes qui le desservent sont Continental Airlines et Delta Air Lines.

Les grandes compagnies de location de **voitures** sont représentées à l'aéroport. La route 92, ou International Speedway Boulevard, relie l'aéroport au centre-ville et au secteur des plages.

Un circuit d'**autobus** de la société **Votran** *(☎386-756-7496, www.votran.org)* dessert l'aéroport. Un départ chaque demi-heure. Tarifs: 1$ pour les adultes et 0,50$ pour les enfants.

Pour une course en **taxi** entre l'aéroport et les hôtels situés en bord de mer, comptez entre 12$ et 18$.

■ En train

La gare la plus près se trouve à De Land, à quelque 30 km au sud-ouest de Daytona Beach. Les trains *Silver Meteor*, *Silver Star* et *Palmetto*, mis en service par la société Amtrak, relient Miami, Tampa, Orlando, De Land, Jacksonville, Savannah, Charleston, Washington DC et New York. Il faut toutefois bien vérifier les itinéraires car, à certaines heures, des trains «express» peuvent ne pas s'arrêter à De Land.

Le *Sunset Limited* traverse quant à lui le sud des États-Unis d'un océan à l'autre. Ce train relie Orlando, De Land, Jacksonville, La Nouvelle-Orléans, Houston et Los Angeles. Il comporte des couchettes, un wagon-restaurant et un wagon panoramique (Sightseer Lounge Car). Trois départs par semaine dans chaque direction.

Amtrak De Land
2491 Old West New York Ave.
☎ (386) 734-2322 ou 800-872-7245

■ Transports publics

La société **Votran** *(☎386-756-7496, www.votran.org)* gère les transports en commun des environs. Il en coûte 1$ par adulte et 0,50$ par enfant pour monter à bord des bus.

Un bus dont la forme rappelle celle d'un tramway, le **A1A Beachside Trolley**, arpente Atlantic Avenue de la mi-janvier à la fête du Travail (premier lundi de septembre). Il dessert Daytona Beach Shores, Daytona Beach et Ormond Beach du lundi au samedi entre midi et 19h. Tarifs: adultes 1$, enfants 0,50$.

■ En voiture

La route I-95 (**Interstate 95**) donne accès à la région en venant du sud ou du nord, de même que la route 1 (**US Highway 1**), beaucoup plus lente. La route A1A (**Coastal Highway A1A**) parcourt pour sa part l'île-barrière où se trouvent les plages.

Déplacements dans la ville

Les municipalités qui constituent la région de Daytona Beach, soit, du sud au nord, Ponce Inlet, Daytona Beach Shores, Daytona Beach et Ormond Beach, se succèdent sans que l'on se rende trop compte des lignes de démarcation entre chacune d'elles. Par contre, les adresses sont organisées en fonction de chaque ville. Ainsi, sur Atlantic Avenue, aux abords de laquelle s'élèvent tous les établissements qui donnent sur la plage, les adresses comprennent la précision Sud (S.) ou Nord (N.) (ex.: 110 N. Atlantic Ave.), mais cette distinction est reprise dans chaque municipalité. Autrement dit, il peut y avoir un «110 N. Atlantic Ave.» à Ponce Inlet, à Daytona Beach Shores, à Daytona Beach et à Ormond Beach... Veillez donc à toujours avoir en main l'adresse complète, incluant le nom de la municipalité.

Depuis la région d'Orlando, la **route 4** mène jusqu'à Daytona Beach.

Renseignements utiles

■ Bureaux de renseignements touristiques

Daytona Beach Area Convention & Visitors Bureau
126 E. Orange Ave.
Daytona Beach
☎ (386) 255-0415 ou 800-854-1234
www.daytonabeach.com

Official Visitors Welcome Center
Daytona USA
1801 W. International Speedway Blvd.
☎ (386) 253-8669
Bureau d'information touristique installé sur les lieux du Daytona International Speedway.

Attraits touristiques

Daytona Beach ★★

Daytona Beach s'étend en partie sur le continent et en partie sur une île-barrière. On trouve sur sa portion continentale le centre-ville, l'aéroport, le *speedway* et le quartier historique aux abords de la rivière Halifax, nom donné à l'Intracoastal Waterway à cette hauteur. Le secteur des plages se trouve quant à lui tout juste de l'autre côté de la rivière et s'étire sur 37 km entre Ponce Inlet, au sud, et Ormond Beach, au nord.

Le centre-ville

Depuis la route 92, qui prend le nom d'«International Speedway Boulevard» à Daytona Beach, on ne peut manquer le gigantesque complexe de course automobile qu'est le **Daytona International Speedway** ★★ *(1801 W. International Speedway Blvd.; ☎386-253-7223, www.daytonainternationalspeedway.com)*. Construit en 1958, cet imposant

stade renferme une piste tri-ovale de 2,5 milles (un peu plus de 4 km) sur laquelle sont disputées diverses épreuves de sports motorisés. Parmi les plus importantes, mentionnons les courses automobiles de la série NASCAR, dont le fameux Daytona 500, auxquelles s'ajoutent les courses de motos de la Bike Week (fin février, début mars) et de nombreuses compétitions de stock-cars, karts et autres.

Si votre visite ne coïncide pas avec la tenue de courses, vous pourrez vous rabattre sur **Daytona USA** ★★ *(adultes 21,50$, enfants 15,50$; tlj 9h à 19h; ☎386-947-6800, www.daytonausa.com)*, sorte de mini-parc d'attractions virtuelles sur le site même du *speedway*. On y trouve des simulateurs d'accélération, dont un qui reproduit en partie une course du Daytona 500, ainsi qu'un cinéma IMAX. Une visite guidée de l'autodrome à bord d'un tram *(7,50$)*, d'une durée d'environ 30 min, peut également être ajoutée au prix d'entrée.

Si vous rêvez de faire un tour de bolide sur le circuit même du Daytona International Speedway, adressez-vous à **Richard Petty Driving Experience** *(134$; mai à oct; ☎386-947-6530, www.1800bepetty.com)*, également sur place.

Le **Museum of Arts & Sciences** ★★ *(adultes 8$, enfants 4$; mar-ven 9h à 16h, sam-dim 12h à 17h, lun fermé; 1040 Museum Blvd.; ☎386-255-0285, www.moas.org)* propose diverses vitrines sur des thèmes reliés aux arts, à la science et à l'histoire. Il met ainsi en valeur des collections très éclectiques: tableaux et arts décoratifs américains, importante collection d'art cubain offerte par l'ancien président Batista, masques et objets en or africains, art chinois, galerie d'histoire naturelle et planétarium.

Le **Jackie Robinson Ballpark** *(105 E. Orange Ave.; ☎386-257-3172)* rappelle que c'est ici que le légendaire Jackie Robinson, premier joueur de couleur à évoluer dans les ligues majeures professionnelles de baseball, a débuté sa carrière en 1946 avec les Dodgers de Brooklyn, qui tenaient à Daytona Beach leur camp d'entraînement printanier. Robinson avait auparavant joué pour les Royaux de Montréal, club profes-

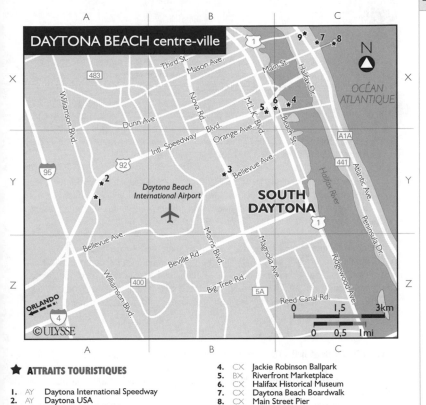

DAYTONA BEACH centre-ville

★ **ATTRAITS TOURISTIQUES**

1.	AY	Daytona International Speedway
2.	AY	Daytona USA
3.	BY	Museum of Arts & Sciences
4.	CX	Jackie Robinson Ballpark
5.	BX	Riverfront Marketplace
6.	CX	Halifax Historical Museum
7.	CX	Daytona Beach Boardwalk
8.	CX	Main Street Pier
9.	CX	Daytona Beach Bandshell

sionnel des ligues mineures. Le stade est joliment aménagé sur la petite City Island. Près de l'entrée, une statue de bronze rend hommage à ce grand athlète.

Le quartier environnant, qui correspond au centre historique de la ville, a été rebaptisé le **Riverfront Marketplace** *(☎386-671-3272, www.riverfrontmarketplace.com)*. Des travaux de revitalisation en ont fait un agréable secteur comprenant de nombreuses boutiques et boîtes de nuit, la plupart installées sur la très jolie **Beach Street ★**.

Pour vous familiariser avec l'histoire de la ville et des environs, faites un saut au **Halifax Historical Museum** *(adultes 4$, enfants 1$; mar-sam 10h à 16h, dim-lun fermé; 252 S. Beach St.; ☎386-255-6976, www.halifaxhistorical.org)*, agréablement aménagé dans

une ancienne banque de style Beaux-Arts construite en 1910. On y trouve notamment une maquette du Boardwalk de Daytona Beach tel qu'il était en 1938.

La plage de Daytona Beach

Sur la plage de Daytona Beach, l'action se déroule aux environs du **Daytona Beach Boardwalk** *(sur la plage, entre Main St. et Auditorium Blvd.)*. Restaurants, boutiques et arcades s'y alignent.

Tout près de là, le **Main Street Pier** *(1200 Main St.; ☎386-238-1212)* regroupe d'autres restaurants, cafés et bars, ainsi que quelques manèges, un téléphérique et une tour d'observation, la **Space Needle**, haute de 54 m.

Jackie Robinson (1919-1972)

Jackie Robinson, né en 1919 à Cairo en Géorgie, devient à l'âge adulte un brillant athlète et se démarque dans plusieurs disciplines sportives pendant ses études à l'université de Californie à Los Angeles (UCLA).

Entre 1945 et 1947, Robinson sera le premier athlète noir à évoluer pour un club de baseball membre d'un circuit professionnel autre que les ligues réservées à l'époque aux joueurs de couleur. C'est avec les Royaux de Montréal, club-école des Dodgers de Brooklyn, qu'a lieu cette grande première.

En 1947, il obtient enfin sa chance de graduer dans les ligues majeures avec les Dodgers, dont le camp d'entraînement printanier se tient à Daytona Beach. Il avait d'ailleurs participé à ce camp d'entraînement l'année précédente. Il connaîtra une glorieuse carrière et sera élu au Temple de la renommée du baseball en 1962.

Premier Afro-Américain à jouer dans les ligues majeures, Jackie Robinson occupe dans l'histoire une place bien plus importante que celle d'un habile baseballeur. Il est devenu aux États-Unis une icône de la lutte des Noirs pour la reconnaissance de leurs droits civiques. Grâce à son talent et à une farouche détermination, il a contribué à faire voler en éclats des barrières jugées infranchissables avant lui.

Le **Daytona Beach Bandshell** *(70 Boardwalk; www.bandshell.org)* prend la forme d'une monumentale scène extérieure plantée aux abords de la plage. Des concerts classiques y sont présentés de mai à octobre, ainsi que des spectacles divers en toutes saisons.

Ormond Beach ★

Située au nord de Daytona Beach, la ville d'Ormond Beach en est la continuité naturelle, au point où il est bien difficile de distinguer le point de démarcation entre les deux. Cette ville de 37 000 habitants a pourtant son histoire bien à elle. Ainsi, au début du XXe siècle, devient-elle un rendez-vous pour les John D. Rockefeller et autres richards qui viennent passer l'hiver au chic Ormond Hotel, aujourd'hui disparu, et assister à des courses d'automobiles sur la plage.

Le **Birthplace of Speed Park** *(angle route A1A et Granada Blvd.)*, un petit parc en bordure de la plage, comporte un monument qui rappelle cette époque. Au début du XXe siècle, peu de routes sont revêtues. Le sable damé de la plage à cette hauteur constitue de loin la surface la mieux adaptée à la tenue de courses de bolides, dont on s'efforce alors d'améliorer rapidement les performances faisant ainsi tomber les records de vitesse les uns après les autres. La première de ces courses a lieu en 1903. Elle sera suivi de plusieurs autres, et ce, jusqu'en 1935.

Non loin de là, il est aujourd'hui possible de visiter la résidence d'hiver acquise en 1918 par le milliardaire John D. Rockefeller: **The Casements ★** *(lun-ven 10h à 14h30; 25 Riverside Dr.; ☎386-676-3216)*. La légende veut que Rockefeller ait fait l'acquisition de ce manoir après avoir découvert que l'Ormond Hotel exigeait de lui un prix plus élevé que n'importe qui d'autre pour sa chambre… Des visites commentées permettent d'accéder à plusieurs pièces meublées comme à l'origine. La tenue d'expositions temporaires ainsi qu'une salle réservée à la présentation d'objets évoquant l'histoire du scoutisme sont également à signaler.

Ponce Inlet ★

Au sud de Daytona Beach, sur l'île-barrière, s'étend la petite localité de Ponce Inlet, connue pour son phare historique, mais aussi pour ses restaurants et sa jolie marina.

Construit en 1887, le **Ponce de León Inlet Lighthouse ★** *(adultes 5$, enfants 1,50$; tlj 10h à 16h, jusqu'à 19h en été, dernières entrées une heure avant la fermeture; 4931 S. Peninsula Dr.;* ☎*386-761-1821, www.ponceinlet.org)* est le plus grand phare de la Floride (52,5 m). Abandonné en 1970, il rouvre ses portes en 1982 et se voit désigné monument historique. Il faut gravir un escalier intérieur de 203 marches pour en atteindre le sommet, d'où la vue est fort belle. Un petit musée aménagé dans l'ancienne maison du gardien raconte l'histoire du phare.

Tout près de là, le **Marine Science Center** *(adultes 3$, enfants 1$; mar-sam 10h à 16h, dim 12h à 16h, lun fermé; 100 Lighthouse Dr.;* ☎*386-304-5545, www.marinesciencecenter. com)* se veut à la fois une vitrine sur la vie marine et un centre de réhabilitation pour animaux malades ou blessés.

New Smyrna Beach

La station balnéaire de New Smyrna Beach, située juste au sud de Ponce Inlet mais sur une île-barrière différente à laquelle on accède par une bifurcation sur le continent, propose une vingtaine de kilomètres de plages. L'endroit est particulièrement apprécié des adeptes du surf. De plus, New Smyrna Beach permet d'accéder par le nord au **Canaveral National Seashore ★★** (voir chapitre «La Space Coast», p 198).

L'**Atlantic Center for the Arts** *(entrée libre; lun-ven 9h à 17h, sam 10h à 14h; 1414 Art Center Ave.;* ☎*386-427-6975, www.atlanticcenterforthearts.org)* est une sorte de village des arts. Sur un territoire d'une trentaine d'hectares, de petits bâtiments renferment studios, ateliers et galeries. Des aires de spectacle ont également été aménagées sur le site.

Activités de plein air

■ Baignade

Les 37 km de plages de **Daytona Beach** incluent en réalité, en plus de la portion de 6 km qui se trouve effectivement à l'intérieur des limites de la ville, les plages des municipalités voisines de **Ponce Inlet** et **Daytona Beach Shores**, au sud, et d'**Ormond Beach**, au nord. L'ensemble forme une longue et large (jusqu'à 150 m) plage de sable beige. Outre ces qualités évidentes, ce qui surprend le visiteur est le fait que les véhicules automobiles puissent circuler directement sur le sable et être garés perpendiculairement à l'océan, sorte de souvenir nostalgique de l'époque où des courses avaient lieu sur la plage même. Le stationnement sur la plage se fait à des endroits désignés, du lever au coucher du soleil, au coût de 5$ par véhicule, sauf en décembre et janvier alors que l'accès est gratuit. Des laissez-passer annuels coûtent 40$. Maîtres nageurs, aires de pique-nique, restaurants, toilettes et douches.

New Smyrna Beach est une petite station balnéaire tranquille qui se trouve au sud de l'agglomération de Daytona Beach. Des demeures privées et quelques immeubles résidentiels s'élèvent le long de cette plage qui se prolonge au sud dans le Canaveral National Seashore, où elle se fait plus sauvage.

■ Golf

Daytona Beach Golf Club
600 Wilder Blvd.
☎ (386) 671-3500
www.ci.daytonabeach.fl.us/golfcourse
Deux terrains de 18 trous dont l'un, The South Course, a été aménagé en 1921.

LPGA International
1000 Champions Dr.
Daytona Beach
☎ (386) 274-5742
www.lpgainternational.com
Deux parcours de 18 trous de calibre professionnel dessinés par Rees Jones et Arthur Hills. Ces terrains sont utilisés dans le

cadre de tournois de la Ladies Professional Golf Association (LPGA), dont le siège se trouve à Daytona Beach.

■ Pêche

L'**Inlet Harbor Marina** *(133 Inlet Harbor Rd., Ponce Inlet;* ☎*386-767-5590, www.inletharbor. com)* est l'endroit tout indiqué pour s'inscrire à une excursion de pêche en haute mer. On y trouve en effet de nombreux bateaux qui se consacrent à cette activité, avec plusieurs départs chaque jour.

On peut aussi s'installer sur le **Main Street Pier** *(adultes 3,50$, enfants 2$; 1200 Main St., Daytona Beach;* ☎*386-253-1212)* pour pratiquer la pêche à la ligne, tous les jours à compter de 6h. Location de matériel sur place.

■ Surf

Dans les environs, c'est à **New Smyrna Beach** que les amateurs de surf se donnent rendez-vous. Quelques boutiques spécialisées font aussi office d'écoles de surf:

Inlet Charley's Surf Shop
510 Flagler Ave.
New Smyrna Beach
☎ (386) 423-2317
www.inletcharleys.com

Nichols Surf Shop
411 Flagler Ave.
New Smyrna Beach
☎ (386) 427-5050
www.nicholssurfshop.com

Hébergement

La région de Daytona Beach est reconnue pour ses nombreux lieux d'hébergement à prix raisonnables. Mais rappelez-vous que cette réputation ne tient plus lors des grands événements de sports motorisés (voir encadré p 216); le prix des chambres d'hôtel devient alors rien de moins qu'astronomique...

Daytona Beach

La plage de Daytona Beach

Del-Aire Motel
$-$$
≡, ≋, ✳, ☕
744 N. Atlantic Ave.
☎ (386) 252-2563 ou
800-294-1549
▤ (386) 252-4866
www.delairemotel.com
Ce joli petit motel bleu et blanc renferme des chambres simples mais assez confortables. On peut aussi louer une suite, composée d'une chambre régulière qui donne accès à une cuisine équipée dans une pièce attenante. On remarque une belle petite piscine à l'arrière, avec vue sur la mer. Accès direct à la plage. Excellent rapport qualité/prix.

Thunderbird Beach Motel
$$
≡, ≋, ☕
500 N. Atlantic Ave.
☎ (386) 253-2562 ou
800-234-6543
▤ (386) 238-3676
www.thunderbirdbeach.com
Ce grand motel, véritable classique du genre, jouit d'une localisation pratique, près du Main Street Pier. Il dispose d'une centaine de chambres réparties sur trois niveaux. Il y a des chambres régulières, ainsi que des studios avec cuisine séparée. Chaque unité, sans présenter un niveau de confort à tout casser, s'avère propre et assez grande.

Sun Viking Lodge
$$-$$$
≡, ≋, ♨, ↔
2411 S. Atlantic Ave.
Daytona Beach Shores
☎ (386) 252-6252 ou
800-815-2846
▤ (386) 252-5463
www.sunviking.com
Une grande murale ornée d'un drakkar de viking marque l'entrée du Sun Viking Lodge, un établissement de qualité situé sur une portion tranquille de la plage. La belle piscine intérieure, couverte d'un solarium, constitue un autre élément distinctif de l'établissement, alors que celle située à l'extérieur, avec son toboggan, plaira à coup sûr aux enfants. Les chambres, décorées avec goût, s'avèrent de très bon confort.

Hilton Daytona Beach Oceanwalk Resort
$$$-$$$$
≡, ≋, ♨, ↔, ∭, ✗
100 N. Atlantic Ave.
☎ (386) 254-8200 ou
800-444-2326
▤ (386) 253-8841
www.hilton.com
La chaîne Hilton a acquis en 2005 l'immense complexe de forme pyramidale

Les lieux d'hébergement qui se distinguent

Pour les amateurs d'histoire: **Riverview Hotel**, New Smyrna Beach (p 216)

Pour le décor amusant: **Travelers Inn**, Ormond Beach (p 214)

Pour les couleurs joyeuses: **Ocean Walk Resort**, Daytona Beach (p 214)

Pour le rapport qualité/prix: **Del-Aire Motel**, Daytona Beach (p 213)

Pour les piscines: **Sun Viking Lodge**, Daytona Beach Shores (p 213)

auparavant connu sous le nom d'«Adam's Mark» et en a immédiatement entrepris la rénovation. Cet hôtel, qui compte 750 chambres, dispose d'un accès direct à un centre commercial et fait face au centre des congrès de Daytona Beach (Ocean Center). Il donne de plus sur une portion de la plage où les voitures ne sont pas admises. Les chambres, assez luxueuses, ont toutes vue sur l'océan.

Ocean Walk Resort
$$$-$$$$
≡, ▒, ♨, ☛
300 N. Atlantic Ave.
☎ (386) 323-4800 ou
800-649-3566
▤ (386) 323-4810
www.oceanwalk.com
Grand hôtel aux tons pastel et aux lignes Art déco qui rappelle South Miami Beach, l'Ocean Walk Resort est adjacent au centre commercial Ocean Walk Shoppes et ses nombreux magasins, restaurants et cinémas. Il abrite de lumineuses suites habillées de couleurs joyeuses, de une ou deux chambres à coucher et avec cuisine complète. Une jolie piscine, qui suit un parcours sinueux, se trouve à l'extérieur, côté plage.

Plaza Resort & Spa
$$$-$$$$
≡, ▒, ♨, ✳, ↔, ♈
600 N. Atlantic Ave.
☎ (386) 255-4471 ou
800-874-7420
▤ (386) 253-9935
www.plazaresortandspa.com
Érigé il y a une centaine d'années, l'élégant bâtiment de style espagnol qui abrite le Plaza Resort & Spa a connu une rénovation complète et un agrandissement important au cours des dernières années. Il propose aujourd'hui de belles chambres à la décoration simple mais agréable, toutes munies d'un four à micro-ondes. L'établissement englobe par ailleurs un centre de santé moderne.

Ormond Beach

Symphony Beach Club
$-$$
≡, ▒, ☛
453 S. Atlantic Ave.
☎ (386) 672-7373 ou
800-822-7399
▤ (386) 673-1174
www.visitdaytona.com/symphony/index.html
Grâce à son improbable couleur vert lime, on ne peut manquer cet hôtel malgré sa relative petite taille. On y propose de petits studios à la décoration ringarde, mais avec belle vue sur la mer (précisez toutefois que vous voulez une chambre *ocean front*, par opposition à *ocean view*). De grands miroirs donnent aux studios une impression de grandeur, qui sont en réalité de dimensions assez restreintes. On y utilise d'ailleurs des lits placards afin de gagner de l'espace. Chaque studio est équipée d'une cuisinette. Pas cher, mais confort rudimentaire.

Travelers Inn
$$
≡, ▒
735 N. Atlantic Ave.
☎ (386) 253-3501 ou
800-417-6466
▤ (386) 248-0865
www.visitdaytona.com/travelersinn/index.html
L'originalité de ce motel tient à la décoration thématique de ses 21 chambres. Ainsi, il y en a une où les voitures de course NASCAR sont à l'honneur, alors que d'autres mettent en vedette les Beatles ou Elvis, les personnages des films *Star Wars* ou *Easy Rider*, ou les automobiles Mustang ou Chevy. Amusant. Des bicyclettes sont par ailleurs mises à la disposition des clients.

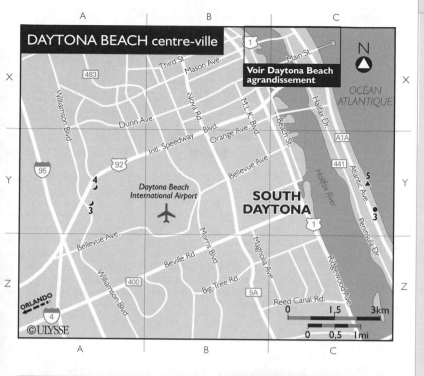

DAYTONA BEACH centre-ville

Voir Daytona Beach agrandissement

OCÉAN ATLANTIQUE

SOUTH DAYTONA

Daytona Beach International Airport

ORLANDO

©ULYSSE

0   1,5   3km
0   0,5   1mi

DAYTONA BEACH agrandissement

OCÉAN ATLANTIQUE

0   0,25   0,5km
0   0,25   0,5mi

©ULYSSE

Daytona Beach et ses environs - **Carte** - Daytona Beach centre -ville

Royal Floridian
$$$

≡, ♒, ♨, ☕, ⍋

51 S. Atlantic Ave.

☎ (386) 672-7550 ou
800-809-6709

🖹 (386) 676-0828

www.spinnakerresorts.com

Installé dans un grand bâtiment qui a fière allure et donne directement sur la plage, le Royal Floridian abrite 193 appartements avec cuisine entièrement équipée. Ils sont toutefois de taille et de qualité très variables. Ainsi, pour éviter de mauvaises surprises, n'hésitez pas à spécifier que vous désirez un appartement avec vue sur la mer. À l'arrière, une belle piscine avec toboggan pour les enfants surplombe la plage. Un centre commercial se trouve par ailleurs juste en face de l'établissement, situé tout près du sympathique Birthplace of Speed Park, qui rappelle l'époque où des courses automobiles étaient organisées ici même, sur la plage.

New Smyrna Beach

Surtout constituée de copropriétés locatives situées sur la plage ou de l'autre côté de la rue qui la longe, l'offre de New Smyrna Beach en matière d'hébergement comporte aussi quelques petits établissements sympathiques, dont l'historique Riverview Hotel.

Riverview Hotel
$$-$$$

≡, ♒, ♨, ⍋, 🔒

103 Flagler Ave.

☎ (386) 428-5858 ou
800-945-7416

🖹 (386) 428-5858

www.riverviewhotel.com

Cet hôtel de trois étages qui surplombe l'Intracoastal Waterway a vu le jour en 1900 dans l'ancienne maison du gardien du pont. Il propose un véritable voyage dans le temps avec ses boiseries et meubles anciens. Chacune des 19 fort jolies chambres donne sur un balcon ou sur le jardin où se trouve la piscine. Des vélos sont par ailleurs mis à la disposition des clients.

Les événements de sports motorisés

Daytona Beach est le rendez-vous par excellence des amateurs de sports motorisés. Tout au long de l'année, des événements de réputation mondiale attirent ici des foules immenses, avides de vitesse et de bruit de moteur. Pendant ces célébrations, rappelez-vous toutefois que le prix des chambres d'hôtel atteint des sommets vertigineux. Voici quelques-uns de ces événements parmi les plus courus:

Daytona 500
Février
La célèbre course de stock-cars des 500 milles de Daytona attire des centaines de milliers d'amateurs au Daytona International Speedway.

Bike Week
Mars
Courses de motos de toute sorte, dont le fameux **Daytona 200**.

Pepsi 400
Juillet
Course automobile disputée la nuit.

Biketoberfest
Octobre
Grand rendez-vous de motocyclistes venus de partout.

R**estaurants**

Daytona Beach

La plage de Daytona Beach

Hog Heaven Bar-B-Q
$-$$
37 N. Atlantic Ave.
☎ (386) 257-1212
Situé tout juste à côté du centre des congrès Ocean Center, le Hog Heaven Bar-B-Q prend la forme d'une cabane en bois où l'on sert de la grosse bouffe en gigantesques portions. Au menu: côtes levées, poulet grillé, ailes de poulet et autres classiques du genre. Pas cher et bourratif à souhait. Service sans cérémonie.

Bubba Gump Shrimp Co.
$$
Ocean Walk Shoppes
250 N. Atlantic Ave.
☎ (386) 947-8433
Les amateurs de crevettes sont choyés dans ce restaurant de chaîne sans prétention, baptisé du nom d'un des personnages du film *Forrest Gump*. Cocktails de crevettes, pâtes avec sauce aux crevettes, assiettes de homard et crevettes… il y en a vraiment pour tous les goûts, à condition d'aimer les crevettes…

The Wreck
$$
115 Main St.
☎ (386) 226-3000
Situé sur Main Street, avec vue en plongée sur la rivière Halifax, The Wreck est un bar-restaurant très populaire. On s'y installe sur une grande terrasse pour prendre un verre dans une ambiance animée et déguster des plats simples de fruits de mer: huîtres, salade au thon, darne de saumon.

Top of Daytona
$$-$$$
lun fermé
2625 S. Atlantic Ave.
Daytona Beach Shores
☎ (386) 767-5791
www.topofdaytona.com
Juché au sommet (29ᵉ étage) de la tour circulaire de la Peck Plaza, le Top of Daytona propose comme décor une vue spectaculaire des environs. Steaks et fruits de mer apparaissent au menu. Animation musicale et danse. En soirée seulement.

Ormond Beach

La Crêpe en Haut
$$$-$$$$
lun fermé
142 E. Granada Blvd.
☎ (386) 673-1999
Aménagé à l'étage d'un bâtiment commercial, d'où son nom, ce restaurant français compte à n'en point douter parmi les meilleures tables des environs. Tous les classiques de la cuisine de l'Hexagone figurent au menu, depuis la soupe à l'oignon gratinée jusqu'au canard rôti, en passant par la bouillabaisse. Excellents choix de vins français. Un bistro attenant sert des plats plus simples dans une ambiance davantage décontractée.

Ponce Inlet

Inlet Harbor Marina & Restaurant
$$-$$$
133 Inlet Harbor Rd.
☎ (386) 767-5590 ou 767-3266
www.inletharbor.com
Situé à deux pas du Ponce de León Inlet Lighthouse, ce restaurant possède une belle, grande et agréable terrasse qui donne

---

Les restaurants qui se distinguent

Les bonnes tables: **La Crêpe en Haut**, Ormond Beach (p 217)

Pour la vue: **Top of Daytona**, Daytona Beach Shores (p 217)

Pour la terrasse: **Inlet Harbor Marina & Restaurant**, Ponce Inlet (p 217)

sur l'eau. Les bateaux qui mouillent dans la marina, la silhouette du phare historique et les couchers de soleil font ici office de décor. À côté de ça, la salle intérieure fait bien piètre figure. Au menu, choix de fruits de mer et de steaks. Un bar à huîtres est aussi à signaler sur place.

New Smyrna Beach

Spanish River Grill
$$-$$$
lun fermé
737 E. 3rd Ave.
☎ (386) 424-6991
Une cuisine aux accents cubains fort inspirée est servie dans cet adorable petit restaurant. Paella, fruits de mer et steaks sont tous magnifiquement apprêtés, alors que les desserts se révèlent divins.

Sorties

Daytona Beach

■ Bars et boîtes de nuit

Boot Hill Saloon
310 Main St.
☎ (386) 254-5197
www.boothillstore.com
Ce bar de blues et de rock-and-roll animé accueille des musiciens presque tous les soirs. Un des ren-

dez-vous préférés des motocyclistes.

Ocean Deck Restaurant & Beach Club
127 S. Ocean Ave.
☎ (386) 253-5224
www.oceandeck.com
Bar-restaurant qui donne directement sur la plage. Les soirées sont agrémentées par la présence sur scène de musiciens de rock ou de reggae.

The Wreck
115 Main St.
☎ (386) 226-3000
Bar-restaurant très populaire dont la grande terrasse donne sur la rivière Halifax. Ambiance animée, surtout lors du 5 à 7 quotidien. Spectacles de musiciens, écrans télé pour suivre les événements sportifs et petite restauration.

■ Spectacles et concerts

Daytona Beach Bandshell
70 Boardwalk
www.bandshell.org
Des concerts de musique classique (mai à octobre) et des spectacles divers sont présentés sur cette monumentale scène extérieure qui donne sur la plage.

Peabody Auditorium
600 Auditorium Blvd.
☎ (386) 671-3421
www.peabodyauditorium.org
Salle de spectacle de 2 500 places dans laquelle sont notamment présentés les concerts, ballets et opéras de la **Daytona Beach Symphony Society** (☎386-253-2901, *www.dbss.org*),

organisme qui produit les spectacles locaux d'orchestres symphoniques et de compagnies provenant de plusieurs villes américaines (Boston, Pittsburg…) et européennes (Prague, Moscou…).

Ocean Walk Shoppes
250 N. Atlantic Ave.
www.oceanwalkvillage.com
Ce centre commercial coloré qui donne sur l'océan abrite une dizaine de salles de cinéma (☎386-238-5252).

■ Sports professionnels

Courses automobiles

Le célébrissime **Daytona International Speedway** (*1801 W. International Speedway Blvd.; ☎386-253-7223, www.daytonainternationalspeedway. com*) propose tout au long de l'année des courses de stock-cars, des épreuves de karting et des compétitions de motos, dont certaines sont devenues légendaires (voir encadré p 216).

Courses de lévriers

Daytona Beach Kennel Club
2201 W. International Speedway Blvd. (Route 92)
☎ (386) 252-6484
www.dbkennelclub.com
Courses de lévriers tous les jours à 13h et à 19h45. On peut assister aux courses depuis le restaurant situé sur place.

Ponce Inlet

■ Bars et boîtes de nuit

SunCruz Casinos
☎ (386) 322-9000
www.suncruzcasino.com
Croisières à bord d'un bateau-casino pouvant accueillir 560 passagers, lesquelles incluent l'accès aux tables de jeu (black-jack, roulette, poker, craps) et aux machines à sous. Spectacles et buffet. Chaque jour, départs à 11h, 16h et 19h.

Achats

Daytona Beach

Riverfront Marketplace
centre-ville
☎ (386) 671-3272
www.riverfrontmarketplace.com
Zone commerciale dans le quartier historique de la ville délimitée par Fairview Avenue, Cedar Street, Ridgewood Avenue (US Highway 1) et la rivière Halifax, et dont le cœur se trouve sur Beach Street. Une centaine de boutiques, incluant magasins d'antiquaires, bijouteries et galeries d'art, ont pignon sur rue dans ce secteur, ainsi que quelque 25 restaurants et bars.

Ocean Walk Shoppes
250 N. Atlantic Ave.
☎ (386) 257-5077
www.oceanwalkvillage.com
Centre commercial coloré de construction récente non loin du Main Street Pier. On y trouve plusieurs boutiques, cafés, restaurants et salles de cinéma.

Daytona Harley-Davidson
290 N. Beach St.
☎ (386) 253-2453
www.daytonahd.com
Le plus grand concessionnaire de motos Harley-Davidson au monde. En plus des innombrables modèles en montre, des vêtements et objets divers portant la marque du légendaire fabricant sont proposés. Possibilité de location de motos.

Daytona Flea & Farmers Market
2987 Bellevue Ave.
☎ (386) 253-3330
www.daytonafleamarket.com
Immense marché aux puces doublé d'un marché agricole où plus de 1 000 commerçants attendent les clients pour marchander ferme. Du vendredi au dimanche de 8h à 17h.

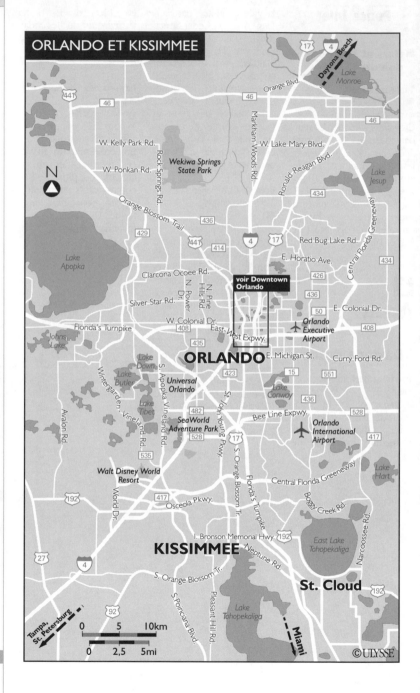

Orlando et Kissimmee ★

Winter Park

Orlando

Kissimmee

Excursions
dans les environs

Une des plus importantes destinations touristiques du monde, voilà ce qu'est aujourd'hui devenue Orlando, ville du centre de la Floride qui connaît un développement économique comptant parmi les plus fulgurants aux États-Unis. À ses origines toutefois, qui ne remontent aussi peu loin qu'au milieu du XIX⁰ siècle, personne n'aurait pu prédire un tel avenir à la région.

En ces temps-là, l'élevage de bovins et la culture du coton constituent les deux activités qui occupent les habitants du centre de la Floride. Orlando est fondée sous le nom de «Jernigan» par Aaron Jernigan, originaire de la Géorgie, qui vient s'établir ici en 1843. La ville grandit lentement autour d'un poste de l'armée américaine fondé lors des guerres séminoles, Fort Gatlin, jusqu'à son abandon en 1849. Elle prend le nom d'Orlando en 1857, en l'honneur d'un soldat américain du nom d'Orlando Reeves, tué par une flèche indienne aux abords du lac Eola, situé au centre-ville. Son incorporation officielle à titre de municipalité ne se fera toutefois qu'en 1875.

La culture du coton, à l'origine de la création de la ville, est remplacée par celle de l'orange, de la tangerine et du citron à partir des années 1870. L'arrivée du chemin de fer d'Henry Plant, le South Florida Railroad, accélère l'essor de cette industrie à partir de 1880, en donnant aux agriculteurs locaux accès à de nouveaux marchés. Sa croissance se poursuit jusqu'au milieu du XX⁰ siècle malgré la destruction par le froid de la presque totalité des arbres fruitiers en 1894-1895.

À partir du début des années 1970, l'ouverture dans les environs de parcs thématiques d'une envergure jamais vue auparavant (Walt Disney World, SeaWorld et Universal Studios, tous traités séparément dans les deux prochains chapitres de ce guide) transforme à tout jamais la destinée d'Orlando, qui devient dès lors l'une des régions les plus visitées du monde.

L'industrie des congrès vient aussi contribuer à l'essor de la ville, surtout à la suite de la construction de l'Orlando/Orange County Convention Center en 1983. Un agrandissement récent de ce centre de congrès lui permet d'ailleurs maintenant de figurer parmi les plus importants aux États-Unis.

La grande région d'Orlando, qui inclut les *counties* d'Orange, d'Osceola, de Seminole et de Lake, compte quelque 1,8 million d'habitants. L'industrie touristique constitue le moteur de l'économie locale, mais des organisations d'importance œuvrant dans d'autres secteurs viennent diversifier le paysage économique d'Orlando (American Automobile Association, Tupperware, Lockheed, etc.).

Accès et déplacements

■ En voiture

La route I-4 (**Interstate 4**) est la voie rapide qui donne accès à la région d'Orlando. Cette autoroute relie les côtes est et ouest de la Floride entre Daytona Beach et Tampa. Toutefois, souvenez-vous que dans les faits, même si les panneaux indiquent les directions est et ouest, la route I-4 traverse la région d'Orlando du nord au sud. Des sorties bien indiquées vous mèneront au centre-ville, dans le secteur d'International Drive, aux différents parcs d'attractions majeurs (Walt Disney World, SeaWorld et Universal Orlando), et qu'à Kissimmee et St. Cloud.

■ En avion

L'Orlando International Airport est situé à une dizaine de kilomètres au sud du centre-ville d'Orlando:

Orlando International Airport (MCO)
☎ (407) 825-2001
www.orlandoairports.net

Il s'agit d'un aéroport moderne et bien conçu, qui est très achalandé. Parmi les nombreuses compagnies aériennes nationales et internationales qui le desservent, voici les plus importantes: Air Canada, Air Transat, Alitalia, American Airlines, British Airways, Canjet, Continental Airlines, Delta, Iberia, SN Brussels Airlines, United, US Airways, Virgin Atlantic, West Jet et Zoom.

En **taxi**, comptez environ 30$ pour la course jusqu'au centre-ville d'Orlando, entre 29$ et 34$ pour le secteur d'International Drive, de 37$ à 53$ pour Kissimmee, et autour de 50$ pour Walt Disney World.

En **voiture**, la Bee Line Expressway, ou route 528 (péage), permet d'atteindre rapidement la route I-4 qui, elle, donne accès aux différents secteurs. Les compagnies internationales de location de voitures ont toutes leurs comptoirs au niveau 1 de l'aéroport.

Mears Transportation (☎ 407-423-5566, www. mearstransportation.com) propose des navettes vers les principaux hôtels de la région. Comptez entre 15$ et 23$ par adulte pour un aller simple, ou de 25$ à 41$ pour des billets aller-retour.

Il est également possible de se rendre jusqu'au centre-ville à bord des **bus locaux** 11 et 51. C'est bien sûr plus long, mais des plus économiques: 1,50$ par personne.

■ En train

Deux lignes majeures de chemin de fer exploitées par Amtrak traversent la région d'Orlando. Le **Silver Service/Palmetto** relie New York, Washington DC, Charleston, Savannah, Jacksonville, la région d'Orlando (gares du centre-ville, de Winter Park et de Kissimmee), Tampa et Miami. Le **Sunset Limited** relie quant à lui la région d'Orlando (gares du centre-ville et de Winter Park), Jacksonville, La Nouvelle-Orléans, Houston et Los Angeles. Ce train comporte des couchettes, un wagon-restaurant et un wagon panoramique (Sightseer Lounge Car). Trois départs par semaine dans chaque direction.

Amtrak Downtown Orlando
1400 Sligh Blvd.
☎ (407) 843-7611 ou 800-872-7245
www.amtrak.com

Amtrak Winter Park
150 W. Morse Blvd.

Amtrack Kissimmee
111 Dakin St.

■ En autocar

Greyhound Orlando Downtown Terminal
555 N. John Young Pkwy.
☎ (407) 292-3422
www.greyhound.com

Greyhound Kissimmee Terminal
103 E. Dakin Ave.
☎ (407) 847-3911 ou 888-332-6363

Greyhound St. Cloud Terminal
Chevron Food Mart & U Haul
3701 13th Street
☎ (407) 957-9788

■ Transports publics

La société **Lynx** (☎ 407-841-8240) assure le service de transport en commun par autobus (tarif: 1,50$). Les bus sillonnent les rues du centre-ville, mais vont aussi jusqu'aux parcs d'attractions Disney World, Universal Orlando et SeaWorld, ainsi qu'à l'aéroport.

Le **I-Ride Trolley** (☎ 407-248-9590) parcourt quant à lui International Drive d'un bout à l'autre avec arrêts fréquents (tarifs: 0,75$ pour les adultes, 0,25$ pour les enfants).

Renseignements utiles

■ Bureaux de renseignements touristiques

Orlando's Official Visitor Center
tlj 8h à 19h, sauf le 25 décembre
8723 International Dr., Suite 101
Orlando
☎ (407) 363-5872 ou 800-551-0181
www.orlandoinfo.com

Kissimmee - St. Cloud Convention & Visitors Bureau
lun-ven 8h à 17h
1925 E. Irlo Bronson Memorial Hwy. (Route 192)
Kissimmee
☎ (407) 847-5000
www.floridakiss.com

■ Soins médicaux

The Community After-Hours Medical Clinic
2604 N. Orange Ave.
Orlando
☎ (407)-303-7298

Florida Hospital Orlando
601 E. Rollins St.
Orlando
☎ (407) 303-6611

Florida Hospital Kissimmee
2450 N. Orange Blossom Trail
Kissimmee
☎ (407) 846-4343

■ Urgences

Police
☎ 911 (urgences)
☎ (407) 246-2414

Attraits touristiques

Orlando ★★

Autrefois une petite ville endormie au charme certain, Orlando s'est mutée en une destination touristique d'envergure internationale lorsque l'ami Mickey est venu établir son royaume dans les environs au début des années 1970 (voir le chapitre «Walt Disney World»). Restaurants, hôtels, musées et attraits en tous genres y ont tour à tour vu le jour afin de répondre aux attentes d'une nuée chaque année plus dense de visiteurs (plus de 40 millions par an dit-on) venant de partout, au point de faire du centre-ville d'Orlando un secteur à découvrir.

Downtown Orlando ★★

Le centre-ville d'Orlando, ou Downtown Orlando, présente une intéressante combinaison de bâtiments victoriens du XIXᵉ siècle, de tours modernes et d'espaces verts entourant de nombreux plans d'eau, comme le **Lake Eola Park** ★, beau parc situé en plein cœur du centre-ville. Le **Cultural Corridor** relie deux pôles d'attraction de la ville, soit le Downtown Arts District et le Loch Haven Park.

Située au cœur du **Downtown Arts District**, l'**Orlando City Hall Terrace Gallery** présente les œuvres d'artistes de la région à l'intérieur même de la mairie de la ville. Le Cultural Corridor remonte ensuite Magnolia Avenue vers le nord, vous permettant de découvrir au passage galeries d'art, boutiques, restaurants et bars-terrasses, ainsi que l'**Orange County Regional Historic Center** *(adultes 7$, enfants 3,50$; lun-sam 10h à 17h, dim 12h à 17h; 65 E. Central Blvd.; ☎ 407-836-*

★ **ATTRAITS TOURISTIQUES**

1.	BY	Lake Eola Park
2.	AY	Orlando City Hall Terrace Gallery
3.	BY	Orange County Regional Historic Center

4.	BW	Dr. Phillips Center for the Performing Arts
5.	CV	Loch Haven Park
6.	CV	Orlando Museum of Art
7.	CV	Orlando Science Center
8.	CV	Harry P. Leu Gardens

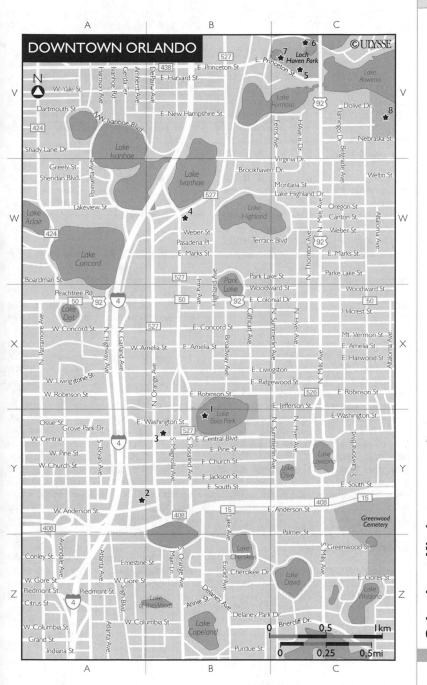

8500), installé dans un ancien palais de justice datant de 1920.

En suivant Orange Avenue vers le nord, vous apercevrez bientôt, près du lac Ivanhoe, le **Dr. Phillips Center for the Performing Arts** *(1111 N. Orange Ave.)*, dans lequel logent l'Orlando Opera et le Southern Ballet Theater. Plus loin, tournez à droite dans Princeton Street pour vous rendre au **Loch Haven Park** ★, où sont concentrées plusieurs institutions culturelles.

La plus importante du groupe est l'**Orlando Museum of Art** ★ *(adultes 6$, enfants 3$; mar-ven 10h à 16h, sam-dim 12h à 16h, lun fermé; 2416 N. Mills Ave.; ☎407-896-4231, www. omart.org)*, qui s'intéresse à l'art américain du XVIIIᵉ siècle à aujourd'hui (peintures, dessins, photographies, sculptures) en plus de posséder une collection d'objets amérindiens dont certains datent de 4 000 ans. Une collection d'art africain est également à signaler dans ce musée fondé en 1924.

Également localisé dans le Loch Haven Park, l'**Orlando Science Center** ★ *(adultes 10$, enfants 7,50$; mar-jeu 9h à 17h, ven-sam 9h à 21h, dim 12h à 17h; 777 E. Princeton St.; ☎407-514-2000, www.osc.org)* couvre les différentes sphères scientifiques au moyen d'expositions interactives.

Un peu en retrait, les **Harry P. Leu Gardens** ★ *(adultes 4$, enfants 1$; tlj 9h à 17h; 1920 N. Forest Ave.; ☎407-246-2620, www.leugardens. org)* possèdent quelque 2 000 spécimens de camélias, une collection qui a fait la renommée de ce joli jardin botanique.

International Drive

L'International Drive constitue un long corridor reliant les grands parcs d'attractions de la région d'Orlando, bordé d'innombrables hôtels, restaurants, centres commerciaux et attractions de tout acabit. Voici d'ailleurs quelques-unes de ces attractions que nous considérons comme les plus intéressantes.

Il y a plusieurs parcs aquatiques dans les environs (dont ceux de Disney World),

mais l'un des plus appréciés demeure **Wet'n Wild** ★ *(adultes 32,95$, enfants 26,95$; 6200 International Dr.; ☎407-351-1800 ou 800-992-9453, www.wetnwildorlando.com)*, un classique du genre créé en 1977. Comme il se doit, le parc compte de nombreux toboggans dont un de 118 m de haut dénommé «Blast», une descente en chambre à air, une piscine à vagues, des aires de pique-nique, sans oublier la plage artificielle où se faire bronzer.

Sorte de musée interactif du rock-and-roll, le **Hard Rock Vault** *(adultes 14,95$, enfants 8,95$; tlj 9h à 24h; 8437 International Dr.; ☎407-599-7625)* déborde de vidéos, instruments de musique, costumes de scène et autres objets souvenirs d'idoles du rock.

WonderWorks *(adultes 17,95$, enfants 12,95$; tlj 9h à 24h; 9067 International Dr.; ☎407-351-8800, www.wonderworksonline.com)* renferme de nombreuses expositions ludiques à caractère scientifique et plusieurs attractions virtuelles telles des montagnes russes dont on peut dessiner le parcours soi-même. Son amusant bâtiment, un temple grec qui semble avoir volé dans les airs avant de se poser à l'envers à Orlando (!), mérite le coup d'œil.

Hommage à la ville de Jérusalem antique, **The Holy Land Experience** *(adultes 29,75$, enfants 19,75$; lun-jeu 10h à 17h, ven-sam 9h30 à 19h, dim 12h à 18h; 4655 Vineland Rd.; ☎407-872-2272 ou 866-872-4659, www. holylandexperience.com)* propose une série de reconstitutions des divers épisodes de l'Ancien et du Nouveau Testament. On y trouve entre autres une magnifique maquette de Jérusalem, ainsi qu'une impressionnante collection de bibles anciennes.

L'**Orlando/Orange County Convention Center** *(9800 International Dr.; ☎407-685-9800, www.orlandoconvention.com)* est également à signaler dans le secteur d'International Drive. Avec ses 195 000 m² d'exposition, ce centre de congrès aux lignes modernes et élégantes compte maintenant parmi les plus importants aux États-Unis.

Kissimmee

Située au sud d'Orlando, Kissimmee est accessible par la route 192, aussi dénommée «Irlo Bronson Memorial Highway» et «Vine Street», qui croise la route I-4 tout juste au sud-est de Walt Disney World. Cette proximité du royaume de Disney rend ce secteur attrayant quant à l'hébergement, moins cher que dans les limites du parc tout en en étant peu éloigné.

Autrefois une petite communauté agricole paisible vouée à l'élevage du bœuf, Kissimmee s'est transformée de façon drastique dans la foulée de l'implantation de Walt Disney World dans les années 1970. Aujourd'hui, restaurants, hôtels, minigolfs et autres attractions, des meilleures jusque (le plus souvent) aux pires, s'alignent le long de la route 192 et débordent même plus loin à l'est jusqu'à St. Cloud.

Des milliers d'alligators, crocodiles et autres reptiles peuplent **Gatorland** ★ *(adultes 19,95$, enfants 9,95$; tlj 9h au coucher du soleil; 14501 S. Orange Blossom Trail;* ☎*407-855-5496, www.gatorland.com)*, qui est en fait une ferme d'élevage fondée en 1949. Le volet touristique prend la forme d'un parc animalier que vous découvrirez au moyen de trottoirs surélevés surplombant les bassins, ou d'une visite commentée à bord d'un petit train. Des spectacles au cours desquels ces énormes animaux exécutent des sauts surprenants sont également présentés.

Winter Park ★

Localisée dans la partie nord-est de la région urbaine d'Orlando, Winter Park est en fait une ville indépendante de 23 000 habitants, joliment installée aux abords du **lac Osceola** ★. Il est d'ailleurs possible de faire une agréable balade en bateau sur ce beau plan d'eau, en se rendant tout au bout de Morse Boulevard: **Scenic Boat Tours** *(*☎*407-644-4056, www.scenicboattours.com)*.

Le **Charles Hosmer Morse Museum of American Art** ★★ *(adultes 3$, enfants gratuit; mar-sam 9h30 à 16h, dim 13h à 16h, lun fermé; 445 N. Park Ave.;* ☎*407-645-5311, www.morsemuseum.org)* abrite de nombreuses œuvres d'artistes américains des XIXe et XXe siècles, incluant une impressionnante collection de poteries, peintures, bijoux et vitraux réalisés par Louis Comfort Tiffany. On y retrouve même le magnifique **intérieur de chapelle** ★★★ conçu par Tiffany en 1893 pour la World's Columbian Exposition de Chicago, une réalisation exceptionnelle que les fondateurs du musée, Jeannette Genius McKean et son mari, Hugh F. McKean, récupèrent in extremis en 1959 des ruines de l'ancien manoir incendié de l'artiste, mort plus de 25 ans auparavant. La chapelle n'est finalement restaurée et superbement reconstituée qu'en 1999, dans une nouvelle aile du musée construite grâce à la fortune léguée par les McKean à leur décès, survenus respectivement en 1989 et 1995.

Excursions dans les environs

Lakeland

Une curiosité à signaler se trouve à Lakeland, à une cinquantaine de kilomètres au sud-ouest de Kissimmee par la route I-4. Il s'agit du **Florida Southern College** ★, une université dont le campus comporte huit immeubles dessinés par le maître de l'architecture américaine moderne, Frank Lloyd Wright.

Winter Haven

Le plus ancien parc thématique de la Floride se trouve à Winter Haven, à environ 45 km au sud de Walt Disney World. Il s'agit des vénérables **Cypress Gardens** ★★ *(adultes 34,95$, enfants 29,95$; 600 Cypress Gardens Blvd.;* ☎*863-324-2111, www.cypressgardens.com)*, rachetés après leur fermeture en 2003 par un homme d'affaires de Géorgie, Kent Buescher. Plus de 45 millions de dollars plus tard, les Cypress Gardens ont retrouvé leur lustre et ont rouvert leurs portes en décembre 2004. Créé en 1936 par Dick et Julie Pope, le parc est renommé pour ses splendides jardins tropicaux, que l'on nomme aujourd'hui les **Historic**

Gardens ★. Autre attraction qui a fait la réputation de l'endroit, les fameux **spectacles de ski nautique** ★★ sont toujours présentés quelques fois par jour. Il y a aussi **Wings of Wonder** ★, une impressionnante volière à papillons dans laquelle on peut observer des centaines de spécimens colorés. Une quarantaine de nouveaux manèges, dont quatre parcours de montagnes russes, ont de plus été ajoutés afin de rajeunir l'ensemble.

Lake Wales

Une visite de Lake Wales, toute petite communauté située à une soixantaine de kilomètres au sud de Kissimmee, s'impose pour les amateurs de botanique. C'est là qu'en 1929 l'éditeur d'origine hollandaise Edward William Bok, directeur notamment du célèbre magazine féminin *Ladies' Home Journal*, fait aménager les 63 ha du terrain qu'il possède par Frederick Law Olmsted Jr., fils de l'architecte paysagiste à qui l'on doit le Central Park de New York et le parc du Mont-Royal à Montréal. Les magnifiques jardins de l'**Historic Bok Sanctuary** ★★ *(adultes 8$, enfants 3$; 1151 Tower Blvd.; ☎863-676-1408, www.boksanctuary.org)*, que vous pouvez aujourd'hui explorer à votre guise, sont dominés par la **Bok Tower** ★★ (Milton B. Medary, architecte; Lee Lawrie, sculpteur), une remarquable tour néogothique haute de 62 m qui comprend un carillon de quelque 60 cloches servant à la présentation de récitals *(tlj à 15h)*.

Activités de plein air

■ Équitation

Les amateurs d'équitation trouveront plusieurs centres équestres pour la pratique de leur sport favori dans les environs:

Grand Cypress Equestrian Center
Hyatt Regency Grand Cypress Resort
One Equestrian Dr., Orlando
☎ (407) 239-1938
www.grandcypress.com
Un beau centre avec deux pistes cavalières à parcourir sur des montures de qualité.

Des spectacles équestres sont également présentés.

Horse World Riding Stables
3705 S. Poinciana Blvd., Kissimmee
☎ (407) 847-4343
www.horseworldstables.com
Grand domaine avec pistes de niveaux de difficulté divers: débutant, intermédiaire et avancé.

■ Golf

La grande région d'Orlando compte plus de 150 terrains de golf, dont une trentaine de calibre professionnel. **Golf Orlando** *(☎800-981-8656, www.golforlando.com)* est une importante source d'information sur le sujet et permet de faire des réservations.

Parmi ces nombreux terrains, mentionnons le **Championsgate Golf Resort** *(1400 Masters Blvd., Champions Gate; ☎407-787-4653, www.championsgategolf.com)*, un 36 trous dessiné par Greg Norman, **The Golden Bear Club at Keene's Pointe** *(6300 Jack Nicklaus Pkwy., Windermere; ☎407-876-5775, www.thegoldenbearclub.com)* ainsi que le **Grand Cypress Golf Club** *(One North Jacaranda, Orlando; ☎407-239-1904, www.grandcypress.com)*, tous deux parrainés par le grand champion Jack Nicklaus, et le **MetroWest Golf Club** *(2100 S. Hiawassee Rd., Orlando; ☎407-299-1099)*, œuvre du fameux architecte paysagiste Robert Trent Jones.

Le Walt Disney World Resort englobe quant à lui plusieurs autres terrains de golf. Référez-vous au chapitre suivant pour plus de détails.

Hébergement

Orlando

Downtown Orlando

Westin Grand Bohemian Hotel
$$$$
≡, ≋, ♥, ++, ///, 🔒, ♿
325 S. Orange Ave.
☎ (407) 313-9000 ou
866-663-0024
🖶 (407) 313-9001
www.grandbohemianhotel.com
Faisant face à l'hôtel de ville, le Westin Grand Bohemian Hotel se veut l'établissement chic du centre-ville d'Orlando. Pour demeurer dans le ton du Downtown Arts District où il se trouve, l'hôtel de 250 chambres possède sa propre galerie d'art, et son splendide hall est agrémenté de plusieurs œuvres intéressantes. La collection de l'hôtel compte d'ailleurs une centaine d'œuvres d'artistes internationaux. Les chambres, confortables et habillées de couleurs chaudes, sont richement décorées tout en demeurant de très bon goût. Jolie piscine chauffée sur le toit

de l'établissement. Accès à Internet haute vitesse, cafetière, planche et fer à repasser dans chaque chambre.

Lake Buena Vista

Le secteur de Lake Buena Vista est situé à l'extrême sud des limites d'Orlando, dans le voisinage immédiat de Walt Disney World. Plusieurs hôtels de bon confort, et représentant autant de solutions de rechange intéressantes aux lieux d'hébergement de Disney, se trouvent dans les environs.

Holiday Inn SunSpree Resort
$$$
≡, ≋, ♥, ☀, 🔒, ♿
13351 State Rd. 535
☎ (407) 239-4500 ou
800-366-6299
🖶 (407) 239-8462
www.kidsuites.com
Localisé près de Walt Disney World, cet hôtel présente un bon rapport qualité/prix pour les familles avec jeunes enfants. Il est composé de minisuites avec une grande chambre pour les adultes, un coin séparé pour les enfants comprenant des lits superposés, ainsi qu'un petit coin repas avec four

à micro-ondes. Les enfants de moins de 12 ans mangent gratuitement au resto de l'hôtel, et il y a même une garderie sur place.

Nickelodeon Family Suites by Holiday Inn
$$$ pdj
≡, ≋, ♥, ●, 🔒, ♿
14500 Continental Gateway
☎ (407) 387-5437 ou
800-435-5917
🖶 (407) 387-1490
www.nickhotel.com
Autrefois connu sous le nom de «Holiday Inn Family Suites Resort», cet hôtel s'est muté en un complexe thématique du genre des populaires All-Star Resorts de Disney World (voir p XX), sauf que ce sont ici les personnages du réseau de télévision pour enfants Nickelodeon (Bob l'éponge, Jimmy Neutron et compagnie) qui prennent la vedette. On y trouve plus de 800 suites réparties dans 14 immeubles. Chacune comprend deux chambres à coucher, une cuisinette équipée et trois téléviseurs. Plusieurs piscines et un immense terrain de jeux complètent les installations de ce lieu d'hébergement qui plaira grandement aux enfants

---

Les lieux d'hébergement qui se distinguent

Pour les familles: **Nickelodeon Family Suites by Holiday Inn** (p 229), **Holiday Inn SunSpree Resort** (p 229),

Pour les amateurs d'art: **Westin Grand Bohemian Hotel** (p 229)

Pour le luxe: **Ritz-Carlton Orlando, Grande Lakes** (p 232)

Pour se faire dorloter: **Gaylord Palms Resort & Convention Center** (p 233)

Orlando et Kissimmee - Hébergement - Orlando

ainsi qu'aux parents qui, pour leur part, apprécieront la proximité de Disney World et le fait de pouvoir économiser sur les repas en les préparant eux-mêmes. À noter que les petits déjeuners sont animés par les personnages du réseau Nickelodeon.

Sheraton Safari Hotel
$$$

≡, ≋, ♨, ⟷, 🔒, ♿

12205 Apopka-Vineland Rd.
☎ (407) 239-0444 ou
800-423-3297
🖷 (407) 239-4566
www.sheratonsafari.com

Ce maillon de la chaîne internationale Sheraton se distingue par l'adoption d'un thème, celui du safari. Ainsi, l'agréable piscine du complexe possède un long toboggan qui prend la forme d'un python, et l'aménagement paysager imite la brousse africaine. L'hôtel comprend 489 grandes chambres de très bon confort.

Orlando World Center Marriott
$$$$$

≡, ≋, ♨, ⟷, ∭, 🔒, ♿

8701 World Center Dr.
☎ (407) 239-4200 ou
800-621-0638
🖷 (407) 238-8777
www.marriottworldcenter.com

On ne peut manquer la spectaculaire silhouette de ce vaste et chic complexe de 2 000 chambres situé à proximité d'un terrain de golf. Le hall, au haut plafond en partie vitré, mérite aussi un coup d'œil. Quant aux chambres, elles sont spacieuses, confortables, et donnent toutes sur une terrasse. Quatre piscines, entourées de palmiers, de jardins tropicaux et de fontaines, font par ailleurs la joie des occupants. Cafetière dans chaque chambre.

International Drive

Long corridor bordé d'hôtels, de restaurants et d'attractions en tous genres, l'International Drive s'étire à l'est de la route I-4 entre, grosso modo, Universal Orlando au nord et le SeaWorld Adventure Park au sud. Ce secteur conviendra donc parfaitement aux voyageurs désireux de visiter l'un ou l'autre des parcs thématiques.

Best Western Plaza International
$$

≡, ≋, 🔒, ♿

8738 International Dr.
☎ (407) 345-8195 ou
800-654-7160
🖷 (407) 352-8196
www.bestwesternplaza.com

Les quelque 670 chambres du Best Western Plaza International vous apparaîtront sans doute un peu défraîchies, mais l'hôtel est commodément installé non loin d'Universal Orlando et du SeaWorld Adventure Park, et à proximité d'innombrables restaurants familiaux. Qui plus est, il dispose d'une belle piscine et, surtout, pratique des prix fort raisonnables. Cafetière dans chaque chambre.

Quality Inn International
$$

≡, ≋, ♨, ✲, 🔒, ♿

7600 International Dr.
☎ (407) 996-1600 ou
800-825-7600
🖷 (407) 996-5328
www.orlandoqualityinn.com

Le Quality Inn propose 728 chambres simples mais confortables, aménagées dans quatre immeubles disposés autour d'un joli jardin. Four à micro-ondes et cafetière complètent les commodités mises à la disposition des clients dans les chambres.

Enclave Suites
$$-$$$ pdj

≡, ≋, ♨, ●, 🔒, ♿

6165 Carrier Dr.
☎ (407) 351-1155 ou
800-457-0077
🖷 (407) 351-2001
www.enclavesuites.com

Option intéressante pour les familles désireuses d'économiser un peu sur les frais de restaurants, les 321 appartements de l'Enclave Suites sont répartis à l'intérieur de trois im-

---

▲ HÉBERGEMENT
1. BY Westin Grand Bohemian Hotel

● RESTAURANTS
1. BZ Coq au Vin, Le
2. AX Manuel's on the 28th
3. AZ McCormick & Schmick's Seafood Restaurant
4. BZ Numero Uno

♪ SORTIES
1. AX Bob Carr Performing Arts Center
2. BW Dr. Phillips Center for the Performing Arts
3. AX TD Waterhouse Centre
4. BY Walt Disney Amphitheater

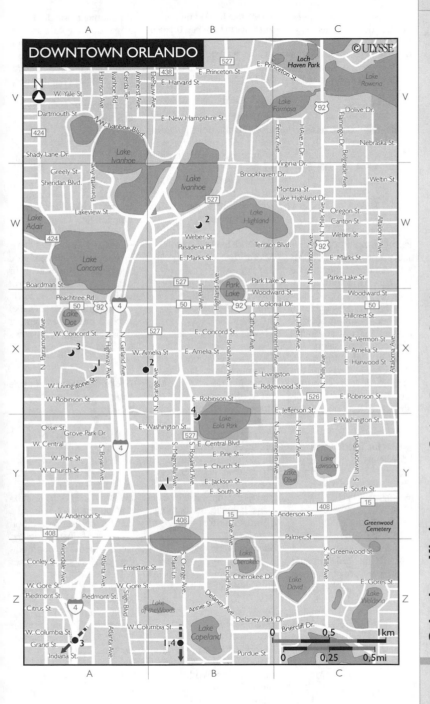

DOWNTOWN ORLANDO

©ULYSSE

N

meubles vaguement pyramidales de 10 étages. Ils se présentent sous la forme de grands studios pour quatre ou de suites de deux chambres à coucher pouvant accueillir jusqu'à six personnes.

Holiday Inn Hotels & Suites Universal Orlando
$$-$$$

≡, ≋, ●, ♥, ↔, 🔒, ♿
5905 S. Kirkman Rd.
☎ (407) 351-3333 ou
800-327-1364
🖨 (407) 351-3577
www.hiuniversal.com

Parmi les nombreux hôtels situés à proximité d'Universal Orlando, ce membre de la chaîne Holiday Inn propose un bon rapport qualité/prix. Il représente aussi une bonne option pour les familles grâce à ses suites avec cuisinette, salon avec divan-lit et chambre à coucher séparée. Les suites, au nombre de 134, s'ajoutent aux 256 chambres traditionnelles de bon confort de l'établissement.

Holiday Inn International Drive Resort
$$$

≡, ≋, ♥, ❄, ↔, 🔒, ♿
6515 International Dr.
☎ (407) 351-3500 ou
800-206-2747
🖨 (407) 351-9196
www.hicentralflorida.com

Près d'Universal Orlando et du parc aquatique Wet 'N Wild, le Holiday Inn International Drive Resort s'adresse aux familles. Chacune des 652 chambres de l'hôtel est équipée d'une cafetière et d'un four à micro-ondes.

Doubletree Hotel at the Entrance to Universal Orlando
$$$

≡, ≋, ♥, ↔, ♿
5780 Major Blvd.
☎ (407) 351-1000
🖨 (407) 363-0106
www.doubletree.com

Situé littéralement aux portes d'Universal Orlando, cet établissement représente une option légèrement moins onéreuse que les hôtels installés sur le site même. Ses 742 chambres sont réparties dans deux tours jumelles.

Residence Inn by Marriott SeaWorld
$$$ pdj

≡, ≋, ♥, ●, ↔, 🔒, ♿
11000 Westwood Blvd.
☎ (407) 313-3600 ou
800-889-9728
🖨 (407) 313-3611
www.residenceinnseaworld.com

Cet hôtel conviendra parfaitement aux familles à la recherche d'un studio ou d'une suite avec cuisine entièrement équipée. L'établissement propose en effet des studios avec un lit et un canapé-lit, de même que des suites avec chambre à coucher séparée. On trouve de plus sur place une immense piscine dans laquelle les bambins s'amuseront follement.

Sheraton World Resort
$$$

≡, ≋, ♥, ❄, ↔, 🔒, ♿
10100 International Dr.
☎ (407) 352-1100 ou
800-325-3535
🖨 (407) 352-2632
www.sheratonworld.com

La belle tour du Sheraton World Resort s'élève tout près de SeaWorld. Avec plus de 1 100 chambres, réparties sur les 17 étages

du bâtiment principal mais aussi dans une vingtaine de petits immeubles, ce géant impressionne vraiment. Jeux Nintendo et cafetière dans chaque chambre.

Renaissance Orlando Resort at SeaWorld
$$$$

≡, ≋, ♥, ↔, 🔒, ♿
6677 Sea Harbor Dr.
☎ (407) 351-5555 ou 327-6677
🖨 (407) 351-9994
www.renaissancehotels.com

Le très chic Renaissance Orlando Resort fait littéralement face à SeaWorld. Son élégante silhouette s'élève en effet juste à côté du parc aquatique. Petite note pour demeurer dans le ton: on vous servira une coupe de champagne à votre arrivée. Accès à Internet et minibar dans les chambres, toutes fort spacieuses.

Ritz-Carlton Orlando, Grande Lakes
$$$$$

≡, ≋, ♥, ↔, ⁄⁄⁄, 🔒, ♿
4000 Central Florida Pkwy.
☎ (407) 206-2400 ou
800-576-5760
🖨 (407) 529-2240
www.ritzcarlton.com

Comme il se doit, le Ritz-Carlton est l'hôtel le plus élégant des environs. Son architecture inspiré de palaces italiens, ses splendides jardins, ses chambres vastes et douillettes, son terrain de golf dessiné par le champion de ce sport, Greg Norman, bref, tout concourt à positionner l'établissement au-dessus de la mêlée.

Kissimmee

La ville de Kissimmee, tout juste située au sud de Disney World, propose une série de lieux d'hébergement à prix modiques qui comblera les besoins de bien des visiteurs dont le budget aura déjà été dangereusement entamé par les prix d'entrée des parcs thématiques. La plupart s'alignent le long de la route 192, qui porte aussi les noms d'Irlo Bronson Memorial Highway et de Vine Street.

KOA Campground
$

≈, bc
4771 W. Irlo Bronson Memorial Hwy.
☎ (407)396-2400 ou
800-562-7791
≣ (407) 396-7577
www.kissorlandokoa.com
Ce beau terrain de camping est celui situé le plus près de Disney World. Comptez 25$ par jour pour un emplacement avec eau et électricité. On y fait aussi la location de chalets pour quatre à six personnes (**$$**).

Econo Lodge Hawaiian Resort
$

≡, ≈, ♨, ▯, ⚿
7514 W. Irlo Bronson Memorial Hwy.
☎ (407) 396-2000
≣ (407) 396-1295
www.econolodge.com
L'Econo Lodge propose une bonne qualité d'hébergement compte tenu de ses tarifs. Les chambres sont simplement décorées, mais équipées correctement, et une grande piscine permet de se détendre, le tout non loin de Walt Disney World.

Days Suites at Old Town
$$

≡, ≈, ♥, ▯
5820 W. Irlo Bronson Memorial Hwy.
☎ (407) 396-7900 ou
800-327-9126
≣ (407) 396-1789
www.thhotels.com
Le Days Suites at Old Town propose 602 suites bon marché, mais bien entretenues. Chacune possède une chambre séparée, un salon équipé d'un lit placard double et une cuisinette complète.

All Star Vacation Homes
$$-$$$$$

≡, ≈, ♥
7822 W. Irlo Bronson Memorial Hwy.
☎ (407) 997-0733 ou
888-249-1779
≣ (407) 997-1370
www.allstarvacationhomes.com
Pour les familles ou pour les groupes d'amis, la location d'une maison ou d'un appartement situé à proximité de Walt Disney World peut s'avérer une solution aux nombreux avantages: confort, économies relatives, impression de rentrer chez soi après une dure journée de files d'attente... La société All Star Vacation Homes propose une gamme étendue de maisons et d'appartements de construction récente, entièrement équipés et disponibles pour location à court ou long terme. Tous se trouvent à moins de 7 km de Disney World. La sélection comprend des appartements de deux chambres à coucher pouvant loger jusqu'à six personnes (99$ à 139$), d'autres de trois chambres pour un maxi-

mum de huit occupants (99$ à 179$), ainsi que des maisons de trois (165$ à 209$) à sept chambres (279$ à 449$) pour des groupes de 8 à 16 personnes. Chacune des maisons individuelles comprend un garage et une piscine chauffée protégée par une moustiquaire. Le site Internet d'All Star Vacation Homes, particulièrement bien fait, permet de sélectionner la propriété ou le logement de son choix grâce à des descriptions détaillées, des plans et des photographies.

Gaylord Palms Resort & Convention Center
$$$$

≡, ≈, ♥, ↔, ⋙, ♈, ▯, ⚹
6000 W. Osceola Pkwy.
☎ (407) 586-2000
≣ (407) 586-1999
www.gaylordhotels.com
Ce spectaculaire hôtel de construction récente rend hommage de façon grandiose à l'État de la Floride. Ainsi, dans un immense atrium, des sites célèbres du *Sunshine State* sont littéralement reproduits en miniature: les Everglades, Key West et ses fameux couchers de soleil, le Castillo de San Marcos à St. Augustine, le quartier Art déco de Miami Beach, etc. L'établissement possède en outre un magnifique centre de santé (spa) baptisé le Canyon Ranch SpaClub, ainsi que plusieurs restaurants qui exploitent également des thèmes propres à la Floride. Chaque chambre, fort joliment décorée, donne sur un balcon qui surplombe les reconstitutions de paysages floridiens.

Restaurants

Pour les établissements situés à l'intérieur des limites de Walt Disney World, d'Universal Orlando et du SeaWorld Adventure Park, veuillez vous référer aux deux chapitres suivants.

Orlando

Downtown Orlando

ULYSSE

McCormick & Schmick's Seafood Restaurant
$$
The Mall at Millenia
4200 Conroy Rd.
(sortie 78 de la route I-4)
☎ (407) 226-6515
Les restaurants situés dans les centres commerciaux n'ont habituellement que peu d'attrait. Mais lors de la conception du chic Mall at Millenia en 2002, au sud-ouest du centre-ville d'Orlando, on a porté une attention particulière à la qualité des établissements de restauration retenus, et McCormick & Schmick's constitue à n'en point douter une preuve indubitable de cette intention. Des fruits de mer frais sont ici servis dans un cadre classique et chaleureux. Bonne sélection de vins et de bières de microbrasseries.

Numero Uno
$$
2499 S. Orange Ave.
☎ (407) 841-3840
Ce petit resto cubain est l'une des adresses favorites des résidants de la région, qui y vont principalement pour la fameuse paella, spécialité de l'établissement. Cependant, le riz aux haricots noirs et la soupe aux lentilles constituent également de bons choix.

ULYSSE

Le Coq au Vin
$$$
4800 S. Orange Ave.
☎ (407) 851-6980
L'une des bonnes tables d'Orlando, Le Coq au Vin propose une fine cuisine française dans une atmosphère décontractée modelée par un décor sans prétention. Le pâté de foie de poulet s'avère succulent, alors que le canard rôti constitue une valeur sûre. Au dessert, la crème brûlée vous comblera de bonheur.

Manuel's on the 28th
$$$$
325 S. Orange Ave.
☎ (407) 246-6580
Juché au sommet du Bank of America Building, ce restaurant offre évidemment une vue remarquable sur la ville et ses environs. Mais il s'agit aussi d'une bonne table où vous pourrez vous régaler d'un filet mignon, d'escalopes de veau ou d'un confit de canard. En soirée seulement.

International Drive

Beaucoup d'établissements de type *fast food* et de restos de chaîne s'alignent sur International Drive. À travers les innombrables enseignes au néon, on trouve toutefois quelques trésors en y cherchant bien.

Ming Court
$$
9188 International Dr.
☎ (407) 351-9988
On ne peut manquer cet immense restaurant chinois dont la forme évoque un dragon de 80 m de long. La cuisine y est diversifiée et délicieuse, et les prix fort raisonnables.

Les restaurants qui se distinguent

Les bonnes tables: **Le Coq au Vin** (p 234), **Christini's** (p 235)

Pour la vue: **Manuel's on the 28th** (p 234)

Pour les familles: **Race Rock Supercharged Restaurant** (p 235), **Giordano's of Kissimmee** (p 235)

Dinner Theaters

La région d'Orlando et de Kissimmee compte une impressionnante quantité de salles vouées à la présentation de dîners-spectacles thématiques. Ces Dinner Theaters, comme on les appelle, exploitent tous un thème particulier et mettent en vedette chanteurs, danseurs et autres amuseurs qui s'exécutent pendant le dîner. La plupart des établissements se trouvent à Kissimmee, le long de l'Irlo Bronson Memorial Highway (route 192), ou à Orlando dans le secteur d'International Drive. En ce qui a trait aux prix d'entrée, il faut en général compter entre 40$ et 50$ pour les adultes et autour de 35$ pour les enfants, incluant le repas.

Race Rock Supercharged Restaurant
$$

8986 International Dr.
☎ (407) 248-9876

Cet amusant et bruyant restaurant thématique s'adresse aux mordus de la course automobile. Ici, dans un bâtiment qui a toutes les allures d'un stand d'écurie, la musique rock et les bolides ayant jadis été pilotés par les Andretti, Petty et compagnie volent la vedette aux hamburgers, sandwichs et salades classiques de ce genre d'établissement. Les enfants adorent!

Café Tu Tu Tango
$$$

8625 International Dr.
☎ (407) 248-2222

Danseurs de flamenco et autres artistes espagnols animent les repas au coloré Café Tu Tu Tango, dont le décor s'inspire de ce qui pourrait être le loft d'un artiste peintre. Très bon choix de tapas, ainsi que pizzas cuites au four et *empanadas*.

Ronnie's Steak House
$$$

7500 International Dr.
☎ (407) 313-3000

Les amateurs de viande rouge trouveront leur compte dans cet élégant restaurant d'International Drive. La présence d'un pianiste tous les soirs contribue à l'ambiance feutrée de l'établissement. En soirée seulement.

Christini's
$$$$

7600 Dr. Phillips Blvd.
☎ (407) 345-8770

Ce chic restaurant italien, probablement le meilleur des environs, s'est bâti une solide réputation grâce à sa cuisine imaginative. Pâtes fraîches fabriquées sur place et compositions comprenant poissons, fruits de mer ou agneau valent à cette adresse les plus grands éloges. Tenue soignée exigée. En soirée seulement.

Kissimmee

Tout le long de la route 192, aussi dénommée «Irlo Bronson Memorial Highway», vous trouverez des comptoirs de restauration rapide, des restos familiaux bon marché et plusieurs Dinner Theaters (voir la section «Sorties»).

Giordano's of Kissimmee
$

7866 W. Irlo Bronson Memorial Hwy.
☎ (407) 397-0044

Ce resto membre de la populaire chaîne créée dans la région de Chicago constitue un bon choix pour les familles. Tous se régaleront à prix raisonnable en choisissant la spécialité de la maison: la succulente *stuffed pizza* (la pâte même est farcie des garnitures à pizza). Le spectacle des cuistots qui font virevolter les pâtes au-dessus de leurs têtes est quant à lui irrésistible.

Sorties

Orlando

■ Dinner Theaters

Dolly Parton's Dixie Stampede Dinner & Show
8251 Vineland Ave.
☎ (407) 238-2777
www.dixiestampede.com
Le Far West est ici à l'honneur alors que musique country, danse western, numéros équestres et compétitions de rodéo composent le spectacle.

Pirate's Dinner Adventure
6400 Carrier Dr.
☎ (407) 248-0590
www.piratesdinneradventure.com
Une aventure en haute mer avec des pirates qui livrent des combats à l'épée et au mousquet.

■ Spectacles et concerts

Bob Carr Performing Arts Center
401 W. Livingston St.
☎ (407) 849-2577
www.orlandocentroplex.com
La plus importante salle de la ville. Comédies musicales de Broadway, concerts de l'**Orlando Philharmonic Orchestra** *(☎407-647-8525, www.orlandophil.org)*, représentations de l'Orlando Opera et spectacles de variétés y sont présentés.

T.D. Waterhouse Center
600 W. Amelia St.
☎ (407) 839-3900
En plus des matchs de basket de l'Orlando Magic, des spectacles rock et pop sont à l'affiche de cet amphithéâtre.

Dr. Phillips Center for the Performing Arts
1111 N. Orange Ave.
Ce lieu de création abrite l'**Orlando Opera** *(☎407-426-1717, www.orlandoopera.org)* et le **Southern Ballet Theater** *(☎407-426-1733)*, qui y ont leurs bureaux, y répètent leurs spectacles et en présentent certains au public.

Walt Disney Amphitheater
195 N. Rosalind Ave.
☎ (407) 246-2827
Cet amphithéâtre extérieur se trouve au cœur du Lake Eola Park. On y propose divers événements tout au long de l'année, dont un festival shakespearien du mois de mars au mois de mai.

■ Sports professionnels

Basketball

L'**Orlando Magic** représente la ville au sein du circuit professionnel de la National Basketball Association. La saison régulière s'étend d'octobre à avril, et les matchs locaux ont lieu au **TD Waterhouse Centre** *(600 W. Amelia St.; ☎407-896-2442, www.orlandomagic.com)*.

Kissimmee

■ Dinner Theaters

Arabian Nights
6225 W. Irlo Bronson Memorial Hwy.
☎ (407) 239-9223
www.arabian-nights.com
Un voyage au cœur des contes des mille et une nuits qui combine cascades, effets spéciaux et spectacle équestre.

Capone's Dinner & Show
4740 W. Irlo Bronson Memorial Hwy.
☎ (407) 397-2378
www.alcapones.com
Une comédie musicale qui vous ramènera à l'époque des gangsters des années 1920.

Medieval Times Dinner & Tournament
4510 Irlo Bronson Memorial Hwy.
☎ (407) 239-8666
www.medievaltimes.com
Un banquet médiéval accompagné d'une joute à laquelle prennent part des chevaliers protégés par leurs armures. Un classique du genre.

■ Sports professionnels

Baseball

Orlando ne possède pas de franchise professionnelle de baseball. Par contre, plusieurs équipes professionnelles tiennent leur camp d'entraînement printanier dans les environs au mois de mars. Outre les **Braves d'Atlanta**, qui jouent leurs matchs pré-saison

Orlando et Kissimmee – Sorties – Orlando

au Disney's Wide World of Sports Complex (voir le chapitre «Walt Disney World»), il y a les **Astros de Houston** qui disputent leurs rencontres préparatoires à l'**Osceola County Stadium** *(1000 Bill Beck Blvd.; ☎407-933-2520).*

Excursions dans les environs

■ Sports professionnels

Baseball

Le camp d'entraînement des **Indians de Cleveland** se tient au **Chain of Lakes Park** *(Cypress Gardens Blvd., Winter Haven; ☎866-488-7423)* et celui des **Tigers de Detroit** au **Joker Marchant Stadium** *(2301 Lakeland Hills, Lakeland; ☎863-686-8075).*

Achats

Orlando

Downtown Orlando

The Mall at Millenia
4200 Conroy Rd.
☎ (407) 363-3555
www.mallatmillenia.com
Le chic et moderne centre commercial The Mall at Millenia ravira les adeptes du lèche-vitrine. De grands magasins comme Macy's, Bloomingdale's, Neiman Marcus et Crate & Barrel y ont élu domicile, de même que de nombreuses boutiques spécialisées de luxe comme Cartier, Bang & Olufsen, Chanel, Gucci, Louis Vuitton, Tiffany et quelque 140 autres. Ce centre commercial d'une grande élégance a ouvert ses portes à l'automne 2002. Il est situé au sud-ouest du centre-ville d'Orlando, au niveau de la sortie 78 de la route I-4.

Lake Buena Vista

Lake Buena Vista Factory Stores
15591 Apopka-Vineland Rd.
☎ (407) 238-9301
www.lbvfs.com
Ce regroupement de magasins d'usine promet des aubaines spectaculaires sur des produits de grandes marques.

International Drive

The Mercado
8445 S. International Dr.
☎ (407) 345-9337
www.themercado.com
Cet agréable centre commercial de style méditerranéen comprend une cinquantaine de boutiques et quelques restaurants. On y trouve également l'attraction **Hard Rock Vault** (voir p 226).

Orlando et Kissimmee - Achats - Orlando

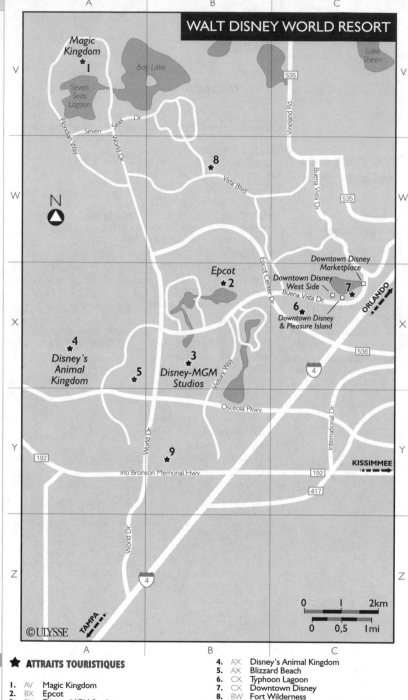

WALT DISNEY WORLD RESORT

Walt Disney World - Carte - Walt Disney World Resort

©ULYSSE

★ **ATTRAITS TOURISTIQUES**

1. AV Magic Kingdom
2. BX Epcot
3. BX Disney-MGM Studios
4. AX Disney's Animal Kingdom
5. AX Blizzard Beach
6. CX Typhoon Lagoon
7. CX Downtown Disney
8. BW Fort Wilderness
9. BY Disney's Wide World of Sports Complex

Walt Disney World ★ ★ ★

Magic Kingdom
Epcot
Disney-MGM Studios
Disney's Animal Kingdom
Ailleurs à Disney World

Walt Disney World

Le complexe touristique de Walt Disney World s'étend sur 122 km² et compte aujourd'hui parmi les destinations les plus visitées d'Amérique du Nord. Cet univers unique voit le jour en 1971 grâce à l'imagination débordante de Walt Disney, sans conteste l'un des plus grands créateurs américains du XXᵉ siècle.

Après s'être illustré parmi les pionniers du dessin animé, avoir réalisé les premiers longs métrages d'animation et mis sur pied d'importants studios hollywoodiens de production cinématographique et télévisuelle, Disney révolutionne le parc d'attractions avec l'ouverture de son Disneyland d'Anaheim, en banlieue de Los Angeles, Californie. Il s'entoure pour ce faire d'artisans de premier plan et développe une telle expertise qu'on en vient même à faire appel à lui pour l'élaboration d'attractions importantes lors d'expositions universelles.

Mais Disney se sent rapidement bien à l'étroit à Anaheim, où le boom immobilier que l'immense popularité de Disneyland a elle-même provoqué empêche toute possibilité d'expansion. Il se tourne alors, dès le début des années 1960, vers le centre de la Floride, une région alors peu développée au climat séduisant. Dans le plus grand secret, afin que ses visées ne deviennent pas publiques et entraînent ainsi une hausse de la valeur des terrains, il acquiert peu à peu plus de 11 000 ha au sud-ouest d'Orlando, qui lui permettront de laisser libre cours à son extraordinaire créativité. Il meurt toutefois en 1966 et ne peut donc assister à la concrétisation de son rêve lors de l'inauguration du Magic Kingdom cinq ans plus tard, le 1ᵉʳ octobre 1971. Avec plus de 10 millions de visiteurs dès sa première année, ce parc thématique déclenche le développement fulgurant de la région qui devient en quelques années une importante destination touristique.

Walt Disney avait aussi imaginé la création sur ses terres floridiennes d'une ville ultramoderne couverte d'un dôme de verre. Ce projet visionnaire portait le nom d'Experimental Prototype Community of Tomorrow (prototype expérimental de la communauté du futur), ou E.P.C.O.T. En 1982, la société Disney ouvre un second parc thématique qui porte le nom d'Epcot, bien qu'il ne reprenne qu'une portion du plan original de Walt Disney.

Au-delà de ces deux parcs d'attractions, complexes hôteliers, boutiques, restaurants, terrains de camping, parcs aquatiques, terrains de golf et autres voient le jour à l'intérieur des limites de Walt Disney World. Puis, les Disney-MGM Studios attirent leurs premiers visiteurs en 1989, alors que le Disney Animal Kingdom devient réalité en 1998.

Accès et déplacements

La route I-4 (**Interstate 4**), qui traverse la Floride d'est en ouest entre Daytona Beach et Tampa, donne accès au complexe de Walt Disney World. De cette route, plusieurs sorties bien indiquées vous conduiront aux différents secteurs du «Royaume».

Walt Disney World est si vaste qu'on peut pratiquement le considérer comme une ville indépendante possédant son propre réseau de transport en commun. Celui-ci est constitué d'un monorail, d'une flotte d'autobus et de navettes lacustres qui permettent de se déplacer entre tous les points du Royaume, soit les parcs thématiques principaux et secondaires, les hôtels et le secteur Downtown Disney. Pour ceux qui logent dans un des hôtels situés sur le site, c'est à n'en point douter la formule qu'il faut privilégier.

Si par contre vous résidez «hors les murs», sachez que la majorité des hôtels des environs proposent un service de navettes vers Disney World. Celles-ci ne sont toutefois disponibles qu'à heures fixes, le matin et le soir seulement.

Si vous choisissez de vous rendre dans les différents parcs par vos propres moyens, vous devrez assumer séparément le coût du stationnement, sauf si vous logez dans un des lieux d'hébergement de Disney World. Chacun des parcs principaux et secondaires possède son propre terrain de stationnement payant. Par contre, le stationnement du secteur Downtown Disney est gratuit.

Renseignements utiles

■ Casiers

Magic Kingdom

Sous la gare du Walt Disney World Railroad, près de l'entrée principale. Comptez 5$ par jour pour un casier, plus un dépôt remboursable de 2$ pour la clé.

Epcot

Sur la gauche en entrant, près du Spaceship Earth, et à l'International Gateway. Il en coûte 7$ par jour, plus un dépôt remboursable de 2$.

Disney-MGM Studios

À côté de l'Oscar's Super Service Station. Comptez 5$ par jour, plus un dépôt remboursable de 2$ pour la clé.

Disney's Animal Kingdom

Juste avant l'entrée ou à l'intérieur du parc près du bureau des Guest Relations. Comptez 5$ par jour, plus un dépôt remboursable de 2$.

Blizzard Beach

Près de l'entrée du parc.

Typhoon Lagoon

Sous les toits de chaume situés près de l'entrée.

■ Coordonnées

Walt Disney World Resort
Lake Buena Vista
☎ (407) 939-4636
www.disneyworld.com

■ Lectures

Pour de l'information très détaillée sur Walt Disney World, consultez le *Guide Ulysse Disney World*.

■ Poussettes et fauteuils roulants

Magic Kingdom

En location au Stroller Shop, à droite de l'entrée principale.

Epcot

Au pied du Spaceship Earth (sphère géodésique) et à l'International Gateway du World Showcase.

Disney-MGM Studios

En location à l'Oscar's Super Service Station, non loin de l'entrée du parc.

Disney's Animal Kingdom

À la boutique Garden Gate Gifts, près de l'entrée.

Blizzard Beach

Mis gracieusement à la disposition des visiteurs au bureau des Guest Relations.

Walt Disney World - Renseignements utiles

Typhoon Lagoon

Les fauteuils roulants sont disponibles gratuitement au bureau des Guest Relations.

■ Tarifs

D'innombrables forfaits et promotions sont proposés toute l'année durant au royaume de Disney. Certaines de ces offres sont proposées sur le site Internet de l'entreprise, alors que, pour profiter de certaines autres, il faut consulter un agent de voyages. Les voyageurs canadiens sont d'ailleurs souvent ciblés par des promotions spéciales selon lesquelles, par exemple, le prix d'entrée aux parcs est calculé au pair entre les devises canadienne et américaine. La liste de prix qui suit ne se veut donc pas exhaustive, mais donne tout de même une bonne idée de ce qui vous attend.

Billet d'une journée/un parc
10 ans et plus	59,75$
3 à 9 ans	48$

Park Hopper Pass
(laissez-passer de quatre jours qui donne accès aux quatre parcs principaux)
10 ans et plus	220$
3 à 9 ans	183$

Park Hopper Plus
(laissez-passer de cinq jours qui donne accès aux quatre parcs principaux, ainsi qu'à Typhoon Lagoon, Blizzard Beach, Downtown Disney Pleasure Island et Disney's Wide World of Sports)
10 ans et plus	231$
3 à 9 ans	194$

Premium Annual Pass
(passeport annuel donnant un accès illimité à tous les parcs principaux et secondaires)
10 ans et plus	515$
3 à 9 ans	438$

Downtown Disney

Prenez note qu'il faut débourser un surplus de 16,95$ dans la section Pleasure Island pour avoir accès à toutes les boîtes de nuit, et ce, jusqu'à 2h du matin.

Disney's Wide World of Sports Complexe

Les prix d'entrée pour assister aux matchs présentés au complexe Wide World of Sports doivent être assumés séparément et varient d'un événement à l'autre. Pour connaître les horaires et tarifs, communiquez avec le service d'information du complexe au ☎(407) 939-1500.

Attraits touristiques

Magic Kingdom ★ ★ ★

Premier parc de l'empire Disney à ouvrir ses portes en Floride, le Magic Kingdom est en fait une reproduction revue et corrigée du Disneyland californien qui avait à l'époque assis la réputation de la maison en ce domaine. Encore aujourd'hui, il demeure le cœur de Disney World, le parc qui rejoint le plus grand nombre, qui touche les petits comme les grands avec son splendide château de Cendrillon, ses défilés de jour et de nuit, ses feux d'artifice, sa magie.

Le parc est divisé en sept zones distinctes: **Main Street, U.S.A.**, la rue principale du Royaume qui relie l'entrée du parc au château de Cendrillon; **Tomorrowland** et ses attractions futuristes parmi lesquelles figure le fameux manège Space Mountain; **Mickey's Toontown Fair**, le village tant apprécié des plus jeunes, là où habitent Mickey et ses amis; **Fantasyland**, où l'on trouve les attractions classiques qui plaisent aux jeunes enfants, du carrousel de Cendrillon au manège de l'éléphant Dumbo; **Liberty Square** et sa maison hantée; **Frontierland**, qui renferme Splash Mountain et Big Thunder Mountain Railroad, deux des attractions les plus courues; et **Adventureland**, où pirates et animaux de la jungle se côtoient.

Fast Pass

Une utilisation astucieuse des laissez-passer *Fast Pass* peut représenter une façon efficace pour sauver du temps. Ces billets, qui vous permettent de passer devant la file d'attente à une heure fixée par rendez-vous, sont disponibles aux manèges les plus fréquentés des quatre parcs thématiques principaux de Disney World. On les obtient en glissant son billet d'entrée dans des machines distributrices bien indiquées. Il s'agit ensuite de revenir à l'heure dite pour visiter sans attente l'attraction choisie. Entre-temps, vous avez le loisir d'aller visiter d'autres attractions plutôt que d'attendre en ligne.

Dans le présent chapitre, nous signalons les attractions pour lesquelles il est possible de se procurer des *Fast Pass* à l'aide des lettres *FP*, qui apparaissent entre parenthèses à la suite de leur nom.

Main Street, U.S.A.

Ce secteur ne contient pas de manège en tant que tel, si ce n'est qu'on y trouve une des trois gares du **Walt Disney World Railroad** ★, charmant petit train qui fait le tour du royaume et permet ainsi une vue d'ensemble. La gare se trouve à l'étage du bâtiment d'accueil des visiteurs.

Pour le reste, disons que cette rue principale est bordée de jolies boutiques et mène directement au centre du parc, là où s'élève le château de Cendrillon. C'est sur Main Street, U.S.A. qu'ont lieu les défilés organisés chaque jour, dont l'extraordinaire **SpectroMagic Parade** ★★★ *(tlj à 21h)*, à ne pas manquer avec ses 26 chars allégoriques illuminés.

Tomorrowland

Cette section du Magic Kingdom présente une vision de l'avenir que plusieurs jugeront quelque peu naïve. Qu'à cela ne tienne, nous sommes ici dans un monde de rêve, ne l'oublions pas. L'attraction numéro un est le fameux **Space Mountain** ★★★ *(FP; taille minimale 1,12 m)*, un manège de type montagnes russes qui vous entraîne dans une course folle faite de virages serrés et de chutes soudaines, en pleine obscurité. Cœurs sensibles s'abstenir.

Outre ce classique de Disney World, Tomorrowland propose également le **Buzz** **Lightyear's Space Ranger Spin** ★★ *(FP)*, qui plaira particulièrement aux plus jeunes qui se sont régalés des films d'animation *Histoire de jouets* (*Toy Story*). Les participants montent à bord d'une navette spatiale et, à l'aide d'un canon laser, doivent accumuler le plus de points possible en atteignant diverses cibles. Coloré et amusant.

Les autres attractions de Tomorrowland appartiennent à une catégorie inférieure. Mentionnons le **Tomorrowland Indy Speedway** *(taille minimale 1,32 m)*, une piste de course automobile; **Astro Orbiter**, sorte de carrousel de l'espace; le **Walt Disney's Carousel of Progress** ★, une attraction créée à l'origine pour l'exposition universelle de New York en 1964 qui présente à l'aide de personnages audio-animatroniques l'évolution de la vie familiale sur un siècle; et **The Timekeeper** ★, un voyage dans le temps qui prend la forme d'un film projeté sur un écran circulaire de 360°.

Mickey's Toontown Fair

Les tout-petits raffolent du Mickey's Toontown Fair, un village amusant qui leur donne l'impression de pénétrer dans un dessin animé. C'est ici que Mickey et ses amis habitent, ce qui signifie en clair qu'il est possible d'y rencontrer plusieurs personnages des films d'animation de Disney, notamment au **Toontown Hall of Fame**.

Les attractions les plus populaires sont les **maisons de Mickey et de Minnie ★★**, qui débordent de détails rigolos, ainsi que le **bateau de Donald le canard**, qui est en fait une aire de jeux pour les enfants. Finalement, il y a des montagnes russes miniatures, le **Barnstormer at Goofy's Wiseacre Farm** *(taille minimale 0,89 m)*, et une gare pour le Walt Disney World Railroad.

Fantasyland

C'est à Fantasyland que l'on retrouve l'atmosphère «conte de fées» qui a fait l'image de marque de Walt Disney. Ainsi, bien qu'il fasse figure d'emblème central pour tout le Magic Kingdom, c'est techniquement à Fantasyland qu'est situé l'extraordinaire **château de Cendrillon ★★★**. Inspiré des châteaux de Bavière, ce véritable monument culmine à 55 m. Il ne renferme aucune attraction à proprement dit, si ce n'est quelques boutiques et un restaurant (**Cinderella's Royal Table**, voir p 260). On peut aussi y admirer de belles mosaïques racontant l'histoire de Cendrillon.

Fantasyland propose une attraction récente à ne manquer sous aucun prétexte: **Mickey's PhilharMagic ★★★** *(FP)*. Ce film d'animation utilisant les techniques du cinéma 3D entraîne les spectateurs médusés dans une aventure qui met en vedette Mickey et son ami Donald, le canard gaffeur et irritable. Seul ennui: les enfants ne veulent plus quitter la salle à la fin de la représentation...

Ce secteur renferme également des manèges qui comptent parmi les classiques du Magic Kingdom et qui s'adressent en général aux jeunes enfants. C'est le cas par exemple du très beau **Cinderella's Golden Carrousel ★★**, avec ses chevaux de bois tous différents les uns des autres que des artisans ont peints à la main, de **Dumbo the Flying Elephant** et de **Mad Tea Party**, où l'on monte à bord de tasses de thé géantes.

Quelques autres attractions dans lesquels sont reproduits les univers particuliers de films d'animation célèbres doivent être signalées. Dans ce type de manège, les participants montent à bord d'un véhicule qui les conduit à travers des décors fidèles à

Les robots audio-animatroniques

Walt Disney lui-même est à l'origine de la création des robots audio-animatroniques qui animent plusieurs des attractions comptant, encore aujourd'hui, parmi les plus marquantes des différents parcs thématiques de l'empire Disney. On raconte qu'il fit la découverte, lors d'un voyage en Europe à la fin des années 1940, d'un oiseau mécanique qui le fascina au point de lui inspirer le concept qu'il utilisera dans l'élaboration de plusieurs attractions-vedettes de son Disneyland, qui quant à lui révolutionnera le domaine alors très ordinaire du parc d'attractions.

Grâce à une remarquable synchronisation du son avec la reproduction très réaliste par des automates de mouvements humains ou animaliers, cette technologie issue de la fertile imagination de Disney a fait école. On fit d'ailleurs appel à lui pour qu'il l'utilise dans la création de spectacles lors de l'exposition universelle de New York en 1964.

Parmi les robots audio-animatroniques les plus réussis du Magic Kingdom, mentionnons les animaux de Jungle Cruise, les poupées chantantes d'It's A Small World, les présidents américains plus vrais que nature du Hall of Presidents et les inquiétants personnages de Pirates of the Caribbean. On les retrouve aussi dans bon nombre d'attractions d'Epcot (Spaceship Earth, *The American Adventure*) et des Disney-MGM Studios (The Great Movie Ride).

l'esprit des dessins animés originaux. Font partie de ce groupe le **Peter Pan's Flight** ★ *(FP)*, qui vous mène à la découverte du «Pays imaginaire» à bord d'un bateau pirate volant, **The Many Adventures of Winnie the Pooh** ★ *(FP)*, ou les aventures de l'ourson qui compte toujours parmi les favoris des petits, et des **Snow White's Scary Adventures**, dans lesquelles vous retrouverez Blanche-Neige, les sept nains et la méchante sorcière.

Dans le même genre, il faut toutefois considérer **It's a Small World** ★★ dans une classe à part. Ce manège remarquable fut construit pour l'exposition universelle de New York en 1964. Installé dans un petit bateau, vous y découvrirez une incroyable collection de poupées audio-animatroniques représentant des enfants du monde entier qui entonnent tous la même chanson, chacun dans leur langue. Avertissement: vous aurez cette ritournelle en tête pendant des jours...

Liberty Square

The Haunted Mansion ★★★ *(FP)* constitue l'attraction la plus recherchée du secteur de Liberty Square, et pour cause! Dans ce manoir du XIXe siècle, les fantômes font littéralement la fête et viennent même s'asseoir à vos côtés. Les effets obtenus grâce à des images holographiques sont à couper le souffle et méritent vraiment le coup d'œil. À ne pas manquer!

Les autres attractions de Liberty Square sont **The Hall of Presidents** ★, présentation impressionnante bien que fort pompeuse avec des robots audio-animatroniques qui personnifient 42 présidents des États-Unis, le **Liberty Belle Riverboat**, un navire à aubes plus vrai que nature, et le **Goofy's Country Dancin' Jamboree**, une revue musicale à laquelle participent le chien Goofy ainsi que Woody, le cowboy d'*Histoire de jouets*.

Frontierland

Frontierland, une reconstitution d'un village de pionniers du Far West, possède deux des attractions les plus remarquables du Magic Kingdom. Non seulement constituent-elles des manèges excitants de haut niveau, mais elles font en outre partie de mises en scène extraordinaires qui fourmillent de détails que l'on peut s'amuser à découvrir peu à peu en y retournant jusqu'à épuisement. Il s'agit tout d'abord du **Big Thunder Mountain Railroad** ★★★ *(FP; taille minimale 1,02 m)*, un petit train aux allures tout ce qu'il y a d'inoffensives qui n'en dévale pas moins à grande vitesse la montagne dans laquelle on exploite une mine poussiéreuse. Pour les amateurs de sensations fortes.

L'autre attraction majeure des environs est **Splash Mountain** ★★★ *(FP; taille minimale 1,02 m)* où vous parcourrez une série de rapides à bord d'une petite embarcation... jusqu'à la chute finale de près de 20 m. Avertissement: à faire quand il fait chaud car vous en sortirez trempé.

Également à Frontierland, il y a la **Tom Sawyer Island**, une randonnée pédestre qui se transforme en terrain de jeux, le **Country Bear Jamboree**, un spectacle d'ours audio-animatroniques chantants, et l'une des stations du Walt Disney World Railroad.

Adventureland

Deux attractions classiques utilisant la technique des robots audio-animatroniques mise au point par Disney constituent les vedettes du secteur Adventureland. La première est **Pirates of the Caribbean** ★★★, une balade en bateau qui tourne au cauchemar à mesure que l'on découvre les saccages perpétrés dans le village par une bande de pirates. À la fois amusantes et d'un réalisme souvent époustouflant, les différentes scènes représentées surprendront les plus blasés. Contrairement à l'habitude, c'est le manège qui a inspiré le film mettant en vedette Johnny Depp et non l'inverse. Ça en dit long sur la qualité de cet attrait.

Walt Disney World – **Attraits touristiques** – Magic Kingdom

L'autre attraction de premier plan d'Adventureland a pour nom **Jungle Cruise ★★** *(FP)*, une croisière en pleine jungle à la rencontre de divers animaux audio-animatroniques plus vrais que vrais.

À noter que des robots audio-animatroniques sont aussi utilisés dans **The Enchanted Tiki Room Under New Management ★**, un spectacle d'oiseaux chantants animé par l'ineffable Iago (*Aladdin*) et son ami Zazu (*Le Roi Lion*).

D'autres attractions de moindre envergure complètent Adventureland: la **Swiss Family Treehouse**, où vous pouvez grimper dans l'arbre où niche la maison de la famille Robinson, et **The Magic Carpets of Aladdin**, sorte de carrousel où les chevaux de bois sont remplacés par des tapis volants.

Epcot ★★★

Walt Disney lui-même avait imaginé l'Experimental Prototype Community of Tomorrow (E.P.C.O.T.), et ce, dès les années 1950. Sa vision d'Epcot était celle d'une véritable communauté (ce qui implique que des gens devaient y vivre), tournée vers l'avenir et ouverte sur le monde.

Le parc Epcot que l'on connaît aujourd'hui est le second à avoir ouvert ses portes à Disney World, en 1982. Sur une superficie de 105 ha, il reprend en partie les idées incluses dans le plan de Walt Disney en jouant le rôle de vitrine sur l'évolution des technologies et des sciences dans la section **Future World**. Cependant, personne n'y habite, n'y étudie, etc. Cette partie importante de la vision originale ne se concrétisera plutôt que plusieurs années plus tard, à Celebration, une ville modèle que la corporation Disney s'occupe à développer actuellement à une vingtaine de kilomètres au sud de Disney World. À Epcot, l'élément communautaire est complètement ignoré au profit du **World Showcase**, une mini-exposition internationale qui regroupe une dizaine de pavillons nationaux et qui, à sa façon, rejoint l'idée originale d'ouverture sur le monde que prônait Walt Disney.

Epcot possède donc deux visages bien distincts, qui correspondent aux deux secteurs du parc. L'une se veut une célébration de la science et l'autre une invitation à la découverte du monde. Quoi qu'il en soit, souvenez-vous que, d'une façon générale, les attractions d'Epcot s'adressent davantage aux adultes. Des efforts sont déployés depuis quelques années pour rendre ce parc plus attrayant aux yeux des plus jeunes et même des ados, grâce à la présentation de films 3D et à l'ajout de manèges à sensations fortes, mais force est d'admettre que la majorité des attractions ennuient les plus jeunes visiteurs. Ainsi, les familles avec de jeunes enfants devraient d'abord favoriser les autres parcs, tous plus familiaux qu'Epcot.

Reste qu'Epcot, avec des attractions de premier ordre hautement sophistiquées, a de quoi impressionner le public mature. Les attraits les plus courus sont Test Track et Mission: SPACE, pour lesquels l'utilisation des *Fast Pass* est indispensable, et ce, le plus tôt possible dans la journée. Le cas de Test Track est le plus patent car une interminable file d'attente s'y crée dès les premières minutes de la journée. Nous vous suggérons donc de courir y prendre vos *Fast Pass* dès votre arrivée au parc.

Spaceship Earth, manège qui loge à l'intérieur du dôme géodésique devenu l'emblème d'Epcot, en est un autre devant lequel les queues peuvent s'étirer. Les autres attractions à privilégier sont le film 3D *Honey, I Shrunk the Audience*, projeté dans le pavillon Imagination!, et la balade en bateau dénommée Maelstrom, au pavillon de la Norvège.

Future World

Haut de 60 m, le dôme géodésique devenu l'emblème d'Epcot agit comme un véritable aimant. C'est en effet vers ce géant que convergent les visiteurs à leur arrivée au parc pour prendre part à l'attraction **Spaceship Earth ★★★**, un voyage à travers l'histoire des communications. Les visiteurs s'installent dans des wagons montés sur rail qui parcourent l'intérieur du dôme jusqu'à son sommet. Son, lumière, effets spéciaux et personnages audio-animatroniques sont mis à contribution dans cette présentation spectaculaire qu'il ne faut pas manquer.

Quatre pavillons se trouvent à gauche du dôme. Le premier du groupe, **Universe of Energy ★★**, aborde le vaste sujet des ressources énergétiques, entre autres à l'aide d'un film mettant en vedette la comédienne Ellen DeGeneres intitulé *Ellen's Energy Adventure*. Le clou du spectacle survient lorsque des sections de sièges se détachent et quittent la salle pour un voyage dans le passé... à 300 millions d'années d'aujourd'hui, dans un monde peuplé de dinosaures.

L'expérience de Celebration

La vision d'origine de Walt Disney pour E.P.C.O.T. englobait la création d'une véritable communauté de l'avenir, d'une ville modèle tournée vers le futur. Ces visées ne se concrétisèrent jamais dans le projet Epcot même, tel que réalisé par ses successeurs. Par contre, elles trouvent enfin leur écho dans le projet Celebration, actuellement en cours d'aménagement à quelque 20 km au sud de Disney World.

La corporation Disney s'est portée acquéreur de près de 2 000 ha de terrain au cours des années 1990 afin de développer une ville modèle dans laquelle, à terme, vivront 12 000 personnes. Suivant un plan d'urbanisme qui favorise un design harmonieux et une vie communautaire active, Celebration s'inspire des villes traditionnelles du sud-est des États-Unis de la première moitié du XXᵉ siècle dans l'architecture de ses habitations. Celles-ci sont construites sur des terrains de taille modeste afin d'inciter les résidants à fréquenter régulièrement les parcs et lieux publics de la ville. Elles s'élèvent d'ailleurs près les unes des autres afin d'encourager les échanges entre voisins. Mais, malgré ce regard romantique sur le passé, Celebration se tourne résolument vers l'avenir par l'utilisation au quotidien des technologies les plus avancées.

Le plan d'urbanisme qui a présidé au développement de cette ville privée est l'œuvre des firmes d'architectes new-yorkaises Robert A.M. Stern, qui a également signé l'hôtel Disney's Yacht Club Resort, et Cooper Robertson & Partners, groupe qui a notamment œuvré à la planification des projets de Battery Park City, à New York, et de Cityfront Center, à Chicago. Plusieurs autres architectes de renom participent de plus à l'expérience, qui se veut la contribution de Disney à un courant que certains nomment le *New Urbanism*.

La ville est organisée autour de Market Street, quartier commerçant qui fait office de centre-ville avec ses boutiques, ses restaurants, ses bureaux, son hôtel et sa mairie (Philip Johnson, Ritchie & Fiore, architectes). Elle possède aussi un splendide terrain de golf dessiné par les réputés spécialistes Robert Trent Jones, père et fils.

Des maquettes de ce projet très suivi dans les cercles américains de l'architecture sont exposées au Preview Center (Moore/Andersson, architectes), situé à l'entrée de Celebration. On y présente aussi un film qui explique les intentions des créateurs de cette ville modèle et la philosophie sur laquelle s'appuie son développement.

Walt Disney World - Attraits touristiques - Epcot

Le second pavillon, **Wonders of Life** ★★, explore quant à lui la vie humaine avec des attractions comme **Body Wars** ★★, un voyage à l'intérieur du corps qui utilise la technique du simulateur de vol, et le très amusant film **Cranium Command** ★★, dans lequel de nombreux comédiens américains jouent les rôles d'opérateurs des différents organes d'un garçon de 12 ans. Un autre film, *The Making of Me*, explique la naissance.

Le pavillon suivant abrite **Mission: SPACE** ★★ *(FP; taille minimale 1,12 m)*, l'une des attractions-vedettes du parc. Utilisant les techniques du simulateur de vol et du film 3D, ce manège inauguré en 2004 vous invite à monter à bord d'un vaisseau spatial où vous devenez le pilote, le navigateur, l'ingénieur ou le commandant, en route pour la planète Mars. À noter que la simulation de la pression gravitationnelle lors du décollage est fort réaliste, au point d'indisposer certains visiteurs.

Autre attrait très couru, **Test Track** ★★★ *(FP; taille minimale 1,02 m)* suit sur ce parcours. Présenté par General Motors, ce manège que l'on pourrait classer parmi ceux de type montagnes russes, mais sans les montagnes, simule les tests de sécurité, d'accélération et de résistance aux impacts que l'on fait subir aux automobiles. Les amateurs de vitesse en ont pour leur argent! Les files d'attente sont ici très longues; munissez-vous d'un *Fast Pass* dès votre arrivée au parc pour ne pas manquer cette attraction.

À droite du dôme géodésique, vu de l'entrée du parc, trois pavillons complètent le secteur Future World. Le premier, **The Living Seas**, explore les fonds marins avec ses nombreux aquariums dont les plus populaires sont ceux où l'on trouve d'authentiques poissons clowns, inspirations pour la création du personnage de Nemo dans le film d'animation *Finding Nemo* (*Le Monde de Nemo*).

Plus loin, le pavillon **The Land** ★★ initie les visiteurs à la culture de la terre. L'attraction **Living with the Land** ★★ *(FP)* s'y présente sous la forme d'une balade en bateau à l'intérieur de serres où sont représentés diverses formes d'agriculture. Y est aussi projeté le film *The Circle of Life*, dans lequel les personnages du dessin animé *Le Roi Lion* (*The Lion King*) reprennent du service pour sensibiliser les spectateurs à la préservation de l'environnement.

Le dernier pavillon de ce groupe porte le nom prometteur d'**Imagination!** ★★★. L'attraction **Journey Into Imagination With Figment** y est proposée, mais c'est l'extraordinaire film 3D *Honey, I Shrunk the Audience* ★★★ *(FP)* qu'il ne faut pas manquer. Il met en vedette le savant fou et les autres personnages des films de cette série, en plus de l'inénarrable et ex-Monty Python Eric Idle dans la présentation d'une nouvelle invention qui tourne à la catastrophe alors que sont réduits à une taille lilliputienne tous les spectateurs présents. Les effets sont ici à couper le souffle et le film vraiment très amusant. À ne pas manquer!

World Showcase

Le World Showcase se veut une version disneyenne d'une exposition internationale, avec ses 11 pavillons nationaux qui vantent les mérites et les grandeurs de chaque pays représenté. Soyons francs, plusieurs de ces exhibitions vous raseront par leur côté idyllique et ronflant. Par contre, les restaurants installés dans plusieurs des pavillons vous raviront par la qualité de leur cuisine.

Les pavillons nationaux entourent le World Showcase Lagoon, lac sur lequel est présenté chaque soir le fabuleux spectacle pyrotechnique **Illuminations: Reflections of Earth** ★★★ *(tlj à 21h)*, à ne pas manquer. Feux d'artifice, musique et rayons laser y sont utilisés à l'intérieur d'un spectacle féerique qui rend hommage à la Terre.

Si vous optez pour visiter les pavillons nationaux en faisant le tour du lac dans le sens des aiguilles d'une montre, c'est celui du **Mexique** ★★ que vous croiserez en premier lieu. Vous le reconnaîtrez facilement à sa forme, qui est aussi celle d'une pyramide précolombienne. Une balade en bateau, **El Rio del Tiempo**, y est proposé à travers l'histoire du pays, de même qu'une exposition d'objets d'art précolombien.

Puis vient la **Norvège** ★★, avec son excellente attraction dénommée **Maelstrom** ★★ *(FP)*, un autre tour en bateau qui, dans ce cas-ci, vous ramène à l'ère des Vikings.

La **Chine** ★★★, pour sa part, présente l'excellent film *Reflections of China* ★★★ sur un écran circulaire, une visite plus vraie que nature des différentes régions du pays. Suivent l'**Allemagne** ★ et l'**Italie** ★, dont les expositions, quoique fort intéressantes, prennent des allures plus traditionnelles.

Le pavillon des **États-Unis** ★★ est une reproduction du Liberty Hall de Philadelphie. Le spectacle *The American Adventure* ★★ y propose une vision idyllique et on ne peut plus patriotique de l'histoire américaine. Certains le trouveront long et suffisant, mais il faut admettre que la qualité d'ensemble de cette présentation qui allie cinématographie et personnages audio-animatroniques est renversante.

Vous visiterez ensuite les expositions classiques des pavillons du **Japon** ★ et du **Maroc** ★, avant d'assister au très beau film intitulé *Impressions de France* ★★★, projeté sur cinq écrans couvrant un angle de 200°, au pavillon de la **France** ★★★. Celui-ci ramène par ailleurs de manière fort réaliste les visiteurs dans le Paris du début du XXᵉ siècle.

Le **Royaume-Uni** ★ suit avec une exposition vivante mais dépourvue d'attraction spectaculaire, et le **Canada** ★★ ferme la marche avec son grand bâtiment de style château et son film à 360° intitulé *O Canada!* ★★. De splendides jardins inspirés des célèbres Butchart Gardens de Victoria, en Colombie-Britannique, entourent le pavillon canadien.

Disney-MGM Studios ★★★

Plus petit des quatre parcs principaux de Disney World, les Disney-MGM Studios n'en constituent pas moins l'un des plus

appréciés grâce à leurs nombreuses attractions de haut niveau et leur décor Art déco magnifiquement réussi qui évoque les années 1930 et 1940, soit l'âge d'or d'Hollywood. Comme son nom l'indique, ce parc se veut un hommage au monde du cinéma et de la télévision ainsi qu'une réponse aux concurrents que sont les Universal Studios (voir le chapitre suivant).

C'est en 1989 que naît ce troisième parc thématique, qui renferme aussi de véritables studios de production.

Comme le parc est de dimensions relativement restreintes, il est facile de circuler d'un secteur à l'autre. Vous pourrez donc adopter comme stratégie de vous rendre aux attractions que vous souhaitez ne pas manquer dans l'ordre qui vous convient en début de journée, peu importe leur localisation dans le parc. Nous vous conseillons toutefois d'utiliser les privilèges des *Fast Pass* pour les attractions les plus prisées que sont The Twilight Zone Tower of Terror et Rock 'n' Roller Coaster Starring Aerosmith, voisines l'une de l'autre dans le secteur **Sunset Boulevard**. Les autres attractions à ne pas manquer sont le spectacle *Beauty and the Beast Live on Stage*, toujours sur Sunset Boulevard, le film *Jim Henson's Muppet Vision 3-D* et le manège Star Tours, tous deux dans le secteur **Streets of America**, The Great Movie Ride, au bout d'**Hollywood Boulevard**, et, pour les tout-petits, Voyage of the Little Mermaid dans le secteur **Mickey Avenue / Animation Courtyard**.

Hollywood Boulevard

L'artère menant de l'entrée jusqu'un peu au-delà du chapeau de sorcier géant de Mickey (37 m), devenu le point de ralliement du parc, porte le nom d'Hollywood Boulevard. Outre les défilés thématiques qui y sont organisés, on n'y retrouve qu'une seule attraction, aménagée à l'intérieur de la reconstitution du Grauman Chinese Theater d'Hollywood, situé tout au bout de la rue: **The Great Movie Ride** ★★★. Bien installé à bord d'un véhicule, vous ferez un voyage à travers les scènes les plus célèbres du cinéma hollywoodien, de *Singin' in the Rain* au *Magicien d'Oz*, en passant par *Alien*. Tout au long de la visite d'une durée d'environ 20 min, vous croiserez des robots audio-animatroniques et de véritables acteurs, au point d'avoir du mal par moments à distinguer les uns des autres. L'ensemble est très réussi et attire de grosses foules. À visiter en début de journée.

Sunset Boulevard

Empruntant le nom d'une autre artère célèbre d'Hollywood, ce secteur est souvent bondé car y sont regroupés certains des attraits les plus spectaculaires du parc. Ainsi, côte à côte au bout de la rue, vous trouverez les deux manèges les plus réussis des Disney-MGM Studios. Il s'agit tout d'abord de **The Twilight Zone Tower of Terror** ★★★ *(FP; taille minimale 1,02 m)*, qui prend la forme d'un hôtel désaffecté de 13 étages à l'allure pour le moins lugubre. Après une mise en situation remarquable au cours de laquelle interviennent des personnages fantômes reproduits à l'aide d'images holographiques, le chariot dans lequel vous prenez place pénètre dans une cage d'ascenseur pour atteindre les étages supérieurs... avant de faire une chute libre qui vous glace d'effroi. À ne pas manquer!

L'autre excellente attraction située tout près est le **Rock 'n' Roller Coaster Starring Aerosmith** ★★★ *(FP; taille minimale 1,22 m)*, un manège de type montagnes russes à couper le souffle. Afin d'arriver à temps à un spectacle du groupe rock Aerosmith, vous êtes convié à monter à bord d'une limousine. Après un départ canon permettant de passer de zéro à 100 km/h en 2,8 secondes, la limousine en question fera une série de vrilles, de boucles et de virages en pleine obscurité. Les amateurs de sensations fortes en auront pour leur argent. À ne pas manquer!

C'est également sur Sunset Boulevard qu'est présenté le très apprécié spectacle **Beauty and the Beast Live on Stage** ★★★, au cours duquel les personnages du film d'animation *La Belle et la Bête* se donnent rendez-vous pour reprendre les grandes lignes de l'histoire et interpréter les magnifi-

ques chansons du film original. Les jeunes enfants adorent ce spectacle présenté dans un amphithéâtre ombragé qui permet un repos bien mérité les jours de canicule.

Finalement, c'est aussi dans le populaire secteur Hollywood Boulevard que se trouve l'amphithéâtre à ciel ouvert pouvant accueillir au-delà de 6 500 spectateurs où est présenté chaque soir le spectacle **Fantasmic!** ★★★ *(tlj à 21h, avec une seconde représentation à 22h30 certains soirs)*, qu'il ne faut manquer sous aucun prétexte. Au cours de cette représentation, Mickey lui-même doit combattre à lui seul tous les vilains des films d'animation de Disney. Effets pyrotechniques, flammes et jets d'eau sur lesquels sont projetés des extraits de dessins animés sont mis à contribution afin de créer un spectacle haut en couleur dont vous vous souviendrez longtemps. À noter qu'il faut prévoir arriver très tôt, soit quelque 90 min avant la représentation, pour avoir de bonnes places.

Mickey Avenue / Animation Courtyard

Ce secteur situé à l'extrémité du parc permet d'explorer différentes facettes de la conception d'œuvres cinématographiques ou d'émissions de télévision. Ainsi, **The Disney-MGM Studios Backlot Tour** ★ est une sorte de visite guidée de 35 min à travers décors et coulisses de grands studios hollywoodiens, avec quelques mises en scène pour pimenter le tout.

The Magic of Disney Animation ★★ permet de son côté d'explorer les techniques d'animation développées au fil des ans par les artistes des studios Disney. Quant à **Walt Disney: One Man's Dream** ★, il s'agit d'un hommage fort réussi au créateur d'exception que fut Walt Disney. Parmi les éléments constituants les plus intéressants de ce quasi-musée, mentionnons la reconstitution du bureau de Disney et les maquettes des différents parcs thématiques construits dans le monde par l'empire qu'il a mis sur pied.

Les plus jeunes enfants adorent quant à eux le spectacle d'une durée de 17 minutes intitulé **Voyage of the Little Mermaid** ★ ★ *(FP)*, au cours duquel ils retrouvent Ariel, la petite sirène, et les autres personnages du dessin animé. **Playhouse Disney - Live on Stage**, un spectacle musical d'une vingtaine de minutes où l'audience doit s'asseoir sur le sol, leur plaira également. Finalement, **Who Wants to Be A Millionaire - Play It!** *(FP)* permet à ceux qui le désirent de participer au populaire jeu télévisé du même nom.

Streets of America

Cette section du parc, avec ses décors de rue fort réussis, mérite à ne pas en douter qu'on s'y attarde un bon moment. Le film **Jim Henson's Muppet Vision 3-D** ★ ★ ★ vaut d'ailleurs à lui seul le détour. La grenouille Kermit vous invite à assister à un spectacle de la troupe des Muppets. Aux effets tridimensionnels du film même s'ajoutent des personnages audio-animatroniques présents dans la salle, comme les deux vieux spectateurs grognons qui ont fait les beaux jours de la série télévisée. Vingt-cinq minutes de pur plaisir!

Le manège **Star Tours** ★ ★ ★ *(FP; taille minimale 1,02 m)* est pour sa part un véritable classique du parc. Dans la plus pure tradition des films de la série *La Guerre des étoiles* (*Star Wars*), vous participerez à une mission à bord d'un vaisseau spatial qui, évidemment, tournera mal. À l'aide des techniques propres aux simulateurs de vol, cette attraction vous en fera voir de toutes les couleurs au cours d'une course folle dans l'espace.

Les autres attractions des environs sont le spectacle de cascadeurs **Indiana Jones Epic Stunt Spectacular** *(FP)*, qui plaira aux amateurs de bagarres et d'explosions, **Sounds Dangerous**, où le comédien Drew Carey vous initiera aux techniques sonores utilisées au cinéma, et **Honey, I Shrunk the Kids Movie Set Adventure** ★, un terrain de jeux dans lequel les enfants auront l'impression de ne plus mesurer que quelques millimètres.

Disney's Animal Kingdom ★ ★

Dernier-né des parcs thématiques principaux de Walt Disney World, Animal Kingdom atteint peu à peu le même niveau d'excellence que ses trois prédécesseurs. Il faut dire que ce quatrième parc majeur est bien atypique dans le contexte disneyen, ce qui peut en surprendre quelques-uns a priori. Ainsi, plus souvent qu'autrement, les robots audio-animatroniques sont ici remplacés par de véritables animaux, et ce sont ces derniers qui volent la vedette aux attractions à grand déploiement qui ont fait la renommée de l'empire Disney.

C'est donc au royaume des animaux qu'est dédié ce parc immense qui s'étend sur 200 ha, en une mise en scène spectaculaire qui évoque les espaces sauvages d'Afrique et d'Asie. Mais Animal Kingdom va plus loin que le parc zoologique traditionnel, en intégrant à l'ensemble spectacles, films 3D, manèges et, bien sûr, quelques attractions tout ce qu'il y a de disneyennes.

Dès votre arrivée, **The Oasis** vous mettra dans le bain en façonnant l'atmosphère exotique dans laquelle vous passerez la journée.

Vous apercevrez alors l'emblématique Tree of Life (arbre de la vie), qui culmine à 45 m en plein cœur du parc, dans la section baptisée **Discovery Island**. On y présente l'une des attractions les plus prisées d'Animal Kingdom, soit le film d'animation tridimensionnel *It's Tough to be a Bug!*

Parmi les autres attraits à privilégier, le spectacle à grand déploiement *Festival of the Lion King*, dans la section **Camp Minnie-Mickey**, arrive à n'en point douter en tête de liste, suivi de Primeval Whirl et de DINO-SAUR!, à **DinoLand U.S.A.**, et du manège Kali River Rapids, dans la section **Asia**.

Mais comme les animaux constituent la grande attraction du parc, c'est vers les sections **Africa** et **Rafiki's Planet Watch** que plusieurs choisissent de se diriger en premier lieu, afin de pouvoir les observer dans de remarquables reconstitutions de leur milieu naturel.

Il est à noter qu'Animal Kingdom ouvre ses portes plus tôt que les trois autres parcs thématiques de Disney World, et les ferme aussi plus tôt. Afin de respecter la tranquillité des animaux, aucune activité à saveur pyrotechnique et aucun défilé n'y a lieu en soirée.

À noter que pour maximiser vos chances de voir les animaux s'ébattre dans leur milieu naturel reconstitué, il est recommandé de visiter les attractions qui les mettent en vedette en début de journée, avant qu'il ne fasse trop chaud.

The Oasis

Bien que cette section du parc ne contienne aucune attraction au sens où on l'entend généralement chez Disney, il ne faudrait surtout pas conclure qu'il n'y a rien à y découvrir. Cette partie du parc accueille les visiteurs à leur arrivée et constitue une mise en situation des plus réussies. Dans un cadre verdoyant, vous pourrez au passage admirer quelques espèces animales et même «converser» avec des aras colorés.

Discovery Island

Le secteur névralgique de Discovery Island se trouve sur une île, comme son nom l'indique, située en plein cœur du parc. Depuis cet endroit, des sentiers permettent de rejoindre toutes les autres zones d'Animal Kingdom. **The Tree of Life** ★★★, ce gigantesque arbre emblématique du parc, trône au centre de l'île. Haut de 45 m, cet «arbre de la vie» dont le tronc fait 15 m de diamètre, est en fait une création tout ce qu'il y a de plus artificielle. Les artisans de Disney ont en effet bâti de toutes pièces cet arbre magnifique au réalisme saisissant afin, entre autres choses, d'y loger un théâtre de 430 places. C'est là qu'est projeté l'extraordinaire et hilarant film d'animation tridimensionnel **It's Tough to be a Bug!** ★★★ *(FP)*, dans lequel les fourmis et autres insectes du film *Une vie de bestiole* (*A Bug's Life*) reprennent du service. Ce film, amusant

au possible, est à ne manquer sous aucun prétexte.

Camp Minnie-Mickey

C'est dans le secteur Camp Minnie-Mickey que l'on trouve l'une des attractions les plus appréciées d'Animal Kingdom. Il s'agit de la spectaculaire revue musicale **Festival of the Lion King** ★★★. Pendant 25 min, acrobates, jongleurs, danseurs et chanteurs se joignent aux personnages du célèbre dessin animé *Le Roi Lion* pour interpréter les grands succès musicaux inclus dans le film original et dans la pièce de Broadway. La grande finale est particulièrement grandiose, alors que même des chars allégoriques sont mis à contribution. Voilà un spectacle vraiment réussi qui plaira à un public de tout âge. Bien que le théâtre où il est présenté soit très vaste avec ses 1 000 places, il est préférable d'arriver une vingtaine de minutes avant la représentation pour avoir de bonnes places.

L'autre attraction des environs, **Pocahontas and Her Forest Friends**, s'adresse aux familles avec de jeunes enfants. Au cours de ce spectacle, l'Amérindienne Pocahontas présente aux tout-petits ses amis les animaux de la forêt.

Africa

Une reconstitution fort crédible d'un village africain, à la conception de laquelle ont d'ailleurs participé des artistes zoulous, constitue le point central du secteur d'Animal Kingdom dédié au continent noir. Il est recommandé de se rendre dans cette partie du parc tôt dans la journée afin de prendre part aux **Kilimanjaro Safaris** ★★*(FP)*, car les probabilités d'apercevoir de nombreux animaux y sont alors plus grandes. Souvenez-vous en effet qu'en après-midi, alors qu'il peut faire très chaud sous le soleil du centre de la Floride, plusieurs animaux se cachent à l'ombre et font la sieste. Les participants à cette attraction prennent place dans des véhicules tout-terrains qui les conduisent à la rencontre d'authentiques (dans le contexte disneyen, il est bon de le préciser) lions, rhinocéros, girafes, éléphants, hippopotames et autres qui évoluent en liberté sur un site de plus de 45 ha où a été recréé de manière réaliste leur milieu naturel d'origine.

Une seconde attraction complète le secteur Africa, soit le **Pangani Forest Exploration Trail** ★, un sentier qui permet de voir de plus près d'autres animaux comme les hippopotames et les gorilles. De plus, on peut prendre ici le **Wildlife Express Train**, seule façon d'atteindre la section Rafiki's Planet Watch.

Rafiki's Planet Watch

Ce secteur d'Animal Kingdom constitue une sorte de centre éducatif interactif dont le but est d'en apprendre davantage aux visiteurs sur la façon dont sont traités et soignés les animaux du parc. La **Conservation Station** permet d'ailleurs de jeter un coup d'œil sur les installations vétérinaires du parc.

À l'**Affection Section**, les visiteurs sont invités à s'approcher de petits animaux qu'il est possible de toucher et de caresser.

Asia

Trois attractions populaires sont accessibles dans la section consacrée à l'Asie. Ainsi, les **Kali River Rapids** ★★ *(FP)*, un manège qui s'inspire d'une descente de rapides en canot pneumatique, attirent une foule importante que les risques de se faire tremper n'effraient pas.

Ensuite, le **Maharajah Jungle Trek** ★★ vous invite à arpenter un sentier qui entoure les ruines de ce qui fut prétendument le palais, que l'on imagine somptueux, d'un maharajah. Parmi les espèces animales à découvrir lors de ce parcours autoguidé, mentionnons les splendides tigres et les chauve-souris géantes.

Finalement, **Flights of Wonder** ★ prend la forme d'un spectacle dans lequel les oiseaux sont les vedettes.

DinoLand U.S.A.

Cette dernière portion d'Animal Kingdom convie les visiteurs à un voyage dans le temps, jusqu'à l'ère où d'immenses animaux préhistoriques peuplaient la Terre. À n'en point douter, l'attraction numéro un des environs est **DINOSAUR!** ★★★ *(FP)*, une balade mouvementée à la rencontre d'inquiétants monstres préhistoriques.

Pour leur part, les amateurs de sensations fortes, très nombreux semble-t-il puisque la queue peut ici s'avérer interminable, opteront pour **Primeval Whirl** ★★ *(FP)*, un manège de type montagnes russes dont les véhicules tournent sur eux-mêmes en plus d'effectuer virages serrés et plongeons soudains.

Le spectacle musical *Tarzan Rocks!* ★★ s'adresse quant à lui à toute la famille, qui y retrouvera les personnages du film d'animation *Tarzan* et les populaires chansons écrites par Phil Collins. Faites en sorte d'arriver une vingtaine de minutes avant la représentation pour obtenir de bonnes places.

DinoLand U.S.A. renferme deux autres attractions mineures, soit **TriceraTop Spin**, un manège où les tout-petits montent sur le dos d'un dinosaure, et **The Boneyard**, un terrain de jeux aux allures de site de fouilles paléontologiques.

Ailleurs à Disney World

Outre les quatre parcs thématiques majeurs, les immenses terres acquises par Walt Disney dans les années 1960 au centre de la Floride ont permis l'aménagement de plusieurs autres attraits d'un intérêt certain. Parcs aquatiques, centre de divertissement nocturne, zone commerciale, etc., tous situés à l'intérieur même de Walt Disney World, constituent en effet autant de solutions de rechange aux grands, mais aussi épuisants parcs thématiques.

Walt Disney World - Attraits touristiques - Ailleurs à Disney World

Blizzard Beach ★ ★

Vous apercevrez de loin ce qui a toutes les allures d'une rampe de saut à ski, mais qui en fait cache le toboggan le plus impressionnant du parc aquatique Blizzard Beach. Axé, vous l'aurez compris, sur le thème des activités hivernales, ce parc aquatique, l'un des deux aménagés à Disney World, permet une pause rafraîchissante qui peut être la bienvenue après quelques jours à faire la queue au soleil aux attractions des grands parcs disneyens.

Le site renferme plusieurs toboggans de tous genres, dont le redoutable **Summit Plummer**, qui propose une chute de 37 m à 100 km/h; la longue descente à parcourir en chambre à air **Cross Country Creek**; une grande piscine aux vagues douces baptisée **Melt-Away Bay**; une zone pour les jeunes enfants du nom de **Tike's Peak**; et... des télésièges pour demeurer dans le ton.

Adjacent à Blizzard Beach, le **Disney's Winter Summerland Miniature Golf** propose deux parcours de 18 trous aux amateurs de golf miniature, l'un sur le thème du pôle Nord et l'autre inspiré de la Floride. Notez qu'il faut débourser un prix d'entrée supplémentaire à celui payé pour Blizzard Beach pour accéder à cet attrait, à moins d'avoir opté dès le départ pour un forfait incluant les deux.

Prévoyez arriver tôt le matin pour bien profiter de votre journée à Blizzard Beach. Le parc est en effet souvent bondé, et les chaises longues disponibles deviennent rares très tôt. Notez aussi que vous pouvez envisager d'y faire un pique-nique, car les glacières sont autorisées sur le site. À noter que, si vous ne vous êtes pas procuré un laissez-passer Disney incluant l'entrée à plusieurs parcs dont Blizzard Beach, les prix d'entrée sont les suivants: 34$ (10 ans et plus), 28$ (3-9 ans).

Typhoon Lagoon ★ ★

Le bateau de pêche *Miss Tilly*, juché à 26 m du sol au sommet d'un volcan, forme l'emblème de ce second parc aquatique de Disney World, qui fut en fait construit avant Blizzard Beach. On devine aisément que le concept d'aménagement de Typhoon Lagoon se veut une évocation fantaisiste d'un lendemain de tempête terrible. Aussi, vous ne vous surprendrez pas d'apprendre que l'attraction numéro un du parc est la **Surf Pool**, une immense piscine à vagues qui peuvent atteindre 2 m de haut.

Le parc contient bien sûr également des toboggans, une descente en chambre à air (**Castaway Creek**), un secteur réservé aux tout-petits (**Ketchakiddee Creek**) et même la reconstitution d'un site de plongée entourant l'épave d'un bateau (**Shark Reef**).

Il est en général très fréquenté, donc il vaut mieux arriver tôt le matin pour pouvoir s'installer confortablement. Il est possible d'apporter une glacière pour pique-niquer sur place. À noter que, si vous ne vous êtes pas procuré un laissez-passer Disney incluant l'entrée à plusieurs parcs dont Typhoon Lagoon, les prix d'entrée sont les suivants: 34$ (10 ans et plus), 28$ (3-9 ans).

Downtown Disney ★ ★

Au Downtown Disney, soit le «centre-ville» de Disney World, vous trouverez boutiques, restos et boîtes de nuit. Il est constitué de trois zones distinctes: le Marketplace, le West Side et Pleasure Island.

Au **Downtown Disney Marketplace** ★, ce sont les adeptes du magasinage qui en ont pour leur argent. Parmi les nombreuses boutiques qui s'alignent en bordure d'un lagon, le vaste World of Disney Store est une attraction en soi. Les enfants s'amuseront aussi beaucoup à la vue, un peu partout sur le site, des extraordinaires «sculptures» grandeur nature réalisées à l'aide des fameuses briques Lego.

Voisin immédiat du Marketplace, **Pleasure Island** s'adresse aux noctambules en leur proposant bars, boîtes de nuit et discothèques jusqu'aux petites heures du matin.

Au **Downtown Disney West Side** ★ ★, boutiques, restaurants à thème (Planet Hollywood, House of Blues, etc.) et attractions intérieures d'envergure se côtoient dans une ambiance festive. Parmi ces attractions de premier plan, il faut signaler la présence permanente sur place du **Cirque du Soleil** et de son extraordinaire spectacle *La Nouba* ★★★. Les amateurs de jeux vidéo, d'attractions interactives et de manèges virtuels se tourneront quant à eux vers **Disney Quest** ★★ *(34$ pour les visiteurs de 10 ans et plus, 28$ pour les enfants de 3 à 9 ans)*.

Fort Wilderness

Le site boisé de Fort Wilderness est d'abord et avant tout un très beau terrain de camping. Diverses activités sont toutefois proposées: équitation, canot, pédalo, promenade en charrette.

Vous pourrez aussi vous reposer sur une jolie plage sablonneuse, la **Fort Wilderness Beach**, ou emmener les enfants visiter une ferme et ses nombreux petits animaux.

Disney's Wide World of Sports Complex

Cette partie du royaume de Disney est consacrée au monde du sport amateur et professionnel. Ainsi, l'équipe de la Ligue nationale de baseball des Braves d'Atlanta y dispute ses matchs pré-saison au printemps dans un stade de 7 500 places. L'équipe de basketball du Magic d'Orlando s'y entraîne également, alors que les célèbres Harlem Globetrotters y démontrent leur savoir-faire de temps à autre.

Activités de plein air

■ Golf

Les golfeurs sont choyés à Disney World puisque pas moins de six parcours se trouvent dans les limites du Royaume. Cinq d'entre eux sont des 18 trous remarquables (**Magnolia Course**, **Palm Course**, **Lake Buena Vista Course**, **Osprey Ridge Course**, **Eagle Pines Course**), alors que le sixième est un 9 trous à normale 36 (**Oak Trail**). Pour réserver votre heure de départ, composez le ☎*(407) 939-4653*. Plusieurs formules de forfaits incluant hébergement et golf sont également proposées.

Walt Disney World   -   Activités de plein air

Hébergement

Pour les établissements situés à l'extérieur de Walt Disney World, consultez le chapitre «Orlando et Kissimmee».

Walt Disney World propose une gamme étendue et variée de lieux d'hébergement, soit plus d'une vingtaine au total, disposant d'au-delà de 21 000 chambres. Des services de navettes gratuites sont offerts entre ces établissements et tous les parcs principaux et secondaires. De plus, les occupants des hôtels de Disney World n'ont pas à débourser de supplément aux différents terrains de stationnement du complexe.

Pour réserver votre chambre d'hôtel dans l'un ou l'autre des établissements situés sur le site de Walt Disney World, communiquez avec la centrale de réservations:

Walt Disney World Central Reservations Office
P.O. Box 10100
Lake Buena Vista, FL 32830-0100
☎ (407) 934-7639 ou
800-647-7900
🖷 (407) 354-2192
www.disneyworld.com

Disney's All-Star Resorts
$$
≡, ≋, ♨, ✳, 🔒, ♿

Cette série de trois établissements à prix abordables connaît un tel succès qu'il faut réserver le plus longtemps possible à l'avance, et ce, même si on y compte près de 6 000 chambres. Le motel traditionnel est ici littéralement redéfini... à la sauce Disney. Ainsi, un thème est retenu pour chacun: la musique au **All-Star Music Resort** (1801 W. Buena Vista Dr.; ☎407-939-6000, 🖷407-939-7222), le sport au **All-Star Sports Resort** (1701W. Buena Vista Dr.; ☎407-939-5000, 🖷407-939-7333) et le cinéma au **All-Star Movies Resort** (1901 W. Buena Vista Dr.; ☎407-939-7000, 🖷407-939-7111). L'aménagement intérieur et extérieur des complexes est ponctué d'innombrables et spectaculaires rappels de ces thèmes: immenses personnages de Disney, cages d'escalier aux formes extravagantes, piscines dessinées en fonction de la thématique, etc. Les chambres, réparties sur trois étages, sont simples mais confortables et décorées de façon amusante. Toutes renferment deux lits doubles. Moyennant un léger supplément quotidien, on peut s'y faire installer un mini-réfrigérateur. Ces hôtels sont situés à mi-chemin entre Animal Kingdom et Blizzard Beach.

Disney's Pop Century Resort
$$
≡, ≋, ♨, 🔒, ♿
1050 Century Dr.
☎ (407) 938-4000
🖷 (407) 938-4040

Devant le succès phénoménal remporté par ses établissements de la série des All-Star Resorts, Disney World récidive en lançant son Pop Century Resort à la fin de 2003. La même formule y est retenue, sur le thème cette fois de la culture populaire du XXe siècle. Situé dans les environs du Disney's Wide World of Sports Complex, cet hôtel compte pas moins de 2 880 chambres réparties dans des bâtiments de quatre étages.

Disney's Caribbean Beach Resort
$$$
≡, ≋, ♨, ✳, 🔒, ♿
900 Cayman Way
☎ (407) 934-3400
🖷 (407) 934-3288

Ce centre de villégiature familial de plus de 2 000 chambres vous plonge dans une atmosphère proche de celle des Caraïbes: reconstitution de petits villages, plages de sable blanc, piscines, chambres aménagées dans des villas respectivement baptisées du nom d'une île des An-

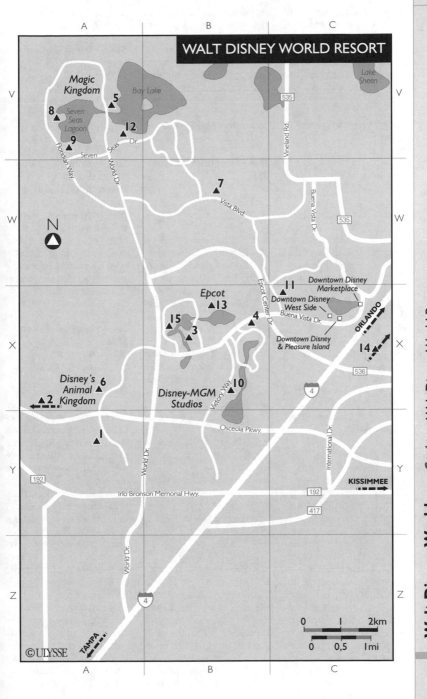

WALT DISNEY WORLD RESORT

A
B
C

Magic Kingdom

Bay Lake

Lake Sheen

535

V

8 ▲

Seven Seas Lagoon

5 ▲

12 ▲

9 ▲

Seven Seas Dr.

Vineland Rd.

V

Floridian Way

World Dr.

Buena Vista Dr.

W

N ▲

7 ▲

Vista Blvd.

535

W

Epcot

13 ▲

Epcot Center Dr.

11 ▲

Downtown Disney Marketplace

X

15 ▲

3 ▲

4 ▲

Downtown Disney West Side

Buena Vista Dr.

Downtown Disney & Pleasure Island

ORLANDO →

Disney's Animal Kingdom

6 ▲

▲ **2**

Disney-MGM Studios

Victory Way

10 ▲

14 ▲

536

X

1 ▲

Osceola Pkwy.

International Dr.

Y

192

World Dr.

Irlo Bronson Memorial Hwy.

192

KISSIMMEE →

Y

417

Z

4

0   1   2km

0   0,5   1mi

Z

©ULYSSE

TAMPA ←

A
B
C

Walt Disney World - Carte - Walt Disney World Resort

tilles. Il y a aussi un terrain de jeux pour enfants et de nombreuses options en ce qui a trait à la restauration. Possibilité d'obtenir un petit réfrigérateur moyennant un léger supplément par jour.

Disney's Coronado Springs Resort
$$$

≡, ≋, ♨, ⧺, ✴, 🔒, ♿
1001 W. Buena Vista Dr.
☎ (407) 939-1000
🗐 (407) 939-1001

Avec sa reproduction d'une pyramide maya haute de 15 m, c'est clairement au Mexique que le Coronado Springs rend hommage. Trois bâtiments aux allures d'haciendas abritent les quelque 1 900 chambres de l'hôtel. Toutes sont munies de deux lits doubles, et l'on peut y faire installer un petit réfrigérateur moyennant un léger supplément.

Disney's Fort Wilderness Resort & Campground
$$$

≡, ☕
☎ (407) 824-2900
🗐 (407) 824-3508

Ce terrain de camping situé non loin du Magic Kingdom sort vraiment de l'ordinaire. On peut y louer, dans un environnement magnifiquement boisé, des caravanes climatisées dans lesquels jusqu'à six personnes peuvent loger très confortablement. Ces roulottes sont équipées d'une cuisine complète et possèdent une chambre fermée. Table de pique-nique et gril sont disponibles à l'extérieur. À noter que le site comporte aussi 784 emplacements pour ceux qui voyagent avec leur propre caravane, avec prises électriques et, dans plusieurs cas, raccordements sanitaires. Des autobus Disney desservent le terrain de camping, de même que des navettes lacustres (pour le Magic Kingdom seulement).

Disney's Port Orleans Resort
$$$

≡, ≋, 🔒, ♿
2201 Orleans Dr.
☎ (407) 934-5000
🗐 (407) 934-5353

Des décors de la vallée du Mississippi vous attendent au Port Orleans Resort. Ainsi, les 2 000 chambres de cet établissement sont réparties dans des résidences aux balcons en fer forgé qui rappellent La Nouvelle-Orléans et dans des bâtiments comme ceux qu'on trouve dans les bayous. Elles sont meublées de deux lits doubles. Réfrigérateur sur demande (supplément). De petits bateaux font la navette entre l'hôtel et Downtown Disney.

Doubletree Guest Suites Resort
$$$

≡, ≋, ♨, ☕, ⧺, ♿
2305 Hotel Plaza Blvd.
☎ (407) 934-1000 ou
800-222-8733
🗐 (407) 934-1011
www.doubletreeguestsuites.com

Le Doubletree est le seul établissement situé sur le site de Disney World (secteur Downtown Disney) à préconiser la formule de la suite avec cuisinette équipée. On y trouve 230 suites du genre, comprenant chacune une chambre fermée, un salon avec canapé-lit et un coin repas.

Disney's Animal Kingdom Lodge
$$$$

≡, ≋, ♨, 🔒, ♿
2901 Osceola Pkwy.
☎ (407) 938-3000
🗐 (407) 938-4799

La décoration des chambres de l'Animal Kingdom Lodge évoque habilement l'Afrique à l'aide de ventilateurs de plafond et d'éléments d'artisanat. Mais plus spectaculaire encore, le balcon de la majorité des chambres donne sur une «réserve faunique africaine» où il est possible d'apercevoir des girafes, des zèbres et autres animaux.

Disney's Boardwalk Resort
$$$$

≡, ≋, ♨, ⧺, 🔒, ♿
2101 N. Epcot Resorts Blvd.
☎ (407) 939-5100
🗐 (407) 934-5150

Ce splendide hôtel, dont l'architecture rappelle les grandes demeures côtières de la Nouvelle-Angleterre, s'étend au bord d'une promenade de bois aménagée au bord d'un lagon. Fait à signaler, de nombreux restaurants, boîtes de nuit et boutiques s'alignent le long du Boardwalk, si bien qu'on ne risque pas de s'ennuyer dans le secteur. De plus, il est facile de se rendre à pied jusqu'à l'une des entrées d'Epcot (l'International Gateway du World Showcase). Les chambres sont garnies de meubles d'époque rappelant les stations balnéaires de la côte Atlantique des années 1930.

Disney's Contemporary Resort
$$$$
≡, ≋, ♒, 🔒, ♿
4600 N. World Dr.
☎ (407) 824-1000
🖨 (407) 824-3539

Le Contemporary Resort est cet hôtel futuriste que traverse le monorail de Disney World. Plutôt anonyme si on le compare aux établissements à thème développés par Disney au cours des dernières années, il a au moins l'avantage de proposer des chambres vastes et confortables, et de se trouver tout près du Magic Kingdom.

Disney's Wilderness Lodge
$$$$
≡, ≋, ♒, 🔒, ♿
901 W. Timberline Dr.
☎ (407) 824-3200
🖨 (407) 824-3232

Situé dans le secteur du Magic Kingdom, le Wilderness Lodge vous transporte dans l'atmosphère d'un parc national du nord-ouest des États-Unis. Sculptures amérindiennes, grand foyer dans le hall et décoration rustique sont ici à l'honneur. Les chambres, quoique confortables, s'avèrent toutefois de dimensions modestes.

Disney's Grand Floridian Resort & Spa
$$$$$
≡, ≋, ♒, ✚, ☆, 🔒, ♿
4401 Floridian Way
☎ (407) 824-3000
🖨 (407) 824-3186

La spectaculaire élégance du Grand Floridian n'échappe à personne. La grandiose silhouette blanche de ce magnifique hôtel victorien au toit rouge se laisse en effet admirer de loin, aux abords du Seven Seas Lagoon qui s'étend devant l'entrée du Magic Kingdom. Chaque chambre, richement décorée, renferme un grand lit ou deux lits doubles, et donne sur un beau balcon. Un centre de santé (spa) et un centre de conditionnement physique très bien équipés sont accessibles sur place. La grande dame des hôtels disneyens.

Disney's Polynesian Resort
$$$$$
≡, ≋, ♒, ✳, 🔒, ♿
1600 Seas Dr.
☎ (407) 824-2000
🖨 (407) 824-3174

Plage de sable, bâtiments de bois et de bambou, palmiers, cascades, jardins touffus: vous voici au cœur d'une île du Pacifique Sud? Non, simplement au Polynesian Resort, non loin du Magic Kingdom. Cet hôtel, l'un des premiers à avoir été construits à Disney World, propose 850 chambres de très grand luxe. Réfrigérateur disponible sur demande (supplément).

Disney's Yacht Club Resort
$$$$$
≡, ≋, ♒, 🔒, ♿
1700 Epcot Resorts Blvd.
☎ (407) 934-7000
🖨 (407) 934-3450

Cet hôtel, qui fait face au Disney's Boardwalk Resort situé de l'autre côté du lac, prend la forme d'un centre de villégiature balnéaire avec sa plage de sable, son mini-port de plaisance et sa splendide piscine avec toboggan. Grâce à sa situation privilégiée, il permet de profiter des restos et bars du Boardwalk d'en face et de se rendre à pied jusqu'à Epcot. Les chambres, de très bon confort, comprennent un grand lit ou deux lits doubles.

Walt Disney World Swan / Walt Disney World Dolphin
$$$$$
≡, ≋, ♒, ✚, 🔒, ♿
1200 Epcot Resorts Blvd.
☎ (407) 934-1839 ou
800-524-4939
🖨 (407) 934-1598

On ne peut manquer ces deux grands hôtels qui se font face non loin du Disney's Boardwalk Resort, avec les cygnes et les dauphins géants qui trônent sur leurs toits. Ces deux établissements proposent de grandes et luxueuses chambres bien équipées, incluant cafetière et séchoir. Quatre courts de tennis, cinq piscines et de nombreux restaurants et bars dans les hôtels et à proximité de ceux-ci (au Boardwalk) sont mis à votre disposition. De petites navettes lacustres peuvent de plus vous conduire à Epcot en quelques minutes seulement.

Restaurants

Tous les parcs thématiques possèdent de nombreux restaurants. En général, toutefois, il s'agit de comptoirs de restauration rapide qui proposent les mêmes mets prévisibles. Il y a toutefois des exceptions ici et là, notamment dans la section World Showcase d'Epcot. De plus, avec la création de Downtown Disney, des efforts certains ont été

Walt Disney World - Restaurants

déployés pour rehausser la qualité des établissements accessibles sur le territoire de Walt Disney World. Finalement, plusieurs des hôtels du Royaume disposent de bonnes tables.

Cela dit, rappelez-vous que les prix pratiqués dans tous les établissements Disney sont fort élevés. Un bon plan consiste à apporter un goûter pour le déjeuner, que vous laisserez dans les casiers que l'on trouve près de l'entrée de chaque parc, ce qui vous permettra d'investir un peu plus dans le repas du soir.

Il est recommandé de réserver aux restaurants de Disney World où le service aux tables est offert, en composant un numéro unique: ☎ *(407) 939-3463.*

Magic Kingdom

The Crystal Palace
$$
Ce beau bâtiment blanc qui imite le Crystal Palace de Londres, au bout de Main Street, U.S.A., abrite un établissement correct où est servi un buffet «à volonté» au petit déjeuner, au déjeuner et au dîner. Des personnages de Disney, Winnie l'ourson et ses amis, viennent animer le repas.

Cinderella's Royal Table
$$$
Le Magic Kingdom ne compte qu'un restaurant qui soit vraiment de l'ordinaire, soit le Cinderella's Royal Table, situé à l'inté-

rieur même du magnifique château de Cendrillon. La jolie princesse, vêtue d'une robe de bal, y préside d'ailleurs le repas. Au menu, rien d'exceptionnel cependant: sandwichs et salades au déjeuner, côtelettes, poulet et fruits de mer au dîner. Réservations requises.

Epcot

Le Cellier Steakhouse
$$
De juteux et succulents steaks sont servis au Cellier Steakhouse du pavillon du Canada du World Showcase, mais aussi du saumon de l'Atlantique, des pâtes et des salades.

Le Bistro de Paris
$$$
Comme il se doit, le pavillon de la France propose une excellente table, le Bistro de Paris, où sont proposés à prix d'or les classiques de la cuisine de l'Hexagone. À noter que le pavillon français abrite un autre resto au menu plus léger mais tout de même digne de mention: **Les Chefs de France *($$)*.**

L'Originale Alfredo di Roma Ristorante
$$$
Cet établissement qui loge dans le pavillon de l'Italie du World Showcase représente dignement la gastronomie de son chaud pays. *Fettucine Alfredo*, veau *piccata* et nombreux plats de pâtes apparaissent au menu de ce restaurant toujours bondé et dont les tables,

malheureusement, sont bien proches les unes des autres. Cela contribue toutefois à l'ambiance de fête qui fait le charme de l'établissement.

Disney-MGM Studios

ABC Commissary
$
Rien d'extraordinaire à ce resto de hamburgers, *fish & chips* et autres hot-dogs, à part peut-être la décoration qui vous ramène à l'époque des cafétérias Art déco des années 1930.

Sci-Fi Dine-In Theater Restaurant
$$$
L'amusant décor de ce restaurant reproduit l'atmosphère d'un *drive-in*, ou ciné-parc, typique de l'Amérique des années 1950. Les tables sont installées dans des «voitures» de ces belles années et regardent vers un grand écran sur lequel des films de science-fiction en noir et blanc sont projetés. Le menu est composé de sandwichs, hamburgers, steaks et fruits de mer. Service aux tables.

Disney's Animal Kingdom

Rainforest Cafe
$$$
Le restaurant-vedette d'Animal Kingdom se trouve en fait en bordure du parc, dont il faut d'ailleurs sortir pour pouvoir y accéder. Ainsi, son emplacement fait en sorte que les gens

qui ne visitent pas Animal Kingdom sont aussi les bienvenus à cette succursale de la célèbre chaîne. Comme d'habitude, la décoration extravagante vous plonge en pleine jungle, avec lianes, cascades et animaux audio-animatroniques. La qualité de la nourriture (hamburgers, côtes levées, poulet) est supérieure à la moyenne pour ce type d'établissement à thème.

Ailleurs à Disney World

Downtown Disney

Ghirardelli Soda Fountain & Chocolate Shop
$

L'irrésistible chocolaterie de San Francisco a pignon sur rue dans le Downtown Disney Marketplace. Pour un immense lait fouetté ou une extravagante glace garnie de sauce au chocolat, c'est ici qu'il faut faire escale.

Planet Hollywood
$$

On ne peut manquer l'immense globe terrestre dans lequel loge le restaurant thématique Planet Hollywood, dans la section West Side à la limite de Pleasure Island. L'établissement jouit d'une extrême popularité, bien que ce soit davantage pour le décor, aux innombrables accessoires de films hollywoodiens, que pour la bouffe, des plus ordinaires.

Wolfgang Puck Express
$$

Si le célèbre chef californien a accepté d'associer son nom à cette chaîne de comptoirs de restauration rapide, la nourriture qu'on y sert doit sûrement être de qualité, vous dites-vous? Eh bien, vous avez raison! Situé dans la section Marketplace de Downtown Disney, ce resto coloré propose pizzas cuites au four à bois, salades au goût relevé et sandwichs hors de l'ordinaire.

Rainforest Cafe
$$$

Outre celui situé aux abords d'Animal Kingdom (voir plus haut), il y a une seconde succursale de la populaire chaîne Rainforest Cafe à Disney World, celle-là située dans le Downtown Disney Marketplace. On y retrouve la même ambiance digne de la jungle équatoriale et le même menu de qualité plus qu'appréciable.

Wolfgang Puck Grand Café
$$$

À ne pas confondre avec le Wolfgang Puck Express du Marketplace, le Wolfgang Puck Grand Café favorise une approche plus formelle et est situé dans la section West Side de Downtown Disney. Des plats de cuisine californienne au goût relevé sont ici mitonnés et servis dans une salle classique, à l'étage, ou dans une autre de type cafétéria et à l'atmosphère beaucoup plus détendue, au rez-de-chaussée.

Fulton's Crab House
$$$$

Installé sur un splendide navire à aubes amarré en permanence au Marketplace, le Fulton's Crab House propose un très beau menu de fruits de mer. Steaks, pizzas et hamburgers figurent également sur la carte pour ceux que les richesses de l'océan laissent froids.

Boardwalk

Le Boardwalk est un secteur comprenant restaurants, boîtes de nuit et boutiques, développé sur le thème des promenades de bord de mer classiques de la côte Atlantique dans les années 1930. Il se trouve non loin d'Epcot, aux environs du Disney's Boardwalk Resort. Parmi les établissements des environs, nous en retiendrons deux: ESPN Club et Spoodles.

ESPN Club
$$

ESPN est un réseau américain de télévision consacré aux sports. Aussi, vous ne serez pas surpris de trouver quelque 90 écrans de télé dans ce bar-restaurant diffusant les événements sportifs du moment. Steaks, sandwichs clubs et hamburgers, tous des mets simples mais de bonne qualité, composent le menu de l'établissement.

Spoodles
$$$

Le menu est plus élaboré du côté de chez Spoodles, mais l'ambiance tout aussi décontractée. Les classi-

Walt Disney World - Restaurants - Ailleurs à Disney World

ques de la cuisine méditerranéenne sont ici à l'honneur, comme le thon à la marocaine et les côtelettes d'agneau tunisiennes.

♪ Sorties

Magic Kingdom

La **SpectroMagic Parade** constitue le haut fait de la «vie nocturne» au Magic Kingdom. Vingt-six spectaculaires chars allégoriques, illuminés de milliers d'ampoules électriques, se succèdent dans une présentation rien de moins que féerique. Présenté tous les soirs à 21h, ce défilé est suivi d'un grandiose feu d'artifice au-dessus du château de Cendrillon.

Epcot

L'extraordinaire spectacle pyrotechnique dénommé **Illuminations: Reflections of Earth**, présenté chaque soir à 21h sur le lagon central, anime de façon grandiose les soirées à Epcot. Feux d'artifice, rayons laser, flammes et autres effets spéciaux composent un ensemble à couper le souffle.

Disney-MGM Studios

Le combat livré chaque soir par Mickey contre les plus grands vilains des dessins animés de Disney dans le cadre du spectacle **Fantasmic** (voir p 250) est le clou de la soirée aux Disney-MGM Studios.

Ailleurs à Disney World

Downtown Disney

Le secteur **Pleasure Island** a été conçu spécifiquement pour retenir les visiteurs à l'intérieur des limites de Disney World une fois la nuit tombée. On y trouve une série de boîtes de nuit auxquelles on peut accéder en déboursant un prix d'entrée unique de 16,95$ (gratuit pour les détenteurs de laissez-passer *Park Hopper Plus*). Le secteur demeure ouvert jusqu'à 2h du matin. Les personnes âgées de moins de 18 ans doivent être accompagnées d'un adulte, et il faut avoir 21 ans ou plus pour consommer des boissons alcoolisées.

Mannequins Dance Palace
La vaste piste de danse tournante de cette discothèque high-tech attire une foule jeune et enthousiaste venue s'éclater au son des succès du palmarès. Réservée aux 18 ans et plus du dimanche au mercredi, et aux 21 ans et plus du jeudi au samedi.

8TRAX
Dans cette autre discothèque, ce sont les succès des années 1970 et 1980 que crachent les haut-parleurs.

Pleasure Island Jazz Company
Les amateurs de jazz trouveront leur compte dans ce bar à l'atmosphère *lounge*.

Rock and Roll Beach Club
Musique rock de toutes les époques, ambiance de «plage» et couleurs psychédéliques font ici bon ménage. Musiciens sur scène à l'occasion.

L'offre en matière d'activités nocturnes à Downtown Disney s'est grandement enrichie lors de l'ouverture, il y a quelques années, du secteur **West Side**, avec l'ajout de salles de spectacle et autres établissements culturels.

Cirque du Soleil
☎ (407) 939-7719
Avec l'installation à demeure du Cirque du Soleil dans le secteur West Side, où un magnifique chapiteau a été érigé spécifiquement pour lui, Disney a frappé un grand coup. La troupe québécoise de renommée mondiale y propose son spectacle *La Nouba*, dans lequel les prestations d'acrobates, clowns et autres contorsionnistes prennent une dimension théâtrale comme nulle part ailleurs. Réservez vos places en composant le numéro mentionné ci-dessus.

House of Blues
☎ (407) 939-2648
Du jeudi au samedi, des musiciens de blues animent le dîner dans le restaurant du House of Blues, alors que d'autres présentent leurs spectacles dans la salle de concerts attenante. Blues, rock, R&B, country et autres musiques

peuvent ainsi prendre la vedette tour à tour.

AMC Theater

Ce complexe cinématographique compte 24 salles dans lesquelles sont projetés les films hollywoodiens de l'heure.

Boardwalk

On trouve plusieurs bars pour siroter un verre dans le secteur du Boardwalk, cette promenade de bord de mer à la mode des années 1930 aménagée non loin d'Epcot.

ESPN Club

Pour suivre les péripéties d'un match de football, de baseball, de basket-ball ou même de hockey sur écran géant tout en dégustant un sandwich club et une bière, il y a le ESPN Club du Boardwalk.

Atlantic Dance
☎ (407) 939-2444

Des soirées dansantes sur des thèmes variés sont organisées quotidiennement à compter de 21h au *dance hall* du Boardwalk. Les personnes âgées de moins de 21 ans doivent être accompagnées d'un adulte.

Achats

Magic Kingdom

Comme dans tous les parcs thématiques, vous trouverez de nombreuses boutiques au Magic Kingdom, dont les plus intéressantes se trouvent sur **Main Street, U.S.A.** Mentionnons également la boutique **The King Gallery**, située dans le château de Cendrillon, avec ses magnifiques objets en verre soufflé.

Epcot

Chacun des pavillons nationaux érigés dans le **World Showcase** propose d'excellentes boutiques où vous pourrez vous procurer produits artisanaux, bijoux, poupées et autres souvenirs des pays représentés.

Disney-MGM Studios

L'une des boutiques les plus amusantes des Disney-MGM Studios, parce que délicieusement subversive, se nomme **The Beverly Sunset** et déborde d'articles à l'effigie de tous les vilains qui ont hanté les dessins animés de Disney. Vous la trouverez dans le secteur Sunset Boulevard du parc.

Disney's Animal Kingdom

Vous découvrirez divers objets africains au **Mombasa Marketplace**, et d'autres provenant d'Asie chez **Mandala Gifts**, deux des boutiques les plus intéressantes d'Animal Kingdom. Quant aux amateurs d'animaux en peluche, ils se dirigeront dans la zone Discovery Island, au cœur du parc, où se trouve le magasin **Creature Comforts**.

Ailleurs à Disney World

Downtown Disney

C'est dans le secteur **Marketplace** de Downtown Disney que se trouve la plus grande concentration de boutiques de souvenirs et cadeaux. Parmi les plus attrayantes, mentionnons l'incontournable **World of Disney**, un immense Disney Store de 5 000 m^2 dans lequel vous dénicherez tout ce que vous pouvez imaginer comme produits à l'effigie de Mickey et de ses amis. Le **LEGO Imagination Center** est aussi à ne pas manquer; de nombreux objets (personnages, monuments et autres), créés à l'aide des célèbres briques de plastique multicolores, y sont exposés. Sur une tout autre note, il ne faudrait pas oublier d'aller jeter un coup d'œil à l'intérieur de la galerie **The Art of Disney**, qui propose des reproductions limitées de dessins tirées de films d'animation et des sculptures de qualité prenant les personnages de Disney pour modèles.

Dans le West Side, l'impressionnant **Virgin Megastore** comblera les amateurs de musique, de livres et de vidéos.

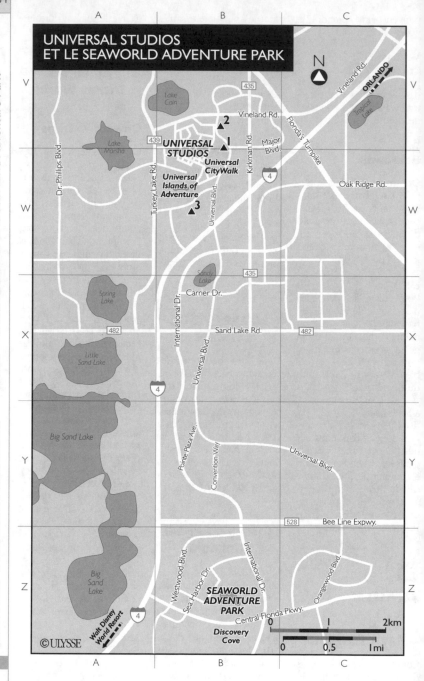

UNIVERSAL STUDIOS ET LE SEAWORLD ADVENTURE PARK

©ULYSSE

▲ **HÉBERGEMENT**

1. BV Hard Rock Hotel

2. BV Portofino Bay Hotel
3. BW Royal Pacific Resort

Universal Orlando et le SeaWorld Adventure Park ★★★

Universal Studios

Universal's Islands of Adventure

Universal CityWalk

SeaWorld Adventure Park

Discovery Cove

Universal Orlando et SeaWorld

Les parcs thématiques de premier plan d'Orlando attirent chaque année dans la région des millions de visiteurs. Disney trace d'abord la voie avec la création de son immense royaume dans les années 1970, mais bientôt des concurrents sérieux s'installent à leur tour dans les environs et contribuent eux aussi à façonner la personnalité singulière de la région.

Au début des années 1990, les studios de cinéma Universal débarquent dans le centre de la Floride. Le premier parc à thème cinématographique qu'ils créent ici connaît un tel succès qu'il est rapidement suivi d'un second, Islands of Adventure, dont la conception exceptionnelle révolutionne le genre. Une zone pour noctambules, CityWalk, et des hôtels suivent afin de faire du complexe, rebaptisé «Universal Orlando», une destination complète à la manière de Walt Disney World.

La concurrence que livrent ces deux géants du divertissement (Universal et Disney) oblige chacun d'eux à se surpasser, si bien que la qualité des attractions développées par l'un et l'autre atteint maintenant un degré de sophistication époustouflant. Cela ne va pas sans nuire à l'autre grand parc de la région, SeaWord, moins orienté vers la technologie de pointe, mais au charme certain. Fondé en 1973, soit presque en même temps que le royaume de Disney, SeaWorld perd peu à peu de son lustre, au point de connaître de sérieuses difficultés financières au cours des années 1990. La brasserie Anheuser-Busch, également propriétaire des parcs d'attractions Busch Gardens dont l'un se trouve à Tampa, sur la côte ouest de la Floride, se porte alors acquéreur de SeaWorld. Une importante rénovation suit, incluant l'ajout de nombreux attraits modernes et d'un second parc du nom de Discovery Cove. L'ensemble, rebaptisé le «SeaWorld Adventure Park», redevient dès lors un complexe de premier plan, pouvant à nouveau rivaliser avec ses deux populaires voisins.

Accès et déplacements

Universal Studios

Le complexe d'Universal Orlando, dont fait partie le parc thématique Universal Studios, s'étend à l'ouest de l'intersection de la route I-4 (**Interstate 4**) et du **Florida's Turnpike**. De la route I-4, il faut emprunter les sorties 74B ou 75A pour y accéder. On rejoint alors son entrée principale en prenant **Kirkman Road**. Les visiteurs doivent garer leurs voitures dans un des immenses stationnements payants intérieurs, puis se diriger vers les parcs à l'aide d'un tapis roulant. Les Universal Studios se trouvent sur la droite.

Depuis la majorité des hôtels des environs, des navettes peuvent vous conduire à Universal Orlando. Informez-vous des horaires dès votre arrivée, car ces navettes sont relativement peu nombreuses et fonctionnent à heures fixes, le matin et le soir seulement.

Universal's Islands of Adventure

À votre sortie du stationnement d'Universal Orlando, suivez les indications en direction des parcs thématiques et utilisez les tapis roulants. Vous devrez toutefois traverser entièrement la zone de CityWalk à pied avant d'accéder à Islands of Adventure.

Universal CityWalk

Ce secteur rempli de boutiques, restaurants et boîtes de nuit, est situé entre les parcs thématiques Universal Studios et Islands of Adventure. À noter que le stationnement est gratuit si vous arrivez après 18h dans le but de faire la fête dans les boîtes de CityWalk.

SeaWorld Adventure Park et Discovery Cove

Le SeaWorld Adventure Park se trouve en bordure est de la **route I-4**, à 16 km au sud du centre-ville d'Orlando. Les sorties 71 ou 72, à la hauteur de la Bee Line Expressway, vous y conduisent aisément. Des tramways relient le stationnement (payant) à l'entrée du parc.

Renseignements utiles

■ Coordonnées

Universal Studios, Universal's Islands of Adventure et Universal CityWalk

Universal Orlando
1000 Universal Studios Plaza
Orlando
☎ (407) 363-8000 ou 800-711-0080
www.usf.com

SeaWorld Adventure Park

SeaWorld Adventure Park
7007 SeaWorld Dr.
Orlando
☎ (407) 351-3600 ou 800-327-2424
www.seaworld.com

Discovery Cove

Discovery Cove
☎ (407) 370-1280 ou (877) 434-7268
www.discoverycove.com

■ Divers

Universal Studios

Poussettes et fauteuils roulants: en location à l'entrée du parc, sur la gauche.

Casiers: vous trouverez des casiers avant l'entrée réservée aux groupes et près de la sortie du parc. Comptez entre 7$ et 10$ par jour pour utiliser un casier accessible en tout temps.

Universal's Islands of Adventure

Poussettes et fauteuils roulants: en location à l'entrée du parc, sur la gauche.

Casiers: près de l'entrée, avant d'accéder au parc. Comptez entre 7$ et 10$ par jour pour un casier accessible en tout temps.

SeaWorld Adventure Park

Poussettes et fauteuils roulants: en location au Stroller Gift Shop, à l'entrée principale.

Casiers: près de la sortie. Comptez 1,50$ chaque fois que vous les ouvrirez.

■ Tarifs

Universal Studios et Universal's Islands of Adventure

Les tarifs qui suivent s'appliquent aux deux parcs d'Universal Orlando, soit Universal Studios et Islands of Adventure. Ils sont fournis à titre indicatif seulement. À noter que de nombreuses offres promotionnelles sont proposées au cours de l'année.

Billet d'une journée/un parc
10 ans et plus   59,75$
3 à 9 ans   48$

Billet de deux jours/deux parcs

10 ans et plus	99,95$
3 à 9 ans	89,95$

Passeport annuel/deux parcs

3 ans et plus	179,95$

Universal CityWalk

Le *Party Pass*, au prix de 9,95$, donne accès à toutes les boîtes de nuit du site. À noter que le *Party Pass* est inclus dans le prix du billet de deux jours/deux parcs à Universal Orlando (voir plus haut).

SeaWorld Adventure Park

Plusieurs formes de tarification, forfaits et promotions sont disponibles. Aussi les tarifs qui suivent ne sont-ils fournis qu'à titre indicatif et peuvent varier:

Billet d'une journée

10 ans et plus	53,95$
3 à 9 ans	44,95$

Billet de deux jours pour SeaWorld et Busch Gardens Tampa

10 ans et plus	89,95$
3 à 9 ans	80,95$

Passeport annuel (famille de trois membres)

3 ans et plus	79,80$

Discovery Cove

Il en coûte 259$ par personne pour accéder à ce parc, qui n'accueille que 1 000 personnes par jour, et avoir la possibilité de nager avec les dauphins (159$ sans cette baignade). Ce prix inclut toutefois le déjeuner et l'accès à SeaWorld ou à Busch Gardens Tampa pendant sept jours. Réservations requises.

Attraits touristiques

Universal Studios ★ ★ ★

Les Universal Studios s'installent en Floride en 1990, soit un an après ceux de Disney-MGM, et deviennent ainsi les plus gros studios de cinéma situés hors d'Hollywood. Comme aux studios de la Universal en Californie, un parc thématique se greffe à de véritables studios de production cinématographique et télévisuelle, sur une superficie de 45 ha. Toutefois, la portion «parc d'amusement» des installations sera ici beaucoup plus élaborée qu'à Hollywood et les attractions mêmes nettement plus sophistiquées, si bien que les comparaisons avec ce qu'on propose chez Disney deviendront possibles et même avantageuses dans plusieurs cas.

Les laissez-passer *Universal Express*

Vous trouverez aux abords de la majorité des attractions des parcs Universal Studios et Islands of Adventure des machines distributrices de billets *Universal Express*. Ceux-ci vous octroient le droit de passer devant la file régulière à une heure déterminée. Un bon usage de ce privilège vous permettra de prendre rendez-vous aux manèges les plus fréquentés, d'y revenir à l'heure dite, et de visiter entre-temps d'autres attraits plutôt que de poireauter dans la queue. Nous avons indiqué les manèges où ce service est disponible avec les lettres *UE*, placées dans les parenthèses qui suivent leur nom.

Si vous êtes complètement allergique aux files d'attente, la solution ultime consiste à vous munir du laissez-passer *Universal Express Plus* qui, pour 25$ de plus par personne, vous donnera accès à toutes les attractions sans attente.

Le monde factice du cinéma est bien sûr ici à l'honneur. Plusieurs des attractions du parc jouent la carte de la reconstitution en direct d'effets spéciaux cinématographiques, et ce, d'une manière le plus souvent fort réussie. Les visiteurs circulent de plus dans de nombreux décors de rue qui contribuent efficacement à l'atmosphère hollywoodienne de l'ensemble.

Le parc propose plusieurs attractions-vedettes qu'il conviendra de cibler tôt dans la journée. L'utilisation des laissez-passer *Universal Express* vous permettra aussi de gagner beaucoup de temps. Parmi les temps forts des Universal Studios, mentionnons les films d'animation tridimensionnels remarquables *Shrek 4-D* et *Jimmy Neutron's Nicktoon Blast*, présentés près de l'entrée dans la section **Production Central**; les montagnes russes Revenge of the Mummy, dans la zone baptisée **New York**; les simulations Earthquake - The Big One et Jaws, dans la partie **San Francisco / Amity**; l'extraordinaire Back to the Future de **World Expo**; le populaire manège E.T. Adventure, dans la **Woody Woodpecker's KidZone**; et l'hallucinant film *Terminator 2 - 3D*, dans la section **Hollywood**.

Production Central

Ce secteur se trouve non loin de l'entrée du parc. Ici, aucun décor de rue n'est à signaler; on a plutôt opté pour une présentation de l'envers du décor, avec une série de vastes entrepôts et studios à l'intérieur desquels se trouvent les différentes attractions.

On ne peut manquer les deux attraits principaux de Production Central, qui se font face l'un et l'autre. Il s'agit tout d'abord de l'hilarant film d'animation tridimensionnel *Shrek 4-D* ★★★ *(UE)*, dans lequel vous retrouverez l'ogre vert, sa princesse bien-aimée et son envahissant ami l'âne, soit les personnages qui vous ont tant fait rire dans les deux opus de la série *Shrek*.

Juste en face, le film d'animation *Jimmy Neutron's Nicktoon Blast* ★★★ *(UE)* s'adresse à un public plus jeune. Cela dit, cet extraordinaire film en trois dimensions amu-

sera petits et grands grâce à son rythme trépidant et ses personnages colorés. Aux effets tridimensionnels très réussis s'ajoutent des mouvements effectués indépendamment par chaque fauteuil au gré de l'action qui se déroule sur l'écran. Le tout donne vraiment l'impression de se retrouver au cœur d'un dessin animé.

Outre ces deux attractions de très haut niveau, Production Central abrite les **Nickelodeon Studios**, une sorte de terrain de jeux intérieur qui inclut les plateaux de tournage des émissions produites par cette chaîne de télévision américaine qui s'adresse spécifiquement aux enfants. Plusieurs émissions sont d'ailleurs enregistrées ici. Finalement, **Stage 54** se présente comme une exposition permanente d'objets utilisés lors de nombreux tournages de films.

New York

Plusieurs décors de rue évoquant la *Big Apple* font rapidement réaliser aux visiteurs qu'ils viennent de pénétrer dans la portion du parc dénommée «New York». Seulement deux attractions se trouvent dans ce secteur, mais elles valent toutes deux le détour.

Ainsi, **Twister** ★★ *(UE)*, inspiré du film du même nom, s'amuse tout d'abord à recréer le passage d'une tornade à l'aide d'effets spéciaux à couper le souffle. On reconstitue de cette façon, au grand plaisir des spectateurs, la scène du film qui se déroule dans un ciné-parc, avec les vents violents et les divers objets qui volent en tous sens.

Quant à **Revenge of the Mummy** ★★★ *(UE; taille minimale 1,20 m)*, il s'agit de montagnes russes intérieures qui filent à toute allure dans des décors de tombes égyptiennes.

San Francisco / Amity

Les décors de cette section permettent de reproduire côte à côte la ville californienne de San Francisco et la station balnéaire de Nouvelle-Angletterre Amity. Pourquoi pas? Au cinéma, tout est possible!

Deux attractions remarquables sont ici à signaler. Il y a premièrement **Jaws** ★★★ *(UE)*, une balade en bateau inspirée du célèbre film d'horreur *Les Dents de la mer*. Ce qui s'annonce comme une petite balade paisible sur les eaux du lagon d'Amity se transforme, on s'en doute bien, en cauchemar lorsqu'un immense requin prend d'assaut l'embarcation à bord de laquelle les visiteurs ont monté. À visiter tôt le matin car les queues deviennent rapidement interminables pour cette attraction très prisée qu'il ne faut surtout pas manquer.

Une autre catastrophe vous attend à **Earthquake - The Big One** ★★★ *(UE)*. La mise en scène de cette attraction est absolument exceptionnelle. Vous êtes invité à monter dans une rame du métro de San Francisco quand soudain une première secousse se fait sentir. Le tremblement de terre devient rapidement très violent, atteignant 8,3 sur l'échelle de Richter. C'est alors que le plafond de la station de métro s'effondre, qu'un camion-citerne s'y engouffre et qu'un raz-de-marée vient finir de traumatiser les participants. Puis, quelqu'un crie *«Coupez!»* et tout rentre à la normale... Il ne faut pas manquer cette attraction époustouflante.

Le spectacle musical **Beetlejuice's Graveyard Revue**, présenté dans un amphithéâtre extérieur mais couvert, complète la liste d'attraits de la zone San Francisco / Amity.

World Expo

C'est dans la section World Expo que vous trouverez l'un des manèges les plus réussis des Universal Studios, un parc thématique qui en compte pourtant plusieurs. Il s'agit de **Back to the Future** ★★★ *(UE; taille minimale 1,17 m)*. Installé à bord de la fameuse DeLorean du film *Retour vers le futur*, vous participerez à un voyage dans le temps des

plus mouvementés. Ce manège combine la technologie utilisée dans la conception de simulateur de vol, un film projeté sur un écran géant de sept étages de haut et des effets sonores plus vrais que nature. À ne manquer sous aucun prétexte.

L'autre attraction des environs, **Men in Black: Alien Attack** ★ *(UE)*, vous entraîne dans une balade au cours de laquelle vous aurez à éliminer le plus de créatures extraterrestres possible afin d'accumuler des points.

Woody Woodpecker's KidZone

Cette section du parc, ainsi nommée en l'honneur du fameux pic-bois des dessins animés, s'adresse aux plus jeunes visiteurs. Le manège **E.T. Adventure** ★★ *(UE)* est celui qui attire le plus de monde ici. Il plaira tout particulièrement aux enfants qui retrouveront le sympathique extraterrestre du film de Steven Spielberg lors d'une randonnée aérienne à vélo.

Parmi les autres attraits du secteur, mentionnons **Curious George Goes to Town** ★★, une étonnante aire de jeux où il faut prévoir se faire mouiller, et **Woody Woodpecker's Nuthouse Coaster** ★, des montagnes russes pour les tout-petits. Également dans les parages, **A Day in the Park with Barney**, un spectacle avec le dinosaure pourpre chantant; **Fievel's Playland**, un terrain de jeux pour enfants; et **Animal Planet Live!** *(UE)*, un spectacle dans lequel les animaux ont la vedette.

Hollywood

Cette dernière section des Universal Studios reproduit de façon fort réaliste le fameux Hollywood Boulevard de la capitale du cinéma américain. Une attraction de premier plan s'y trouve: **Terminator 2 - 3D** ★★★ *(UE)*. On y renoue avec le personnage créé au cinéma par Arnold Schwarzenegger, dans une aventure pleine de spectaculaires rebondissements. Des acteurs en chair et en os semblent littéralement entrer dans les écrans géants, au nombre de trois, sur lesquels est projeté un film tridimensionnel, et en ressortir. Les effets visuels sont d'une telle qualité qu'on a peine à distinguer la réalité du rêve. À voir absolument!

Complètent la section **Lucy: A Tribute**, un hommage à la comédienne américaine Lucille Ball, et **Universal Horror Make-Up Show** *(UE)*, un spectacle au cours duquel sont révélés les secrets d'effets spéciaux utilisés dans le cinéma d'horreur.

Universal's Islands of Adventure ★ ★ ★

Second parc thématique du complexe floridien d'Universal, Islands of Adventure en a surpris plusieurs à son ouverture en 1999. En plus des manèges traditionnels du genre montagnes russes et carrousels, et des attractions techniquement sophistiquées indispensables pour prétendre concurrencer les autres parcs de la région, les créateurs d'Islands of Adventure, parmi lesquels figure le cinéaste Steven Spielberg, ont mis l'accent sur un aménagement très soigné, avec des décors élaborés et même des musiques originales pour chaque zone. Ainsi, chacune de ces zones, ou îles *(islands)*, possède une personnalité propre magnifiquement bien définie.

La section **Marvel Super Hero Island** vous entraîne dans le monde des super-héros de bandes dessinés avec des attractions remarquables comme les montagnes russes Incredible Hulk Coaster et l'extraordinaire manège The Amazing Adventures of Spider-Man, deux des temps forts du parc. Dans **Toon Lagoon**, c'est le monde farfelu des dessins animés qui est recréé avec en prime des attractions de type aquatique dont vous ne sortirez pas indemne. L'inquiétant **Jurassic Park** explore quant à lui le monde des dinosaures, alors que **The Lost Continent** propose des aventures fantastiques, dont font partie les fameux Dueling Dragons où deux rames de train filant à folle allure s'affrontent. Finalement, **Seuss Landing** s'adresse aux jeunes enfants avec ses manèges et ses personnages colorés.

Les attractions à privilégier sont sans contredit les deux parcours de montagnes russes, Incredible Hulk Coaster et Dueling Dragons, si vous êtes amateur de sensations fortes, et The Amazing Adventures of Spider-Man, un manège à la fine pointe de la technologie. Trois attractions desquelles vous sortirez trempé comptent également parmi les plus prisées, mais il faut prévoir y aller lorsque le soleil est présent: Dudley Do-Right's Rip Saw Falls, Popeye & Bluto's Bilge-Rat Barges et Jurassic Park River Adventure.

Si vous avez de jeunes enfants, débutez votre visite en allant vers la droite en direction de la section Seuss Landing. Sinon, nous vous recommandons plutôt de vous diriger vers la gauche afin de découvrir d'abord le secteur Marvel Super Hero Island.

Marvel Super Hero Island

Le monde des super-héros de bandes dessinées est celui qui vous accueille si vous vous dirigez vers la gauche à l'entrée du parc. Vous apercevrez d'ailleurs bien vite la silhouette verte de l'**Incredible Hulk Coaster** ★ ★ ★ *(UE; taille minimale 1,35 m)*, des montagnes russes aux couleurs du monstre Hulk à faire frémir les plus endurcis. Après un départ canon (l'expression n'est pas trop forte), vous serez littéralement catapulté dans une suite interminable de boucles, virages et plongeons. Cœurs sensibles s'abstenir.

L'autre attraction à ne surtout pas manquer dans les environs est **The Amazing Adventures of Spider-Man** ★ ★ ★ *(UE; taille minimale 1 m)*. Vous participerez à une aventure incroyable au cours de laquelle l'homme-araignée doit contrecarrer les plans de ses vilains ennemis, qui ont pris en otage... la statue de la Liberté. Dire que ce manège est techniquement à la fine pointe constitue un euphémisme. Les technologies du simulateur de vol, du cinéma sur écran géant, de projection tridimensionnelle et d'effets spéciaux sensoriels furent toutes mises à contribution dans la conception de ce bijou, probablement le manège le plus achevé de tous les temps. Un *must* absolu!

Les autres manèges qui complètent cette partie du parc sont de moindre envergure. Il s'agit de **Doctor Doom's Fearfall** ★ *(UE; taille minimale 1,30 m)*, où les participants sont projetés à 45 m de haut, puis font une chute libre, et de **Storm Force Accelatron** *(UE)*, un manège classique sur le thème des héros de X-Men.

Toon Lagoon

Dans la section qui suit, baptisée «Toon Lagoon», vous aurez l'impression de vous retrouver dans un dessin animé du samedi matin. Dans cette atmosphère quelque peu déjantée, vous vous amuserez ferme dans des attractions comme **Dudley Do-Right's Rip Saw Falls** ★★★ *(UE ; taille minimale 1,10 m)*, une excursion sur un billot de bois qui dévale les rapides d'une rivière dans un décor farfelu, jusqu'à la chute finale... qui ne semble jamais atteindre sa fin. Très amusant, mais soyez prévenu: vous sortirez de là complètement trempé.

Autre manège dans lequel il faut être prêt à se faire mouiller, **Popeye & Bluto's Bilge-Rat Barges** ★★★ *(UE; taille minimale 1,05 m)* se présente comme une descente de rivière mouvementée en radeau pneumatique. Éclaboussures nombreuses, passages des embarcations sous des chutes d'eau, enfants qui s'amusent à arroser les participants depuis l'attraction voisine, tous les moyens ont été mis à contribution par les créateurs de ce manège pour que personne n'en sorte indemne. À ne pas manquer!

L'autre attrait de cette section porte le nom de **Me Ship, *The Olive*** ★. Sur le navire du célèbre marin mangeur d'épinards Popeye, divers éléments interactifs amusent les tout-petits, comme des super-canons à eau servant à attaquer les pauvres passagers des Popeye & Bluto's Bilge-Rat Barges qui passent tout près.

Jurassic Park

La zone suivante est particulièrement bien aménagée et vous plonge de manière fort réaliste dans l'inquiétante ambiance des films de la série *Jurassic Park*. Toutefois, un seul manège vaut vraiment le coup dans cette partie du parc, soit **Jurassic Park River Adventure** ★★ *(UE; taille minimale 1,05 m)*. Cette gentille balade en bateau tourne au cauchemar lorsque votre embarcation se retrouve par mégarde dans un secteur envahi par de dangereux monstres préhistoriques carnivores. La dérive se poursuit alors jusqu'à la chute finale de 25 m conçue, vous l'aurez deviné, pour s'assurer que vous sortiez de là trempé jusqu'aux os... encore une fois.

Les autres attractions de Jurassic Park s'avèrent quant à elles decevantes. Le **Jurassic Park Discovery Center** contient des expositions interactives sur le thème des dinosaures. **Camp Jurassic** propose une sorte de terrain de jeux préhistorique. Finalement, **Pteranodon Flyers** permet aux plus jeunes d'obtenir une vue à vol d'oiseau préhistorique des environs.

The Lost Continent

Dragons, licornes et autres créatures mythiques peuplent The Lost Continent, section où l'on trouve aussi les secondes montagnes russes du parc: **Dueling Dragons** ★★★ *(UE; taille minimale 1,35 m)*. La mise en scène évoque ici une bataille entre deux dragons, l'un rouge (*Fire Coaster*) et l'autre bleu (*Ice Coaster*), qui sont en fait deux convois qui suivent à vive allure des parcours distincts, mais qui se touchent presque à un certain endroit. Ce manège est particulièrement saisissant en soirée, alors que s'accentue encore davantage l'impression de désorientation provoquée par une suite infernale de boucles, virages et plongeons. À ne pas manquer!

Les autres attractions à signaler sur le «Continent perdu» sont **Poseidon's Fury** ★★ *(UE)*, un spectacle d'effets spéciaux, et **The Eighth Voyage of Sinbad** ★★ *(UE)*, une représentation de cascadeurs au cours de laquelle Sinbad doit vaincre diverses créatures maléfiques afin de libérer la princesse Amoura.

Quant à **The Flying Unicorn** ★ *(UE)*, il s'agit de petites montagnes russes pour enfants dans lesquelles les wagons prennent la forme de licornes.

Seuss Landing

La dernière section d'Islands of Adventure, intitulée «Seuss Landing», s'adresse aux tout-petits. Aussi, les familles avec de jeunes enfants devraient plutôt débuter leur journée dans cette partie du parc en se dirigeant vers la droite peu après l'entrée. L'univers particulier des livres pour enfants de Thedor Geisel, mieux connu sous le nom de Dr. Seuss, est ici recréé, à l'aide de décors colorés et amusants et de personnages comme le Grinch et le «Chat dans le chapeau» (The Cat in the Hat).

L'attraction la plus réussie est sans contredit **One Fish, Two Fish, Red Fish, Blue Fish** ★★ *(UE)*, une sorte de carrousel où les enfants grimpent sur le dos de poissons volants qu'ils doivent faire monter et descendre pour éviter de se faire asperger par des poires à eau géantes...

Le **Caro-Seuss-el** ★ *(UE)* est pour sa part un carrousel un peu plus traditionnel, sauf que les montures prennent la forme des divers personnages du Dr. Seuss.

Également dans cette zone, **If I Ran the Zoo** ★ est un terrain de jeux interactifs très appréciés des enfants, alors que **The Cat in The Hat** *(UE)* se veut une balade à travers les pages du conte qui met en vedette un chat pour le moins turbulent.

Universal CityWalk ★★

Situé entre les deux parcs principaux d'Universal Orlando, CityWalk a été aménagé sur 12 ha en 1999 dans le but de garder les visiteurs sur place une fois le soleil couché et ainsi contribuer à faire du complexe une destination à part entière plutôt qu'un simple parc d'attractions qu'on visite en une journée.

Boutiques (Universal Studio Store et autres), restaurants thématiques (Hard Rock Cafe et autres), cinémas (Universal Cineplex), salles de spectacle (Hard Rock

Live) et boîtes de nuit (Jimmy Buffett's Margaritaville, Bob Marley - A Tribute to Freedom, CityJazz, etc.) s'alignent ici dans une ambiance festive.

SeaWorld Adventure Park ★★

Le monde marin constitue le thème de SeaWorld, cet autre parc thématique d'envergure de la région d'Orlando, rebaptisé le «SeaWorld Adventure Park» depuis son acquisition par la brasserie Anheuser-Busch, également propriétaire des parcs d'attractions Busch Gardens. D'importants efforts de revitalisation sont depuis déployés pour rendre SeaWorld plus concurrentiel face aux géants voisins que sont devenus Walt Disney World et Universal Orlando.

À la fois parc thématique et jardin zoologique (quelque 20 000 animaux marins vivent ici), le SeaWorld Adventure Park a vu le jour en 1973 et s'étend aujourd'hui sur 80 ha. Aux montagnes russes et manèges de parc d'attractions s'ajoutent spectacles et exhibitions mettant en vedette épaulards, dauphins, phoques et compagnie. Mais SeaWorld est aussi un centre de recherche voué à l'étude de la vie marine ainsi qu'à l'éducation du public.

Les attractions principales du parc prennent pour la plupart la forme de spectacles présentés à heures fixes. C'est pourquoi la meilleure façon de planifier votre journée sera de prendre connaissance de l'horaire des diverses représentations dès votre arrivée, puis d'organiser vos déplacements dans les différentes zones en fonction des heures de spectacles. Les spectacles les plus appréciés sont ceux présentés au Shamu Stadium (épaulards), au Sea Lion and Otter Stadium (otaries) et au Whale and Dolphin Stadium (baleines et dauphins). Côté manèges, les montagnes russes Journey To Atlantis et Kraken sont à ne pas manquer, alors que la Sky Tower constitue le point de repère du parc tout en en offrant une vue d'ensemble remarquable.

Dès l'entrée du parc, vous croiserez quelques attractions secondaires comme **Tropical Reef** ★, une promenade à travers des aquariums remplis d'animaux vivant dans les coraux du Pacifique Sud; **Turtle Point**, avec ses nombreuses tortues de mer; **Pets Ahoy!**, un spectacle d'animaux domestiques (chats, chiens, ânes et autres); et **Stingray Lagoon**, un bassin où il est possible de toucher à des raies. Vous vous retrouverez alors dans une section appelée **Key West at SeaWorld** ★, avec ses amuseurs de rue, l'architecture colorée de ses boutiques et son attraction la plus appréciée baptisée **Dolphin Cove** ★★, où les enfants peuvent interagir avec les dauphins ou les observer grâce à une immense baie vitrée aménagée sous la surface, autour du bassin.

Non loin de là, un spectacle intitulé *Key West Dolphin Fest* est présenté au **Whale and Dolphin Stadium** ★★★, un vaste amphithéâtre à ciel ouvert. Cette représentation des plus amusantes dure environ 25 min et permet de constater les incroyables prédispositions naturelles des dauphins et des baleines pour les sauts périlleux et la comédie.

Plus loin, **Manatees: The Last Generation?** ★★ vous fera mieux connaître les lamantins, ces grands mammifères marins dont la survie est maintenant menacée, au moyen d'une reconstitution fort réussie de leur milieu naturel.

Puis, le manège **Journey To Atlantis** ★★★ *(taille minimale 1,05 m)*, sorte de montagnes russes nautiques, réserve des sensations fortes aux amateurs du genre. Prévoyez vous faire mouiller lors de ce voyage en bateau qui se termine, comme il se doit, par une chute vertigineuse.

Une autre des attractions-vedettes de SeaWorld s'élève tout près. Il s'agit des spectaculaires montagnes russes **Kraken** ★★★ *(taille minimale 1,35 m)*, dont les convois peuvent atteindre une vitesse avoisinant les 100 km/h.

Penguin Encounter ★★ propose ensuite la saisissante reconstitution d'une banquise de l'Antarctique colonisée par des centaines de manchots, que vous traverserez grâce à un tapis roulant, alors que **Pacific Point Preserve** ★★ reproduit un paysage du nord de la Californie dans lequel évoluent phoques et otaries.

Le populaire **Sea Lion and Otter Stadium** ★★ se trouve tout près. On y présente le spectacle *Clyde and Seamore Take Pirate Island*, dans lequel les rôles principaux sont joués par les otaries Clyde et Seamore.

Au **Shark Encounter** ★★, ce sont les inquiétants requins qui attendent les visiteurs. Plusieurs espèces cohabitent ici dans un aquarium rempli de 450 000 l d'eau salée qu'un tunnel vous permet de traverser, vous donnant ainsi l'impression de nager avec les requins...

C'est aussi dans les environs que s'élève la tour d'observation **Sky Tower** ★, haute de 122 m, dont l'ascension en spirale permet un coup d'œil unique sur l'ensemble du parc. Au pied de la tour, on a aménagé il y a peu de temps **The Waterfront at SeaWorld**, reproduction d'un port de pêche où l'on trouve restos et boutiques.

Pour faire changement, le spectacle *Odyssea*, présenté au **Nautilus Theatre** ★★, ne donne pas la vedette à des dauphins, otaries ou autres animaux savants, mais à de simples humains. Acrobates, contorsionnistes et personnages drôles et extravagants se succèdent dans ce spectacle haut en couleur plus près du cirque que de l'attraction à thème marin.

De l'autre côté du lagon central, vous découvrirez le monde de Shamu, l'épaulard devenu la mascotte de SeaWorld. Il y a tout d'abord **Shamu's Happy Harbor** ★★, un amusant terrain de jeux pour les plus jeunes. Mais l'attraction principale est le spectacle *The Shamu Adventure*, qu'il ne faut surtout pas rater au **Shamu Stadium** ★★★. Outre les étonnantes pirouettes exécutées par ces mammifères marins dont le poids atteint 5 000 kg, il faut signaler l'habile utilisation imaginée par les concepteurs d'un écran géant de 4,5 m sur 6 m, qui contribue de manière originale à la qualité du spectacle. Soyez par ailleurs averti que les facétieux épaulards s'amusent ferme à éclabousser (le mot est faible) les pauvres spectateurs installés dans les 15 premières rangées. À voir absolument. Entre les spectacles, il est possible d'observer les épaulards dans leur bassin au **Shamu: Close-Up!** ★, à travers d'épaisses baies vitrées.

Dernière attraction du parc mais non la moindre, **Wild Arctic** ★★ *(taille minimale 1 m)* simule le vol d'un hélicoptère au-dessus du domaine des ours polaires, des morses et des bélugas. De véritables représentants de ces espèces évoluent de plus dans des bassins voisins du simulateur.

Discovery Cove ★

Nouvel élément du complexe de SeaWorld, Discovery Cove propose à ses visiteurs depuis l'an 2000 une journée entière d'activités dans un décor tropical. Le clou de la journée est sans contredit la possibilité qui vous sera offerte de nager et de jouer avec des dauphins. D'autres animaux marins et oiseaux exotiques peuvent être ici observés. De plus, vous pourrez prendre part à une excursion de plongée-tuba qui vous permettra de découvrir la reproduction d'une barrière de coraux et d'explorer grottes et épaves. Comptez 259$ par personne (159$ sans la baignade avec les dauphins), incluant le déjeuner et l'accès à SeaWorld ou à Busch Gardens Tampa pendant sept jours. Accès limité à 1 000 visiteurs par jour. Réservations requises *(☎407-370-1280 ou 877-434-7268, www.discoverycove.com)*.

Hébergement

Pour les établissements situés à l'extérieur des parcs, consultez le chapitre «Orlando et Kissimmee».

Universal Studios

Soucieux de proposer une solution de rechange valable au concurrent qu'est Walt Disney World, le complexe d'Universal Orlando (Universal Studios, Islands of Adventure, Universal CityWalk) a entrepris un ambitieux développement visant à en faire une destination à part entière. La construction de trois hôtels d'envergure au cours des dernières années fait partie de ce plan. À noter que les occupants des hôtels se voient octroyer le privilège de passer devant les files d'attente aux attractions des parcs thématiques Universal Studios et Islands of Adventure. Des navettes lacustres ou routières conduisent de plus les hôtes jusqu'à l'entrée des parcs.

Royal Pacific Resort
$$$
≡, ≋, ♨, ⁂, 🔒
6300 Universal Blvd.
☎888-273-1311
www.usf.com
Au Royal Pacific Resort, le thème retenu se veut tropical. Ainsi, l'aménagement extérieur rappelle les îles du Pacifique Sud: piscine en forme de lagon bordée d'une petite plage, présence de nombreux palmiers dans de luxuriants jardins. Inauguré à l'été de 2002, cet hôtel de plus de 1 000 chambres est le plus récent du complexe d'Universal Orlando. Toutes les chambres, de dimensions plus restreintes que celles des deux autres hôtels du complexe, mais aussi légèrement plus économiques, sont équipées d'une cafetière, ainsi que d'une planche et d'un fer à repasser.

Hard Rock Hotel
$$$$
≡, ≋, ♨, ↔, ⁂, 🔒
5800 Universal Blvd.
☎888-273-1311
www.usf.com
On s'en doute, le thème du Hard Rock Hotel est l'histoire du rock-and-roll. Aussi vous ne serez pas surpris de voir d'innombrables souvenirs ayant appartenu à des idoles du rock en exposition un peu partout dans l'hôtel (guitares, disques d'or, costumes, photographies autographiées, etc.). Il y a même des haut-parleurs diffusant des *hits* pop sous l'eau de la piscine... L'hôtel compte 650 chambres vastes et confortables, toutes munies d'un lecteur de disques compacts, d'un minibar, d'une cafetière, ainsi que d'une planche et d'un fer à repasser.

Portofino Bay Hotel
$$$$
≡, ≋, ♨, ↔, ⁂, 🔒
5601 Universal Blvd.
☎888-273-1311
www.usf.com
Aménagé en bordure d'un lac artificiel, le Portofino Bay Hotel évoque la Riviera italienne. Quelque 750 chambres de luxe meublées à l'italienne sont ici dissimulées derrière les façades de belles maisons en rangée. Toutes offrent une vue sur le plan d'eau où les gondoles se baladent. Cafetière, planche et fer à repasser dans chaque chambre.

Restaurants

Universal Studios

Mel's Drive-In
$
C'est dans la section Hollywood du parc que se trouve ce resto qui propose un sympathique voyage dans le temps. Banquettes rouges, juke-box, hamburgers et laits fouettés, tous les ingrédients sont réunis au Mel's Drive-In pour recréer l'ambiance d'un *diner* des années 1950.

Lombard's Landing
$$
Plus chic restaurant d'Universal Studios, Lombard's Landing se cache dans la zone San Francisco / Amity. Fruits de mer et poissons figurent principalement au menu de cet établissement aménagé dans un entrepôt en bordure d'un lac.

Universal's Islands of Adventure

Confisco Grille and Backwater Bar
$$
Pâtes, grillades et salades sont servies dans l'immen-

se salle ou sur l'agréable terrasse de ce resto situé non loin de l'entrée du parc. Bon rapport qualité/prix.

Mythos Restaurant
$$$

Ce restaurant grec installé dans la section The Lost Continent constitue le meilleur choix du parc pour un bon dîner. Fruits de mer et grillades composent le menu de l'établissement, qui propose en outre un décor spectaculaire de grotte sous-marine et offre une vue saisissante sur le lagon central.

Universal CityWalk

Hard Rock Cafe
$$$
☎ (407) 351-7625

L'incontournable Hard Rock Cafe de CityWalk s'enorgueillit d'être le plus vaste maillon de cette célèbre chaîne internationale vouée au culte des idoles du rock-and-roll. Comme d'habitude, l'endroit est autant un musée, avec ses souvenirs de stars exposés partout, qu'un restaurant. Qui plus est, un immense amphithéâtre en forme d'arène romaine où sont présentés des concerts rock jouxte l'établissement.

SeaWorld Adventure Park

Comme c'est toujours le cas dans les parcs d'attractions, il y a de nombreux comptoirs de restauration

rapide un peu partout sur le site de SeaWorld. Bien peu cependant méritent qu'on s'y attarde, à part peut-être ceux aménagés sur le **Waterfront at SeaWorld**. Cependant, dans la foulée de la rénovation du parc menée par ses nouveaux propriétaires, des salles à manger hors du commun se trouvent maintenant aux abords de certaines attractions:

Dine With Shamu
$$$
☎ (407) 351-3600 ou 800-327-2420

Un buffet est servi dans une salle attenante au bassin de l'épaulard Shamu, ce qui permet de l'observer de près et de le voir en interaction avec ses entraîneurs. Il en coûte 32$ par adulte et 18$ par enfant de 3 à 9 ans. Réservations requises.

Sharks Underwater Grill
$$$
☎ (407) 351-3600

Installé à l'intérieur de l'attraction Shark Encounter, ce bon restaurant, avec service aux tables, est probablement le plus intéressant de SeaWorld. Vous y déjeunez ou y dînez en compagnie d'une cinquantaine de requins... qui nagent dans un grand bassin situé derrière une épaisse baie vitrée. Steaks, poulet et fruits de mer figurent au menu.

Sorties

Universal CityWalk

Afin de concurrencer **Downtown Disney** (voir p 254), Universal Orlando a développé son CityWalk (☎407-224-2600), un regroupement de bars, restos et boîtes de nuit. L'atmosphère est ici on ne peut plus festive et la qualité des établissements assez remarquable, de quoi bien s'amuser jusqu'à 2h du matin. À noter qu'un laissez-passer, le *Party Pass*, donne accès à toutes les boîtes et coûte 9,95$.

Hard Rock Live

Attenant au Hard Rock Cafe local, cet amphithéâtre en forme de Colisée compte plus de 2 000 places. Des vedettes rock s'y donnent régulièrement en spectacle.

Bob Marley - A Tribute to Freedom

Du côté de chez Bob Marley, on se doute bien que la musique reggae régnera toute la soirée, à la belle étoile.

The Groove

Une discothèque où l'on peut s'éclater sur une piste de danse jusqu'à épuisement, il en existe une à CityWalk: The Groove.

Jimmy Buffett's Margaritaville

Des musiciens se produisent tous les soirs dans ce bar-restaurant propriété du chanteur Jimmy Buffett, au plus grand plaisir des visiteurs friands de musique folk-rock, blues et funk.

Pat O'Brien's

Un piano-bar comme on en trouve dans le Quartier Français de La Nouvelle-Orléans, voilà ce que propose le Pat O'Brien's.

Motown Cafe

Les succès des vedettes noires lancés sur la célèbre étiquette de disques Motown sont à l'honneur ici. Concerts occasionnels.

Universal Cineplex

Ce complexe cinématographique compte 20 salles dans lesquelles sont projetées les superproductions hollywoodiennes de l'heure.

SeaWorld Adventure Park

Shamu Rocks America

Cette célébration quotidienne se tient en deux endroits distincts. Tout d'abord, l'épaulard Shamu et ses amis vous convient au Shamu Stadium afin de vous démontrer leur indubitable talent de danseurs. Puis vous vous déplacerez à l'Atlantis Bayside Stadium pour un concert de ragtime et un immense feu d'artifice.

Makahiki Luau

☎ (407) 351-3600 ou 800-327-2420

Ce dîner-spectacle est proposé chaque soir à 18h30 dans un restaurant situé en bordure du lagon central. Danseuses exotiques et cracheurs de feu animent cette soirée polynésienne haute en couleur. Réservations requises.

Achats

Universal CityWalk

Universal Studio Store

Tous les parcs thématiques possèdent leur lot de boutiques de souvenirs en tout genre, mais c'est à CityWalk que se trouve la boutique la plus impressionnante: l'Universal Studio Store. Ici on vous proposera tous les produits dérivés imaginables reliés aux productions cinématographiques évoquées dans les parcs.

St. Augustine et le nord de la Floride

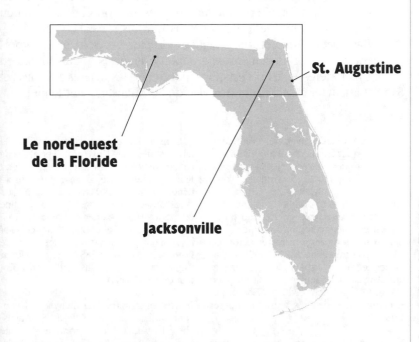

St. Augustine

Le nord-ouest
de la Floride

Jacksonville

Plus vieille ville des États-Unis, voilà comment se définit St. Augustine. Pour être plus précis, il faut plutôt parler de «la plus ancienne ville occupée sans interruption par des Européens et leurs descendants». Selon cette définition, la fondation de St. Augustine, qui remonte à 1565, précède effectivement celle de Jamestown (1607), et même en fait celle de Port-Royal (1604), en Acadie, et de Québec (1608), en Nouvelle-France.

D'autres lieux ont toutefois été fréquentés par des Européens auparavant, comme par exemple Pensacola, dans le nord-ouest de la Floride d'aujourd'hui, colonisée à partir de 1516 par les Espagnols mais abandonnée peu de temps après, ou Fort Caroline, un peu au nord de St. Augustine, où des colons français s'installent dès 1564. **Pedro Menéndez de Avilés** et une poignée de colons et soldats espagnols délogent toutefois brutalement ce groupe de Français à leur arrivée en 1565. Une forteresse de bois est alors érigée entre les rivières Matanzas et San Sebastián, et c'est ainsi que la ville de St. Augustine voit le jour.

Des escarmouches avec les Timucuas, une nation amérindienne aujourd'hui disparue, marquent les premières années de la colonie espagnole. Suivront au cours des décennies suivantes de nombreuses attaques anglaises, dont celle menée par le corsaire **Francis Drake** en 1586, ainsi que françaises, qui forceront la construction du **Castillo de San Marcos**, un immense fort de pierres construit entre 1672 et 1695. Celui-ci permettra aux Espagnols de tenir tête aux Anglais très longtemps, soit jusqu'en 1763, alors qu'ils leur cèdent la Floride par le premier traité de Paris, afin de récupérer Cuba.

La présence britannique ne sera toutefois que de courte durée puisque, dès 1783, les Anglais redonnent la Floride aux Espagnols et reconnaissent l'indépendance américaine par le second traité de Paris. Puis, en 1821, l'Espagne cède finalement la Floride aux États-Unis.

Après plusieurs années difficiles, notamment pendant la guerre de Sécession, l'arrivée d'un certain **Henry Flagler** à la fin du XIXe siècle marque la renaissance de la ville. Flagler achète et consolide à cette époque des portions de voies ferrées, qui permettront bientôt de relier St. Augustine à Jacksonville et aux grandes villes du nord-est des États-Unis, premiers jalons de ce qui deviendra son Florida East Coast Railway, chemin de fer mythique qui atteindra un jour Key West, à l'extrême sud de l'État. Son plan: faire de St. Augustine une chic station balnéaire comme on en retrouve sur la Côte d'Azur. Pour accueillir les visiteurs, il construit le spectaculaire **Ponce de León Hotel** en 1887 et l'hôtel **Alcazar** l'année suivante, en plus de faire l'acquisition du **Casa Monica**.

Le présent chapitre vous mène à la découverte de la charmante ville de St. Augustine, dont le centre historique se visite aisément, et agréablement, à pied. Également au programme, une excursion dans la ville industrieuse de **Jacksonville**, dans le nord de l'État. Puis nous traverserons la Floride de part à part, jusqu'à l'extrême nord-ouest, là où l'État s'étire au-dessus du golfe du Mexique. Dans cette région, dont la forme géographique rappelle une «poignée de casserole», d'où son surnom anglophone de **Panhandle**, nous nous arrêterons dans la capitale **Tallahassee**, ainsi que dans la ville historique de **Pensacola**, avant d'en découvrir les plages méconnues bien que superbes.

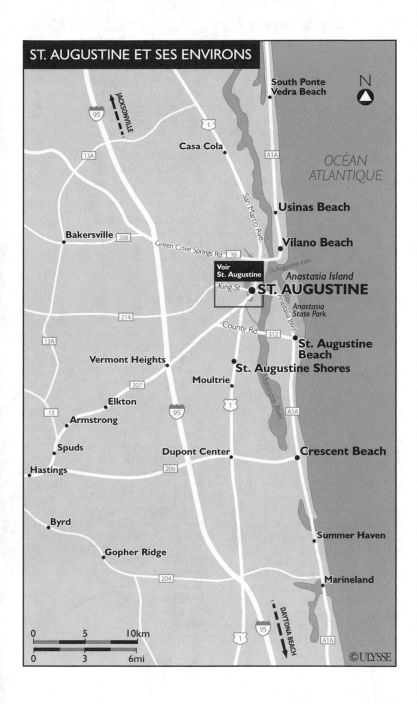

ST. AUGUSTINE ET SES ENVIRONS

JACKSONVILLE

95

1

13A

Casa Cola

208 Bakersville

Green Cove Springs Rd. 16

San Marco Ave.

South Ponte Vedra Beach

N

A1A

OCÉAN ATLANTIQUE

Usinas Beach

Vilano Beach

St. Augustine Inlet

Voir St. Augustine

King St. • ST. AUGUSTINE

Anastasia Island

Anastasia State Park

214

13A

Vermont Heights

207

Elkton

13

Armstrong

Spuds

Hastings

County Rd. 312

St. Augustine Beach

St. Augustine Shores

Moultrie

1

95

Dupont Center

206

Byrd

Gopher Ridge

204

Anastasia Blvd.

Matanzas River

A1A

Crescent Beach

Summer Haven

Marineland

1 95

DAYTONA BEACH

A1A

0   5   10km
0   3   6mi

©ULYSSE

St. Augustine et le nord de la Floride - Carte - St. Augustine et ses environs

Accès et déplacements

■ En voiture

La route I-95 (**Interstate 95**) donne accès à la région où se trouvent St. Augustine et Jacksonville par le sud ou le nord, de même que la route 1 (**US Highway 1**), beaucoup plus lente. La route A1A (**Coastal Highway A1A**) parcourt pour sa part les îles-barrières réputées pour leurs plages.

La route I-10 (**Interstate 10**) traverse l'État d'est en ouest entre Jacksonville et le Panhandle, cette région située au nord-ouest de la Floride qui comprend entre autres les villes de Tallahassee, la capitale, et de Pensacola. Entre ces deux agglomérations urbaines, la route I-10 demeure la plus rapide, mais la route 98 (**US Highway 98**), qui longe le golfe du Mexique, s'avère beaucoup plus panoramique et permet d'accéder aux belles plages de Panama City Beach, de l'Emerald Coast et de Pensacola Beach.

■ En avion

L'aéroport le plus important de la région est celui de Jacksonville, situé à environ 25 km au nord du centre-ville:

Jacksonville International Airport (JAX)
2400 Yankee Clipper Dr.
☎ (904) 741-2000
www.jaxairports.org

Parmi les compagnies aériennes qui desservent cet aéroport, mentionnons Air Canada, American Airlines, Continental, Delta et United Airlines.

Plusieurs compagnies internationales de location de voitures sont présentes sur place. Pour vous rendre au centre-ville en **voiture**, vous devez emprunter Duval Road (route 102), puis la route I-95 (Interstate 95) vers le sud. En poursuivant vers le sud par la route I-95 vous pourrez rejoindre St. Augustine.

La course en **taxi** jusqu'au centre-ville de Jacksonville coûte environ 22$. Comptez autour de 35$ pour vous rendre à Jacksonville Beach, 40$ pour Amelia Island, et au moins 65$ pour St. Augustine.

Par ailleurs, des aéroports régionaux sont situés à Tallahassee et à Pensacola. Les liaisons intérieures régulières y sont assurées par des compagnies aériennes comme Continental, Delta, Northwest et US Airways:

Tallahassee Regional Airport
3300 SW Capital Circle
☎ (850) 891-7802
www.talgov.com/airport/

Pensacola Regional Airport
2430 Airport Blvd.
☎ (850) 436-5000
www.flypensacola.com

■ En train

Jacksonville est encore aujourd'hui une plaque tournante du transport ferroviaire. Aussi les trains *Silver Meteor*, *Silver Star* et *Palmetto*, mis en service par la société Amtrak, la relient-elle aux grandes villes du nord-est des États-Unis (New York, Philadelphie, Washington DC) et poursuivent leur route vers le sud en s'arrêtant à Orlando, Tampa et Miami, notamment.

Le *Sunset Limited* traverse quant à lui le sud des États-Unis d'un océan à l'autre. Ce train relie Jacksonville au Panhandle (Tallahassee, Pensacola), puis poursuit vers l'ouest avec des haltes à La Nouvelle-Orléans, Houston et Los Angeles, pour n'en nommer que quelques-unes. Il comporte des couchettes, un wagon-restaurant et un wagon panoramique (Sightseer Lounge Car). Trois départs par semaine dans chaque direction.

Amtrak Jacksonville
3570 Clifford Lane
☎ 800-872-7245
www.amtrak.com

Amtrak Tallahassee
9182 Railroad Ave.

Amtrak Pensacola
980 E. Heinberg St.

■ En autocar

Greyhound
☎800-231-2222
www.greyhound.com

Voici les principales gares routières du nord de la Floride:

Greyhound St. Augustine
1711 Dobbs Rd.
☎ (904) 829-6401

Greyhound Jacksonville
10 N. Pearl St.
☎ (904) 356-9976

Greyhound Tallahassee
112 W. Tennessee St.
☎ (850) 222-4249

Greyhound Pensacola
505 W. Burgess Rd.
☎ (850) 476-4800

■ Transports publics

La ville de **St. Augustine** s'explore facilement à pied ou encore à l'aide des trolleys et trains touristiques (voir plus loin).

À **Jacksonville**, les transports en commun sont gérés par la Jacksonville Transit Authority *(☎904-630-3100, www.jtaonthe-move.com)*. Ils sont composés de circuits d'autobus (0,75$ à l'intérieur du centre-ville, 1,35$ entre la ville et le secteur des plages) et du *Skyway (passage: 0,35$)*, un monorail qui circule au centre-ville. Des bateaux-taxis permettent aussi de se déplacer facilement d'une rive à l'autre de la rivière St. Johns qui traverse la ville.

À **Pensacola**, des bus touristiques parcourent le quartier historique et, en été, longent Pensacola Beach. Ils relèvent de l'Escambia County Area Transit System *(☎850-595-3228, www.goecat.com)*. Tarif: 1$.

À **Tallahassee**, la société Taltran *(☎850-891-5200, www.talgov.com/taltran/)* gère les transports publics, dont l'Old Town Trolley, un bus touristique gratuit qui parcourt les rues du centre historique du lundi au vendredi de 7h à 18h30.

Renseignements utiles

■ Bureaux de renseignements touristiques

St. Augustine, Ponte Vedra & The Beaches Visitors & Convention Bureau
88 Riberia St., Suite 400
St. Augustine
☎ (904) 829-1711 ou 800-653-2489
www.visitoldcity.com

Visitor Information Center
tlj 8h30 à 17h30
10 Castillo Dr.
St. Augustine
☎ (904) 825-1000

Jacksonville & the Beaches Convention and Visitors Bureau
201 E. Adams St.
☎ (904) 798-9111 ou 800-733-2668
www.jaxcvb.com

Tallahassee Area Visitor Information Center
106 E. Jefferson St.
☎ (850) 413-9200 ou 800-628-2866
www.seetallahassee.com

Pensacola Visitor Information Center
1401 E. Gregory St.
Pensacola
☎ (850) 434-1234 ou 800-874-1234
www.visitpensacola.com

Emerald Coast Convention & Visitors Bureau
1540 Miracle Strip Pkwy.
Fort Walton Beach
☎ (850) 651-7131 ou 800-322-3319
www.destin-fwb.com

Panama City Beach Convention and Visitors Bureau
17001 Panama City Beach Pkwy.
☎ (850) 233-6503 ou 800-553-1330
www.800pcbeach.com

■ Visites guidées

St. Augustine Sightseeing Trains
☎ (904) 829-6545
www.redtrains.com
À bord d'un petit train touristique qui parcourt la ville et s'arrête aux abords des sites d'intérêt. La visite est commentée, et l'on peut monter et descendre autant de fois qu'on le désire. Comptez 18$ pour les adultes et 5$ pour les enfants. Un train toutes les 15 min, entre 8h30 à 17h tous les jours.

Old Town Trolley Tours
☎ (904) 829-3800
www.historictours.com
À bord d'une sorte de tramway touristique qui circule dans les rues du quartier historique de St. Augustine entre 8h30 et 17h. Visite commentée et possibilité de descendre et de monter aussi souvent que nécessaire, et ce, pour une période de trois jours. Le billet permet aussi de profiter de petites réductions dans plusieurs musées et attraits. Comptez 18$ pour les adultes et 5$ pour les enfants.

St. Augustine Transfer Company
123 Ferdinand Ave.
☎ (904) 829-2391
www.staugustinetransfer.com
Ville à l'indéniable cachet romantique, St. Augustine se prête bien à une découverte en calèche. Le circuit permet d'apercevoir 50 sites en une heure environ. Les

calèches s'alignent sur l'Avenida Menéndez, non loin du Castillo de San Marcos. On peut y monter entre 8h et minuit. Adultes 20$, enfants 10$.

Attraits touristiques

St. Augustine ★ ★ ★

Si vous arrivez du sud par la route A1A, vous pénétrerez dans la ville par le monumental **Bridge of Lions** ★, qui enjambe élégamment la rivière Mantanzas depuis 1926 entre St. Augustine et **Anastasia Island** (voir p 288), sur laquelle se trouvent les plages de la région. Ce pont mène directement au cœur de la cité et à la belle **Plaza de la Constitución** ★, place d'armes dessinée au début du XVIIe siècle, où l'on remarque une statue de Juan Ponce de León. Autour de la place s'élèvent plusieurs bâtiments monumentaux, parmi lesquels figurent les hôtels construits jadis par Henry Flagler (voir plus bas) et la **Cathedral-Basilica of St. Augustine** ★ ★ *(tlj 7h à 17h; ☎904-824-2806, www.thefirstparish.org)*, dont la façade et les murs de calcaire coquillier datent de 1793. Le lieu saint tel qu'il apparaît aujourd'hui est l'œuvre de l'architecte James Renwick, qui, après un incendie survenu à la fin du XIXe siècle, dirige la reconstruction et en profite pour l'agrandir substantiellement.

Également sur la Plaza de la Constitución, le **Government House Museum** ★ ★ *(tlj 10h à 17h; 48 King St.; ☎904-825-6830 ou 825-5033)* mérite une visite. On y présente une intéressante exposition sur l'histoire de la ville et sur celle du bâtiment, qui fut pendant

---

★ ATTRAITS TOURISTIQUES

1. CY Bridge of Lions
2. CX Anastasia Island
3. CY Plaza de la Constitución
4. CX Cathedral-Basilica of St. Augustine
5. BY Government House Museum
6. BY Flagler College
7. BY Lightner Museum
8. BY Casa Monica
9. CY Potter's Wax Museum
10. CZ Gonzáles-Álvarez House (The Oldest House)
11. BX St. George Street
12. CX Colonial Spanish Quarter
13. BX The Oldest Wooden School House
14. BW City Gate
15. CX Castillo de San Marcos
16. BW Ripley's Believe it or Not! / Castel Warden
17. CV Mission Nombre de Dios / Shrine of Our Lady of La Leche
18. BV Fountain of Youth Archaeological Park
19. BV Old Jail

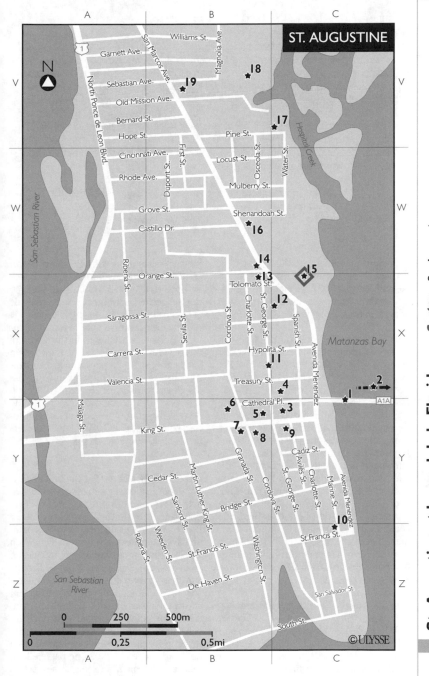

Le calcaire coquillier

C'est sur les plages d'Anastasia Island, île-barrière voisine de St. Augustine, que des carrières vouées à l'extraction du calcaire coquillier sont exploitées par les Espagnols dès le XVIIᵉ siècle. Il s'agit d'une pierre formée de coraux et de coquillages compressés, de consistance plutôt tendre lorsque trempée, mais qui devient très dure en séchant.

Cette pierre sera utilisée dans la construction du **Castillo de San Marcos** (voir p 287), vaste forteresse érigée entre 1672 et 1695 pour défendre la ville contre les attaques des pirates, des Anglais et des Français. Même les boulets de canon ne peuvent fendre les remparts faits de cette roche.

Plus tard, le calcaire coquillier sera utilisé pour l'érection d'autres bâtiments, telle la cathédrale, et pour la construction résidentielle. Plusieurs des demeures coloniales de St. George Street, par exemple, sont bâties avec cette matière.

longtemps la résidence officielle du gouverneur de St. Augustine et dont les origines remontent à 1687. À cette date, ce bâtiment en calcaire coquillier remplace un édifice de bois, lui-même érigé dès 1599.

Puis, à l'extrémité ouest de la place, on ne peut manquer le spectaculaire **Flagler College** ★★ *(74 King St.;* ☎*904-823-3378, www.flagler.edu)*, anciennement le chic Ponce de León Hotel, construit en 1887 par Henry Flagler au coût de 2 millions de dollars, une véritable fortune à l'époque. Ce magnifique établissement Renaissance espagnole sera dessiné par les architectes John M. Carrère et Thomas Hastings, et aura pour décorateur Louis Comfort Tiffany, comme en témoignent les nombreux vitraux toujours visibles aujourd'hui. Thomas Edison participe aussi à l'aventure en dotant l'hôtel de l'électricité. Bien que l'édifice abrite aujourd'hui un établissement d'enseignement privé, il est possible d'en découvrir l'intérieur en participant à une visite guidée *(adultes 6$, enfants 1$; 10h à 14h)*.

Non loin de là, le **Lightner Museum** ★★ *(adultes 8$, enfants 2$; tlj 9h à 17h; 75 King St.;* ☎*904-824-2874, www.lightnermuseum.org)* est installé dans l'ancien Hotel Alcazar, second établissement hôtelier construit par Flagler à St. Augustine en 1888. Les architectes Carrère et Hastings sont égale-

ment appelés à produire les plans de cet établissement moins huppé que le Ponce de León Hotel, mais dans un style similaire qui respecte les origines espagnoles de St. Augustine. Fermé en 1937, l'hôtel est racheté une dizaine d'années plus tard par Otto Lightner, un éditeur de Chicago, qui le convertit en musée visant à mettre en valeur sa collection personnelle. Sur trois niveaux, le musée présente aujourd'hui les objets provenant de cette collection fort éclectique composée de pièces de verre taillé et soufflé, de vitraux réalisés par Louis Comfort Tiffany, de mobiliers anciens, de costumes d'époque et de boîtes à musique antiques.

L'hôtel **Casa Monica** ★ *(95 Cordova St.;* ☎*904-827-1888, www.casamonica.com)*, toujours en activité à l'angle des rues King et Cordova, complète le trio d'établissements d'Henry Flagler à St. Augustine. Franklin W. Smith, architecte amateur de Boston, l'érige en 1887 sur un terrain acquis d'Henry Flagler. L'ouverture au public, au début de l'année suivante, s'avère catastrophique. Les clients se font à ce point rares que l'établissement connaît rapidement des difficultés financières, au point où Flagler peut racheter l'ensemble pour une bouchée de pain. Il rebaptise alors l'établissement du nom de «Cordova», et en 1902 une passerelle le relie à l'Alcazar. L'hôtel ferme ses portes en 1932, et la passerelle est démontée en

1945. Dans les années 1960, il est reconverti en palais de justice. Il retrouvera sa vocation et son nom d'origine à la fin des années 1990, lorsqu'une firme spécialisée d'Orlando en fera l'acquisition.

Parmi les curiosités qui entourent la «place de la Constitution», mentionnons également le **Potter's Wax Museum** *(adultes 9$, enfants 6$; dim-jeu 9h à 17h, ven-sam 9h à 21h; 17 King St.; ☎904-829-9056, www.potterswax. com)*, un musée de cire présentant 160 sculptures grandeur nature de vedettes du cinéma, de sportifs, de politiciens et de personnages historiques.

Dans la portion sud de la ville, plusieurs maisons anciennes peuvent être admirées, dont la **Gonzáles-Álvarez House**, mieux connue sous le nom de **The Oldest House** ★★ *(adultes 8$, enfants 4$; visites guidées tlj 9h à 17h; 14 St. Francis St.; ☎904-824-2872, www.staugustinehistoricalsociety.org)*. Il s'agit de la plus ancienne maison coloniale espagnole de la ville (1704). Elle abrite la St. Augustine Historical Society, qui propose une exposition sur les 400 ans d'histoire de la ville.

Depuis la Plaza de la Constitución, en se dirigeant vers le nord, **St. George Street** ★ se transforme en une sympathique rue piétonne bordée de bâtiments datant du XVIII siècle, aujourd'hui occupés par des boutiques, galeries d'art et restaurants. Quelques attraits sont à signaler le long de cette artère, dont le **Colonial Spanish Quarter** ★★ *(adultes 7$, enfants 4$; tlj 9h à 17h30; 29 St. George St.; ☎904-825-6830, www. historicstaugustine.com)*, composé de huit demeures et autres bâtiments fidèlement restaurés tels qu'ils étaient en 1740. Des artisans en costumes d'époque animent le site.

Également sur St. George Street, **The Oldest Wooden School House** *(adultes 2,75$, enfants 1,75$; tlj 9h à 17h; 14 St. George St.; ☎904-824-0192)* est une ancienne école dont la construction remonterait aux environs de 1763.

Tout au bout de St. George Street, on ne peut qu'être intrigué par la **City Gate** (1808), formée de deux piliers monumentaux qui marquent l'emplacement de la porte originale de la ville.

Vous vous retrouverez alors à deux pas de l'extraordinaire **Castillo de San Marcos** ★★★ *(adultes 6$, enfants gratuit; tlj 8h45 à 16h45; 1 S. Castillo Dr.; ☎904-828-6506, www.nps.gov/ casa)*, plus ancienne forteresse de maçonnerie des États-Unis et exemple remarquable d'architecture militaire de la période coloniale espagnole en Amérique. Entre 1672 et 1695, les Espagnols construisent ce fort en étoile – qui s'avérera imprenable – afin de protéger la colonie contre les attaques des Anglais et des Français. Le calcaire coquillier provenant d'Anastasia Island est à l'époque utilisé pour en ériger les remparts, dont l'épaisseur fait jusqu'à 5 m. Lorsque l'Espagne cède la Floride aux États-Unis en 1821, le fort est rebaptisé «Fort Marion». Il sera déclaré monument historique en 1924 et reprendra alors son nom d'origine en 1942. On y pénètre aujourd'hui par un pont-levis qui donne sur une cour gazonnée. La vue du haut des remparts (11 m) est spectaculaire. Diverses expositions militaires sont présentées dans certaines salles intérieures accessibles au public, dont la prison, la poudrière et la chapelle.

Aux États-Unis, il y a des dizaines de **Ripley's Believe it or Not!** *(adultes 13$, enfants 8$; dim-jeu 9h à 19h, ven-sam 9h à 20h; 19 San Marco Ave.; ☎904-824-1606, www.staugustine-ripleys.com)*, ces pseudo-musées consacrés à l'insolite, aux créatures difformes et autres anomalies de la nature. Contrairement à notre habitude, deux raisons nous portent à signaler la présence de l'établissement de St. Augustine. Tout d'abord, il s'agit du musée original de la chaîne, créé en 1950. Puis il est installé dans un magnifique bâtiment mauresque datant de 1887, le **Castel Warden**, qui mérite à lui seul un coup d'œil. Robert Ripley, dessinateur et grand voyageur, se fascine, au début du XX siècle, pour tous les phénomènes bizarres dont il est témoin de par le monde. Il en fait d'ailleurs le sujet de ses chroniques illustrées, puis lance une émission de télévision en 1949, toujours sur le même thème, peu de temps avant sa mort survenue la même année. C'est donc après son décès que voient le jour les musées que l'on retrouve aujourd'hui dans plusieurs villes américaines.

Plus loin au nord, la **Mission Nombre de Dios** ★ *(entrée libre; lun-ven 8h à 17h30, sam-dim 9h à 17h; 27 Ocean Ave.;* ☎*904-824-2809)* serait le point d'origine de la chrétienté aux États-Unis. Une croix haute de 63 m érigée au milieu des années 1960 marque le lieu de débarquement de Pedro Menéndez de Avilés en 1565. Sera alors fondée la première d'une série de missions catholiques, où aurait été célébrée la première messe au pays. On peut apercevoir sur le site une petite chapelle baptisée **Shrine of Our Lady of La Leche**.

Encore plus au nord, le **Fountain of Youth Archaeological Park** *(adultes 6$, enfants 3$; tlj 9h à 17h; 11 Magnolia Ave.;* ☎*904-829-3168, www.fountainofyouthflorida.com)*, créé en 1903, rappelle la légende selon laquelle l'explorateur espagnol Ponce de León se serait arrêté ici en 1513 croyant avoir enfin trouvé la fontaine de Jouvence. Il s'agit en fait d'un site archéologique tout ce qu'il y a de plus sérieux où des experts de la Smithsonian Institution et de la Florida University ont excavé un cimetière amérindien chrétien et ont trouvé des traces de la colonie originale de St. Augustine. Un planétarium se trouve aussi sur le site, et l'on y explique comment les navigateurs se laissaient guider par les étoiles à l'époque de Ponce de León.

L'**Old Jail** *(adultes 5$, enfants 4$; tlj 8h30 à 17h; 167 San Marco Ave.;* ☎*904-829-3800)* est aussi à signaler dans cette partie de la ville. C'est Henry Flagler lui-même qui fait construire cette prison en 1891. Elle fera office de pénitencier du comté jusqu'en 1953 et sera inscrite au registre national des sites historiques en 1987. On peut y voir aujourd'hui les cellules et une exposition d'armes.

Anastasia Island ★

C'est sur Anastasia Island que se trouvent les belles plages de ce qu'on appelle aussi **St. Augustine Beach** ★. Elles s'étendent sur quelque 40 km.

Créée en 1893, la **St. Augustine Alligator Farm** ★ *(adultes 18$, enfants 10$; tlj 9h à 17h; 999 Anastasia Blvd.;* ☎*904-824-3337, www.alligatorfarm.com)* serait le plus ancien parc zoologique des États-Unis. Vingt-trois variétés différentes de crocodiliens y sont présentées, ainsi que d'autres reptiles, des oiseaux exotiques et des singes. Spectacles réguliers mettant en vedette divers animaux. Sur Anastasia Island, de l'autre côté du Bridge of Lions, à moins de 3,5 km de St. Augustine par la route A1A.

La silhouette noire et blanche de 50 m de haut du **St. Augustine Lighthouse & Museum** ★ *(adultes 7,50$, enfants 5$; tlj 9h à 18h; 81 Lighthouse Ave.;* ☎*904-829-0745, www.staugustinelighthouse.com)* se profile sur le site du tout premier phare de la Floride. La visite du phare actuel, construit en 1874, vaut le coup, ne serait-ce que pour la vue à couper le souffle sur la ville de St. Augustine depuis son sommet.

Également situé sur l'île-barrière, l'**Anastasia State Park** *(5$ par véhicule automobile, 1$ pour les piétons et cyclistes; tlj 8h au crépuscule; route A1A au sud du phare;* ☎*904-461-2033, www.floridastateparks.org)* possède une splendide plage sauvage, en plus de disposer de plusieurs emplacements de camping. On peut y pratiquer diverses activités comme la randonnée pédestre et le kayak, et y apercevoir les anciennes carrières de calcaire coquillier.

Aux environs de St. Augustine

La région de St. Augustine est le siège du PGA Tour, célébrissime association du golf professionnel, et abrite le **World Golf Hall of Fame** *(adultes 15$, enfants 10$, incluant le film IMAX; tlj 10h à 18h; One World Golf Place, World Golf Village;* ☎*904-940-4000, www.worldgolfhalloffame.org)*, temple de la renommée de ce sport qui plaira aux amateurs en leur faisant revivre l'histoire depuis ses origines écossaises il y a plus de 600 ans, et redécouvrir les exploits des joueurs qui y ont excellé au fil des décennies. Il y a aussi un cinéma IMAX sur place et, tout autour du musée, des terrains de golf à faire rêver les plus blasés. Situé tout juste à l'ouest de la route I-95, à la hauteur de la sortie 323.

Les plages pittoresques et sablonneuses d'Amelia Island épousent le magnifique littoral de l'île sur une vingtaine de kilomètres. - *VISIT FLORIDA*

Toujours debout, la plus vieille maison de St. Augustine a vu plusieurs pans de la grande histoire de l'Amérique se vivre tout autour. - *VISIT FLORIDA*

À environ 25 km au sud de St. Augustine se trouve l'accès du **Fort Mantanzas National Monument** ★ ★ *(entrée libre; tlj 8h30 à 17h30; 8635 route A1A S.;* ☎*904-471-0116, www.nps. gov/foma)*. Bien que le poste d'accueil se trouve sur Anastasia Island, le fort est situé sur une île de l'Intracoastal Waterway, ici appelé «Matanzas River», et est accessible par bateau. C'est en 1742 que les Espagnols construisent cette forteresse de calcaire coquillier en guise d'avant-poste au Castillo de San Marcos.

Encore un peu plus au sud sur la route A1A, vous atteindrez **Marineland of Florida** ★ *(adultes 14$, enfants 9$; mer-lun 9h30 à 16h30, mar fermé; 9600 Ocean Shore Blvd.;* ☎*904-471-1111, www.marineland.net)*, vénérable parc thématique marin créé en 1938. Studios cinématographiques à l'origine, le site propose aujourd'hui des spectacles de dauphins, mais comporte également un aquarium et de nombreux bassins qui permettent l'observation de plus de 3 000 espèces d'animaux marins.

Jacksonville ★

Située à quelque 65 km au nord de St. Augustine, Jacksonville, plus grande ville des États-Unis par sa superficie, cité industrielle et financière (banques, compagnies d'assurances), et plaque tournante des transports maritimes et ferroviaires fondée en 1822, n'en possède certes pas le charme historique. Son dynamique centre-ville, où poussent les gratte-ciel de part et d'autre de la rivière St. Johns, comporte néanmoins quelques attractions majeures, tel le **Riverside/Avondale Historic District** ★ *(sur la rive nord de la rivière St. Johns)*, un agréable quartier entourant le **Memorial Park**, ce vaste espace vert conçu à l'origine par Frederick Law Olmsted.

Le **Cummer Museum of Art & Gardens** ★ ★ *(adultes 6$, enfants 3$; mar et jeu 10h à 21h, mer, ven et sam 10h à 17h, dim 12h à 17h, lun fermé; 829 Riverside Ave.;* ☎*904-356-6857, www.cummer.org)*, joliment installé au cœur de jardins classiques au bord de la rivière, expose des objets d'art très variés, incluant des œuvres américaines et européennes de différentes époques, ainsi qu'une remarquable collection de porcelaines de Meissen du XVIIIᵉ siècle.

Quant au **Museum of Science & History** *(adultes 8$, enfants 6$; lun-ven 10h à 17h, sam 10h à 18h, dim 13h à 18h; 1025 Museum Circle;* ☎*904-396-6674, www.themosh.org)*, on peut dire qu'il ratisse large en proposant des expositions sur des thèmes aussi disparates que l'histoire du nord-est de la Floride, les animaux marins de la région ou le bateau à vapeur *Maple Leaf*, coulé en 1864. Qui plus est, le musée abrite un planétarium où sont présentés des spectacles laser.

Aux environs de Jacksonville, il faut signaler le **Jacksonville Zoo** ★ *(adultes 9,50$, enfants 6,50$; tlj 9h à 17h; 8605 Zoo Pkwy.;* ☎*904-757-4463, www.jaxzoo.org)*. Depuis des passerelles surélevées, on peut notamment y observer divers animaux d'Afrique qui évoluent librement. Situé au nord de la ville par la route I-95.

Le **Fort Caroline National Memorial** ★ *(entrée libre; tlj 9h à 16h45; 12713 Fort Caroline Rd.;* ☎*904-641-7155, www.nps.gov/foca)* vaut quant à lui l'excursion à une vingtaine de kilomètres au nord-est du centre-ville. C'est ici qu'un petit groupe de huguenots français établissent un fortin dès 1564. L'année suivante, Pedro Menéndez de Avilés et ses hommes viennent toutefois les déloger brutalement au nom du roi d'Espagne, massacrant des centaines d'hommes avant de fonder St. Augustine plus au sud. Après le visionnement d'un documentaire au centre d'accueil, les visiteurs sont invités à se rendre à la reconstitution du fortin réalisée dans les années 1960. Un émouvant monument à la mémoire des pionniers français tués par les Espagnols s'élève au bord de l'eau.

Amelia Island ★ ★

À une cinquantaine de kilomètres au nord-est de Jacksonville, **Amelia Island** ★ ★ possède de belles plages de sable immaculé. On trouve notamment sur cette étroite île-barrière le très beau village de **Fernandina Beach** ★ ★, dont le centre, inscrit au registre national des sites historiques, compte quelque 450 maisons victoriennes (1857-1910) à l'exubérante ornementation et de styles variées (Queen Anne, italianisant et autres).

Le nord-ouest de la Floride

Depuis Jacksonville, la route I-10 (Interstate 10) traverse la Floride d'est en ouest et permet d'accéder à la région du Panhandle, dans l'extrême nord-ouest de l'État. Rappelez-vous cependant que les distances sont grandes en Floride. Ainsi, Tallahassee se trouve à 265 km de Jacksonville et Pensacola à près de 600 km.

Tallahassee

C'est en 1824 que le site de Tallahassee est désigné pour l'établissement de la nouvelle capitale de la Floride, acquise de l'Espagne par les États-Unis trois ans plus tôt. Auparavant, les Espagnols divisaient la Floride en deux provinces, avec pour chacune une capitale: St. Augustine et Pensacola. Située à mi-chemin entre les deux, Tallahassee devient alors un choix symbolique comme capitale de la «nouvelle Floride», qui deviendra officiellement un État de l'Union en 1845.

Toujours capitale de la Floride, la ville compte aujourd'hui un peu plus de 150 000 habitants et est essentiellement une cité gouvernementale. Ainsi, le **Capitole** ★ *(entrée libre; lun-ven 9h à 16h30, sam 10h à 16h30, dim 12h à 16h30; 400 S. Monroe St.;* ☎*850-487-1902)* domine le centre-ville. Il comprend deux bâtiments: l'un est un élégant édifice de style néoclassique qui date de 1902 et l'autre est surmonté d'une tour de béton de 22 étages (observatoire au sommet), moderne mais quelconque, érigée à la fin des années 1970. L'ancien Capitole est maintenant un musée historique dans lequel ont été préservées les anciennes salles de la Cour suprême, du Sénat et des débats législatifs.

Le **Park Avenue Historic District** ★, quelques rues plus au nord, est un quartier agréable à visiter. Aux abords de l'avenue garnie de grands espaces verts en son centre,

s'élèvent plusieurs bâtiments résidentiels, administratifs et religieux de styles néoclassiques ou néogrecs. D'autres opulentes maisons du XIXe siècle peuvent être contemplées dans le **Calhoun Street Historic District** *(délimité par les rue Tennessee, Georgia, Monroe et Meridian)*.

C'est toutefois le **Museum of Florida History** ★★ *(entrée libre; lun-ven 9h à 16h30, sam 10h à 16h30, dim 12h à 16h30; 500 S. Bronough St.;* ☎*850-245-6400, www.flheritage.com)* qui remporte la palme de l'attraction la plus importante de la ville. Cet intéressant musée raconte la préhistoire du territoire sur lequel s'est développée la Floride. Aussi y a-t-on reconstitué le squelette d'un mastodonte vieux de 12 000 ans à partir d'ossements trouvés dans la région. Le musée couvre également de manière exhaustive l'histoire de la présence amérindienne en Floride.

Pensacola ★

L'autre ville importante du Panhandle est Pensacola, port de mer sur le golfe du Mexique dont l'histoire remonte aussi loin qu'à 1516, époque à laquelle les conquistadors espagnols découvrent la région. Puis, en 1559, six ans avant la fondation de St. Augustine, une première colonie espagnole y est implantée. Toutefois, l'expérience tourne court, et les Espagnols ne reviendront pas ici avant la fin du XVIIe siècle. La ville de Pensacola voit alors le jour en 1698.

De nos jours, Pensacola demeure un port important. Elle abrite de plus, et ce, depuis 1914, la **Pensacola Naval Air Station**, une vaste base aéronavale.

L'**Historic Pensacola Village** ★★ s'étend autour du **Seville Square** ★, une jolie place gazonnée et ornée de grands chênes. Les rues environnantes sont bordées de belles demeures de styles variés, dont la **Tivoli House** ★ *(205 E. Zaragoza St.;* ☎*850-595-5985, www.historicpensacola.org)*, où se trouve le centre d'accueil des visiteurs, et certaines autres dans lesquelles sont installés de petits musées (**Museum of Commerce**, **Museum of Industry**...).

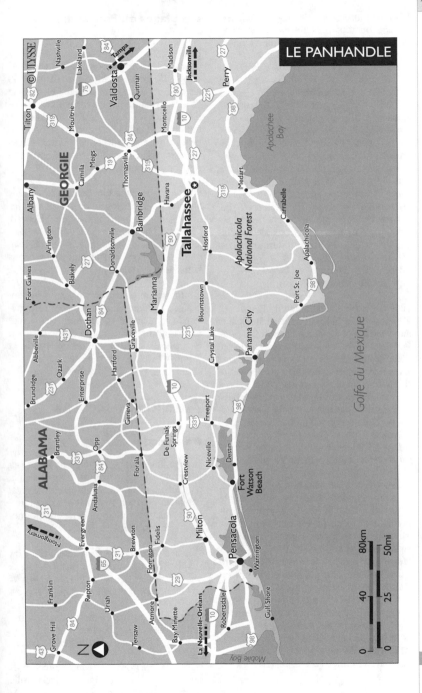

LE PANHANDLE

St. Augustine et le nord de la Floride - **Carte** - Le Panhandle

D'autres musées et monuments s'alignent le long ou tout près de **Palafox Street** ★, plus à l'ouest. Parmi ceux-ci, mentionnons le **Museum of Art** *(adultes 5$, enfants 2$; marven 10h à 17h, sam-dim 12h à 17h, lun fermé; 407 S. Jefferson St.;* ☎*850-432-6247, www.pensacolamuseumofart.org)*, installé dans ce qui fut jadis une prison; le **T. T. Wentworth Museum** *(adultes 6$; mar-sam 10h à 16h, dim-lun fermé; 330 S. Jefferson St.;* ☎*850-595-5985 ou 595-5990)*, musée d'objets hétéroclites aménagé dans l'ancienne mairie de style Renaissance espagnole; le **Civil War Soldiers Museum** *(adultes 6$, enfants 2,50$; mar-sam 10h à 16h, dim-lun fermé; 108 S. Palafox St.;* ☎*850-469-1900, www.cwmuseum.org)*, qui fait revivre l'époque de la guerre de Sécession à l'aide de nombreux documents d'archives; et le **Pensacola Historical Museum** *(1$ par personne; lun-sam 10h à 16h30, dim fermé; 115 E. Zaragoza St.;* ☎*850-433-1559, www.pensacolahistory.org)*.

Situé sur la base aéronavale de Pensacola, à l'ouest de la ville, le **National Museum of Naval Aviation** ★★ *(entrée libre; tlj 9h à 17h;* ☎*850-452-3604, www.naval-air.org)* mérite quant à lui une visite. On y propose une impressionnante exposition sur l'histoire de l'aéronautique, composée d'une centaine d'avions en tous genres, de dirigeables, de capsules spatiales et même d'un porte-avions de la Seconde Guerre mondiale. La présence d'un cinéma IMAX *(adultes 7$, enfants 6,50$)* et de simulateurs de vol *(5$ par personne)* est également à signaler.

Au sud de la ville, sur l'île de Santa Rosa, se trouve **Pensacola Beach** ★, une agréable plage de sable blanc. Une portion importante de cette île en longueur qu'est Santa Rosa fait partie du **Gulf Islands National Seashore** ★★ *(*☎*850-934-2600, www.nps.gov/guis)*, une réserve naturelle côtière créée en 1971, qui s'étire sur 250 km en Floride, en Alabama et au Mississippi. À noter qu'à cause des dégâts provoqués par le passage de l'ouragan *Ivan* en septembre 2004, le secteur du parc situé sur Santa Rosa Island était toujours fermé au public au moment de mettre sous presse. Veillez donc à en vérifier l'accessibilité avant de vous y rendre.

Les plages du Panhandle

À l'est de Pensacola Beach, d'autres belles plages de sable blanc composé à 90% de quartz s'alignent en bordure des eaux turquoise du golfe du Mexique. La route 98 les relie les unes aux autres. On désigne ce secteur par le nom d'**Emerald Coast** (côte d'émeraude). Il englobe **Fort Walton Beach**, tranquille et familiale, et **Destin**, station balnéaire chic où se succèdent les immeubles en copropriété et dont les eaux sont notoirement poissonneuses.

Plus loin, **Panama City Beach** est la plus animée de la région avec ses hôtels, les toboggans du parc aquatique **Shipwreck Island** *(27$ par personne; 12201 Middle Beach Rd.;* ☎*850-234-3333, www.shipwreckisland.com)* et ses nombreuses autres attractions familiales.

Contrairement aux autres plages floridiennes, c'est durant les mois d'été que celles du Panhandle connaissent leur haute saison. En hiver, les journées s'avèrent en effet plus fraîches qu'ailleurs en Floride, et le temps se fait souvent venteux.

Activités de plein air

■ Baignade

St. Augustine Beach se trouve sur Anastasia Island, à l'est de la ville historique. Elle a la particularité d'être accessible aux voitures, comme à Daytona Beach. Aires de pique-nique, maîtres nageurs, toilettes, stationnement sur la plage.

Quant à la plage de l'**Anastasia State Park** *(5$ par véhicule automobile, 1$ pour les piétons et cyclistes; route A1A au sud du phare;* ☎*904-461-2033, www.floridastatesparks.org)*, elle est plus tranquille et présente un beau sable blanc. Aires de pique-nique, maîtres nageurs, toilettes et douches. Possibilité de camping à l'intérieur des limites du parc.

Dans les environs de Jacksonville, plusieurs plages sont à signaler. **Jacksonville Beach**, immédiatement à l'est de la ville, offre une atmosphère familiale et populaire. Un peu au sud, la chic **Ponte Vedra Beach** plaira aux amateurs de sports nautiques, mais aussi aux golfeurs qui y trouveront de superbes terrains. Finalement, à une soixantaine de kilomètres au nord-est de Jacksonville, **Amelia Island**, avec ses plages de sable immaculé, constitue la station balnéaire la plus élégante de la région.

La région du Panhandle, dans l'extrême nord-ouest de la Floride, possède de nombreuses plages de sable immaculé que viennent lécher les eaux étonnamment turquoise du golfe du Mexique. C'est le cas de la tranquille **Pensacola Beach**, de la familiale **Fort Walton Beach** et de la chic **Destin**. **Panama City Beach** est quant à elle très animée et comporte même un parc aquatique avec toboggans.

■ Excursions en bateau

St. Augustine Scenic Cruise
☎ (904) 824-1806
www.scenic-cruise.com
Au départ de la marina municipale de St. Augustine sont organisées des croisières commentées autour de la ville. Comptez 15$ par adulte et 6$ par enfant.

■ Golf

World Golf Village
21 World Golf Place
St. Augustine
☎ (904) 940-4123
www.wgv.com
Ce complexe englobe un total de 36 trous et comprend des hôtels, un centre de congrès et le **World Golf Hall of Fame** (voir p 288). Situé à l'ouest de la route I-95, à la hauteur de la sortie 323.

Il y a de nombreux autres terrains de golf dans la région, dont à **Ponte Vedra Beach** et dans la région de **Jacksonville**. Le Panhandle n'est pas en reste, notamment avec les 81 trous du **Sandestin Golf and Beach Resort** (*9300 W. Emerald Coast Pkwy.; ☎850-267-8150 ou 800-622-1038, www.sandestin.com*), un centre de villégiature en pleine expansion situé près de Destin.

■ Observation des oiseaux

L'**Anastasia State Park** (*5$ par véhicule automobile, 1$ pour les piétons et cyclistes; tlj 8h au crépuscule; route A1A au sud du phare; ☎904-461-2033, www.floridastatespark.org*), près de St. Augustine, est un bon endroit pour observer des oiseaux comme les pélicans bruns, les sternes, les hérons et les aigrettes.

Dans le nord-ouest de l'État, le **Gulf Islands National Seashore** (*☎850-934-2600, www.nps.gov/guis*) a pour principale fonction la préservation de dizaines d'espèces d'oiseaux côtiers. Des sentiers aménagés dans Santa Rosa Island permettent l'observation de ces oiseaux. À noter toutefois qu'à cause des dégâts provoqués par l'ouragan *Ivan* en septembre 2004, la portion du parc située sur Santa Rosa Island était toujours fermée au public au moment de mettre sous presse.

■ Pêche

La ville de **Destin**, dans le Panhandle, jouit d'une grande réputation en matière de pêche sportive. Quelque 150 bateaux voués à des excursions de pêche au gros sont stationnés dans son port de plaisance. On peut aussi consulter le site *www.fishdestin.com* pour sélectionner une excursion.

■ Vélo

St. Augustine est une ville historique qu'il est fort agréable de parcourir à vélo. Voici une adresse pour la location de bicyclettes:

Solano Cycle
61 San Marco Ave.
☎ (904) 825-6766
www.solanocycle.com
Comptez environ 14$ par jour.

Hébergement

St. Augustine

Le centre historique de St. Augustine compte de nombreux établissements de type *bed and breakfast* qui, pour la plupart, possèdent un charme certain. Les prix pourront cependant apparaître élevés aux yeux de plusieurs. Une solution de rechange consiste à loger dans un des multiples motels de San Marco Avenue, au nord de la ville, ou d'Anastasia Island, à l'est. Il faudra alors oublier le charme, mais les prix sont beaucoup plus bas. Ces options ne conviendront toutefois qu'aux voyageurs qui disposent d'une voiture.

Inn on Charlotte Street
$$-$$$
≡

52 Charlotte St.
☎ (904) 829-3819 ou 800-355-5508
▤ (904) 810-2134 ou 826-1892
www.innoncharlotte.com
Cet établissement niche dans une jolie maison qui donne sur un agréable jardin. Il compte six chambres amoureusement décorées et débordantes de fleurs.

Bayfront Westcott House Bed and Breakfast
$$$-$$$$ pdj
≡, ◎

146 Avenida Menéndez
☎ (904) 824-4301 ou 800-513-9814
▤ (904) 824-1502
www.westcotthouse.com
Depuis la jolie maison victorienne de deux étages qui abrite ce gîte, la vue de la baie de Mantanzas et du Bridge of Lions s'avère fort belle. Les neuf chambres de l'établissement sont garnies de meubles victoriens qui leur confèrent une ambiance romantique. Certaines disposent même d'un foyer et d'une baignoire à remous.

Casa de Solana Inn
$$$-$$$$ pdj
≡, ◎

21 Avilés St.
☎ (904) 824-3555 ou 888-796-0980
▤ (904) 824-3316
www.casadesolana.com
Ce *bed and breakfast* tout ce qu'il y a de romantique semble s'être posé hors du temps, dans l'écrin de verdure tropicale que constitue sa cour murée. Installé dans une demeure de bois et de calcaire coquillier construite en 1763, il abrite une dizaine de chambres, dont plusieurs avec foyer et baignoire à remous.

St. Francis Inn
$$$-$$$$ pdj
≡, ⚓, ♨, ☕

279 St. George St.
☎ (904) 824-6068 ou 800-824-6062
▤ (904) 810-5525
www.stfrancisinn.com
Une maison historique construite en 1791 en plein cœur du vieux St. Augustine, une maison plus récente (Wilson House, fin XIXᵉ siècle) qui s'élève juste en face et un cottage en retrait à l'arrière forment l'adorable St. Francis Inn. Les deux maisons comptent une quinzaine de charmantes chambres décorées de meubles anciens. Certaines possèdent une cuisinette ou un foyer. Quant au cottage, on y trouve au rez-de-chaussée une cuisine équipée et un salon muni d'un canapé-lit et d'un foyer, et, à l'étage, deux chambres bien douillettes. À l'extérieur, un beau jardin avec étang et une piscine invitent à la relaxation. Un excellent petit déjeuner est servi quotidiennement dans une salle près de la réception, ainsi que le vin ou la bière en fin d'après-midi et de petits desserts en soirée. Vélos mis à la disposition des clients qui souhaitent explorer les rues du quartier. Stationnement gratuit juste en face. Voilà un

---

▲ HÉBERGEMENT
1. CY Bayfront Westcott House Bed and Breakfast
2. CY Casa de Solana Inn
3. BY Casa Monica Hotel
4. CX Inn on Charlotte Street
5. CZ St. Francis Inn

● RESTAURANTS
1. BX Columbia Restaurant
2. CX Harry's
3. BX Parisienne, La
4. CX Pentola, La
5. CY Santa Maria

◗ SORTIES
1. CY A1A Ale Works

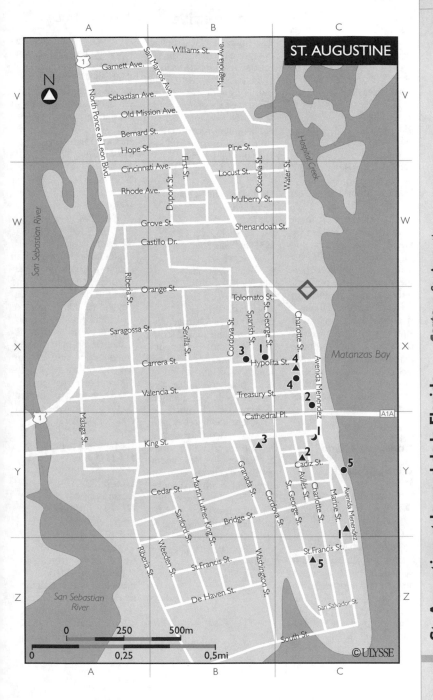

véritable petit bijou dont les hôtes, accueillants et serviables, rendront votre séjour inoubliable.

Casa Monica Hotel
$$$$

≡, ≋, ⱳ, ✳, ↔, ▪

95 Cordova St.

☎ (904) 827-1888 ou 800-648-1888

▤ (904) 819-6065

www.casamonica.com

Le Casa Monica Hotel est en activité depuis 1888, date à laquelle il est inauguré par Henry Flagler. Ce grand établissement, le plus luxueux de ville, est situé en plein centre. Charme et atmosphère romantique à l'ancienne émanent de ce bâtiment fabuleux qui abrite 138 chambres et suites garnis de meubles d'acajou. L'hôtel propose néanmoins tous les services et installations modernes puisqu'il a été entièrement restauré au cours des dernières années.

Anastasia Island

Anastasia State Park
$

1340-A route A1A S.

☎ (904) 461-2033 ou 800-326-3521

▤ (904) 461-2006

www.floridastateparks.org

L'Anastasia State Park dispose de 139 emplacements de camping pour tentes ou véhicules récréatifs. Site ombragé et tranquille. La plage du parc s'avère tranquille et très belle.

Jacksonville

La région de Jacksonville compte plusieurs établissements hôteliers de bonne taille, autant au centre-ville que le long de ses plages. Nous avons toutefois choisi un hôtel de qualité particulièrement remarquable, situé tout juste au sud de Jacksonville Beach :

The Lodge & Club at Ponte Vedra Beach
$$$$$

≡, ≋, ⱳ, ↔, ⫸, ⅄, ▪

607 Ponte Vedra Blvd. Ponte Vedra Beach

☎ (904) 273-9500 ou 800-243-4304

▤ (904) 273-0210

www.pvresorts.com

Cet hôtel de charme affiche ses lignes méditerranéennes (murs extérieurs de stuc blanc, toit de tuiles rouges) aux abords de la belle plage de Ponte Vedra. Chacune des quelque 65 luxueuses chambres de ce splendide hôtel donne sur un balcon avec vue sur la mer. Toutes sont par ailleurs élégamment garnies d'œuvres d'art et disposent d'une spacieuse salle de bain, et certaines sont munies d'un foyer. Le complexe comprend deux piscines extérieures, l'une réservée aux familles et l'autre aux adultes.

Amelia Island

Plusieurs établissements hôteliers haut de gamme parsèment Amelia Island, dont le **Ritz-Carlton**. Voici toutefois quelques adresses plus modestes, mais au charme certain :

Elizabeth Pointe Lodge
$$$-$$$$ pdj

≡, ⱳ

98 S. Fletcher Ave. Fernandina Beach

☎ (904) 277-4851 ou 800-772-3359

▤ (904) 277-6500

www.elizabethpointelodge.com

Cette belle auberge qui s'élève au bord de la plage présente l'allure d'une maison de la Nouvelle-Angleterre. On y compte 24 chambres. De la salle où l'on prend le petit déjeuner, le spectacle du lever du soleil vaut le coup d'œil. Sur la galerie, plusieurs berceuses invitent à la détente et permettent de prendre le temps de savourer l'air marin.

The Fairbanks House
$$$-$$$$ pdj

≡, ≋, ✳

227 S. 7th St. Fernandina Beach

☎ (904) 277-0500 ou 888-891-9292

▤ (904) 277-3103

www.fairbankshouse.com

Ce gîte romantique construit en 1885 sur le modèle d'une villa italienne comporte une douzaine de chambres confortables, dont plusieurs avec foyer. Bien situé dans le quartier

Les établissements qui se distinguent

Les auberges de charme: **St. Francis Inn**, St. Augustine (p 294); **The** **Ponte Vedra Beach**, Ponte Vedra Beach (p 296)

Pour les amateurs d'histoire: **Casa de Solana Inn**, St. Augustine (p 294); **St. Francis Inn**, St. Augustine (p 294); **Casa Monica Hotel**, St. Augustine (p 296)

Pour l'ambiance romantique: **Bayfront Westcott House Bed and Breakfast**, St. Augustine (p 294); **Casa de Solana Inn**, St. Augustine (p 294)

---

historique victorien de Fernandina Beach.

Le nord-ouest de la Floride

Tallahassee

Cabot Lodge
$-$$ pdj
≡, ≋
2735 N. Monroe St.
☎ (850) 386-8880 ou
800-223-1964
▤ (850) 386-4254
www.cabotlodge.com
Ce motel, composé d'une série de bâtiments jaunes et verts dotés de larges porches, possède un caractère «Vieux Sud» qui lui donne un charme que ses concurrents de même catégorie n'auront jamais. On y trouve 160 chambres correctes et modernes. Des cocktails sont servis gracieusement chaque soir. Très bon rapport qualité/prix.

Pensacola

À Pensacola, on préférera s'installer aux abords de la plage (Pensacola Beach) plutôt qu'au centre-ville. Ainsi, vous pourrez accéder facilement au centre historique, tout près, et bien profiter de la plage, de son sable d'une blancheur incomparable et des eaux turquoise du golfe du Mexique.

Hampton Inn Pensacola Beach
$$$ pdj
≡, ≋, ✳, ++
2 Vía de Luna
Pensacola Beach
☎ (850) 932-6800 ou
800-320-8108
▤ (850) 932-6833
www.hamptonbeachresort.com
On ne peut manquer ce longiligne hôtel aux tons pastel qui rappellent Miami Beach. Réparties sur quatre étages, les spacieuses chambres de cet établissement donnent sur un balcon, côté golfe du Mexique (les plus chères), ou offrent une belle vue sans balcon, côté baie. Une grande terrasse extérieure qui donne accès à

deux piscines au bord de la plage prolonge le hall.

Les plages du Panhandle

Edgewater Beach Resort
$$$-$$$$$
≡, ≋, ♨, ☻, ++, ¥
11212 Front Beach Rd.
Panama City Beach
☎ 800-874-8686
www.edgewaterbeachresort.com
L'Edgewater Beach Resort est un grand complexe d'appartements répartis dans cinq tours qui donnent sur une superbe plage, et dans plusieurs villas situées aux abords des verts d'un terrain de golf de neuf trous. La vaste propriété s'étend en fait d'un rivage à l'autre de l'île-barrière. Chaque appartement affiche une décoration qui lui est propre et renferme une cuisine entièrement équipée. Un centre de santé moderne, une dizaine de courts de tennis et une splendide piscine en forme de lagon complètent les installations.

...n Golf and Beach

...$$$$

..., ≋, ♨, ☕, ⁑

9300 Emerald Coast Pkwy. W.
Destin
☎ (850) 267-8150 ou
800-622-1038
▤ (850) 267-8222
www.sandestin.com

À la fin des années 1990, la société Intrawest, à qui l'on doit le développement des stations touristiques du Mont-Tremblant et de Whistler, a acquis ce centre de villégiature créé en 1973 à une quinzaine de kilomètres à l'est de Destin, et a immédiatement entrepris d'en faire pratiquement une ville indépendante. Ici, une plage remarquable remplace les pistes de ski des stations sœurs du Canada, et un véritable village est en cours de développement avec lieux d'hébergement, centre de congrès, boutiques, restaurants, terrains de golf, boîtes de nuit... Côté hébergement, le choix est vaste et va de la chambre standard à l'appartement ou la villa tout équipée.

🍴 Restaurants

St. Augustine

Columbia Restaurant
$$-$$$
98 St. George St.
☎ (904) 824-3341
www.columbiarestaurant.com
Cuisines espagnole, cubaine et américaine font bon ménage dans cette version locale de l'institution fondée en 1905 dans le quartier de Ybor City à Tampa (voir p 344). Tapas, paella, plats de porc, steaks et salades sont servis dans la magnifique cour intérieure de ce bâtiment à l'allure d'une villa espagnole.

Harry's
$$-$$$
46 Avenida Menéndez
☎ (904) 824-7765
www.hookedonharrys.com
Pour des fruits de mer à la mode de La Nouvelle-Orléans, Harry's est une bonne adresse. On y trouve plusieurs salles à l'intérieur, réparties sur deux niveaux, ainsi qu'une très agréable terrasse aménagée dans la cour. Gombo louisianais, jambayala et saumon à la Bourbon Street comptent parmi les classiques au menu.

Santa Maria
$$-$$$
135 Avenida Menéndez
☎ (904) 829-6578
Ce restaurant installé depuis 1950 dans une grande cabane qui surplombe la rivière Matanzas, près de la marina municipale à l'entrée de la ville, propose un menu varié composé de poissons, fruits de mer, steaks, poulet, côtes levés... Pour amuser les enfants, il est possible de nourrir les poissons en leur lançant des restes par de petites trappes prévues à cette fin, d'où le slogan de la maison: *Feed the fish while you dine.*

La Parisienne
$$$
60 Hypolita St.
☎ (904) 829-0055
www.laparisienne.net
Ce petit restaurant de cuisine française possède un charme discret duquel émane une douce ambiance romantique. On y propose des classiques

---

Les restaurants qui se distinguent

Pour la terrasse: **Harry's**, St. Augustine (p 298); **Brett's Waterway Cafe**, Amelia Island (p 299)

Pour la cour intérieure: **Columbia**, St. Augustine (p 298)

Pour l'ambiance romantique: **La Parisienne**, St. Augustine (p 298)

Pour le brunch du dimanche: **La Parisienne**, St. Augustine (p 298); **Chez Pierre**, Tallahassee (p 299)

comme le carré d'agneau, le canard rôti, le steak au poivre et divers plats de fruits de mer. Vaste sélection de vins. Brunch servi le dimanche entre 11h et 15h.

La Pentola
$$$-$$$$
lun fermé
58 Charlotte St.
☎ (904) 824-3282
www.lapentolarestaurant.com
Poissons, fruits de mer, pâtes et plats de viande, tous apprêtés et présentés de manière créative, sont ici servis dans une jolie et intime salle intérieure, ou sur une petite terrasse. Brunch le dimanche de 9h à 15h. Belle sélection de vins et de bières.

Jacksonville

Au centre-ville de Jacksonville, l'agréable centre commercial baptisé du nom de **Jacksonville Landing** *(2 Independent Dr.;* ☎*904-353-1188, www.jacksonvillelanding.com)*, aux abords de la St. Johns River, compte plusieurs restaurants de catégories différentes. Voilà un endroit pratique pour une halte dans les parages.

Amelia Island

Brett's Waterway Cafe
$$-$$$
1 S. Front St.
Fernandina Beach
☎ (904) 261-2660
Peut-être le plus joli restaurant de Fernandina Beach, le Brett's Waterway Cafe est agréablement installé au bord de l'eau. De sa terrasse, la vue des bateaux qui circulent sur la rivière s'avère divertissante. Au menu: fruits de mer et steaks.

Le nord-ouest de la Floride

Tallahassee

Anthony's
$$-$$$
1950 Thomasville Rd.
Betton Place
☎ (850) 224-1447
Ce charmant petit restaurant à l'ambiance intime propose des mets de l'Italie du Sud, dont de délicieuses fettucines Eduardo (sauce au fromage, aux crevettes et au crabe). En soirée seulement.

Chez Pierre
$$-$$$
1215 Thomasville Rd.
☎ (850) 222-0936
www.chezpierre.com
Ce restaurant français possède plusieurs personnalités. Sa terrasse et son solarium évoquent un bistro français; sa salle intérieure, un restaurant tout ce qu'il y a de plus classique, et sa pâtisserie, un lieu proprement... décadent. Un brunch est servi le dimanche.

Pensacola

Flounder's Chowder & Ale House
$$-$$$
800 Quietwater Beach Rd.
Pensacola Beach
☎ (850) 932-2003
Poissons grillés, fruits de mer et steaks sont servis dans cette institution sans prétention de Pensacola Beach. Animation musicale en soirée.

Jamie's
$$-$$$
dim fermé
424 E. Zaragoza St.
☎ (850) 434-2911
Situé au cœur du quartier historique dans un adorable cottage victorien (1860), Jamie's est considéré comme l'une des meilleures tables de la ville. Menu de cuisine française classique (carré d'agneau, tournedos, fruits de mer) et carte des vins très élaborée.

Sorties

St. Augustine

■ Bars et boîtes de nuit

A1A Ale Works
1 King St.
☎ (904) 829-2977
Microbrasserie située près du port de plaisance, qui propose une demi-douzaine de bières différentes. Restaurant à l'étage.

Jacksonville

■ Sports professionnels

Jacksonville est maintenant représentée dans la Ligue nationale de football, circuit professionnel américain. L'équipe porte le nom des **Jacksonville Jaguars**, et les matchs locaux sont présentés au **ALLTEL Stadium** *(1 ALLTEL Stadium Place, à l'angle des rues Duval et Haines;* ☎*904-633-2000, www.jaguars.com).*

■ Achats

St. Augustine

À St. Augustine, de nombreux commerçants allant du vendeur de souvenirs classiques à l'antiquaire, en passant par le galeriste et le fabricant de chocolat, alignent leurs boutiques sur l'artère piétonne **St. George Street**.

Jacksonville

Le **Jacksonville Landing** *(2 Independent Dr.;* ☎*904-353-1188, www.jacksonvillelanding.com)* est un agréable centre commercial installé au pied des gratte-ciel du centre-ville de Jacksonville, en bordure de la rivière St. Johns.

Le sud-ouest de la Floride ★★

La région de
Sarasota

La région de
Fort Myers

Naples

Le sud-ouest de la Floride

L'explorateur Ponce de León visite la région de Fort Myers, Pine Island pour être plus précis, dès 1513. Mais il y est alors plutôt mal reçu par les Calusas, ces Amérindiens dont le sud-ouest de l'actuelle Floride constitue alors le centre culturel, si bien qu'aucune suite ne sera donnée à sa «découverte».

Ce n'est ensuite qu'au milieu du XIXe siècle que le développement de la région commence, bien timidement au début, avant d'accélérer dans les années 1920. À cette époque, de riches Américains des États du nord commencent à se faire construire des résidences d'hiver dans les environs pour profiter des douceurs du climat. Parmi les plus connus figurent **Thomas Edison**, détenteur de 1 093 brevets d'invention (ampoule électrique, ciment, caoutchouc, etc.), son ami **Henry Ford**, génie industriel de l'époque, et **John Ringling**, du célébrissime Ringling Brothers and Barnum & Bailey Circus.

De nos jours, le cordon d'îles-barrières qui protège la côte reçoit chaque année des centaines de milliers de vacanciers et de retraités qui, à l'image des Edison, Ford et Ringling, viennent se reposer en hiver, jouer au golf, pratiquer diverses activités nautiques et admirer les spectaculaires couchers de soleil sur le golfe du Mexique. Pour les loger, immeubles en copropriété, clubs de vacances et résidences secondaires s'alignent le long de plages souvent extraordinaires.

En outre, des boutiques haut de gamme, à **Naples** ou au **St. Armands Circle**, des institutions culturelles de prestige, notamment à **Sarasota**, et des sites naturels remarquables, tel le J.N. «Ding» Darling National Wildlife Refuge de **Sanibel Island**, près de **Fort Myers**, contribuent à la qualité de vie des résidants comme des visiteurs.

Le présent chapitre couvre la côte sud-ouest de la Floride, depuis Naples en remontant vers le nord jusqu'aux environs de Sarasota, en passant par la région de Fort Myers. À noter que les régions plus au sud de Naples, telle celle d'Everglades City, sont présentées dans le chapitre «Les Everglades».

Accès et déplacements

■ En voiture

La route I-75 (**Interstate 75**) et la route 41 (**US Highway 41**) constituent les deux principaux axes routiers nord-sud de la région. La route 41 est aussi appelée «Tamiami Trail» car elle relie **Tampa** à **Miami**. C'est donc dire qu'elle longe la côte ouest de la Floride du nord au sud entre Tampa et Naples, avant de bifurquer vers l'est, de traverser les Everglades et d'atteindre Miami, sur la côte atlantique.

La route I-75, plus rapide, adopte un parcours semblable en traversant elle aussi la région du nord au sud entre Tampa et Naples, avant de couper vers l'est jusqu'à Fort Lauderdale sur la côte atlantique. La portion de cette route comprise entre Naples et Fort Lauderdale est aussi appelée **Everglades Parkway** ou **Alligator Alley**.

Pour accéder à la région, les gens qui viennent de la région d'Orlando doivent d'abord emprunter la route I-4 (**Interstate 4**) vers l'ouest, ce qui leur permet de se rendre dans la région de Tampa, puis choisir entre les routes 41 ou I-75, direction sud.

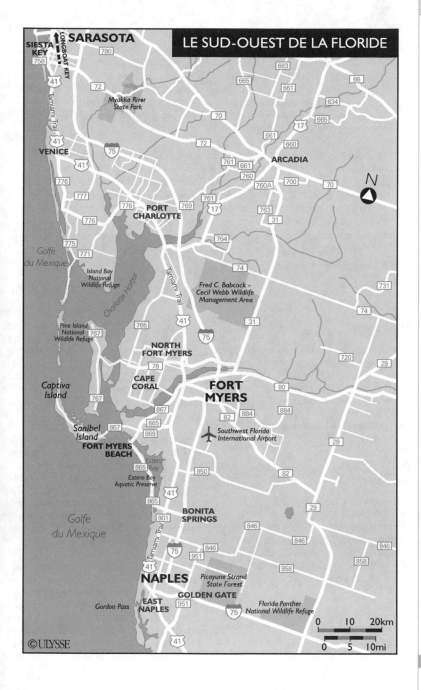

Le Tamiami Trail

Le Tamiami Trail, ou route 41, a été ainsi baptisé parce qu'il relie **Ta**mpa, sur la côte ouest de la Floride, à **Miami** sur la côte est. Le parcours exact de cette route, qui s'allonge sur environ 460 km, suit d'abord la côte ouest, du nord au sud, entre Tampa et Naples, puis bifurque vers l'est dans le quartier historique d'Olde Naples, avant de traverser le parc national des Everglades et de rejoindre la côte est au cœur de Miami.

L'aménagement de cette route, complétée en 1928, a une importance capitale dans le développement de la région. Plus de 8 millions de dollars, une somme colossale à l'époque, sont nécessaires pour financer sa construction, qui s'étend sur 12 ans. Le magnat de la publicité **Barron G. Collier** avancera la plus grande partie des fonds qui permettront la réalisation de cette route. Homme d'affaires avisé, Collier possède alors d'immenses terrains sur la côte ouest de la Floride. Sa générosité permettra la construction de la route qui, en retour, contribuera à hausser la valeur de ses possessions foncières. Qui plus est, son implication financière dans ce projet lui méritera l'immortalité lorsque l'État de la Floride décidera de témoigner sa gratitude en nommant le comté de Collier en son honneur...

■ En avion

La région couverte par le présent chapitre est desservie par deux aéroports internationaux, soit le Southwest Florida International Airport, à Fort Myers, et le Sarasota Bradenton International Airport.

Southwest Florida International Airport (RSW)
16000 Chamberlin Pkwy.
Fort Myers
☎ (239) 768-1000
www.flylcpa.com

Cet aéroport a été inauguré à Fort Myers en 1983. Dès 2003, c'est presque 6 millions de passagers qui le fréquentent chaque année, et la construction d'une nouvelle aérogare devient alors indispensable. Celle-ci, baptisée le «Midfield Terminal Complex», est inaugurée au cours de l'année 2005:

Parmi les compagnies aériennes nationales et internationales qui desservent cet aéroport, voici les plus importantes: Air Canada, American Airlines - American Eagle, Continental Airlines, Delta, Northwest / KLM, United Airlines et US Airways.

L'aéroport se trouve à 20 km au sud-ouest du centre-ville de Fort Myers. Toutes les compagnies internationales de location de voitures sont représentées à l'aéroport. En **voiture**, il faut emprunter Daniels Parkway sur 5 km, puis l'Interstate 75 North pour se rendre au centre-ville de Fort Myers (sortie 141).

La tarification des courses en **taxi** se calcule en fonction du nombre de secteurs traversés et non à l'aide de taximètre. Ainsi, de l'aéroport jusqu'au centre-ville, il en coûte 29$. Pour Fort Myers Beach, comptez 42$, pour Sanibel Island 44$ et pour Captiva Island 66$. Ces tarifs s'appliquent jusqu'à trois personnes; il faut ajouter 8$ par personne additionnelle.

En **bus**, il faut d'abord en prendre un premier qui se rend jusqu'à l'intersection de Daniels Parkway et de la US Highway 41, avant de prendre une correspondance en fonction de sa destination. C'est long et un peu compliqué, mais économique (1$). Il n'y a toutefois pas de service jusqu'à Sanibel Island et Captiva Island.

Sarasota Bradenton International Airport (SRQ)
intersection US Highway 41 et University Pkwy.
Sarasota
☎ (941) 359-5200 ou 359-2770
www.srq-airport.com

Quelques lignes aériennes, parmi lesquelles figurent les suivantes, desservent cet aéroport de moindre importance que celui de Fort Myers, ou que celui de Tampa, plus au nord: CanJet, Continental Airlines, Delta, Northwest Airlines et US Airways.

Les plus grandes compagnies internationales de location de voitures sont représentées à l'aéroport. En **voiture**, il faut emprunter la route 41 vers le sud pour se rendre dans le centre-ville de Sarasota ou pour accéder aux ponts qui mènent aux îles-barrières.

La course en **taxi** jusqu'au centre-ville de Sarasota coûte environ 12$, alors qu'il faut compter 35$ pour se rendre sur Longboat Key.

Les **autobus** du Sarasota County Area Transit desservent aussi l'aéroport (0,50$).

■ En train

Le train ne dessert pas les villes décrites dans le présent chapitre. La gare Amtrak la plus près se trouve à Tampa (voir p 341).

■ En autocar

Greyhound
☎ 800-231-2222
www.greyhound.com

Chacune des villes importantes de la région possède une gare routière:

Greyhound Naples
2669 Davis Blvd.
☎ (239) 774-5660

Greyhound Fort Myers
2250 Peck St.
☎ (239) 334-1011

Greyhound Sarasota
575 N. Washington Blvd.
☎ (941) 955-5735

■ En navette maritime

Il existe des navettes maritimes qui relient Fort Myers Beach et Marco Island à Key West: **Express to Key West Ferry** (☎ *239-394-9700; www.keywestferry.com*). Comptez 73$ pour un aller seulement (trois heures et demie) et 135$ pour l'aller-retour. De Marco Island, départ à 9h et retour à 17h30. De Fort Myers Beach, départ à 8h avec retour à 17h, ainsi qu'à 9h avec retour à 18h.

■ Transports publics

À **Naples**, des trolleys *(adultes 17$, enfants 7$;* ☎ *239-262-7300, www.naplestrolleytours.com)* sillonnent les rues du quartier historique et remontent même jusqu'à Vanderbilt Beach. Le billet vaut pour une journée entière et permet de monter et descendre autant de fois qu'on le veut.

À **Fort Myers**, LeeTran *(☎ 239-275-8726; www.rideleetran.com)* assure le service de transport en commun à bord d'autobus. Coût: 1$ le passage, 0,15$ pour une correspondance, 3$ pour un laissez-passer d'un jour avec accès illimité. Il n'y a malheureusement aucun circuit qui dessert les îles de Sanibel et de Captiva. À **Fort Myers Beach**, un service de *Beach Trolleys* parcourt l'Estero Boulevard et ne coûte que 0,25$. Des correspondances sont possibles avec les autobus de LeeTran à Fort Myers.

À **Sarasota**, c'est le Sarasota County Area Transit *(☎ 941-316-1234, www.scgov.net)* qui gère le service de transport public. Celui-ci est composé de circuits d'autobus réguliers et de parcours en trolleys touristiques (centre-ville, St. Armands Circle et Lido Key). Coût: 0,50$.

Le sud-ouest de la Floride - Accès et déplacements

Renseignements utiles

■ Bureaux de renseignements touristiques

Naples Visitors and Information Center
2390 N. Tamiami Trail
Naples
☎ (239) 262-6141
www.napleschamber.org

Fort Myers & Sanibel Area Visitor & Convention Bureau
2180 W. First St., Suite 100
Fort Myers
☎ (239) 338-3500 ou 800-237-6444
▤ (239) 334-1106
www.fortmyers-sanibel.com

Fort Myers Beach Chamber of Commerce
17200 San Carlos Blvd.
Fort Myers Beach
☎ (239) 454-7500
www.fmbchamber.com

Sanibel & Captiva Islands Chamber of Commerce
1159 Causeway Rd.
Sanibel Island
☎ (239) 472-1080
www.sanibel-captiva.org

Sarasota Convention & Visitors Bureau
655 N. Tamiami Trail (US Highway 41)
Sarasota
☎ (941) 957-1877 ou 800-522-9799
www.sarasotafl.org

Siesta Key Chamber of Commerce
5118 Ocean Blvd.
Siesta Key
☎ (941) 349-3800 ou 888-837-3969
www.siestakeychamber.com

■ Soins médicaux

Sarasota Memorial Hospital
1700 S. Tamiami Trail
☎ (941) 917-9000

Lee Memorial Health System
2776 Cleveland Ave.
Fort Myers
☎ (239) 332-1111

■ Visites guidées

Il est possible de prendre part à des tours guidés du centre de Sarasota à bord de *segways*, ces véhicules électriques à deux roues sur lequel on se tient debout:

Florida Ever-Glides
200 S. Washington Blvd., No. 11
☎ (941) 363-9556
www.floridaever-glides.com
Comptez 59$ par personne pour une visite commentée de deux heures à laquelle prennent part six personnes au plus. Départs à 8h, 10h30, 17h30 et 20h.

Attraits touristiques

Naples ★

Comme pour plusieurs autres villes de Floride, c'est l'arrivée du chemin de fer dans les années 1920 qui permet à Naples, jusque-là une petite ville de pêcheurs, de prendre son envol. Mais il ne faut pas sous-estimer l'apport additionnel du Tamiami Trail (US Highway 41), cette route reliant Tampa à Miami achevée en 1928 qui contribue également au développement de toute la région et, peu à peu, à faire de Naples la ville riche et sophistiquée d'aujourd'hui.

Le sud-ouest de la Floride - Renseignements utiles

★ **ATTRAITS TOURISTIQUES**

1. AX Lowdermilk Park
2. BX Caribbean Gardens: The Zoo in Naples
3. BW Teddy Bear Museum

4. AW Naples Museum of Art / Philarmonic Center for the Arts
5. AV Ritz-Carlton, Naples
6. AV Vanderbilt Beach
7. AV Bonita Beach

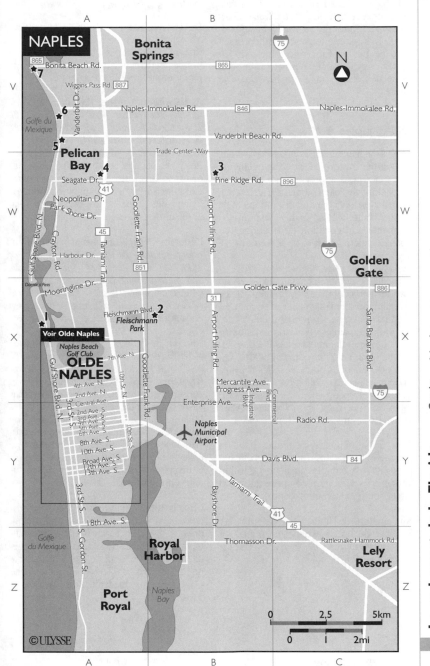

Une façon amusante de découvrir la ville est proposée par les **Naples Trolley Tours** (☎239-262-7300, *www.naplestrolleytours.com*). Il s'agit de visites commentées à bord de bus en forme de tramways. Un laissez-passer unique permet de monter et de descendre autant de fois qu'on le désire.

Olde Naples ★★

Situé à la hauteur de la jetée de la ville, le quartier historique de Naples mérite une visite pour apprécier ses belles maisons, dont le **Palm Cottage** *(137 12th Ave.)*, construit en 1895 par l'un des pionniers de la ville, Walter S. Haldeman, et son impressionnante concentration de boutiques de luxe, de galeries d'art et de restaurants.

Le **Naples Fishing Pier** ★ *(au bout de 12th Ave.)* accueille de nombreux amateurs de pêche tous les jours depuis 1888. En fait, la jetée actuelle, longue d'une centaine de mètres, n'est pas l'originale puisqu'il a fallu la reconstruire à maintes occasions au cours de son histoire, notamment à la suite d'un incendie (1922) et d'un ouragan (1960). On y trouve quelques boutiques, des toilettes et douches, et un pavillon où s'abriter lorsque les rayons du soleil deviennent trop intenses. Tout près, la sablonneuse **plage publique** de Naples s'avère fort agréable.

Avec ses nombreuses boutiques haut de gamme et ses beaux restaurants, **Fifth Avenue South** ★★ attire les amateurs de lèche-vitrine dans sa portion comprise entre 3rd Street South et 9th Street South.

Aux environs de l'intersection de 3rd Street South et de Broad Avenue, un important regroupement de galeries d'art forme la **Gallery Row** ★★.

Ailleurs à Naples

Le **Lowdermilk Park** ★ *(1405 Gulf Shore Blvd. N.)*, situé un peu au nord du quartier historique, donne accès à une jolie plage. On trouve également sur place une aire de pique-nique des plus reposantes.

Aux **Caribbean Gardens: The Zoo in Naples** ★ *(adultes 16$, enfants 10$; tlj 9h30 à 17h30; 1590 Goodlette-Frank Rd.; ☎239-262-5409, www.caribbeangardens.com)*, vous serez à même de découvrir de nombreuses variétés de plantes et d'animaux d'origines diverses. Un petit bateau permet en outre de s'approcher d'autres animaux, principalement des primates, qui évoluent à l'état libre sur de petites îles.

L'adorable **Teddy Bear Museum** ★ *(adultes 8$, enfants 3$; mar-sam 10h à 17h, dim-lun fermé; 2511 Pine Ridge Rd.; ☎239-598-2711, www.teddymuseum.com)* plaira quant à lui aux jeunes et moins jeunes. Quelque 5 000 oursons en peluche y logent, dont certains constituent de véritables œuvres d'art.

Situé au nord de la ville, le **Naples Museum of Art** ★ *(adultes 6$, enfants 3$; mar-sam 10h à 17h, dim 12h à 17h, lun fermé; 5833 Pelican Bay Blvd.; ☎239-597-1900, www.thephil.org)* constitue une addition récente au **Philarmonic Center for the Arts**, demeure du Naples Philarmonic Orchestra. La quinzaine de salles de ce beau musée présente des œuvres modernes d'artistes américains, une collection ancienne d'objets d'art chinois et de splendides reproductions architecturales en miniature.

L'hôtel **Ritz-Carlton Naples** *(280 Vanderbilt Beach Rd.; ☎239-598-3300)* se trouve tout près. Il prend la forme d'un grand bâtiment de 14 étages de style vaguement méditerranéen. Un petit sentier qui traverse une mangrove relie l'hôtel à une très belle plage publique, **Vanderbilt Beach** ★.

★ **ATTRAITS TOURISTIQUES**

1. AZ   Palm Cottage

2. AZ   Naples Fishing Pier
3. AX   Fifth Avenue South
4. AY   Gallery Row

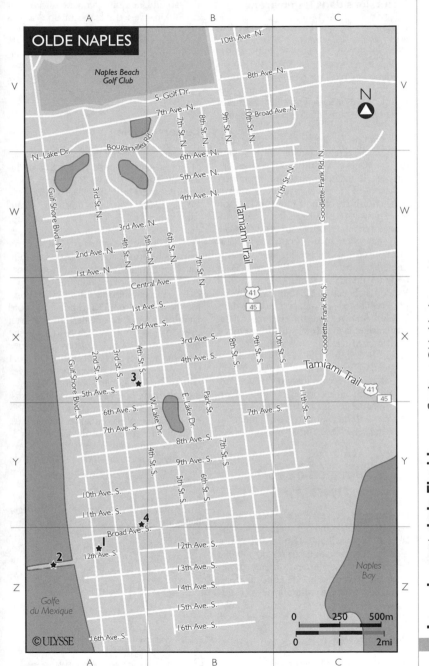

Excursions dans les environs

Le parc zoologique **Everglades Wonder Gardens** *(adultes 12$, enfants 6$; tlj 9h à 17h; US Highway 41, Bonita Springs;* ☎*239-992-2591)* a ouvert ses portes en 1936. Parmi ses résidents les plus appréciés des visiteurs, mentionnons les alligators géants, les grands fauves tels les lynx et les panthères de la Floride, ainsi que les loutres de mer.

Au départ de Naples, quelques possibilités s'offrent à vous pour rejoindre la région de Fort Myers en voiture. Vous pouvez opter pour la méthode rapide et emprunter l'autoroute I-75 vers le nord. Vous pouvez aussi choisir l'historique Tamiami Trail, ou US Highway 41, plus lente et pas nécessairement plus intéressante sur cette portion. Une autre option, beaucoup plus agréable, consiste à gagner les îles-barrières immédiatement au nord de Naples. Pour ce faire, prenez le Tamiami Trail jusqu'à Vanderbilt Beach Road, tournez à gauche pour rejoindre le littoral, puis à droite dans Vanderbilt Drive. Vous traverserez ainsi **Bonita Beach** et la jolie **Lover's Key** ★, protégée par un parc d'État, avant d'atteindre Fort Myers Beach sur l'île d'Estero. Si votre destination finale est le centre-ville de Fort Myers, rappelez-vous toutefois d'éviter cet itinéraire en fin d'après-midi, alors qu'un interminable embouteillage ne manque pas de se former sur la route qui mène au pont qui relie l'île à Fort Myers.

La région de Fort Myers ★★

Le comté de Lee, qui englobe entre autres Fort Myers, Fort Myers Beach, Sanibel Island et Captiva Island, Cape Coral et Bonita Springs, compte tout au plus de 500 000 habitants. Plus de 100 îles-barrières «protègent» la région des eaux du golfe du Mexique. On y trouve d'extraordinaires plages de sable blanc qui s'étendent sur au-delà de 80 km. C'est d'ailleurs sur une de ces îles qu'il est préférable de séjourner dans la région, et ce, bien que le centre-ville de Fort Myers ait connu une restauration en profondeur au cours des dernières années et qu'on y trouve aujourd'hui d'agréables cafés et restaurants.

Le centre-ville

L'attraction la plus importante de Fort Myers est sans contredit l'**Edison & Ford Winter Estates** ★★★ *(adultes 16$, enfants 8,50$; lun-sam 9h à 17h30, dim 12h à 17h30; 2350 McGregor Blvd.;* ☎*239-334-3614, www.edison-ford-estate.com).* Dès 1885, l'inventeur Thomas Edison commence à venir passer ses hivers à Fort Myers et finit par établir sa résidence hivernale aux abords de la rivière Caloosahatchee. Sa rencontre avec Henry Ford, un autre génie industriel de l'époque, sera déterminante, et les deux hommes se lieront d'amitié à tel point que Ford viendra établir ses quartiers d'hiver tout près de ceux d'Edison. De nos jours, le site compte parmi les huit maisons historiques les plus visitées aux États-Unis. On peut y découvrir les deux demeures meublées comme à l'époque, le laboratoire d'Edison débordant de fioles et d'éprouvettes, ainsi que les magnifiques jardins dans lesquels on remarque plusieurs arbres vénérables, dont un immense figuier banian offert par un autre industriel, le magnat du pneumatique Harvey Firestone. Il s'agirait du plus grand spécimen du genre de tous les États-Unis.

Une promenade en voiture sur **McGregor Boulevard** ★ vous permettra d'admirer ces gracieux arbres que sont les palmiers royaux qui le bordent sur près de 25 km. On dit que les 200 premiers spécimens furent importés de Cuba et plantés à Fort Myers par nul autre que Thomas Edison.

★ **ATTRAITS TOURISTIQUES**

1.	DX	Edison & Ford Winter Estates
2.	DY	McGregor Boulevard
3.	DX	Burroughs Home
4.	DX	Imaginarium Hands-On Museum

5.	DX	Southwest Florida Museum of History
6.	DX	Shell Factory and Nature Park
7.	CZ	Sanibel Lighthouse
8.	BZ	J. N. "Ding" Darling National Wildlife Refuge
9.	BZ	C.R.O.W.
10.	BZ	Bailey-Mathews Shell Museum
11.	BZ	Sanibel Historical Village and Museum

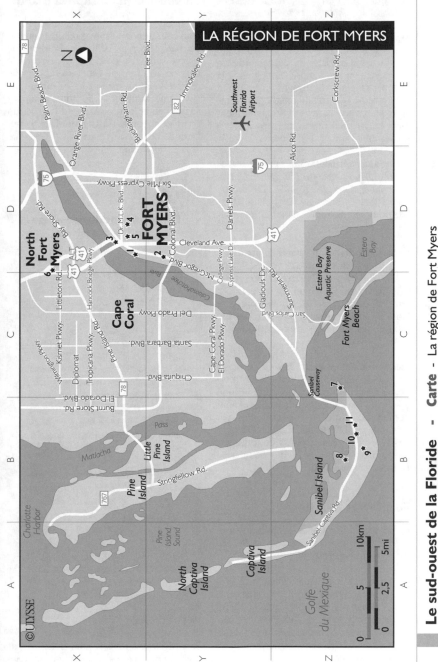

LA RÉGION DE FORT MYERS

Le sud-ouest de la Floride - **Carte** - La région de Fort Myers

Construite en 1901, la **Burroughs Home** ★ *(adultes 6$, enfants 3$; visites guidées mi-oct à mi-mai, mar-ven 11h à 15h; 2505 First St.;* ☎*239-332-6125)* devient propriété du banquier Nelson T. Burroughs en 1918. Cette belle maison anglaise, la plus grande de Fort Myers en son temps, sera léguée à la ville par la famille Burroughs en 1978. On peut aujourd'hui prendre part à des visites commentées de la maison, toujours meublée comme à l'origine, animées par des guides en costumes d'époque.

L'**Imaginarium Hands-On Museum** *(adultes 7$, enfants 4$; lun-sam 10h à 17h, dim 12h à 17h; 2000 Cranford Ave.;* ☎*239-337-3332)* aborde divers thèmes scientifiques à l'aide d'expositions interactives intérieures et extérieures.

Le **Southwest Florida Museum of History** *(adultes 9,50$, enfants 4$; mar-sam 10h à 17h, dim 12h à 16h, lun fermé; 2300 Peck St.;* ☎*239-332-5955)* est installé dans un ancien entrepôt ferroviaire datant de 1924. On y présente l'histoire des environs depuis l'ère des Calusas et des Séminoles jusqu'à nos jours.

Au nord de Fort Myers, une halte au **Shell Factory and Nature Park** *(2787 N. Tamiami Trail;* ☎*239-995-2141, www.shellfactory.com)* peut s'avérer amusante. On y trouve une immense exposition de coquillages, au nombre de 5 millions dit-on, en provenance de partout dans le monde. On peut aussi s'y procurer des objets de toute nature confectionnés à l'aide de coquillages. Délicieusement kitsch.

Fort Myers Beach ★

Le boulevard San Carlos conduit au pont qui permet d'accéder à Fort Myers Beach, sur l'île-barrière d'Estero.

Fort Myers Beach donne l'impression, du moins au sortir du pont, d'un charmant village avec ses bâtiments aux couleurs pimpantes. Il s'agit là d'une station balnéaire familiale classique avec son alignement de motels et de restaurants en bord de plage.

Sanibel Island et Captiva Island

Reconnue pour ses plages magnifiques, recouvertes de coquillages, **Sanibel Island** ★★ est l'une des plus belles îles-barrières de la côte sud-ouest de la Floride. Environ le tiers de sa superficie est couverte par une réserve faunique nationale, ce qui en fait aussi une destination de choix pour les amants de la nature. Au nord de l'île, un court pont conduit à **Captiva Island** ★, sur laquelle on trouve centres de villégiature et bons restaurants.

Pourquoi tant de coquillages sur Sanibel Island?

La quantité et la diversité de coquillages que l'on trouve sur l'île de Sanibel sont proprement renversantes. Mais pourquoi en est-il ainsi?

Sanibel Island fait partie d'un grand plateau qui s'avance dans le golfe du Mexique, sur lequel se posent d'innombrables coquillages. Lorsque la marée monte et que le vent se lève, leurs effets combinés déplacent ces coquillages. Voilà qui explique l'abondance de coquillages dans les environs.

Par ailleurs, contrairement à la majorité des îles-barrières dont la côte exposée aux vagues est orientée nord-sud, une partie importante de l'île de Sanibel «revient» vers le continent, au point d'adopter une orientation est-ouest. C'est cette position peu usitée qui favoriserait le dépôt des coquillages sur l'île par les courants marins.

Fort Myers est relié à Sanibel Island par une longue chaussée construite en 1963 qui s'étire sur 5 km, le **Sanibel Causeway**. À noter qu'il faut débourser une somme élevée pour accéder à l'île (6$ par voiture).

Situé à l'extrémité sud-est de l'île de Sanibel, le **Sanibel Lighthouse** ★ *(fermé au public)*, une tour de métal haute de 30 m, a été construit en 1884 et est toujours en exploitation aujourd'hui. D'ici, une plage tranquille est accessible. Comme sur toutes les plages de l'île, on y trouve d'innombrables coquillages, ce qui ne manquera pas de fasciner les collectionneurs.

Occupant environ le tiers de la superficie de l'île de Sanibel, le **J. N. "Ding" Darling National Wildlife Refuge** ★★ *(tlj 9h à 17h; 1 Wildlife Dr.; ☎239-472-1100, www.dingdarling.org)* doit son nom au caricaturiste lauréat du prix Pulitzer (1920) Jay Norwood Darling, également écologiste membre de l'équipe du président Franklin Delano Roosevelt. Il utilisait «Ding» comme pseudonyme pour signer ses caricatures politiques. Cette réserve facilement accessible constitue un endroit idéal pour s'adonner à l'observation d'une riche faune comprenant 238 espèces d'oiseaux, des crocodiles, des alligators et de nombreux autres reptiles. Le **Wildlife Drive** ★★ *(5$ en voiture, 1$ à vélo ou à pied; ven fermé)*, une route panoramique d'un peu plus de 6 km, permet de parcourir le parc en voiture, à vélo ou à pied, et de s'arrêter aux différentes haltes prévues pour faciliter l'observation des animaux et végétaux. Des sentiers de randonnée pédestre et des parcours en kayak sont également proposés.

Il est possible de visiter les installations de l'organisme **C.R.O.W.** *(3883 Sanibel-Captiva Rd.; ☎239-472-3644, www.crowclinic.org)*, soit la Clinic for Rehabilitation of Wildlife (clinique de réhabilitation de la faune), et d'apprendre ainsi comment s'y prennent les experts qui œuvrent pour soigner les animaux et les réintégrer à l'état sauvage. Une présentation a lieu chaque jour, du lundi au vendredi, à 11h.

Le **Bailey-Mathews Shell Museum** *(adultes 6$, enfants 3$; mar-dim 10h à 16h, lun fermé; 3075 Sanibel-Captiva Rd., ☎239-395-2233, www.shellmuseum.org)* est une intéressante vitrine sur le monde des mollusques. Vous y apprendrez entre autres choses à identi-fier les différents coquillages qui couvrent les plages de Sanibel Island.

La reconstitution d'un village de pionniers, avec maisons, bureau de poste et magasin général, constitue le point central du **Sanibel Historical Village and Museum** *(adultes 5$; nov à août mer-sam 10h à 16h, sept et oct fermé; 950 Dunlop Rd.; ☎239-472-4648)*, le musée d'histoire local.

La région de Sarasota ★★★

Le citoyen le plus célèbre qu'ait connu Sarasota est sans conteste John Ringling, homme d'affaires de renom qui contribua au développement de la ville et son implication dans les arts. En 1884, avec quatre de ses six frères, il fonde le Ringling Brothers Circus, qui deviendra l'un des cirques américains les plus importants. Celui-ci absorbera en 1907 son principal concurrent, le Barnum & Bailey Circus. Ainsi sera créé le fameux Ringling Brothers and Barnum & Bailey Circus, surnommé *The Greatest Show on Earth*, le plus grand spectacle du monde.

John Ringling, devenu le grand patron, installe en 1927 les quartiers d'hiver de son cirque à Sarasota, sur l'immense domaine qu'il possède depuis 1912 et où il se fait bâtir une magnifique résidence au bord de l'eau. Bien plus qu'un magnat du cirque, Ringling possède également des intérêts dans les domaines immobilier, ferroviaire et pétrolier. Il sera particulièrement actif dans le développement de la ville de Sarasota et des îles-barrières des environs. À sa mort, en 1936, il lègue son domaine à l'État de la Floride, incluant le musée d'art qu'il avait fait construire. L'État devra toutefois se défendre pendant 10 ans face aux contestations judiciaires de la famille, avant d'en prendre officiellement possession et de pouvoir rendre l'ensemble accessible au public.

Sarasota est aujourd'hui une ville qui jouit d'une intense activité culturelle avec ses musées, ses galeries d'art et ses salles de spectacle. De plus, les îles-barrières qui lui font face dans le golfe du Mexique (**Siesta**

Key, **Lido Key**, **Longboat Key**) possèdent des plages immaculées où il fait bon se prélasser.

Le centre-ville ★ ★

Lors de votre visite de Sarasota, il ne faut manquer sous aucun prétexte le **John and Marble Ringling Museum of Art ★ ★ ★** *(adultes 15$, incluant l'accès au Museum of Art, aux jardins, au Cà d'Zan Mansion et au Circus Museum, enfants gratuit; le lundi, accès gratuit au Museum of Art seulement; tlj 10h à 17h30; 5401 Bay Shore Rd.; ☎941-359-5700, www.ringling. org).* Ce musée d'art remarquable se trouve sur les terres acquises par John Ringling au début du XXᵉ siècle, où s'installait son fameux cirque durant les mois d'hiver. Grands amateurs d'art, John Ringling et sa femme Mable rapportent de leurs nombreux voyages en Europe tableaux, antiquités et œuvres d'arts décoratifs. Leur collection compte bientôt quelque 600 pièces parmi lesquelles figurent de nombreux chefs-d'œuvre signés Rubens, Veronese, Poussin et autres. Ce sont ces œuvres qui constituent le cœur de la collection du musée d'aujourd'hui, enrichie par des acquisitions subséquentes effectuées entre autres grâce au legs de la fortune des Ringling à l'État de la Floride, portant à 14 000 le nombre d'objets ici conservés. Depuis l'an 2000, le musée et le domaine qui l'entoure sont gérés par la Florida State University.

Ce sont les Ringling eux-mêmes qui font construire le musée devant accueillir leur imposante collection en 1929. Le magnifique **bâtiment Renaissance italienne ★ ★ ★**, qui forme un *U* autour d'un jardin, est conçu par l'architecte John H. Phillips. On peut y admirer aujourd'hui une grandiose **collection de peintures de la Renaissance et de la période baroque ★ ★ ★**, soit du milieu du XVIᵉ siècle au milieu du XVIIIᵉ s. Dès le

début de la visite, dans les salles 1 et 2, vous serez émerveillé par les immenses fresques du peintre baroque Pierre-Paul Rubens réalisées vers 1625 et faisant partie du cycle *Le Triomphe de l'Eucharistie.* Dans les salles suivantes, des tableaux d'artistes italiens, hollandais, flamands, français, espagnols et autres maîtres européens se succèdent. À mi-parcours, une pause dans le splendide **jardin de sculptures ★ ★ ★** est bienvenue.

À l'extérieur du musée, une balade dans les beaux jardins s'avère fort agréable. En vous dirigeant vers la maison des Ringling, qu'il est aussi possible de rejoindre au moyen de petites navettes électriques, vous pourrez admirer de nombreuses plantes exotiques, des palmiers royaux, des figuiers banians qui auraient été offerts aux Ringling par Thomas Edison, lui-même résident hivernal de Fort Myers, et le **Mable's Rose Garden ★**, une belle roseraie dont le plan reprend la forme d'une roue de chariot.

La résidence d'hiver des Ringling est baptisée le **Cà d'Zan Mansion ★ ★ ★**, «Cà d'Zan» signifiant «la maison de Jean» (ou de John, dans ce cas-ci) en dialecte vénitien. L'architecte new-yorkais Dwight James Baum en réalise les plans, et sa construction s'étend de 1924 à 1926. Les lignes du Cà d'Zan Mansion évoquent autant celles d'un palais vénitien aux accents gothiques que les styles Renaissance italienne ou baroque. Une restauration majeure effectuée entre 1996 et 2002 a permis de redonner à l'opulente demeure sa superbe d'antan. Des visites commentées (incluses dans le prix d'entrée) permettent aujourd'hui de parcourir les différentes pièces, remises dans leur état d'origine jusque dans les moindres détails. À l'arrière de la maison, une grande terrasse en marbre donne sur la baie de Sarasota.

★ **ATTRAITS TOURISTIQUES**

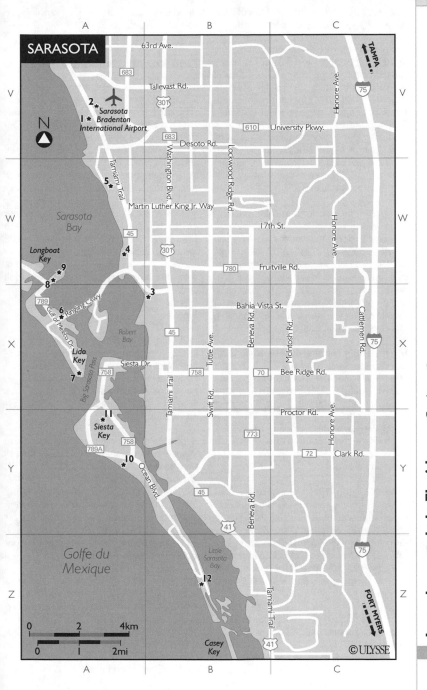

Les enfants adoreront le **Circus Museum** ★★, qui fait également partie du complexe. De nombreux costumes et accessoires y racontent l'histoire fascinante du Ringling Brothers and Barnum & Bailey Circus. Une salle présente des affiches et des extraits du film de Cecil B. De Mille *The Greatest Show on Earth*. Une autre comprend plusieurs wagons d'époque qui montrent à quel point le cirque était autosuffisant. Finalement, une extraordinaire **maquette d'un cirque** ★★, animée mécaniquement, est à ne pas manquer. Tout près, un petit restaurant, **The Banyan Café** (voir p 333), complète les installations.

Presque en face du John and Marble Ringling Museum of Art se trouve l'intéressant **Sarasota Classic Car Museum** ★ *(adultes 8,50$, enfants 4$; tlj 9h à 18h; 5500 N. Tamiami Trail;* ☎*941-355-6228, www.sarasotacarmuseum. org)*, dans lequel on peut admirer une centaine de voitures anciennes. La collection inclut une Mini Cooper ayant appartenu à Paul McCartney et une Mercedes Roadster, autrefois propriété de John Lennon.

Les **Marie Selby Botanical Gardens** ★★ *(adultes 12$, enfants 6$; tlj 10h à 17h; 811 S. Palm Ave.;* ☎*941-366-5731, www.selby.org)* présentent quelque 20 000 plantes dans de beaux jardins extérieurs et à l'intérieur d'une grande serre, dont une superbe collection de 6 000 orchidées. Bambous, baobabs, reconstitution d'une mangrove et plantes tropicales rares peuvent également être admirés.

Les jeunes qui s'intéressent aux sciences et aux technologies apprécieront les nombreuses présentations interactives du Gulfcoast Wonder & Imagination Zone, communément appelé **G.WIZ** *(adultes 7$, enfants 5$; gratuit le premier mercredi de chaque mois; mar-sam 10h à 17h, dim 13h à 17h, lun fermé; 1001 Boulevard of the Arts;* ☎*941-309-4949, www.gwiz.org)*.

En activité depuis une soixantaine d'années, les **Sarasota Jungle Gardens** *(adultes 11$, enfants 7$; tlj 9h à 17h; 3701 Bay Shore Rd.;* ☎*941-355-5305, www.sarasotajunglegardens.com)* se veulent une sorte de combinaison entre un jardin botanique (espèces de plantes, fleurs et arbres provenant de divers pays) et un parc zoologique (oiseaux, reptiles).

Lido Key et Longboat Key ★

Tout juste après avoir traversé le Ringling Causeway, qui enjambe la baie de Sarasota entre le continent et Lido Key, vous atteindrez le **St. Armands Circle** ★★, qui mérite qu'on s'y attarde quelque peu. Il s'agit là d'un grand rond-point dans lequel sont concentrés plusieurs boutiques chics et quelques bons restaurants. On raconte que John Ringling, très actif dans le développement immobilier des îles-barrières situées en face de Sarasota, fit construire ce secteur commercial haut de gamme pour éviter à sa femme Mable la fatigue de longs voyages à Palm Beach, sur la côte est de la Floride. Les boutiques encerclent dans une belle unité architecturale un joli parc pourvu de sculptures italiennes provenant de la collection personnelle des Ringling.

Plus loin, le **South Lido Beach Park** ★, qui abrite la plage publique située à l'extrémité sud de Lido Key, dispose d'un stationnement gratuit, d'aires de pique-nique, de comptoirs de restauration et de toilettes ainsi que de chaises et pare-soleil offerts en location.

À l'extrême nord de Lido Key, tout juste avant le pont qui mène à Longboat Key, le **Mote Marine Aquarium** *(adultes 12$, enfants 8$; tlj 10h à 17h; 1600 Ken Thompson Pkwy.;* ☎*941-388-4441, www.mote.org)* présente la faune marine locale. Un grand bassin est réservé aux requins, et une place importante est accordée aux mollusques. Des spécimens de lamantins et de tortues de mer peuvent également être observés.

Tout près de là, le **Pelican Man's Bird Sanctuary** *(adultes 4$, enfants gratuit; tlj 10h à 17h; 1708 Ken Thompson Pkwy.;* ☎*941-388-4444, www.pelicanman.org)*, un centre de réhabilitation pour oiseaux blessés ou malades, accueille les visiteurs désireux d'observer pélicans, hiboux, aigrettes et hérons pendant leur convalescence.

Sur **Long Boat Key**, on peut déplorer le fait que l'accès aux plages soit le plus souvent réservé aux occupants des innombrables immeubles résidentiels. On remarque aussi la présence de plusieurs terrains de golf dans les environs, ainsi que de nombreux courts de tennis.

Plus loin, on accède à **Anna Maria Island** où se trouve **Coquina Beach**, aux abords d'un sympathique village composé de maisonnettes colorées. Un grand stationnement gratuit flanque la plage publique. Au nord de l'île, mentionnons la présence du **Anna Maria Bayfront Park**, adjacent à la jetée municipale et bordé par une autre belle plage de sable blanc.

Siesta Key ★★

Siesta Key est l'île-barrière de la région de Sarasota située le plus au sud. Principalement résidentielle, il y règne une atmosphère détendue des plus sympathiques.

Siesta Key Beach ★★ a la particularité d'être couverte d'un sable blanc très fin dont la texture rappelle celle d'une poudre. Ce sable immaculé doit son extrême finesse à sa composition particulière dans laquelle le quartz compte pour 99%. On trouve sur la plage ou à proximité des toilettes, des restaurants, des chaises longues en location et un grand stationnement gratuit.

Le **Siesta Village** ★, dont les quelques rues s'étendent au nord de l'île, est fort agréable grâce à ses nombreux établissements avec terrasse, qu'il s'agisse de restaurants, de bars ou de cafés.

À l'autre extrémité de l'île, **Turtle Beach** est une petite plage, étroite et tranquille, aux abords de laquelle on trouve tables de pique-nique et toilettes.

Excursions dans les environs

L'**Historic Spanish Point** ★ *(adultes 7$, enfants 3$; lun-sam 9h à 17h, dim 12h à 17h; 337 N. Tamiami Trail, Osprey; ☎941-966-5214, www. historicspanishpoint.org)* est un site archéologique d'intérêt agrémenté de beaux jar-

dins. Des fouilles ont permis de trouver ici de nombreux objets, aujourd'hui en montre dans un petit musée, qui témoignent d'une présence humaine depuis 4 000 ans. Il s'agit des plus anciennes terres habitées des environs, d'abord par des Amérindiens puis, beaucoup plus tard, par les pionniers d'origine écossaise qui viennent s'installer dans la région à la fin du XIXᵉ siècle. En 1910, Spanish Point est acquis par Bertha Matilde Honore Palmer, veuve de Potter Palmer, richissime homme d'affaires de Chicago. C'est elle qui aménagera les gracieux jardins avec fontaines que l'on peut aujourd'hui visiter.

À une quinzaine de kilomètres au sud-est de Sarasota, le **Myakka River State Park** ★★ *(5$ par véhicule; tlj 8h au crépuscule; route 72; ☎941-361-6511, www.myakkariver.org)* est une vaste réserve naturelle vouée à la protection de la faune (lynx, alligators, échassiers) et de la flore (palmiers, pins, marais) présentes sur quelque 20 km le long de la rivière sauvage Myakka. Sentiers de randonnée pédestre, pistes cyclables et excursions en hydroglisseur sont proposés.

Activités de plein air

■ Baignade

Naples

À la hauteur du quartier historique qu'est Olde Naples se trouve **Naples Beach**, une belle plage sablonneuse qu'agrémente la présence d'une longue jetée dans le prolongement de 12th Avenue. Toilettes, douches, restaurants, boutiques, ponton de pêche.

Plus au nord, le **Lowdermilk Park** donne aussi accès à une jolie plage. Toilettes, douches, restaurant, terrains de volleyball, aires de pique-nique, stationnement payant.

Plus loin, à la hauteur du Ritz-Carlton, **Vanderbilt Beach** est une autre plage des plus populaires. Toilettes, douches, restaurants.

Un peu au nord de Naples, le **Lover's Key State Park** (☎239-463-4588) abrite une magnifique plage vierge à laquelle les promoteurs ne peuvent s'attaquer. Toilettes, douches, casse-croûte.

La région de Fort Myers

La longue plage de la ville de **Fort Myers Beach**, que longe Estero Boulevard sur l'île du même nom, est très populaire auprès des familles. Une trentaine d'accès à la plage sont signalés par des panneaux facilement repérables. Nombreux restaurants, cafés et boutiques dans les environs.

Sanibel Island compte plusieurs plages magnifiques dont l'une des caractéristiques est qu'elles constituent autant de lieux idéaux pour la cueillette de coquillages. **Sanibel Lighthouse Beach** se trouve à l'extrémité sud-est de l'île, aux environs d'un phare érigé en 1884. Stationnement payant, tables de pique-nique, toilettes.

Toujours sur l'île de Sanibel, **Bowman's Beach** en est la plage la plus grande et la plus fréquentée. Stationnement payant, tables de pique-nique, toilettes et douches.

Turner Beach se trouve quant à elle à la limite de Sanibel, juste avant de traverser à Captiva Island. Petit terrain de stationnement payant, toilettes.

La région de Sarasota

Dans la région de Sarasota, c'est la splendide **Siesta Key Beach**, couverte d'un sable immaculé d'une finesse incomparable, qui est reine. Grand stationnement gratuit, maîtres nageurs, restaurants, toilettes, douches, tables de pique-nique, terrains de volley-ball.

Au sud de Siesta Key, on trouve une autre plage, plus étroite et tranquille, mais couverte du même sable délicieusement poudreux: **Turtle Beach**. Tables de pique-nique, toilettes et douches.

Située en face de Sarasota, Lido Key abrite quelques plages dont **South Lido Beach**. Stationnement, restaurants, toilettes, douches,

maîtres nageurs, terrains de volley-ball, aires de pique-nique. D'autres plages bordent les îles-barrières situées plus au nord que sont **Longboat Key** et **Anna Maria Island**.

■ Excursions en bateau

Manatee World
Coastal Marine Mart
S.R. 80, à 0,5 km à l'est de l'autoroute I-75 (sortie 141)
Fort Myers
☎ (239) 693-1434
www.manateeworld.com
Organisation de safaris marins à la découverte des lamantins, des alligators et de nombreuses espèces d'oiseaux aquatiques. Adultes 15$, enfants 7$.

Captiva Cruises
South Seas Resort Marina
Captiva Island
☎ (239) 472-5300
www.captivacruises.com
Ces excursions d'une durée de trois heures vous conduisent à Cayo Costa Island, où vous pourrez cueillir de spectaculaires coquillages. Départs à 9h et 13h. Comptez 35$ pour les adultes et 17,50$ pour les enfants.

Des croisières d'observation des dauphins, nombreux à vivre dans les eaux de la baie de Sarasota, sont proposées au départ du centre-ville de **Sarasota:**

Le Barge Tropical Cruises
Marina Jack Plaza
Sarasota
☎ (941) 366-6116

Dans le **Myakka River State Park**, des excursions à bord d'hydroglisseurs sont organisées quotidiennement par **Myakka Wildlife Tours** *(adultes 8$, enfants 4$; route 72, à 15 km au sud-est de Sarasota;* ☎*941-365-0100).*

■ Golf

Naples et ses environs comptent bon nombre de terrains de golf de qualité. Le plus facile d'accès est sans contredit le **Naples Beach Hotel & Golf Club** *(851 Gulf Shore Blvd.;*

☎ *239-261-2222)*, un parcours à 18 trous aménagé au cœur de la ville.

Le **Lee County** (Fort Myers, Fort Myers Beach, Sanibel Island, Captiva Island, etc.) compte pas moins de 95 parcours de golf, dont plus de la moitié sont publics ou semi-privés. En voici quelques-uns:

Bay Beach Golf Club
Fort Myers Beach
☎ (239) 463-2064
Parcours à 18 trous, normale 60.

The Dunes
Sanibel Island
☎ (239) 472-2535
www.dunesgolfsanibel.com
Parcours à 18 trous, normale 70.

Heritage Palms Golf & C.C.
Fort Myers
☎ (239) 278-9090
www.golfinparadise.com
Plusieurs parcours (36 trous), normale 72.

La ville de **Sarasota** est pour sa part considérée comme le berceau du golf en Floride. C'est ici que fut aménagé en 1905 le premier terrain de l'État, l'un des premiers aux États-Unis. Le plus ancien terrain toujours en activité aujourd'hui est toutefois le **Bobby Jones Golf Complex** *(angle Beneva Rd. et Fruitville Rd.;* ☎ *941-955-8097)*, qui a ouvert ses portes en 1927. Mentionnons quelques-uns des autres nombreux terrains de la région de Sarasota:

The Golf Club at Capri Isles
849 Capri Isles Blvd.
Venice
☎ (941) 485-3371
www.golfinvenice.com
Terrain de 18 trous à normale 72 récemment réaménagé à Venice, un peu au sud de Sarasota.

Oak Ford Golf Club
1552 Palm View Rd.
Sarasota
☎ (941) 371-3680 ou 888-881-3673
www.oakfordgolfclub.com
Un beau terrain de 27 trous à normale 72.

■ Kayak

À l'intérieur des limites du **J. N. "Ding" Darling National Wildlife Refuge**, sur **Sanibel Island**, Tarpon Bay Explorers loue des canots et des kayaks:

Tarpon Bay Explorers
☎ (239) 472 8900
www.tarponbayexplorers.com
Des visites commentées à bord de kayaks sont également proposées au coût de 30$ pour les adultes et de 15$ pour les enfants.

Captiva Kayak & Wildside Adventures
11401 Andy Rosse Lane
Captiva Island
☎ (239) 395-2925
www.captivakayak.com
Location de kayaks et de canots. Visites commentées.

Il est aussi possible de louer un kayak dans le **Myakka River State Park** *(route 72, à 15 km au sud-est de Sarasota;* ☎ *941-361-6511, www.myakkariver.org)* afin de partir à la découverte de ce cours d'eau sauvage qu'est la rivière Myakka.

■ Observation des oiseaux

Le **J. N. "Ding" Darling National Wildlife Refuge** *(Sanibel Island;* ☎ *239-472-1100)* constitue sans doute le meilleur endroit des environs pour observer la faune ailée. On peut entres autres espèces y apercevoir des pélicans bruns et blancs, plusieurs variétés d'aigrettes, de grands hérons bleus et des faucons.

■ Pêche

Les pêcheurs de tout âge se donnent rendez-vous depuis des décennies sur le **Naples Fishing Pier**, une longue jetée qui s'inscrit dans le prolongement de 12th Avenue, dans le quartier historique qu'est **Olde Naples**. Accès gratuit.

Le sud-ouest de la Floride - Activités de plein air

■ Randonnée pédestre

Dans la région couverte par le présent chapitre, deux sites présentent un intérêt particulier pour les amateurs de randonnée pédestre. Tout d'abord, sur **Sanibel Island**, en face de Fort Myers, le Wildlife Drive du **J. N. "Ding" Darling National Wildlife Refuge** *(fermé vendredi;* ☎*239-472-1100)*, long de 6 km, peut être facilement arpenté à pied. D'autres sentiers sont également entretenus à l'intérieur de cette remarquable réserve naturelle.

Le second site est le **Myakka River State Park** *(route 72;* ☎*941-361-6511, www.myakkariver. org)*, situé à une quinzaine de kilomètres au sud-est de **Sarasota**. Pas moins de 65 km de sentiers y sont entretenus.

■ Tennis

Plusieurs hôtels et centres de villégiature des régions couvertes par le présent chapitre disposent de courts de tennis. Toutefois, sur **Longboat Key**, en face de Sarasota, un établissement mérite une mention spéciale car il s'agit d'un des centres de tennis les plus réputés des États-Unis: **The Colony Beach & Tennis Resort** *(1620 Gulf of Mexico Dr.;* ☎*941-383-6464, www.colonybeachresort. com)*. Il compte pas moins de 21 courts de tennis sur terre battue et sur surface dure, et propose aussi des leçons pour joueurs débutants.

■ Vélo

À **Naples**, un réseau de pistes cyclables permet d'explorer la ville aisément. On peut louer des vélos dans quelques boutiques spécialisées:

Clint's Bicycle Shoppe of Naples
8789 N. Tamiami Trail
☎ (239) 566-3646

The Naples Bike Shop
2286 E. Tamiami Trail
☎ (239) 774-4849

Sur **Sanibel Island**, le Wildlife Drive du **J. N. "Ding" Darling National Wildlife Refuge** *(fermé vendredi;* ☎*239-472-1100)* peut être parcouru à vélo. L'île dispose également de près de 40 km de voies cyclables. Le Rabbit Road Trail, par exemple, permet de passer de l'île de Sanibel à celle de Captiva tout en observant au passage de nombreux lapins gris. Quelques adresses pour la location de vélos (comptez de 10$ à 12$ pour 4 heures):

Billy's Rentals
1470 Periwinkle Way
Sanibel Island
☎ (239) 472-5248
www.billysrentals.com

Finnimores
2353 Periwinkle Way
Sanibel Island
☎ (239) 472-5577 ou 888-834-3772
www.finnimores.com
Location de vélos, tandems et patins à roues alignées.

À **Siesta Key**, on peut louer des vélos chez **Siesta Sports Rentals** *(6551 Midnight Pass Rd.;* ☎*941-346-1797, www.siestasportsrentals.com)*, de même que des patins à roues alignées et des kayaks.

Le majestueux Sunshine Skyway Bridge, inauguré en 1987, donne accès à la région de la baie de Tampa. Le tablier de ce pont fait 6,5 km de long et est soutenu par des câbles attachés à deux immenses piliers centraux en béton. - *VISIT FLORIDA*

Un plaisancier sur son voilier profite des dernières heures du jour
dans la baie de Sarasota. - *VISIT FLORIDA*

À Sarasota, le John and Mable Ringling Museum of Art présente entre autres plusieurs œuvres d'artistes européens réputés. - *VISIT FLORIDA*

Au-delà de la mangrove, forêt essentielle à la protection du littoral contre l'érosion, s'étendent les magnifiques plages couvertes de coquillages de Sanibel Island, l'une des plus belles îles-barrières du sud-ouest de la Floride. - *Lee County Visitor & Convention Bureau*

▲ Hébergement

Naples

Olde Naples

Inn by the Sea
$$$ pdj
≡

287 11th Ave. S.
☎ (239) 649-4124 ou
800-584-1268
🖶 (239) 434-2842
www.innbythesea-bb.com

Ce charmant *bed and breakfast* niche dans une maison construite en 1937 sise en plein centre d'Olde Naples et à deux rues de la plage. L'établissement compte cinq chambres dans la maison principale et un cottage avec une chambre à coucher situé dans le jardin à l'arrière. À noter qu'il n'y a pas de téléphone ni de téléviseur dans les chambres mêmes, mais une salle commune permet à ceux qui ne peuvent s'en passer de regarder la télé. Des vélos sont mis à la disposition des clients.

Naples Beach Hotel & Golf Club
$$$$$
≡, ≋, ♨, ↔, 🔒, ♿
851 Gulf Shore Blvd.
☎ (239) 261-2222 ou
800-237-7600
🖶 (239) 261-7380
www.naplesbeachhotel.com

Situé dans la partie nord d'Olde Naples, non loin du Lowdermilk Park, cet établissement se veut l'une des institutions de la ville. Comme il date d'avant que le quartier ne soit désigné historique, il échappe aux restrictions de zonage et, de ce fait, abrite les seuls restaurants et bars de la vieille ville à donner directement sur la plage. Il dispose de plus d'un terrain de golf de 18 trous, le seul aménagé en plein cœur de la ville. Les chambres sont réparties dans plusieurs bâtiments, eux-mêmes disséminés dans un beau jardin.

Ailleurs à Naples

Hampton Inn
$$ pdj
≡, ≋
3210 N. Tamiami Trail (route 41)
☎ (239) 261-8000
🖶 (239) 261-7802

Situé au nord de la ville de Naples, ce motel de chaîne, néanmoins sympathique et confortable, constitue une bonne solution de rechange aux établissements à prix élevés des environs.

Vanderbilt Beach Resort
$$$
≡, ≋, ♨, ☕, ↔, 〉〉〉, 🔒, 🐾, ♿
9225 Gulfshore Dr. N.
☎ (239) 597-3144 ou
800-243-9076
🖶 (239) 597-2199
www.vanderbiltbeachresort.com

Ce petit complexe avec accès direct à la plage abrite une cinquantaine d'unités qui prennent la forme de studios ou d'appartements de une ou deux chambres à coucher, toutes avec une cuisinette équipée. Il y a également sur place un

---

Les lieux d'hébergement qui se distinguent

Les établissements de charme: **Gulf Breeze Cottages**, Sanibel Island (p 326); **Sunsets on the Key**, Siesta Key (p 330)

Pour la terrasse: **Winyah Hotel & Suites**, Fort Myers (p 322)

Pour les romantiques: **Siesta Key Bungalows**, Siesta Key (p 330)

Pour les amateurs d'histoire: **Inn by the Sea**, Naples (p 321)

Pour les amateurs de tennis: **The Colony Beach & Tennis Resort**, Longboat Key (p 330)

Pour le luxe: **Ritz-Carlton Naples** (p 322); **Ritz-Carlton Sarasota** (p 328)

restaurant, une piscine et des courts de tennis. Séjour d'une durée minimale de trois nuitées.

Ritz-Carlton Golf Resort
$$$$$
≡, ≋, ♨, ↔, ⋙, 🔒, 🚗, ♿
2600 Tiburón Dr.
☎ (239) 593-2000 ou
800-241-3333
🖨 (239) 254-3300
www.ritzcarlton.com

À ne pas confondre avec «le» Ritz-Carlton de Naples (voir ci-dessous), cet établissement de 300 chambres inauguré en 2001 n'en demeure pas moins un de très grand standing. Il s'adresse tout particulièrement aux amateurs de golf auxquels il propose deux parcours à 18 trous dessinés par Greg Norman, constituant le Tiburón Golf Club. Les chambres sont quant à elles spacieuses et lumineuses, et donnent sur un balcon avec vue sur les terrains de golf. Un service de navette permet aux clients de se rendre facilement au Ritz-Carlton Naples où ils peuvent profiter de tous les services, incluant l'accès au spa. Location de vélos sur place.

Ritz-Carlton Naples
$$$$$
≡, ≋, ♨, ↔, ⋙, ♿
280 Vanderbilt Beach Rd.
☎ (239) 598-3300 ou
888-856-4372
🖨 (239) 598-6690
www.ritzcarlton.com

Considéré comme l'un des grands hôtels des États-Unis, le Ritz-Carlton Na-

ples a, étrangement, une localisation excentrée, au nord de la ville. Il prend la forme d'un grand bâtiment de 14 étages de style vaguement méditerranéen, dans lequel se trouvent 463 chambres de grand confort. Des œuvres d'art sont disséminées ici et là dans les aires publiques de cet établissement de prestige. On note aussi la présence d'un spa complet, de sept restaurants, de deux piscines et de courts de tennis. Un petit sentier qui traverse une mangrove relie l'hôtel à une très belle plage publique, Vanderbilt Beach. Une service de navettes relie l'hôtel à l'établissement-sœur qu'est le Ritz-Carlton Golf Resort (voir ci-dessus).

La région de Fort Myers

Le centre-ville

Winyah Hotel & Suites
$$$$ pdj
≡, ≋, ♨, ☕
2038 W. First St.
☎ (239) 332-2048
🖨 (239) 332-2058
www.winyah.com

De l'extérieur, cet établissement a toutes les apparences d'un motel traditionnel. Mais en plus de chambres régulières, il a la particularité de proposer de grandes suites de une ou deux chambres à coucher avec cuisine. Mieux

encore, ces suites donnent à l'arrière sur une immense terrasse en bois, une sorte de *boardwalk* pourrait-on dire, qui elle-même fait corps avec la Centenial Harbour Marina, sur la rivière Caloosahatchee. Un bar aménagé sous une grande hutte et un accès à la piscine se trouvent aussi sur cette bien agréable terrasse. La décoration des chambres et des suites est sobre, sans fla-fla. Le petit déjeuner est servi dans une grande salle attenante à la réception. L'hôtel se trouve tout près de l'Edison & Ford Winter Estates et du centre-ville.

Sanibel Harbour Resort & Spa
$$$$$
≡, ≋, ♨, ✻, ⬤, ↔, 🔒, ♿
17260 Harbour Pointe Dr.
☎ (239) 466-4000 ou
800-767-7777
www.sanibel-resort.com

Avec un nom pareil, on serait porté à situer cet hôtel sur Sanibel Island, mais c'est bien à Fort Myers même qu'il se trouve, au bord de l'eau en face de l'île de Sanibel. Récemment rénové, il présente une élégante architecture inspirée des plantations floridiennes. Il propose 240 chambres réparties sur 12 étages et une cinquantaine d'appartements avec cuisine équipée. On y remarque une marina, cinq restaurants et trois bars. L'établissement abrite de plus un luxueux spa, de nombreux courts de tennis et plusieurs piscines exté-

Le sud-ouest de la Floride - Hébergement - Naples

▲ HÉBERGEMENT
1. AW Hampton Inn
2. BV Ritz-Carlton Golf Resort
3. AV Ritz-Carlton Naples
4. AV Vanderbilt Beach Resort

● RESTAURANTS
1. AW Restaurant on the Bay by Marie-Michelle

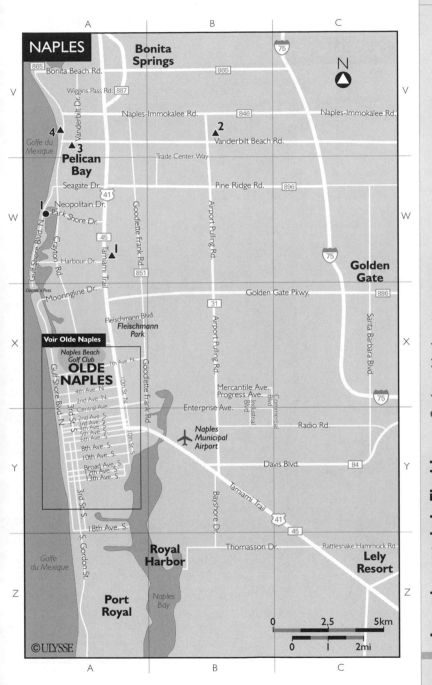

324

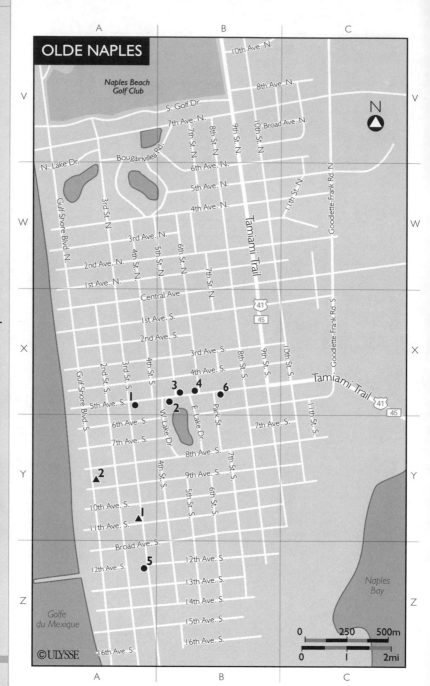

OLDE NAPLES

▲ HÉBERGEMENT	● RESTAURANTS	4.	BX	Fifth Avenue Coffee Company
1. AY Inn by the Sea	1. AX Bice Ristorante	5.	AZ	Tommy Bahama's Tropical Café
2. AY Naples Beach Hotel & Golf Club	2. BX Cafe Lurcat			
	3. BX Cheeburger Cheeburger	6.	BX	Vergina

rieures. Service de navette entre l'hôtel et Sanibel Island.

Fort Myers Beach

Tiki Resort Motel
$
≡
4360 Estero Blvd.
☎ (239) 463-9547
Motel bien tenu dont les chambres sont réparties dans un beau bâtiment jaune de deux étages avec fenêtres munies de persiennes blanches. Les chambres, certaines avec vue sur la mer, donnent sur des balcons protégés par des moustiquaires. Belle localisation mais confort minimal.

Bahama Beach Club
$$$
≋, ☛
5370 Estero Blvd.
☎ (239) 463-3148
www.bahamabchclub.com
Les maisonnettes sur pilotis du Bahama Beach Club abritent des appartements à la décoration variée de une ou deux chambres à coucher. Elles s'alignent sur trois rangées, aux abords de la plage. Location à la semaine seulement. Les cartes de crédit ne sont pas acceptées.

Ramada Inn Beachfront
$$$
1160 Estero Blvd.
☎ (239) 463-6158 ou
800-544-4592
Cet hôtel de chaîne occupe une belle structure typique du sud de la Floride non loin du pont qui relie l'île-barrière d'Estero à Fort Myers, en plein cœur de l'action de Fort Myers Beach. Les chambres ne présentent pas d'originalité particulière et s'avèrent un peu petites, mais sont néanmoins assez confortables. Un peu cher, bien que la localisation soit excellente.

Sandpiper Gulf Resort
$$$
≡, ≋, ☛
5550 Estero Blvd.
☎ (239) 463-5721 ou
800-584-1449
▤ (239) 765-0039
www.sandpipergulfresort.com
On ne peut manquer cet hôtel composé de plusieurs bâtiments de couleur jaune. Il abrite une soixantaine de studios avec cuisinette offerts à prix abordables, dont plusieurs ont vue sur la mer. L'ensemble s'avère un peu défraîchi, mais les tarifs avantageux et la localisation sur la plage compensent nettement ce léger inconvénient.

Pink Shell Beach Resort & Spa
$$$$-$$$$$
≡, ≋, ♍, ☛, ↔, ▯
275 Estero Blvd.
☎ (239) 463-6181 ou
888-222-7465
▤ (239) 463-1229
www.pinkshell.com
Ce complexe hôtelier donne directement sur l'une des belles portions de plage de l'île-barrière d'Estero. Il compte 235 unités, incluant des chambres et des appartements de une à trois chambres à coucher avec cuisine équipée, ce qui en fait un bon choix pour les familles. L'établissement abrite un centre de santé complet et de qualité. Il possède de plus un agréable restaurant à la décoration à la fois branchée et inspirée des Caraïbes.

Sanibel Island et Captiva Island

Sur les îles de Sanibel et de Captiva, il y a plusieurs possibilités de location d'appartements ou de villas pour de courts, moyens ou longs séjours. Une adresse d'agence pour ce type de location:

Resort Quest Southwest Florida
1177 Causeway Rd.
Sanibel Island
☎ (239) 472-4883 ou
800-653-3559
www.resortquestswflorida.com

Periwinkle Park & Campground
$
1119 Periwinkle Way
Sanibel Island
☎ (239) 472-1433
www.sanibelcamping.com
Ce terrain de camping se trouve à l'entrée de l'île de Sanibel. Joliment aménagé avec de nombreux arbres, il possède des emplacements pour tentes et pour caravanes. Prenez note qu'il faut payer comptant.

Le sud-ouest de la Floride - Hébergement - La région de Fort Myers

The PalmView
$$$

≡, ☕, 🚲

706 Donax St.
Sanibel Island
☎ (239) 472-1606 ou
877-472-1606
🖨 (239) 472-6733
www.palmviewsanibel.com

Ce motel modeste de Donax Street loue tout de même ses unités entre 145$ et 185$ par nuitée... Au nombre de cinq seulement, elles prennent la forme de suites de une ou deux chambres à coucher avec cuisine équipée. Dans le jardin, on remarque des grils et une cuve à remous. Bicyclettes mises à la disposition des clients.

Captiva Island Inn
$$$-$$$$ pdj

≡, ♨, ❄, 🚲

11508 Andy Rosse Lane
Captiva Island
☎ (239) 395-0882 ou
800-454-9898
🖨 (239) 395-0862
www.captivaislandinn.com

Installé dans une jolie habitation à l'architecture caribéenne, ce *bed and breakfast* se trouve dans un quartier animé de l'île de Captiva (restaurants, boutiques, galeries). Il propose des chambres de bon confort, dont quelques suites avec

cuisinette. Le petit déjeuner est servi au délicieux **Keylime Bistro** (voir p 332).

West Wind Inn
$$$-$$$$

≡, ♨, ♨, ❄, 🚲

3345 W. Gulf Dr.
Sanibel Island
☎ (239) 472-1541 ou 800-824-0476
🖨 (239) 472-8134
www.westwindinn.com

Le West Wind Inn plaira à plusieurs avec son jardin et son accès direct à la plage. On y propose des chambres avec four à micro-ondes et réfrigérateur ainsi que des studios avec cuisinette complète; toutes les unités ont vue sur la mer. Location de kayaks sur place.

Gulf Breeze Cottages
$$$$

≡, ⚓, 🚲

1081 Shell Basket Lane
Sanibel Island
☎ (239) 472-1626 ou
800-388-2842
🖨 (239) 472-4664
www.gbreeze.com

Au bout d'une petite allée non revêtue dans un secteur résidentiel paisible, vous dénicherez les Gulf Breeze Cottages, d'adorables maisonnettes en bois

peintes en blanc, rose et turquoise. Elles renferment des studios ou appartements de une ou deux chambres avec cuisine très bien équipée. Toutes donnent sur un balcon avec table et chaises, et des grils sont disponibles pour préparer les repas. Chaque unité dispose d'un magnétoscope, et il est possible d'emprunter des films à la réception. Il n'y a pas de piscine, mais un court sentier donne accès à une petite plage tranquille où l'on peut s'adonner à la cueillette de coquillages ou s'étendre sur les chaises longues offertes aux clients sans supplément. Location de vélos sur place.

Tween Waters Inn
$$$$ pdj

≡, ♨, ♨, 🚲, ♯, 🔒, 🚲, ♿

15951 Captiva Dr.
Captiva Island
☎ (239) 472-5161 ou
800-223-5865
🖨 (239) 472-0249
www.tween-waters.com

Grand centre de villégiature, le Tween Waters Inn fait face à la plage et s'étend vers l'arrière jusqu'au Roosevelt Channel, là où se trouve sa marina. Tout ce qu'on peut imaginer pour

---

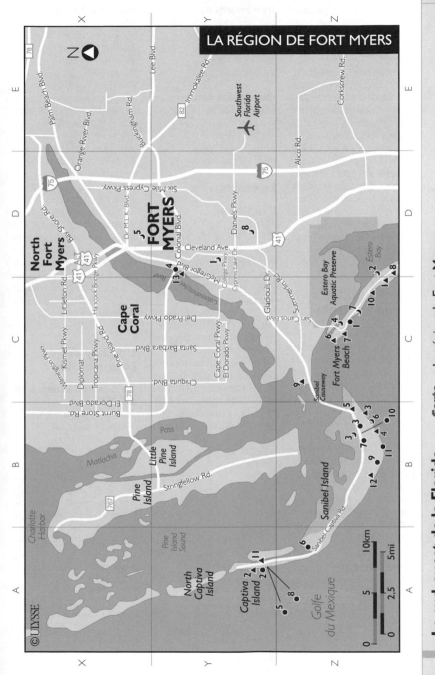

LA RÉGION DE FORT MYERS

Le sud-ouest de la Floride - **Carte** - La région de Fort Myers

©ULYSSE

Southwest Florida Airport

North Fort Myers

FORT MYERS

Cape Coral

Fort Myers Beach

Estero Bay Aquatic Preserve

Estero Bay

Sanibel Island

Pine Island

Little Pine Island

North Captiva Island

Captiva Island

Golfe du Mexique

Pine Island Sound

Charlotte Harbor

Matlacha

Pass

Palm Beach Blvd.

Lee Blvd.

Orange River Blvd.

Buckingham Rd.

Immokalee Rd.

Corkscrew Rd.

Alico Rd.

Six Mile Cypress Pkwy.

Daniels Pkwy.

Dr. M.L.K. Blvd.

Colonial Blvd.

Cleveland Ave.

McGregor Blvd.

Caloosahatchee River

College Pkwy.

Cypress Lake Dr.

Gladiolus Dr.

San Carlos Blvd.

Summerlin Rd.

Del Prado Pkwy.

Santa Barbara Blvd.

Cape Coral Pkwy.

El Dorado Pkwy.

Chiquita Blvd.

Burnt Store Rd.

El Dorado Blvd.

Williamson Pkwy.

Kismet Pkwy.

Diplomat

Tropicana Pkwy.

Pine Island Rd.

Littleton Rd.

Hancock Bridge Pkwy.

Bay Shore Rd.

Stringfellow Rd.

Sanibel Captiva Rd.

Sanibel Causeway

41 ALT

78

75

82

75

41

78

767

les vacances est là: piscine, courts de tennis, centre de santé et de conditionnement physique, trois restaurants... Les 138 unités d'hébergement prennent la forme de chambres, de studios ou de cottages de une à trois chambres à coucher avec cuisine. Ce vénérable centre de villégiature a ouvert ses portes en 1926 et s'enorgueillit d'avoir accueilli au cours de son histoire des personnalités comme J. N. "Ding" Darling et la romancière Ann Morrow Lindbergh, épouse de l'aviateur Charles Lindbergh.

- - - - - - - - - - - - - - - -

La région de Sarasota

La ville de Sarasota et les îles-barrières qui lui font face proposent divers types d'hébergement autres que les hôtels traditionnels. Ainsi s'alignent le long des plages de Lido Key, Longboat Key et Siesta Key de nombreux immeubles résidentiels dans lesquels il est possible aux visiteurs de passage de louer une copropriété. Voici quelques agences de location d'appartements à court (séjour minimal d'une semaine) et long termes:

Argus Property Management
2477 Stickney Point Rd., Suite 118A
Sarasota
☎800-349-6156
www.argusmgmt.com

Tivoli Vacation Rentals
625 Beach Rd.
Siesta Key
☎(941) 349-5544
☷(941) 349-5545
www.tivolivacation.com

Le centre-ville

Hyatt Sarasota
$$$$
≡, ≋, ♨, ↔, ⛵, ♿
1000 Boulevard of the Arts
☎(941) 953-1234 ou
800-233-1234
☷(941) 952-1987
www.sarasota.hyatt.com
Les 294 chambres du Hyatt ont été complètement rénovées au cours des dernières années. Situé au centre-ville de Sarasota, en bord de mer près du Van Wezel Performing Arts Hall et de l'accès menant à Lido Key, ce grand hôtel tout blanc possède une marina privée. On y trouve aussi une grande piscine en forme de lagon.

Ritz-Carlton Sarasota
$$$$$
≡, ≋, ♨, ↔, ⦚, ▪, ⛵, ♿
1111 Ritz-Carlton Dr.
☎(941) 309-2000 ou
800-241-3333
☷(941) 309-2100
www.ritzcarlton.com
Le Ritz fait partie des quelques grands hôtels qui s'élèvent sur le front de mer, non loin du Van Wezel Performing Arts Hall et de l'accès vers Lido Key. Son élégant bâtiment de style méditerranéen abrite 266 chambres de luxe et un spa haut de gamme tout neuf. Une navette conduit les clients qui le désirent à une plage privée située sur Lido Key. La présence sur place de courts de tennis et d'un terrain de golf sont également à signaler.

Lido Key et Longboat Key

The Helmsley Sandcastle Hotel
$$$-$$$$
≡, ≋, ♨, ❋, ▪
1540 Ben Franklin Dr.
☎(941) 388-2181 ou
800-225-2181
☷(941) 388-2655
www.helmsleyhotels.com
Peut-être le plus intéressant des grands hôtels de Lido Key, le Helmsley Sandcastle donne directement sur la plage. Chacune des

---

▲ **HÉBERGEMENT**

1.	AX	Helmsley Sandcastle Hotel, The
2.	AW	Hyatt Sarasota
3.	AW	Ritz-Carlton Sarasota
4.	BZ	Siesta Key Bungalows
5.	AY	Sunsets on the Key
6.	AY	Tropical Breeze Resort & Spa

● **RESTAURANTS**

1.	AV	Banyan Café
2.	BW	Bijou Café
3.	AY	Broken Egg, The
4.	AY	Café Gabbiano
5.	AX	Café L'Europe
6.	AV	Cafe of the Arts
7.	BY	Coasters on the Water
8.	AX	Columbia
9.	AY	Gilligan's Island Bar & Grill
10.	AX	Hemingway's Restaurant & Bar
11.	AW	Marina Jack
12.	BZ	Turtles on Little Sarasota Bay

⌑ **SORTIES**

1.	AV	Asolo Theatre
2.	AY	Beach Club, The
3.	AY	Cafe Gardens & the Daiquiri Deck
4.	BZ	Turtle Beach Pub
5.	BW	Ed Smith Stadium
6.	AW	Van Wezel Performing Arts Hall

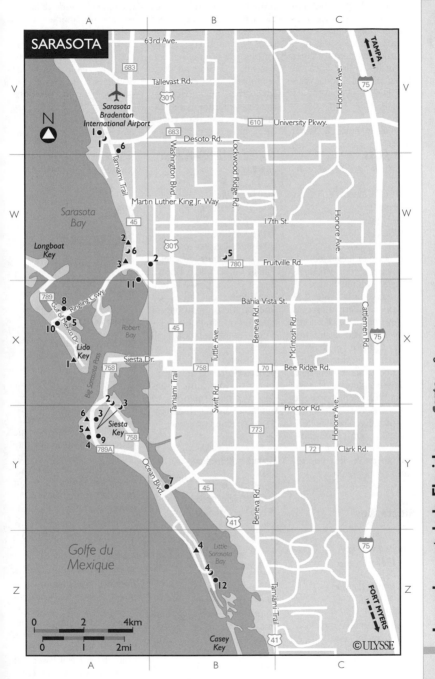

SARASOTA

179 chambres, confortables bien que décorées sans grande recherche, offre une jolie vue sur la mer, sur une des deux piscines ou sur les jardins. Location de kayaks et d'aquacycles sur place.

The Colony Beach & Tennis Resort
$$$$-$$$$$

≡, ≋, ♥, ●, ↔,))), ▪, ♿

1620 Gulf of Mexico Dr.
Longboat Key
☎ (941) 383-6464 ou
800-282-1138
▤ (941) 383-7549
www.colonybeachresort.com

Ce village de vacances haut de gamme donne directement sur la plage. Il se compose d'appartements de une ou deux chambres à coucher avec cuisine très bien équipée et balcon, répartis dans plusieurs bâtiments. Comme son nom le laisse entendre, le centre de villégiature possède des équipements de tennis de première qualité (21 courts!). Son restaurant, The Colony Dining Room, compte parmi les plus réputés de la région.

Siesta Key

Sunsets on the Key
$$$-$$$$

≡, ≋, ●

5203 Avenida Navarre
☎ (941) 312-9797 ou
877-312-9797
www.sunsetsonthekey.com

Situé dans le Siesta Village, tout juste en face du Tropical Breeze Resort, ce bel hôtel tout blanc possède un charme certain. On y remarque, entre autres éléments originaux, un mini-kiosque à musique dans le parc qu'on trouve au pied de l'établissement. Les suites de une ou deux chambres avec cuisine et les studios du Sunsets on the Key sont munis de magnétoscopes et de lecteurs de disques compacts.

Tropical Breeze Resort & Spa
$$$-$$$$

≡, ≋, ❄, ●, ⚘

5150 Ocean Blvd.
☎ (941) 349-1125 ou
800-300-2492
▤ (941) 349-0057
www.tropicalbreezeinn.com

Planté au cœur de Siesta Village, le Tropical Breeze Resort & Spa possède une soixantaine de suites de une ou deux chambres à coucher et quelques cottages entourant un joli jardin avec une belle piscine. Toutes les unités sont pourvues d'un réfrigérateur, d'un four à micro-ondes et d'une cafetière, et quelques-unes disposent d'une cuisine complète.

Siesta Key Bungalows
$$$$

≡, ⚲, ≋, ●

8212 Midnight Pass Rd.
☎ (941) 349-9025 ou
888-574-3782
▤ (941) 349-0912
www.siestakeybungalows.com

Situés en retrait dans un coin tranquille de l'île, les Siesta Key Bungalows, de jolies maisonnettes roses entourées d'un jardin fleuri aux abords d'un lagon, vous séduiront à coup sûr. À l'intérieur, le blanc immaculé des murs, des meubles en osier et de la literie imprègne un petit quelque chose de délicieusement romantique à ces habitations d'une chambre à coucher avec cuisine. Les lits, plus que douillets, donnent l'impression de dormir sur un nuage. Un des bungalows, prolongé d'une grande véranda protégée par une moustiquaire, réserve à ses occupants une belle vue du Heron Lagoon. Une petite piscine complète les installations.

Restaurants

Naples

Olde Naples

Cheeburger Cheeburger
$

505 Fifth Ave. S.
☎ (239) 435-9796

Resto sans prétention, le Cheeburger Cheeburger tranche avec le reste de la chic Fifth Avenue. On ne peut manquer sa voyante terrasse aménagée dans une sorte de kiosque rose... On y vient bien sûr pour ses immenses hamburgers.

Fifth Avenue Coffee Company
$

599 Fifth Ave. S.
☎ (239) 261-5959

L'endroit idéal pour faire une pause-café. Cappuccino, espresso et autres variétés de cafés sont ici préparés, de même que biscuits divers, salades et sandwichs. L'établissement se veut aussi un cybercafé.

Les restaurants qui se distinguent

Les bonnes tables: **Cafe L'Europe**, Sarasota (p 334); **Restaurant on the Bay by Marie-Michelle**, Naples (p 331)

Pour la cave à vins: **Cafe Lurcat**, Naples (p 331); **Riviera**, Sanibel Island (p 333)

Pour l'ambiance romantique: **Bijou Café**, Sarasota (p 333)

Pour les familles: **Bubble Room Restaurant**, Captiva Island (p 332)

Pour la terrasse: **Restaurant on the Bay by Marie-Michelle**, Naples (p 331); **RC Otter's Island Eats**, Captiva Island (p 332); **Keylime Bistro**, Captiva Island (p 332); **Coasters on the Water**, Siesta Key (p 334)

Pour le petit déjeuner: **The Broken Egg**, Siesta Key (p 334)

Pour le brunch du dimanche: **Keylime Bistro**, Captiva Island (p 332)

Pour la vue du coucher de soleil: **Beach Pierside Grill**, Fort Myers Beach (p 332); **Thistle Lodge**, Sanibel Island (p 333); **Colony Dining Room**, Longboat Key (p 334)

Tommy Bahama's Tropical Café
$$
1229 3rd St. S.
☎ (239) 643-6889

Ce café sympathique se donne des airs caribéens: l'atmosphère y est décontractée, le décor coloré et les poissons et fruits de mer grillés. Sandwichs et salades sont également proposés. Vous aurez le choix de vous installer sur la grande terrasse à l'avant, dans la jolie salle ou dans le bar.

Bice Ristorante
$$$$
300 Fifth Ave. S.
☎ (239) 262-4044

Fort du succès obtenu à Chicago, l'élégant Bice Ristorante a choisi de venir s'établir sur la chic Fifth Avenue South de Naples. Pâtes fraîches, *risotto frutti di mare* et autres *scaloppini* de veau figurent au menu. Au dessert, laissez-vous tenter par le *tiramisu classico della Bice*, un délice.

Cafe Lurcat
$$$$
494 Fifth Ave. S.
☎ (239) 213-3357

Dans une grande maison jaune à l'allure méditerranéenne, le Cafe Lurcat dispose d'une immense salle où sont servies des spécialités de nouvelle cuisine américaine aux influences asiatiques. On peut aussi s'installer sur une des deux terrasses, au rez-de-chaussée ou à l'étage. Belle sélection de vins, dont plusieurs disponibles au verre.

Vergina
$$$$
700 Fifth Ave. S.
☎ (239) 659-7008

Une fine cuisine italienne servie dans une élégante salle au décor inspiré du Vieux Continent, voilà ce qui vous attend au Vergina. Pâtes, fruits de mer et plats de veau et de poulet s'alignent sur le menu élaboré du restaurant. On peut aussi choisir de s'installer sur la terrasse. Réservations recommandées.

Ailleurs à Naples

Restaurant on the Bay by Marie-Michelle
$$$
4236 Gulf Shore Blvd. N.
☎ (239) 263-0900

Dans ce restaurant caché dans le complexe commercial The Village on Venetian Bay, est servie une délicieuse cuisine du sud de la France. Carré d'agneau, bouillabaisse et autres classiques sont ici magnifiquement apprêtés et présentés. Il faut exiger de se faire assigner une place sur la terrasse qui donne sur l'eau pour pouvoir apprécier entièrement le charme de l'établissement. Une des bonnes tables de la région.

La région de Fort Myers

Le centre-ville

Joe's Crab Shak
$$
2024 W. First St.
☎ (239) 332-1881
On ne peut manquer cet immense restaurant de fruits de mer qui donne sur la Centenial Harbour Marina de la rivière Caloosahatchee. Plusieurs espèces de crabes sont ici servies dans une ambiance décontractée. Steaks, poulet grillé et hamburgers figurent aussi au menu.

Fort Myers Beach

Beach Pierside Grill
$$
1000 Estero Blvd.
☎ (239) 765-7800
Situé immédiatement à la sortie du pont en provenance de Fort Myers, ce sympathique bar-restaurant possède une grande terrasse qui donne sur la plage. Des musiciens y réchauffent l'atmosphère en soirée. Au menu, hamburgers, poissons grillés et autres *conch fritters*. Beau point d'observation pour les amateurs de couchers de soleil.

Sanibel Island et Captiva Island

Bubble Room Restaurant
$$
15001 Captiva Dr.
Captiva Island
☎ 472-5558
www.bubbleroomrestaurant.com
Le décor kitsch à souhait du Bubble Room Restaurant est devenu son actif le plus précieux. En effet, son côté bon enfant (les serveurs et serveuses sont habillés en scouts...) séduit petits et grands qui y viennent pour s'amuser et pour se régaler des gargantuesques desserts qui ont rendu l'établissement célèbre.

RC Otter's Island Eats
$$
11506 Andy Rosse Lane
Captiva Island
☎ (239) 395-1142
Ce petit restaurant coloré de Captiva Island constitue une jolie trouvaille. Il possède une terrasse agréable qu'un guitariste anime tout au long de la journée. Le menu, très élaboré, permet de trouver de quoi satisfaire les plus difficiles. À titre d'exemples, les salades de fruits de mer qu'on y concocte sont vraiment succulentes. Le menu affiche aussi des entrées de queue d'alligator. Un menu végétarien est également proposé.

Dolce Vita
$$$
1244 Periwinkle Way
Sanibel Island
☎ (239) 472-5555
www.dolcevitaofsanibel.com
Difficile à catégoriser, ce restaurant propose des spécialités italiennes, françaises, indiennes, asiatiques, caribéennes et mexicaines... Le décor classique et chaleureux se voit rehaussé par la présence d'un grand piano noir, au centre de la salle. Belle sélection de vins. En soirée seulement.

Keylime Bistro
$$$
11509 Andy Rosse Lane
Captiva Island
☎ (239) 395-4000
Situé juste en face du RC Otter's Island Eats (voir plus haut), le Keylime Bistro, qui fait partie du **Captiva Island Inn** (voir p 326), en reprend la formule (ambiance décontractée, terrasse, musicien) avec toutefois un menu légèrement plus relevé. On donne en fait ici dans la nouvelle cuisine américaine et, comme il se doit, la présentation des plats vaut à elle seule le détour. Le dimanche, on y propose un brunch accompagné de musique de jazz de 10h à 16h.

Mad Hatter
$$$
6460 Sanibel-Captiva Rd.
Sanibel Island
☎ (239) 472-0033
Le Mad Hatter propose une nouvelle cuisine américaine des plus innovatrices. La jolie salle à manger avec vue sur le coucher de soleil contribue quant à elle grandement au plaisir d'un dîner en bonne compagnie. Bonne carte des vins.

McT's Shrimp House & Tavern
$$$
1523 Periwinkle Way
Sanibel Island
☎ (239) 472-3161
Bien qu'il n'ait l'air de rien vu de l'extérieur, ce restaurant est considéré comme l'un des classiques de Sanibel Island. L'établissement est en effet réputé pour la fraîcheur de ses savoureux fruits de mer. Son fameux *All-You-Can-Eat Shrimp and Crab Platter* (buffet à volonté de crevettes et de crabes) est une attraction en lui-même.

Riviera
$$$
2761 W. Gulf Dr.
Sanibel Island
☎ (239) 472-1141
www.rivieraofsanibel.com
La cuisine du nord de l'Italie est à l'honneur dans ce restaurant aménagé à l'intérieur d'une belle maison aux accents méditerranéens. Au menu, les traditionnelles pâtes côtoient les plats de veau, les poissons et les fruits de mer. Les airs d'un pianiste contribuent à l'atmosphère feutrée de la salle à manger. Bon choix de vins. En soirée seulement.

The Sanibel Steakhouse
$$$$
1473 Periwinkle Way
Sanibel Island
☎ (239) 472-5700
Ce *steakhouse* est réputé, avec raison, pour ses excellents steaks et son service impeccable. Vous y dégusterez votre steak bien tendre dans une salle intime qui peut accueillir tout au plus une soixantaine de personnes. Bonne

carte des vins. Il serait sage de réserver sa table à l'avance.

Thistle Lodge
$$$$
2255 W. Gulf Dr.
Casa Ybel Resort
Sanibel Island
☎ (239) 472-9200
La belle maison victorienne dans laquelle loge ce restaurant de fruits de mer lui confère une atmosphère délicieusement romantique encore rehaussée par une salle à manger entourée de grandes fenêtres qui donnent sur le golfe du Mexique et offrent une vue spectaculaire sur le coucher de soleil. Parmi les plats qui s'alignent sur le menu, mentionnons l'assiette de queue de homard et filet mignon, le thon à la japonaise servi avec des légumes asiatiques et le saumon accompagné d'un risotto aux champignons.

- - - - - - - - - - - - - - - - - - -
La région de Sarasota

Le centre-ville

Banyan Cafe
$-$$
5401 Bay Shore Rd.
☎ (941) 359-3183
Idéal pour la pause du lunch au cours de votre visite du domaine comprenant le **John and Marble Ringling Museum of Art** (voir p 314), le Banyan Cafe niche sous une sorte de chapiteau à proximité du Circus Museum. Beau choix de sandwichs et de salades. Le midi seulement.

Marina Jack
$$-$$$
2 Marina Plaza
☎ (941) 365-4232
Installé au bord de l'eau, ce grand établissement offre une salle à manger haut de gamme, mais aussi une terrasse extérieure et un piano-bar où l'ambiance est plus décontractée. Fruits de mer, steaks et pâtes sont ici proposés.

Bijou Café
$$$
1287 1st Street
☎ (941) 366-8111
Le Bijou Café, aménagé à l'intérieur d'une ancienne station-service datant des années 1930, propose une excellente cuisine continentale. Il est amusant de constater que l'on ait pu créer une ambiance aussi romantique dans un endroit pareil. Au menu, le carré d'agneau aux échalotes est irrésistible. Belle carte de vins provenant du monde entier.

Cafe of the Arts
$$$
5230 N. Tamiami Trail
☎ (941) 351-4304
Situé non loin au sud du Ringling Museum, ce bistro français plaira à coup sûr aux amateurs du genre. Les classiques comme la soupe à l'oignon gratinée et le steak frites apparaissent tous au menu. Fermé au cours de l'été.

Lido Key et Longboat Key

Hemingway's Restaurant & Bar
$$-$$$
325 St. Armands Circle
Lido Key
☎ (941) 388-3948
Ce restaurant décontracté propose fruits de mer et spécialités de cuisine américaine. Si vous en avez la possibilité, optez pour l'une des quelques tables installées sur les petits balcons qui surplombent St. Armands Circle.

Columbia
$$$
411 St. Armands Circle
Lido Key
☎ (941) 388-3987
Cet immense restaurant espagnol, clone d'un établissement célèbre fondé en 1905 à Tampa, connaît un grand succès dans le cadre raffiné de St. Armands Circle. On y sert paella, ceviche, tapas et autres spécialités dans la grande salle ou sur la terrasse située à l'avant.

Café L'Europe
$$$$
431 St. Armands Circle
Lido Key
☎ (941) 388-4415
Il se dégage une ambiance des plus chaleureuses de ce beau restaurant de St. Armands Circle, avec son mur et ses arches de pierre, ainsi que sa jolie terrasse ombragée qui déborde sur le trottoir. Spécialités françaises et espagnoles mais aussi nord-africaines et caribéennes apparaissent au menu, combinaison pour le moins originale que l'on englobe ici dans l'expression «nouvelle cuisine européenne». Service de premier ordre. Excellente carte des vins.

Colony Dining Room
$$$$
1620 Gulf of Mexico Dr.
Longboat Key
☎ (941) 383-6464
Situé à l'intérieur du **Colony Beach & Tennis Resort** (voir p 330), un centre de villégiature de Longboat Key particulièrement apprécié des amateurs de tennis, ce restaurant jouit d'une réputation plus qu'enviable pour la qualité de sa cuisine américaine contemporaine et son remarquable choix de vins fins. Côté décor, de larges baies vitrées laissent une place de choix au spectacle du coucher de soleil dans le golfe du Mexique. Brunch le dimanche.

Siesta Key

The Broken Egg
$-$$
210 Avenida Madera
☎ (941) 346-2750
Ce restaurant est considéré comme une sorte d'institution de Siesta Village quand vient le temps de prendre le petit déjeuner. Les repas copieux que l'on sert ici tous les jours à compter de 7h30 ont effectivement fait la réputation de la maison. Préférez la terrasse, fort agréable. Petit déjeuner et déjeuner seulement.

Turtles on Little Sarasota Bay
$$
8875 Midnight Pass Rd.
☎ (941) 346-2207
Ce grand restaurant possède une agréable terrasse qui donne sur la rivière à la hauteur de la marina de Turtle Beach. Les poissons et fruits de mer occupent la plus grande portion du menu. Brunch le dimanche de 10h à 14h (7,95$ par personne).

Coasters on the Water
$$-$$$
1500 Stickney Point Rd.
☎ (941) 925-0300
Si vous êtes à la recherche d'un restaurant de fruits de mer à l'atmosphère décontractée, allez faire un tour au Coasters on the Water, un immense établissement qui possède une grande salle à manger intérieure et une vaste terrasse.

Gilligan's Island Bar & Grill
$$-$$$
5253 Ocean Blvd.
☎ 346-8122
Steaks, fruits de mer et pâtes apparaissent au menu de ce bar-restaurant à l'ambiance décontractée. Il est possible d'y prendre un dîner tardif, soit entre 22h et 1h du matin.

Café Gabbiano
$$$
5104 Ocean Blvd.
☎ (941) 349-1423
Si vous n'y faites pas attention, vous risquez de passer à côté du sympathique Café Gabbiano, bien caché qu'il est au fond d'un centre commercial. Ce petit resto italien tout à fait charmant de Siesta Village mérite pourtant qu'on s'y arrête. Dans une salle

chaleureuse, les classiques de la cuisine italienne vous sont servis ici avec le sourire.

Sorties

Naples

■ Spectacles et concerts

Philarmonic Center for the Arts
5833 Pelican Bay Blvd.
☎ (239) 597-1900
www.thephil.org
Demeure permanente du **Naples Philarmonic Orchestra**, cette salle présente également des spectacles de danse, des comédies musicales et des variétés.

■ Sports professionnels

Naples / Fort Myers Greyhound Track
10601 Bonita Beach Rd.
Bonita Springs
☎ (239) 992-2411
www.naplesfortmyersdogs.com
Située entre Naples et Fort Myers, cette piste présente des courses de lévriers. On y trouve une salle à manger d'où l'on peut assister aux compétitions.

La région de Fort Myers

■ Bars et boîtes de nuit

Junkanoo on the Beach
3040 Estero Blvd.
Fort Myers Beach
☎ (239) 463-2600
Des groupes reggae et caribéens se produisent au Junkanoo on the Beach, un grand resto-bar installé dans un beau bâtiment coloré avec tourelle d'observation. Bars intérieur et extérieur. Tables de billard. Écrans qui diffusent des événements sportifs.

Brick House Sports Pub
1661 Estero Blvd.
Fort Myers Beach
☎ (239) 765-5700
On trouve dans ce bar populaire une salle avec quelque 50 écrans sur lesquels sont diffusés les événements sportifs, ainsi qu'une terrasse animée pour prendre le frais. L'établissement est aussi une pizzeria.

Ellington's Jazz Bar & Restaurant
937 E. Gulf Dr.
Sanibel Island
☎ (239) 337-5299
Des concerts ont lieu tous les soirs dans ce *jazz club* qui rappelle les boîtes de Chicago ou New York. L'établissement est aussi un restaurant où l'on peut dîner jusqu'à 23h.

■ Spectacles et concerts

Barbara B. Mann Performing Arts Hall
8099 College Pkwy.
Fort Myers
☎ (239) 481-4849
www.bbmannpah.com
Avec ses 1 753 sièges, il s'agit de la plus importante salle de spectacle du sud-ouest de la Floride. Elle est située sur le campus de l'Edison College. Comédies musicales, spectacles de variétés et concerts classiques du **Southwest Florida Symphony Orchestra** y sont présentés toute l'année.

Beach Theater
6425 Estero Blvd.
Fort Myers Beach
☎ (239) 765-9000
Une sorte de grand palais rose et blanc abrite la salle de cinéma de Fort Myers Beach et un restaurant avec menu complet.

Big Arts
900 Dunlop Rd.
Sanibel Island
☎ (239) 395-0900
www.bigarts.org
Concerts, spectacles divers et expositions sont présentés dans ce centre culturel.

■ Sports professionnels

City of Palms Park
2201 Edison Ave.
Fort Myers
☎ (239) 334-4799
C'est dans ce stade que les **Red Sox de Boston**, équipe professionelle de baseball de la Ligue américaine, disputent leurs matchs présaison dans le cadre de

leur camp d'entraînement printanier.

William Hammond Stadium Lee County Sports Complex
14400 Six Mile Cypress Pkwy.
Fort Myers
☎ (239) 768-4210

Le camp d'entraînement printanier des **Twins du Minnesota**, autre équipe de la Ligue américaine de baseball, se déroule dans ce stade de 7 500 sièges.

La région de Sarasota

■ Bars et boîtes de nuit

The Beach Club
5151 Ocean Blvd.
Siesta Key
☎ (941) 349-6311

Ce grand bar-restaurant de Siesta Village possède 22 écrans géants sur lesquels sont diffusés les matchs de l'heure. Le mobilier de bois foncé confère à l'établissement une certaine allure. On peut aussi y danser en soirée sur des airs joués sur place par des groupes reggae, rock et autres.

Cafe Gardens & the Daiquiri Deck
5250 Ocean Blvd.
Siesta Key
☎ (941) 349-8697

Ce bar animé s'enorgueillit de proposer à ses clients pas moins de 15 recettes de daïquiris.

Gilligan's Island Bar & Grill
5253 Ocean Blvd.
Siesta Key
☎ (941) 346-8122

Des musiciens locaux ou des disques-jockeys ani-

ment les soirées à ce bar-restaurant où l'on peut danser tous les soirs jusqu'à 2h du matin. *Happy hours* tous les jours de 14h à 19h. Écrans vidéo pour suivre les événements sportifs. Tables de billard.

Turtle Beach Pub
8865 Midnight Pass Rd.
Siesta Key
☎ (941) 349-2280

Tout juste à côté de la marina de Turtle Beach, ce pub reçoit des musiciens de 18h à 21h les mercredis, jeudis et vendredis soir en haute saison (octobre à avril). Petite restauration.

■ Spectacles et concerts

Van Wezel Performing Arts Hall
777 N. Tamiami Trail
Sarasota
☎ (941) 953-3368 ou
800-826-9303
www.vanwezel.org

Un très bel amphithéâtre se cache dans cet étrange bâtiment pourpre qui imite la forme d'un coquillage. Pièces de théâtre, concerts, spectacles de danse y sont à l'affiche.

Asolo Theatre
5555 N. Tamiami Trail
Sarasota
☎ (941) 351-8000

Cette salle fait partie de la Florida State University et est adjacente au Ringling Museum. Pièces de théâtre et spectacles de danse du **Sarasota Balley of Florida** y sont présentés.

■ Sports professionnels

Ed Smith Stadium
2700 12th St.
Sarasota
☎ (941) 954-4464

Site du camp d'entraînement printanier des **Reds de Cincinnati**, de la Ligue nationale de baseball.

McKechnie Field
angle 9th St. W. et 17th Ave. W.
☎ (941) 748-4610

Une autre équipe professionnelle de baseball de la Ligue nationale tient son camp d'entraînement dans la région, plus précisément au McKechnie Field de Sarasota: les **Pirates de Pittsburgh**.

Achats

Naples

Olde Naples

Dans le centre de Naples, c'est sur la **Fifth Avenue South** que l'on trouve les plus belles boutiques. Cette rue commerçante s'avère particulièrement élégante entre les 3rd Street South et 9th Street South. Parmi ses belles boutiques, mentionnons **Bacchus of Naples**, qui rendra fous les amateurs de vins.

Aux environs de l'intersection de 3rd Street South et de Broad Avenue, une importante concentration de galeries d'art forme la **Gallery Row ★★**. Parmi celles-ci, mentionnons la

Galerie du Soleil *(393 Broad Ave. S.;* ☎*239-417-3450)*, qui propose, entre autres œuvres, une impressionnante collection de sculptures d'artistes américains.

Mentionnons aussi l'**Old Marine Marketplace at Tin City** *(1250 Fifth Ave. S.;* ☎*239-262-4200)*, une autre concentration d'une cinquantaine de boutiques de souvenirs et autres installées dans d'anciens hangars à bateaux aux abords de la baie de Naples.

Ailleurs à Naples

L'élégant **Village on Venetian Bay** *(4200 Gulf Shore Blvd.;* ☎*239-643-0835,* *www.venetianvillage.com)* propose une cinquantaine de boutiques, galeries et restaurants au bord de l'eau, dans un cadre qui rappelle Venise.

Finalement, les **Waterside Shops** *(intersection Seagate Dr. et Tamiami Trail)* proposent un cadre fort agréable pour le lèche-vitrine: une soixantaine de boutiques et restaurants disséminés dans un grand parc, à travers cascades, ruisseaux et bassins.

La région de Fort Myers

Le centre-ville

Le centre commercial **Bell Tower Shops** *(intersection US Highway 41 et Daniels Pkwy.;* ☎*239-489-1221,* *www.thebelltowershops.com)* propose une cinquantaine de boutiques et restaurants, en plus du magasin à rayons Saks Fifth Avenue. Il comprend aussi un complexe cinématographique de 20 salles.

Sanibel Island et Captiva Island

She Sells Sea Shells
1157 Periwinkle Way
☎ (239) 472-6991
2422 Periwinkle Way
☎ (239) 472-8080
Essayer de prononcer trois fois de suite le nom de ces boutiques constitue déjà un jeu amusant. Mais on s'amuse tout autant une fois à l'intérieur grâce aux centaines d'objets de toutes sortes fabriqués ou décorés de coquillages.

La région de Sarasota

Le centre-ville

La **Towles Court Artist Colony** *(mar-sam 11h à 16h;* ☎*941-362-0960,* *www.towlescourt.com)*, un quartier où des artistes vivent et réalisent leurs créations, accueille les amateurs d'art qui peuvent ainsi accéder aux ateliers, en plus de visiter les galeries et se procurer des œuvres. Cette agréable enclave, constituée de petites demeures de tons pastel, est bordée par Adams Lane, Morrill Street, la route 301 et Osprey Avenue.

Lido Key et Longboat Key

Dans la région de Sarasota, le lieu incontournable du magasinage est le **St. Armands Circle**, sur l'île-barrière de Lido Key. Une concentration de boutiques chics et de restaurants forme un rond-point autour d'un agréable parc. Plusieurs galeries d'art, bijouteries et boutiques de vêtements s'alignent ici dans un cadre agréable. Il y a aussi une librairie:

Circle Books
478 St. Armands Circle
Lido Key
☎ (941) 388-2850

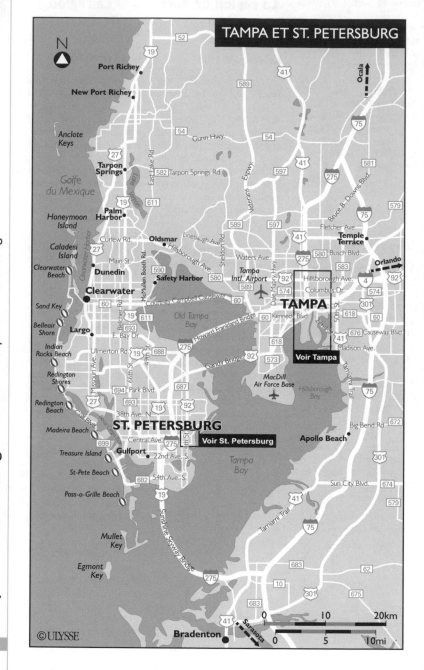

N

TAMPA ET ST. PETERSBURG

Port Richey

New Port Richey

Ocala

52

19

41

589

75

581

Anclote
Keys

54

Gunn Hwy.

54

41

275

Tarpon
Springs

27

582 Tarpon Springs Rd.

Expwy.

597

Bruce B. Downs Blvd.

579

Golfe
du Mexique

19

611

Palm
Harbor

589

597

Fletcher Ave.

75

Temple
Terrace

Honeymoon
Island

Curlew Rd.

Oldsmar

Linebaugh Ave.

41

Caladesi
Island

Main St.

Hillsborough Ave.

Waters Ave.

275

580

Busch Blvd.

583

Orlando

Clearwater
Beach

Dunedin

590

Safety Harbor

580

Tampa
Intl. Airport

92

Hillsborough Ave.

4

92

Sand Key

Clearwater

60

Courtney Campbell Causeway

589

TAMPA

Columbus Dr.

574

Belleair
Shore

Largo

19

611

Old Tampa
Bay

60

Kennedy Blvd.

50th St.

618

676 Causeway Blvd.

Indian
Rocks Beach

E. Bay Dr.

693

Howard Frankland Bridge

Madison Ave.

41

Redington
Shores

Ulmerton Rd.

19

688

275

Gandy Bridge

92

573

618

Voir Tampa

Redington
Beach

694

66th St.

687

MacDill
Air Force Base

Hillsborough
Bay

75

Madeira Beach

693

Park Blvd.

Big Bend Rd.

672

ST. PETERSBURG

38th Ave. N

19

92

Voir St. Petersburg

Apollo Beach

301

Gulfport

Central Ave.

275

22nd Ave. S.

Tampa
Bay

Treasure Island

Sun City Blvd.

674

St-Pete Beach

682

54th Ave. S.

41

579

Pass-a-Grille Beach

19

Tamiami Trail

75

Mullet
Key

683

62

Egmont
Key

275

10

301

675

0   10   20km

683

Bradenton

41

Sarasota

0   5   10mi

©ULYSSE

Tampa et St. Petersburg

★ ★

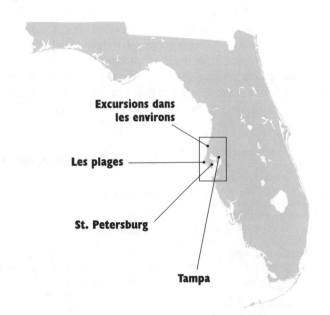

Excursions dans les environs

Les plages

St. Petersburg

Tampa

Tampa et St. Petersburg

Vaste plan d'eau qui s'ouvre sur le golfe du Mexique, la baie de Tampa est visitée par des explorateurs espagnols dès le début du XVIe siècle. À cette époque, **Pánfilo de Narváez** (1528) puis **Hernando de Soto** (1539) défilent dans les environs mais ne s'y installent pas, rebutés par l'accueil «inhospitalier» des populations autochtones présentes et la rudesse d'un territoire alors infesté de moustiques voraces. Aussi faudra-t-il attendre trois siècles avant que ne débute vraiment la colonisation des environs.

À la fin du XIXe siècle, **Henry Bradley Plant** devient pour la côte ouest de la Floride ce qu'Henry Flagler est pour la côte est. Il implante alors une voie ferroviaire qui contribue de manière décisive au développement de la région. Témoin des réussites spectaculaires de son rival sur la côte Atlantique, Plant, convaincu que la côte du golfe du Mexique possède un intérêt récréatif et un climat tout aussi favorable, lance son projet de chemin de fer. Celui-ci atteint Tampa en 1884, où sera construit le somptueux **Tampa Bay Hotel** en 1891. Puis, au début du XXe siècle, Plant inaugure son **Belleview Hotel** à Clearwater.

Le tourisme a donc un impact majeur sur le développement de Tampa, auparavant habité seulement par une poignée de colons. Parallèlement toutefois, la ville s'industrialise rapidement, notamment avec l'arrivée de **Vicente Martínez Ybor**, exilé cubain qui déplace sa vaste usine de tabac de Key West à Tampa en 1886, prélude à la venue d'une centaine d'autres fabriques de cigares dans le quartier qui sera baptisé «Ybor City» en son honneur.

Aujourd'hui, les villes de Tampa et de St. Petersburg, qui se font face de chaque côté de l'immense baie de Tampa, sont indissociables et forment ensemble la deuxième plus importante agglomération métropolitaine de la Floride. Tampa, avec ses gratte-ciel, est la cité des affaires, alors que St. Petersburg, grâce à ses musées remarquables, est la ville des arts et de la culture. Mais il faut bien l'admettre, c'est d'abord pour les larges et sablonneuses plages des îles-barrières qui longent la côte, entre **St. Pete Beach** et **Clearwater**, que les visiteurs se pressent chaque année en si grand nombre dans la région.

Accès et déplacements

■ En voiture

La route I-75 (**Interstate 75**) et la route 41 (**US Highway 41**) constituent les deux principaux axes routiers nord-sud de la région. La route 41 est aussi appelée «Tamiami Trail» car elle relie **Ta**mpa à **Miami**. C'est donc dire qu'elle longe la côte ouest de la Floride du nord au sud entre Tampa et Naples, avant de bifurquer vers l'est, de traverser les Everglades et d'atteindre Miami, sur la côte Atlantique.

La route I-75, plus rapide, adopte un parcours semblable en traversant elle aussi la région du nord au sud entre Tampa et Naples, avant de couper vers l'est jusqu'à Fort Lauderdale sur la côte Atlantique. La portion de cette route comprise entre Naples et Fort Lauderdale est aussi appelée **Everglades Parkway** ou **Alligator Alley**.

Pour accéder au secteur de la baie de Tampa, les gens qui viennent de la région d'Orlando doivent pour leur part emprunter la route I-4 (**Interstate 4**) vers l'ouest.

■ En avion

L'aéroport de Tampa est l'un des plus modernes aux États-Unis. Il se trouve à 8 km à l'ouest du centre-ville.

Tampa International Airport (TPA)
5503 W. Spruce St.
☎ (813) 870-8700
www.tampaairport.com

Air Canada, American Airlines, British Airways, Continental, Delta, Lufthansa, United Airlines et US Airways comptent parmi les compagnies aériennes qui desservent l'aéroport de Tampa.

La course en **taxi** entre l'aéroport et le centre-ville de Tampa coûte environ 20$.

La région dispose d'un autre aéroport, situé à une quinzaine de kilomètres au nord de St. Petersburg, et qui n'est toutefois essentiellement desservi que par des lignes régionales, exception faite d'Air Transat en hiver:

St. Petersburg-Clearwater International Airport
14700 Terminal Blvd.
Clearwater
☎ (727) 453-7800
www.fly2pie.com

■ En train

Les trains *Silver Meteor*, *Silver Star* et *Palmetto*, mis en service par la société Amtrak, relient Tampa à Orlando, à Jacksonville et aux grandes villes du nord-est des États-Unis (New York, Philadelphie, Washington DC). Vers le sud, ces mêmes trains vont jusqu'à Miami.

Amtrak Tampa
601 Nebraska Ave.
Tampa
☎800-872-7245
www.amtrak.com

■ En autocar

Greyhound
☎800-231-2222
www.greyhound.com

Voici les gares routières situées dans la région:

Greyhound Tampa
610 Polk St.
☎ (813) 229-2174

Greyhound St. Petersburg
180 N. 9th St.
☎ (727) 898-1496

Greyhound Clearwater
2811 Gulf to Bay Blvd.
☎ (727) 796-7315

■ Transports publics

Les transports en commun de la ville de **Tampa** relèvent de la Hillsborough Area Regional Transit, aussi appelée «HARTline» (*☎813-254-4278, www.hartline.org*). Le droit de passage dans les bus est de 1,25$.

Par ailleurs, un réseau de voies sur lesquelles circulent des tramways à l'ancienne permet de se déplacer dans le centre de Tampa. Il est géré par le Teco Line Streetcar System (*☎813-254-4278, www.tecolinestreetcar.org*), et il en coûte 1,50$ par passage, ou 3$ par personne pour un billet d'un jour à utilisation illimitée.

À **St. Petersburg**, les services de transport public sont assurés par la Pinellas Suncoast Transit Authority (*☎727-530-9911, www.psta.net*). Le prix du passage dans les bus est de 1,25$, et des billets d'un jour (3$) et de sept jours (12$), qui donnent droit à un accès illimité, sont également disponibles.

Un bus touristique, appelé le **Suncoast Beach Trolley**, dessert toutes les plages de la côte, depuis Pass-a-Grille au sud jusqu'à Clearwater au nord. Il en coûte 3$ pour la journée et il est possible de monter et descendre autant de fois que l'on veut. Toutes les 30 min, entre 5h15 et 21h30, tous les jours. Un autre de ces trolleys relie St. Pete Beach (angle Gulf Boulevard et 75th Avenue) au centre de St. Petersburg aux mêmes conditions (correspondance gratuite entre les deux).

Tampa et St. Petersburg - Accès et déplacements

Renseignements utiles

■ Bureaux de renseignements touristiques

Tampa Bay Convention & Visitors Bureau
400 N. Tampa St.
Bureau 2800
Tampa
☎ (813) 223-1111
www.visittampabay.com

St. Petersburg/Clearwater Area Convention & Visitors Bureau
13805 N. 58th St.
Bureau 2-200
Clearwater
☎ (727) 464-7200 ou 877-352-3224
www.floridasbeach.com

St. Petersburg Area Chamber of Commerce
100 N. 2nd Ave.
Bureau 150
☎ (727) 821-4069
www.stpete.com

Clearwater Regional Chamber of Commerce
1130 Cleveland St.
Clearwater
☎ (727) 461-0011
www.clearwaterflorida.org

Tampa Bay Beaches Chamber of Commerce
6990 Gulf Blvd.
St. Pete Beach
☎ (727) 360-6957 ou 800-944-1847
www.gulfbeaches-tampabay.com

Attraits touristiques

Si vous arrivez dans la région de la baie de Tampa par le sud en voiture, vous franchirez le majestueux **Sunshine Skyway Bridge** ★★ *(péage)*, inauguré en 1987. Le tablier de ce pont qui fait 6,5 km de long est soutenu par des câbles attachés à deux immenses piliers centraux en béton. À l'entrée du pont, à chaque extrémité, des postes d'observation sont accessibles, desquels on a une vue superbe sur le pont et toute la baie.

Tampa ★★

L'attrait le plus populaire de Tampa demeure **Busch Gardens** ★★ *(adultes 56$, enfants 46$; tlj 10h à 18h; 3000 E. Busch Blvd., à la hauteur de 40th St.;* ☎*813-987-5000 ou 888-800-5447, www.buschgardens.com)*, un vaste parc d'attractions doublé d'un jardin zoologique. Ici, spectacles, manèges et quelque 2 700 animaux exotiques en semi-liberté font bon ménage. Comme c'est habituellement le cas dans ce genre d'endroit, le parc est subdivisé en plusieurs zones. Ainsi, la section baptisée **Morocco**, à l'entrée du parc, est dominée par les immenses montagnes russes de bois à deux voies **Gwazi** ★★ *(taille minimale 1,20 m)*. Tout près, la section **Bird Gardens** présente des aigles, des flamants roses et même des spectacles mettant en vedette des oiseaux. Dans le secteur **Stanleyville**, les *roller coasters* **Sheikra** ★★★ *(taille minimale 1,35 m)* donnent froid dans le dos avec leur chute de 60 m à 90 degrés. Des attractions aquatiques desquelles on ne peut faire autrement que de sortir trempé sont aussi à signaler dans le coin: **Tanganyika Tidal Wave** ★ *(taille minimale 1,20 m)*, une folle équipée en radeau, et **Stanley Falls Flume** ★ *(taille minimale 1,15 m)*, une balade sur l'eau à bord de billots de bois. Plus loin, dans la zone **Congo**, on trouve les renversantes montagnes russes **Kumba** ★★ *(taille minimale 1,35 m)*, avec leurs innombrables boucles et virages serrés, une autre descente de rivière en radeau, **Congo River Rapids** ★ *(taille minimale 1,05 m)*, mais surtout des spécimens de **Tigres du Bengale** ★★★, de magnifiques fauves blancs qui évoluent sur une

----

★ **ATTRAITS TOURISTIQUES**

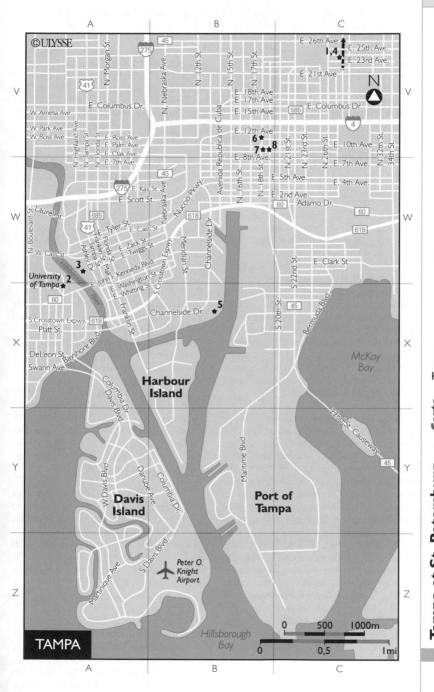

île aménagée spécifiquement pour eux. Le secteur **Timbuktu** s'adresse pour sa part aux plus jeunes. Près de là, on invite les visiteurs à prendre part à une excursion fort animée à bord d'un véhicule tout-terrain, le **Rhino Rally** ★★ *(taille minimale 0,97 m)*, à la découverte de rhinocéros, d'éléphants, de zèbres et de gnous. Dans le secteur **Nairobi**, on peut observer des gorilles, des dromadaires et quelques autres animaux africains, mais surtout grimper dans un train qui parcourt le vaste secteur **Serengeti Plain** ★★★, à bord lequel on peut voir évoluer librement girafes, antilopes, hippopotames, zèbres et autres représentants de la faune africaine. Finalement, d'autres montagnes russes renversantes, à trains suspendus celles-là, vous attendent dans le secteur **Egypt**: **Montu** ★★★ *(taille minimale 1,35 m)*.

Voisin de Busch Gardens, un second parc thématique qui appartient aux mêmes intérêts a vu le jour ces dernières années: **Adventure Island** ★ *(adultes 33$, enfants 31$; tlj 9h à 17h, sept et oct la fin de semaine seulement, nov à mi-mars fermé; 10001 Malcolm McKinley Dr.; ☎813-987-5660, www.adventureisland.com)*. Il s'agit d'un parc aquatique avec toboggans, descentes en chambres à air et piscines à vagues.

À la manière d'Henry Flagler sur la côte est de la Floride, Henry Bradley Plant apporte une contribution déterminante dans le développement de la côte ouest grâce à la construction de sa voie ferrée. Une fois que celle-ci atteint Tampa, la construction d'un hôtel s'impose pour accueillir les visiteurs qui viendront profiter de cette ouverture sur un nouveau paradis tropical. Ce luxueux établissement, le **Tampa Bay Hotel** ★★ (1891, John A. Wood, architecte), sera rien de moins que spectaculaire avec ses minarets mauresques argentés. Aujourd'hui classé monument historique, l'édifice abrite le **Henry B. Plant Museum** ★ *(adultes 5$, enfants 2$; mar-sam 10h à 16h, dim 12h à 16h, lun fermé; 401 W. Kennedy Blvd.; ☎813-254-1891, www.plantmuseum.com)* et fait partie du campus de l'université de Tampa. Des meubles anciens et divers objets d'arts décoratifs, dont plusieurs acquis par Plant et son épouse Margaret au cours de leurs nombreux voyages en Europe et

en Asie, sont exposés dans quelques salles, dont le très beau solarium.

Une importante collection d'antiquités grecques et romaines constitue le clou de la visite du **Tampa Museum of Art** *(adultes 7$, enfants 3$; mar-sam 10h à 17h, dim 11h à 17h, lun fermé; 600 N. Ashley Dr.; ☎813-274-8130, www.tampamuseum.com)*. Le musée renferme de plus des tableaux et sculptures d'artistes américains contemporains.

Le vaste **Museum of Science & Industry** ★★ *(adultes 15$, enfants 12$, incluant le film IMAX; tlj 9h à 17h; 4801 E. Fowler Ave.; ☎813-987-6000, www.mosi.org)*, communément appelé MOSI, dont le dôme caractéristique abrite un vaste cinéma IMAX, présente différentes expositions interactives sur le monde scientifique: squelettes de dinosaures, planétarium, volière à papillons, étude des ouragans, exploration spatiale...

Le spectaculaire édifice de verre qui abrite le **Florida Aquarium** ★★ *(adultes 18$, enfants 12$; tlj 9h30 à 17h; 701 Channelside Dr.; ☎813-273-4000, www.flaquarium.org)* ne manquera pas de vous impressionner. Plus de 10 000 animaux marins et plantes aquatiques y sont en montre. Parmi les exhibitions les plus intéressantes, mentionnons la Florida Coral Reefs Gallery, un immense aquarium où est reproduit un récif corallien peuplé de poissons multicolores. Des excursions dans la baie de Tampa à bord d'un catamaran sont aussi proposées au départ de l'aquarium *(supplément)*.

En 1886, l'exilé cubain Vicente Martínez Ybor déplace de Key West à Tampa sa fabrique de cigares, alors la plus grande au monde. Le quartier d'**Ybor City** ★ *(délimité par 13th St. et 22nd St., et par 6th et 12th Ave.)* voit ainsi le jour et, au début du XXe siècle, c'est une centaine de fabricants de cigares qui s'y sont installés, et plus de 12 000 personnes qui y travaillent. Elles roulent alors les cigares à la main dans la plus pure tradition cubaine. La vogue de la cigarette et l'automatisation feront cependant rapidement décliner les affaires de ce type d'entreprise, et, dans les années 1940, les manufactures d'Ybor City ferment les unes après les autres. Depuis sa désignation comme quartier historique national en 1990, la réhabilitation d'Ybor City est en cours. Galeries d'art, boutiques d'antiquaires, restaurants cubains, boîtes de nuit y ont en effet ouvert leurs portes depuis lors, ce qui a redonné vie au quartier. Il est agréable d'arpenter ses rues pavées pour admirer les façades revêtues de carreaux espagnols et les balcons en fer forgé qui rappellent la vieille Havane. On peut aussi y apercevoir quelques exemples de maisonnettes en bois où logeaient les ouvriers, dont celle surnommée **La Casita**, tout près du **Ybor City State Museum** *(3$; tlj 9h à 17h; 1818 E. 9th Ave.;* ☎*813-247-6323, www. ybormuseum.org)*. Ce musée, en plus d'évoquer les années de prospérité du quartier, organise des visites guidées d'Ybor City.

- -

St. Petersburg ★★

Les principaux attraits de St. Petersburg sont situés dans une série de parcs qui donnent sur le front de mer. Parmi ces attraits, on compte quelques musées étonnants qui contribuent à la vie culturelle de la ville, dont la richesse surprend bon nombre de visiteurs.

Tout au bout de la 2nd Avenue, qui se prolonge dans la baie grâce à une vaste jetée, on ne manquera pas d'apercevoir la pyramide inversée de **The Pier ★** *(entrée libre; lun-jeu 10h à 21h, ven-sam 10h à 22h, dim 11h à 19h; angle 2nd Ave. et Bayshore Dr.;* ☎*727-821-6443, www.stpetepier.com)*. Cet étonnant bâtiment, sorte de symbole de la ville, comprend cinq niveaux de boutiques et de restaurants, un aquarium à accès libre et une plate-forme d'observation aménagée sur le toit.

Situé sur la jetée même, le **St. Petersburg Museum of History** *(lun-sam 10h à 17h, dim 13h à 17h; 335 NE 2nd Ave.;* ☎*727-894-1052, www.stpetemuseumofhistory.org)* s'intéresse à l'histoire de la région.

Tout près de là, le **Museum of Fine Arts ★★** *(adultes 7$, enfants 5$; lun 12h à 19h, mar-sam 10h à 17h, dim 12h à 17h; 255 NE Beach Dr.;* ☎*727-896-2667, www.fine-arts.org)* abrite, dans un bel édifice palladien, des œuvres d'artistes européens (Claude Monet, Paul Cézanne, Paul Gauguin, Pierre Auguste Renoir) et américains (Georgia O'Keefe, George Bellows), ainsi que des sculptures orientales et des objets de la Grèce antique. Un jardin de sculptures est aussi à signaler. On y voit plusieurs bronzes italiens et une œuvre réalisée par Auguste Rodin en 1886: *Invocation*.

Affilié à la prestigieuse Smithsonian Institution, le **Florida International Museum ★** *(adultes 10$, enfants 5$; mar-sam 10h à 17h, dim 12h à 17h, lun fermé; 100 N. 2nd St.;* ☎*727-822-3693, www.floridamuseum.org)* a été conçu expressément pour recevoir des expositions itinérantes. On a ainsi reconverti un ancien magasin à rayons en un vaste espace de près de 1 900 m², afin de pouvoir accueillir à St. Petersburg les expositions internationales les plus prestigieuses.

Un peu à l'écart, mais toujours au bord de l'eau, vous dénicherez le trésor qu'est l'extraordinaire **Salvador Dalí Museum ★★★** *(adultes 14$, enfants 9$; lun-sam 9h30 à 17h30, dim 12h à 17h30; 1000 S. 3rd St.;* ☎*727-823-3767, www.salvadordalimuseum.org)*. A. Reynolds Morse, industriel de Cleveland en Ohio, et sa femme Eleanor se lient d'amitié avec Salvador Dalí (1904-1989) et son épouse Gala dans les années 1940. Ils entreprennent dès lors de façonner leur collection d'œuvres du grand artiste surréaliste espagnol. Lorsqu'ils se mettent à la recherche d'un lieu pour l'exposer, dans les années 1970, leur choix s'arrête finalement sur un site au bord de l'eau, à St. Petersburg, qui leur rappelle Cadaquès, village où, jeune, Dalí passait ses étés et qu'il a souvent peint au début de sa carrière. L'institution ouvre ses portes en 1982 et révèle alors au public l'extraordinaire collection des Morse, qui en fait le plus important musée au monde consacré à l'œuvre de l'artiste catalan. La collection couvre l'ensemble de la vie artistique de Dalí au moyen de tableaux, sculptures et dessins réalisés entre 1914 et 1970. Ils sont présentés dans une suite de salles organisées de manière chronologique. Les peintures grand format, réalisées par Dalí entre 1948 et 1970, constituent les pièces maîtresses de la collection permanente. Installées dans une vaste salle, la

Tampa et St. Petersburg - Carte - St. Petersburg

ST. PETERSBURG

©ULYSSE

Masterworks Gallery ★★★, haute de plafond et organisée en gradins, ces fresques remarquables peuvent être admirées tout à la fois avec le recul nécessaire pour en apprécier l'ensemble ou en s'approchant pour découvrir un détail particulier. Parmi ces chefs-d'œuvre aux dimensions monumentales (jusqu'à 4 m de haut), mentionnons *Le Toréador hallucinogène* ★★★, tableau fascinant truffé d'images cachées, et *La Découverte de l'Amérique* ★★★, fresque saisissante qui rend à la fois hommage aux découvreurs du continent et aux explorateurs de l'espace (le tableau a été réalisé à la fin des années 1950). Des expositions temporaires font ressortir des aspects spécifiques de l'œuvre du maître. Visites guidées proposées sans supplément.

Un peu au nord du centre-ville, également sur le front de mer, le **Renaissance Vinoy Resort and Golf Club** *(501 NE 5th Ave.; ☎727-894-1000. www.renaissancehotels.com/tpasr)* est un des joyaux de l'hôtellerie des environs. Construit en 1925 dans le style méditerranéen, il s'inscrit dans la tradition des grands palaces hôteliers de l'époque.

Les **Sunken Gardens** *(adultes 8$, enfants 4$; lun-sam 10h à 16h30, dim 12h à 16h30; 1825 N. 4th St.; ☎727-551-3100)*, aménagés en 1935 sur le site d'un lac asséché, proposent une collection de plus de 50 000 plantes et fleurs tropicales.

À l'ouest du centre-ville, près de la jonction entre les routes I-275 et I-175, le **Tropicana Field** *(1 Tropicana Dr.; ☎888-326-7297)* est un grand stade de baseball couvert inauguré en 1996 dont la forme évoque une soucoupe volante. C'est ici que sont disputées les parties locales des Devil Rays de Tampa Bay, l'équipe professionnelle qui représente la région dans la Ligue nationale de baseball.

Les plages

Les îles-barrières qui s'étirent à l'ouest de la région dans le golfe du Mexique sont reliées les unes aux autres par le Gulf Boulevard. Ainsi, ces îles sont constituées d'une longue suite de plages et de stations balnéaires qui se fondent les unes dans les autres. Tout au sud, il y a la tranquille **Pass-a-Grille Beach**. Suit au nord **St. Pete Beach ★**, beaucoup plus animée. Puis se succèdent **Treasure Island**, **Madeira Beach**, **Redington Beach**, **Redington Shores**, **Indian Rocks Beach**, **Belleair Beach**, **Sand Key** et, finalement, **Clearwater Beach ★**, qui déborde d'activités.

À St. Pete Beach, on ne peut manquer le **Don CeSar Beach Resort ★** *(3400 Gulf Blvd.; ☎727-360-1881, www.doncesar.com)*, ce grand palais hôtelier rose inauguré en janvier 1928. On doit sa construction à un homme d'affaires de Virginie, Thomas J. Rowe, qui y investit 1,15 million de dollars. Fermé en 1942, l'hôtel est alors transformé en hôpital pendant la Seconde Guerre mondiale. Après plusieurs années d'oubli, il rouvre enfin ses portes en 1973.

Entre Treasure Island et Madeira Beach, le **John's Pass Village & Boardwalk ★** *(Madeira Beach; ☎727-394-0756, www.johnspass.com)* attire de nombreux visiteurs. Il s'agit d'un ancien village de pêcheurs sur pilotis reconverti en une grande promenade où l'on trouve restaurants, boutiques et bateaux d'excursion.

Tampa et St. Petersburg - Attraits touristiques - Les plages

Dans les environs

Caladesi Island ★ ★

Un parc d'État, le **Caladesi Island State Park** ★ ★ (☎ *727-469-5918, www.floridasta-teparks.org*), couvre l'île accessible seulement par bateau qui se trouve tout juste au nord de Clearwater. En plus d'abriter une magnifique plage sauvage de 5 km, que plusieurs n'hésitent pas à classer parmi les plus belles de tout le pays, ce lieu protégé sert de refuge à de nombreux oiseaux (grands hérons bleus, aigrettes, cormorans). On peut s'y rendre par bateau, au départ de Dunedin *(4$ par bateau de 8 personnes ou moins)*, ou par navette maritime (passagers seulement) depuis Honeymoon Island, cette île située juste au nord qui, elle, est rattachée à Dunedin par une chaussée *(5$ par voiture pour accéder à Honeymoon Island; 8$ par adulte et 4,50$ par enfant pour la navette maritime)*.

Tarpon Springs ★

Situé sur le continent, à 20 km au nord de Clearwater, Tarpon Springs est une sorte d'enclave grecque en terres floridiennes. En effet, dès 1890 une importante communauté de pêcheurs d'éponges d'origine grecque s'installe ici.

On y visite aujourd'hui les *sponge docks* qui longent **Dodecanese Boulevard**, artère commerciale par ailleurs bordée de cafés et de boutiques. Des excursions au cours desquelles les pêcheurs expliquent les techniques de cueillette des éponges sont proposées. Aussi, au **Spongeorama** *(entrée libre; tlj 10h à 17h; 510 Dodecanese Blvd.; ☎ 813-942-3771)*, plusieurs variétés d'éponges sont présentées et vendues, et un documentaire explique comment on procède à leur récolte.

Au sud de la ville, la **St. Nicholas Greek Orthodox Cathedral** *(36 N. Pinellas Ave.)*, érigée en 1943, mérite un coup d'œil. De style néo-byzantin, elle s'inspire en partie de l'église Sainte-Sophie d'Istanbul.

Activités de plein air

■ Baignade

La **Pass-a-Grille Beach** ceinture la pointe sud de l'île de St. Petersburg Beach. Il s'agit d'une plage tranquille bordée par un quartier résidentiel dépourvu de construction en hauteur. Aires de pique-nique, stationnement payant, toilettes et douches.

St. Pete Beach, beaucoup plus animée, est une très large plage de sable doré. De nombreux hôtels s'y alignent, dont le monumental **Don CeSar Beach Resort** (voir p 351) à l'extrême sud. Plusieurs accès publics, aires de pique-nique, maîtres nageurs, location de chaises longues, sports nautiques, restaurants, toilettes et douches.

À la hauteur de **Treasure Island**, d'innombrables motels se succèdent, et la plage est facilement accessible. Plus loin, **Madeira Beach** se veut une station balnéaire à l'ambiance familiale et détendue.

Les plages de **Redington Beach**, **Redington Shores**, **Indian Rocks Beach** (appréciée des surfeurs débutants) et **Belleair Beach** (très résidentielle) s'avèrent en général moins faciles d'accès en raison de à la présence de nombreuses propriétés privées en bord de mer.

À **Sand Key**, tout juste avant de traverser le pont qui mène à la grouillante Clearwater Beach, le Sand Key Park possède une magnifique plage, assez tranquille et bordée de palmiers. Aires de pique-nique, terrains de jeux, maîtres nageurs, grand stationnement, toilettes et douches.

La **Clearwater Public Beach** attire quant à elle les jeunes avec ses filets de volley-ball, ses nombreuses possibilités de location de matériel pour la pratique de sports nautiques et son grouillant Pier 60 (boutiques, restaurants), sur lequel est célébré chaque soir le coucher du soleil à la manière de Key West, avec amuseurs en tous genres et musiciens. Aires de pique-nique, restaurants, terrains de jeux, maîtres nageurs, grand stationnement, toilettes et douches.

Accessible par bateau depuis Dunedin ou par traversier (passagers seulement) depuis Honeymoon Island, le **Caladesi Island State Park** *(☎727-469-5918)* possède une magnifique plage sauvage que plusieurs considèrent comme l'une des plus belles de tout le pays. Aires de pique-nique, maîtres nageurs, toilettes et douches. Voir p 348.

■ Canot et kayak

Un parcours de 5,5 km à travers la mangrove est accessible aux amateurs de canot et de kayak dans le **Caladesi Island State Park ★★** *(☎727-469-5918)*. On peut s'y rendre par bateau, au départ de Dunedin, ou par navette maritime (passagers seulement) depuis Honeymoon Island, l'île située juste au nord. Voir p 348.

■ Excursions en bateau

The Original Pirate Cruise
Clearwater Municipal Marina
25 Causeway Blvd.
Clearwater Beach
☎ (727) 446-2587
www.captainmemo.com
Amusante croisière à bord d'un magnifique galion de pirates. Animation, musique, observation des dauphins.

De nombreuses autres possibilités d'excursions en bateau existent au départ de la **Clearwater Municipal Marina** *(☎727-461-3133)* ou du **John's Pass Village & Boardwalk** *(Madeira Beach; ☎727-394-0756, www.johnspass.com)*, notamment des croisières d'observation des dauphins.

■ Observation des oiseaux

Le **Caladesi Island State Park** *(☎727-469-5918)*, qui couvre l'île accessible seulement par bateau qui se trouve tout juste au nord de Clearwater, sert de refuge à de nombreux oiseaux (grands hérons bleus, aigrettes, cormorans). On peut s'y rendre par bateau, au départ de Dunedin, ou depuis Honeymoon Island, l'île située juste au nord.

■ Pêche

Le **Skyway Fishing Pier State Park** *(☎727-865-0668)*, qui longe en partie le fameux Skyway Bridge, serait la plus grande jetée de pêche au monde. Casse-croûte et magasins d'équipement de pêche sur place.

Tampa et St. Petersburg - Activités de plein air

Hébergement

La plupart des visiteurs de la région optent pour les établissements hôteliers installés sur les îles-barrières, afin de profiter des belles plages des environs. Nous avons tout de même identifié quelques adresses «urbaines» à Tampa et à St. Petersburg, à l'intention des voyageurs d'affaires ou de ceux qui tiennent à se loger à proximité des attraits culturels. À ceux-ci s'ajoutent les traditionnels motels et hôtels de chaînes, particulièrement nombreux aux environs de Busch Gardens.

Tampa

Seminole Hard Rock Hotel & Casino
$$$-$$$$
≡, ≋, ♨, ↔, ⅄, ♠, 🔒
5223 N. Orient Rd.
☎ (813) 627-7625 ou
866-502-7529
www.seminolehardrock.com
Ce complexe hôtelier de construction récente compte quelque 250 chambres luxueuses, stylées et fort spacieuses. Affilié aux cé-lèbres Hard Rock Cafes, cet établissement renferme, comme c'est la coutume, une impressionnante collection d'objets provenant du monde des vedettes du rock (guitares, disques d'or, costumes de scène, etc.). Un casino ouvert 24 heures sur 24, un restaurant et des bars en font aussi un haut lieu de la vie nocturne.

St. Petersburg

Renaissance Vinoy Resort and Golf Club
$$$$-$$$$$
≡, ≋, ♨, ↔, ⅄
501 NE 5th Ave.
☎ (727) 894-1000 ou
888-303-4430
🖷 (727) 822-2785
www.renaissancehotels.com/
tpasr
Un bâtiment historique aux lignes espagnoles minutieusement restauré au début des années 1990 abrite la grande dame des hôtels de la ville: le Renaissance Vinoy Resort and Golf Club. Ce somptueux établissement s'élève en bordure de la baie de Tampa, au nord du centre-ville, et compte 360 chambres luxueuses et bien équipées. Un terrain de golf de 18 trous, 12 courts de tennis, un centre de santé moderne et une marina sont aussi à signaler.

Les plages

St. Pete Beach

Fort de Soto Park
$
☎ (727) 582-2267
www.fortdesoto.com
Ce très beau terrain de camping compte quelque 240 emplacements (eau et électricité), dont plusieurs au bord de l'eau. Il est en fait situé sur Mullett Key, une petite île au sud de St. Pete Beach.

Lamara Hotel
$
≡, ≋, ☕
520 73rd Ave.
☎ (727) 360-7521 ou
800-211-5108
🖷 (727) 363-0193
www.lamara.com
Situé dans un quartier résidentiel un peu en retrait des secteurs couverts de grands hôtels, ce petit établissement s'avère des plus chaleureux grâce à l'accueil que réservent ses sympathiques propriétaires à leurs hôtes. Installé dans un joli jardin avec piscine, cet hôtel sans prétention

---

Les lieux d'hébergement qui se distinguent

Pour les amateurs d'histoire: **Renaissance Vinoy Resort and Golf Club**, St. Petersburg (p 350); **Don CeSar Beach Resort**, St. Pete Beach (p 351); **Belleview Biltmore Resort**, Clearwater (p 351)

Pour l'accueil: **Lamara Hotel**, St. Pete Beach (p 350)

Pour les oiseaux de nuit: **Seminole Hard Rock Hotel & Casino**, Tampa (p 350)

propose des studios et des suites avec chambre à coucher séparée.

Howard Johnson
$$

≡, ≋, ♨, ✽, ☻, ♟

6100 Gulf Blvd.

☎ (727) 360-7041 ou 800-231-1419

🖶 (727) 360-8941

www.hojostpetebeach.com

Situé aux abords de la large plage de St. Pete, cet hôtel de chaîne propose des chambres simples, mais spacieuses et bien équipées (réfrigérateur, cafetière, planche et fer à repasser). L'établissement abrite aussi des suites de une, deux ou trois chambres à coucher avec cuisine complète. Piscine chauffée à l'extérieur, avec petit bar attenant.

Holiday Inn St. Pete
$$

≡, ≋, ♨, ↔

5250 Gulf Blvd.

☎ (727) 360-1811 ou 800-448-0901

🖶 (727) 360-3898

www.holidayinnflorida.com

On repère de loin cet établissement de forme cylindrique au sommet duquel, au 12ᵉ étage, se trouve un restaurant panoramique tournant. L'hôtel compte par ailleurs quelque 150 chambres de dimensions correctes. Accès direct à la plage.

TradeWinds Island Grand Beach Resort
$$$-$$$$

≡, ≋, ♨, ✽, ⁂

5500 Gulf Blvd.

☎ (727) 363-2212 ou 800-360-4016

🖶 (727) 363-2222

www.tradewindsresort.com

De tous les hôtels qui s'alignent à St. Pete Beach, le Tradewinds s'avère sans conteste plus chic que la moyenne. Ce grand centre de villégiature en bord de plage compte plus de 575 chambres de bon confort. Tout est ici pensé afin d'offrir aux clients le plus vaste choix possible d'activités: quatre piscines, sports nautiques, promenades en gondole, courts de tennis, terrains de croquet, saunas...

Don CeSar Beach Resort
$$$$-$$$$$

≡, ≋, ♨, ↔, ⁂, ♈

3400 Gulf Blvd.

☎ (727) 360-1881 ou 866-728-2206

🖶 (727) 367-6952

www.doncesar.com

L'imposant et élégant Don CeSar tient encore aujourd'hui le rôle du plus luxueux centre de villégiature des environs. Ce palais rose inauguré en janvier 1928 comporte 275 chambres de dimensions relativement modestes, mais qui ont subi une cure de rajeunissement au début des années 2000. On peut aussi louer un des 70 spacieux appartements du Don CeSar Beach House, environ 1 km plus au nord, mais relié à l'établissement principal par des navettes gratuites, 24 heures sur 24.

Clearwater Beach

Belleview Biltmore Resort
$$-$$$

≡, ≋, ♨, ↔, ⁂, ♈

25 Belleview Blvd.

☎ (727) 373-3000 ou 800-237-8947

🖶 (727) 441-4173

www.belleviewbiltmore.com

Établi en 1897, ce majestueux hôtel victorien aux pignons verts classé site historique abrite 244 chambres et suites. Il s'agit de l'un des deux hôtels construits dans la baie de Tampa par le magnat du chemin de fer Henry B. Plant. Un terrain de golf de calibre professionnel, plusieurs courts de tennis et de nombreuses possibilités pour la pratique de sports nautiques sont proposés. Comme l'établissement ne donne pas sur une plage, des navettes gratuites jusqu'à Clearwater Beach et Sand Key sont disponibles.

Clearwater Beach Marriott Suites on Sand Key
$$$-$$$$

≡, ≋, ♨, ↔, ⁂

1201 Gulf Blvd.

☎ (727) 596-1100 ou 800-228-9290

🖶 (727) 595-4292

www.clearwaterbeachmarriott-suites.com

Sur Sand Key, juste avant d'arriver à Clearwater en venant du sud, vous trouverez cet établissement qui abrite 220 suites comprenant une chambre à coucher et un salon. Chaque suite est munie d'une cafetière et d'un four à micro-ondes, et s'ouvre sur un balcon. Le complexe ne donne pas sur la mer puisqu'il se trouve du côté est

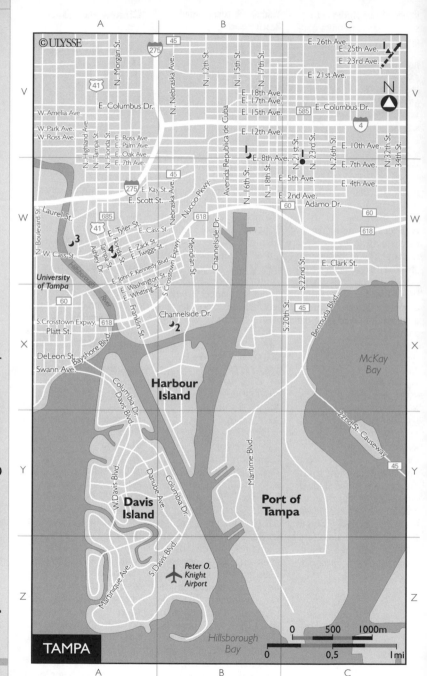

Tampa et St. Petersburg - Carte - Tampa

TAMPA

du Gulf Boulevard, mais la jolie plage du Sand Key Park est tout près.

Restaurants

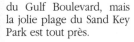

Tampa

Columbia Restaurant
$$-$$$
2117 E. 7th Ave.
Ybor City
☎ (813) 248-4961

Il s'agit de l'établissement original fondé en 1905 de cette mini-chaîne de très bons restaurants espagnols (autres adresses à St. Petersburg, Sarasota et St. Augustine), véritable institution à Tampa. Des plats de cuisine espagnole et cubaine figurent au menu: tapas, paella, *boliche*... Des musiciens et des danseurs de flamenco se produisent du lundi au samedi soir *(supplément)*.

St. Petersburg

Columbia Restaurant
$$-$$$
The Pier
800 NE 2nd Ave.
☎ (727) 822-8000

Le Columbia de St. Petersburg est un autre restaurant espagnol de la mini-chaîne démarrée avec le mythique

établissement d'Ybor City à Tampa (voir ci-dessus). En plus de proposer le menu de spécialités espagnoles et cubaines qui a fait la renommée de la maison, celui-ci, installé au quatrième étage du Pier, offre une splendide vue panoramique sur la baie de Tampa.

Les plages

Pass-A-Grille Beach

Hurricane Seafood Restaurant
$$
807 Gulf Way
☎ (727) 360-9558
www.thehurricane.com

Ce bar-restaurant de la plage de Pass-A-Grille est un rendez-vous très populaire pour l'observation du coucher de soleil depuis la grande terrasse aménagée sur son toit. À l'intérieur de cette belle maison victorienne se trouvent plusieurs salles. Le menu comporte une variété impressionnante de poissons et de fruits de mer apprêtés de diverses manières. Discothèque à l'étage.

St. Pete Beach

Crabby Bill's
$-$$
5300 Gulf Blvd.
☎ (727) 360-8858

Ce restaurant appartient à une mini-chaîne floridien-

ne également implantée en Caroline du Nord. Il s'agit d'un grand établissement familial décontracté qui donne sur la plage de St. Pete. De la salle intérieure, on a une belle vue de la mer grâce à de larges baies vitrées. On s'installe à de longues tables et on s'assoit sur des bancs de bois. Au menu, les fruits de mer (crevettes, crabe, etc.), surtout frits, sont à l'honneur. Assiettes copieuses et bon marché.

Starlite Diner
5200 Gulf Blvd.
☎ (727) 363-0434

Voici un *diner* dans la plus pure tradition américaine des années 1950, avec ses chromes, ses banquettes et ses *milkshakes* (laits fouettés). Hamburgers, sandwichs clubs, steaks et côtelettes de porc comptent parmi les plats classiques de ce genre d'établissement.

Sila's Steak House
$$
5501 Gulf Blvd.
☎ (727) 360-6961

Ce restaurant est le prétendu repaire d'un ermite du nom de Sila Dent qui aurait vécu sur une île au large de Pass-a-Grille. Essayez l'excellent filet mignon ou l'impressionnant plat de crevettes, précédé d'un *crab chowder* servi dans une tasse. Décor amusant avec un train électrique qui par-

Tampa et St. Petersburg - Restaurants - Les plages

court toutes les salles au-dessus des tables. Quelques-unes de celles-ci ont vue sur l'eau.

Maritana Grille
$$$-$$$$
fermé lun
Don CeSar Beach Resort
3400 Gulf Blvd.
☎ (727) 360-1882
Le restaurant du Don Ce-Sar jouit d'une excellente réputation. Des fruits de mer savamment mitonnés sont ici servis dans un cadre fort élégant, auquel la présence de nombreux aquariums ajoute des touches de couleurs du plus bel effet. Excellent brunch servi le dimanche. En soirée seulement.

Redington Shores

Lobster Pot
$$$-$$$$
17814 Gulf Blvd.
☎ 727-391-8592
www.lobsterpotrestaurant.com
Une grande cabane de bois abrite ce restaurant de steaks, poissons et fruits de mer. Comme son nom l'indique en anglais, c'est le homard (*lobster*), préparé de toutes sortes de façons et provenant de régions

diverses, qui est la grande spécialité de la maison. Décor agrémenté de filets de pêche. En soirée seulement.

Indian Shores

The Salt Rock Grill
$$-$$$
lun fermé
19325 Gulf Blvd.
☎ (727) 593-7625
www.saltrockgrill.com
De gargantuesques plats de fruits de mer et d'excellents steaks sont préparés au Salt Rock Grill, le restaurant branché des environs. En soirée seulement.

The Pub
$$-$$$
20025 Gulf Blvd.
☎ (727) 595-3172
Filet mignon et queues de homard comptent parmi les spécialités du Pub. Installez-vous de préférence sur la grande terrasse qui donne sur la petite marina attenante. Pianiste tous les soirs à l'intérieur.

Fathoms Island Grill
$$-$$$
19915 Gulf Blvd.
☎ (727) 596-2453
Ce restaurant propose la traditionnelle combinaison

«steaks et fruits de mer». Le menu comprend aussi plusieurs variétés de salades et de sandwichs. Terrasse dans un jardin.

Clearwater Beach

Frenchy's Rockaway Grill
$-$$
7 Rockaway St.
☎ (727) 446-4844
www.frenchysonline.com
Les sandwichs au mérou (*grouper sandwiches*) de ce coloré restaurant à l'atmosphère on ne peut plus détendue, ont dans les environs une enviable renommée. D'autres plats de fruits de mer, des poissons et de savoureux hamburgers sont aussi proposés. Installez-vous de préférence sur la terrasse, agréable et animée, qui donne sur la plage. L'établissement possède sa propre flotte de bateaux de pêche, qui lui assure un approvisionnement en produits de la mer bien frais.

Les restaurants qui se distinguent

Une institution locale: **Columbia Restaurant**, Tampa (p 353)

Une bonne table: **Maritana Grille**, St. Pete Beach (p 354)

Pour le brunch du dimanche: **Maritana Grille**, St. Pete Beach (p 354)

Pour l'ambiance décontractée: **Frenchy's Rockaway Grill**, Clearwater (p 354)

♪ Sorties

Tampa

■ Bars et boîtes de nuit

À Tampa, le quartier latin d'**344** (voir p 344) constitue l'un des hauts lieux de la vie nocturne, avec ses nombreuses boîtes de nuit, ses restaurants, ses bars et ses salles de cinéma. Plusieurs se trouvent à l'intérieur du complexe **Centro Ybor** *(angle 7th Ave. et 16th St.; ☎813-242-4660, www. centroybor.com).*

Seminole Hard Rock Hotel & Casino
5223 N. Orient Rd.
☎ (813) 627-7625
www.seminolehardrock.com
Le casino de cet hôtel récent comprend machines à sous, tables de jeux, restaurant, bars, salle de spectacle et, signature de la maison, objets en tous genre ayant appartenu à des vedettes du rock.

■ Spectacles et concerts

Tampa Bay Performing Arts Center
1010 N. W.C. MacInness Pl.
Tampa
☎ (813) 229-7827
www.tampacenter.org
Ce grand complexe constitué de quatre salles propose une variété de spectacles: comédies musicales de Broadway, pièces de théâtre, opéras, concerts

de musique classique et autres.

Tampa Theatre
711 Franklin St.
☎ (813) 274-8286
www.tampatheatre.org
Ce palace cinématographique construit en 1926 figure au registre national des bâtiments historiques et, de ce fait, constitue une attraction en lui-même. Il fait aujourd'hui office de cinéma de répertoire, et divers spectacles prennent aussi l'affiche occasionnellement.

■ Sports professionnels

Baseball

Legends Field
1 Steinbrenner Dr.
Tampa
☎ (813) 875-7753
www.legendsfieldtampa.com
Présentation des matchs préparatoires des célèbres Yankees de New York de la Ligue américaine.

Football

Les **Buccaneers de Tampa Bay** représentent la région dans la Ligue nationale, circuit professionnel de football américain. Les matchs locaux ont lieu du mois d'août au mois de décembre au **Raymond James Stadium** *(4201 N. Dale Mabry Hwy.; ☎813-350-6500 ou 879-2827, www.buccaneers. com).*

Hockey sur glace

L'équipe professionnelle championne qui a remporté la coupe Stanley en

2004, le **Lightning de Tampa Bay**, évolue au **St. Pete Times Forum** *(401 Channelside Dr., Tampa; ☎813-301-6600, www.tampabaylightning. com).* La saison régulière s'étend d'octobre à avril.

St. Petersburg

■ Sports professionnels

Baseball

La région a ses représentants au sein de la Ligue nationale de baseball, circuit professionnel majeur. Il s'agit des **Devil Rays de Tampa Bay**. Leurs parties locales sont disputées d'avril à septembre au stade couvert **Tropicana Field** *(1 Tropicana Dr., St. Petersburg; ☎888-326-7297, www.devilrays.com).* L'équipe tient de plus son camp d'entraînement printanier en mars au **Progress Energy Park** *(230 1st St. S., St. Petersburg; ☎727-825-3137).*

Les plages

■ Bars et boîtes de nuit

Hurricane Seafood Restaurant
807 Gulf Way
Pass-A-Grille
☎ (727) 360-9558
Il s'agit d'un bar-restaurant sur la terrasse surélevée où la foule se donne rendez-vous pour prendre l'apéro et admirer le coucher de soleil. À l'étage, une discothèque invite à s'éclater sur sa piste de danse.

Majesty Casino
150 John's Pass Boardwalk
Madeira Beach
☎ (888) 551-7529
Croisière sur un chic casino flottant. Départs à 11h30 et 19h tous les jours.

■ Spectacles et concerts

Ruth Eckerd Hall
1111 N. McMullen Booth Rd.
Clearwater
☎ (727) 791-7400
www.rutheckerdhall.com
Concerts du **Florida Orchestra** *(☎813-286-2403 ou 286-1170, www.floridaorchestra. org)*, comédies musicales, ballets, opéras et spectacles de variétés se succèdent dans cette salle de 2 200 places.

■ Sports professionnels

Baseball

Philadelphia Phillies Stadium
800 Phillies Dr.
Clearwater
☎ (727) 442-8496
Camp d'entraînement des Phillies de Philadelphie, équipe de la Ligue nationale.

Dans les environs

■ Sports professionnels

Baseball

Grant Field
373 Douglas Ave.
Dunedin
☎ (727) 733-9302
www.bluejays.mlb.com
Site du camp printanier des Blue Jays de Toronto, club professionnel de la Ligue américaine.

Achats

St. Petersburg

BayWalk
angle N. 2nd Avenue et N. 2nd Street
☎ (727) 895-9277
www.baywalkstpete.com
Centre commercial extérieur composé de plusieurs boutiques à la mode, de restaurants, de cafés et d'un complexe de 20 salles de cinéma.

Les plages

John's Pass Village and Boardwalk
Madeira Beach
☎ (727) 394-0756
www.johnspass.com
Plusieurs boutiques de maillots de bain et de souvenirs en tous genres, plus quelques galeries d'art et des restaurants, sont installés dans les bâtiments d'un ancien village de pêcheurs sur pilotis.

Tampa et St. Petersburg – Sorties – Les plages

Index

Bon de commande Ulysse

Comprendre
☐ Comprendre la Chine   16,95$ 14,00€

Fabuleux
☐ Fabuleux Ouest canadien   29,95$ 23,99€   ☐ Fabuleux Québec   29,95$ 22,99€

Guides de conversation Ulysse

☐ L'Allemand pour mieux voyager	9,95 $	6,99€		☐ L'Italien pour mieux voyager	9,95 $	6,99€
☐ L'Anglais pour mieux voyager en Amérique	9,95 $	6,99€		☐ Le Brésilien pour mieux voyager	9,95 $	6,99€
☐ L'Anglais pour mieux voyager en Grande-Bretagne	9,95 $	6,99€		☐ Le Portugais pour mieux voyager	9,95 $	6,99€
☐ L'Espagnol pour mieux voyager en Amérique latine	9,95 $	6,99€		☐ Le Québécois pour mieux voyager	9,95 $	6,99€
☐ L'Espagnol pour mieux voyager en Espagne	9,95 $	6,99€				

Guides de voyage Ulysse

☐ Abitibi - Grand Nord	22,95 $	20,58€		☐ Gaspésie, Bas-Saint-Laurent, Îles de la Madeleine	24,95 $	19,99€
☐ Acapulco	14,95 $	13,57€				
☐ Arizona et Grand Canyon	29,95 $	23,99€		☐ Guadalajara	17,95 $	13,57€
☐ Bahamas	29,95 $	24,99€		☐ Guadeloupe	24,95 $	15,09€
☐ Belize	16,95 $	15,09€		☐ Guatemala	24,95 $	19,67€
☐ Boston	19,95 $	17,99€		☐ Haïti	24,95 $	22,99€
☐ Calgary	16,95 $	15,09€		☐ La Havane	17,95 $	14,99€
☐ Californie	29,95 $	19,67€		☐ Hawaii	34,95 $	27,99€
☐ Canada	34,95 $	27,99€		☐ Honduras	27,95 $	23,99€
☐ Cancún et la Riviera Maya	19,95 $	19,99€		☐ Huatulco et Puerto Escondido	14,95 $	13,57€
☐ Cape Cod, Nantucket, Martha's Vineyard	17,95 $	13,57€		☐ Jamaïque	24,95 $	22,99€
				☐ Las Vegas	19,95 $	17,99€
☐ Carthagène	12,95 $	10,67€		☐ Lisbonne	18,95 $	12,99€
☐ Chicago	24,95 $	19,99€		☐ Los Angeles	19,95 $	14,99€
☐ Chili	34,95 $	24,99€		☐ Los Cabos et La Paz	14,95 $	13,57€
☐ Colombie	29,95 $	22,11€		☐ Louisiane	29,95 $	19,67€
☐ Costa Rica	29,95 $	22,99€		☐ Martinique	24,95 $	14,99€
☐ Côte Nord, Manicouagan, Duplessis	22,95 $	20,58€		☐ Miami	24,95 $	19,99€
				☐ Montréal	22,95 $	19,99€
☐ Cuba	27,95 $	22,99€		☐ New York	24,95 $	19,99€
☐ Disney World	19,95 $	19,99€		☐ Nicaragua	24,95 $	22,99€
☐ Équateur - Îles Galapagos	29,95 $	23,99€		☐ Nouvelle-Angleterre	29,95 $	22,99€
☐ Floride	27,95 $	22,99€		☐ La Nouvelle-Orléans	17,95 $	13,57€

Guides de voyage Ulysse *(suite)*

☐ Ontario	29,95 $	22,99€
☐ Ouest canadien	32,95 $	24,99€
☐ Panamá	27,95 $	22,99€
☐ Pérou	29,95 $	22,99€
☐ Porto	17,95 $	12,04€
☐ Portugal	29,95 $	19,99€
☐ Provence - Côte d'Azur	29,95 $	19,99€
☐ Provinces atlantiques du Canada	24,95 $	22,99€
☐ Puerto Plata, Sosua	14,95 $	12,04€
☐ Puerto Rico	24,95 $	21,19€
☐ Puerto Vallarta	14,95 $	15,09€
☐ Le Québec	29,95 $	22,99€
☐ Québec et Ontario	29,95 $	19,99€

☐ Ville de Québec	22,95 $	19,99€
☐ République dominicaine	24,95 $	19,99€
☐ Sainte-Lucie	17,95 $	14,99€
☐ Saint-Martin, Saint-Barthélemy	19,95 $	17,99€
☐ San Diego	17,95 $	13,99€
☐ San Francisco	17,95 $	15,09€
☐ Seattle	17,95 $	15,09€
☐ Sud-Ouest américain	37,95 $	24,99€
☐ Toronto	22,95 $	19,99€
☐ Tunisie	27,95 $	19,67€
☐ Vancouver, Victoria et Whistler	19,95 $	19,99€
☐ Washington D.C.	24,95 $	19,99€

Guides spéciaux

☐ Le guide de survie des Européens à Montréal	19,95 $	17,99€

Journaux de voyage Ulysse

☐ Journal de ma croisière	14,95 $	14,99€
☐ Journal de voyage Amérique centrale et Mexique	17,95 $	17,99€
☐ Journal de voyage Europe	17,95 $	17,99€
☐ Journal de voyage Prestige	17,95 $	17,99€
☐ Journal de voyage Ulysse: La Feuille	12,95 $	12,95€

☐ Journal de voyage Ulysse: L'Écrit	12,95 $	12,95€
☐ Journal de voyage Ulysse: L'Empreinte	12,95 $	12,95€
☐ Le Grand journal de voyage	14,95 $	14,95€

Ulysse Espaces verts

☐ Balades à vélo dans le sud du Québec	24,95 $	22,99€
☐ Camping au Québec	24,95 $	19,99€
☐ Cyclotourisme au Québec	24,95 $	22,99€
☐ Cyclotourisme en France	22,95 $	15,09€
☐ Le Québec cyclable	19,95 $	19,99€
☐ Randonnée pédestre au Québec	24,95 $	19,99€
☐ Randonnée pédestre dans les Rocheuses canadiennes	22,95 $	19,99€

☐ Randonnée pédestre Montréal et environs	19,95 $	19,99€
☐ Randonnée pédestre Nord-Est des États-Unis	24,95 $	19,99€
☐ Le Sentier transcanadien au Québec	24,95 $	22,99€
☐ Ski alpin au Québec	24,95 $	22,99€
☐ Ski de fond et raquette au Québec	24,95 $	22,99€

Ulysse hors collection

- ☐ Balades et circuits enchanteurs au Québec — 14,95 $ 13,99€
- ☐ Délices et séjours de charme au Québec — 14,95 $ 13,99€
- ☐ Dictionnaire touristique Ulysse: Globe Rêveur — 39,95 $ 24,99€
- ☐ Gîtes et Auberges du Passant au Québec — 24,95 $ 19,99€
- ☐ Le Québec accessible — 19,95 $ 17,99€
- ☐ Voyager avec des enfants — 24,95 $ 19,99€

Titres	Quantité	Prix	Total
Nom:	Total partiel		
	Port		4,85$CA/4,00€
Adresse:	Au Canada TPS		
	Total		
Courriel:			

Paiement: ☐ Chèque ☐ Visa ☐ MasterCard

N° de carte _____ Expiration _____

Signature _____

Au Canada:
Guides de voyage Ulysse
4176, rue Saint-Denis,
Montréal (Québec)
H2W 2M5
☎(514) 843-9447
Fax: (514) 843-9448
info@ulysse.ca

En Europe:
Les Guides de voyage Ulysse, SARL
127, rue Amelot
75011 Paris
☎01.43.38.89.50
Fax: 01.43.38.89.52
voyage@ulysse.ca

Consultez notre site: www.guidesulysse.com

Symboles utilisés dans ce guide

♿ Accès aux personnes à mobilité réduite

≡ Air conditionné

Animaux domestiques admis

◯ Baignoire à remous

♠ Casino

+ Centre de conditionnement physique

Centre de santé (spa)

🔒 Coffret de sûreté

Cuisinette

Foyer

Label Ulysse pour les qualités particulières d'un établissement

Moustiquaire

Piscine

❄ Réfrigérateur

Restaurant

Sauna

P Stationnement

Télécopieur

☎ Téléphone

Ventilateur

Classification des attraits touristiques

★★★ À ne pas manquer
★★ Vaut le détour
★ Intéressant

Classification de l'hébergement

L'échelle utilisée donne des indications de prix pour une chambre standard pour deux personnes, avant taxe, en vigueur durant la haute saison.

$	moins de 75$
$$	de 75$ à 125$
$$$	de 126$ à 200$
$$$$	de 201$ à 300$
$$$$$	plus de 300$

Classification des restaurants

L'échelle utilisée dans ce guide donne des indications de prix pour un repas complet pour une personne, avant les boissons, les taxes et le service.

$	moins de 15$
$$	de 15$ à 25$
$$$	de 26$ à 35$
$$$$	plus de 35$

Tous les prix mentionnés dans ce guide sont en dollars américains.

Les sections pratiques aux bordures grises répertorient toutes les adresses utiles. Repérez ces pictogrammes pour mieux vous orienter:

 Hébergement

 Sorties

 Restaurants

 Achats